政信行业概论和实务

——政信规划师教材——

政信投资集团
中央财经大学文化与金融研究中心　编
中国政法大学城市发展与治理研究院

中国财经出版传媒集团
经济科学出版社
Economic Science Press

图书在版编目（CIP）数据

政信行业概论和实务 / 政信投资集团，中央财经大
学文化与金融研究中心，中国政法大学城市发展与治理研
究院编 . —— 北京：经济科学出版社，2023.3
政信规划师教材
ISBN 978 - 7 - 5218 - 4557 - 0

Ⅰ. ①政… Ⅱ. ①政… ②中… ③中… Ⅲ. ①金融投
资 - 中国 - 资格考试 - 教材 Ⅳ. ①F832.48

中国国家版本馆 CIP 数据核字（2023）第 033397 号

责任编辑：吴　敏
责任校对：李　建
责任印制：张佳裕

政信行业概论和实务
——政信规划师教材——
政信投资集团
中央财经大学文化与金融研究中心　　编
中国政法大学城市发展与治理研究院
经济科学出版社出版、发行　新华书店经销
社址：北京市海淀区阜成路甲 28 号　邮编：100142
总编部电话：010 - 88191217　发行部电话：010 - 88191522
网址：www. esp. com. cn
电子邮箱：esp@ esp. com. cn
天猫网店：经济科学出版社旗舰店
网址：http：//jjkxcbs. tmall. com
北京季蜂印刷有限公司印装
710 × 1000　16 开　23.25 印张　420000 字
2023 年 3 月第 1 版　2023 年 3 月第 1 次印刷
ISBN 978 - 7 - 5218 - 4557 - 0　定价：68.00 元
（图书出现印装问题，本社负责调换。电话：010 - 88191510）
（版权所有　侵权必究　打击盗版　举报热线：010 - 88191661
QQ：2242791300　营销中心电话：010 - 88191537
电子邮箱：dbts@ esp. com. cn）

本书编委会

总 顾 问：厉以宁

主　　 编：裴棕伟

副 主 编：何晓宇　吕世杰　纪小洞　陈卫国
　　　　　陈立强　丁　洁

编 委 委 员：范宗杰　何岩兵　王利军　董　峰
　　　　　王绍峰　靳菲菲　岳　鹏　王铭琳
　　　　　龚绮梅

撰写组成员：陈卫国　陈立强　丁　洁　荣　郁
　　　　　黄语欣　张昊然　袁世喆

序一

世界经济形势并不是一帆风顺和坦途向前。21世纪的第二个十年，中国的快速崛起给西方世界带来了巨大影响，并导致了以美国为首的西方阵营的打压；国际关系的演变和突发的疫情带来的危害使得各国趋于保守，逆全球化趋势明显；新冠疫情肆虐、俄乌地区冲突和全球供应链陷入瓶颈削弱了全球经济复苏势头，大大增加了经济的不确定性，世界经济格局正在重塑。

2022年中国经济发展"稳字当头、稳中求进"，积极构建以国内大循环为主，国内国际双循环相互促进的新发展格局。无论是"十四五"财税体制改革、建立现代金融市场体系、地方政府债务化解、城投平台转型，或是基础设施建设、新型基础设施建设、战略性新兴产业投资、区域产业规划及投资运营，还是国家新型城镇化规划、乡村振兴战略、教育、医疗和养老产业项目等，都不断闪现政信业务的身影。

政信业务是基于政府信用，围绕政信项目，以政信金融为核心，包含政信项目规划设计、政信项目建设、政信项目投融资、政信项目运营等环节一系列活动的总称。古今中外，政信业务一直是经济调控、共克时艰和富民强国的重要手段，发挥着不可替代的重要作用。

近年来，中国的PPP模式快速发展并形成了规模达15万亿元的巨大市场。在这当中，我们积累了丰富的经验，也暴露出一些问题。2020年，我和吕世杰教授在探讨政信、PPP相关话题时，对政信及其涉及的政信金融做了充分的交流。一致认为，公共服务供给严重不足，除国有资本外，民营资本进不来。而要解决民营资本对PPP热情不足的问题，关键是给予民营资本公平竞争的机会，并完善民营资本退出的机制。导致这一现象的主要原因在于非公平竞争，回报机制和退出机制不完善，因此要加大力度使得PPP规范发展，落实政策法规，拓宽民营资本的融资渠道。这就表明，我们对于政信、PPP、地方融资平台、新基建、乡村振兴等领域在理论研究上还不全面透彻，实践运作上还不深入完善，同时也说明相当一部分政信领域从业人士还需要提高理论认识水平和业务操作能力。只有这样，才能更好地提升自己、服务企业和造福社会。而政信规划师这个职业旨在培养综合型政信人才，不仅需要具有理论认识和政策解读高度，懂得政信业的来龙去脉、模式和主体、重要投资运营领域这条主线，更重要的是对政信行业实务的了解和应用，侧重于实际操作和案例分析角度，按照规划、建设、融资、运营，即我们经常讲的 DBFO 流程，对区域经济发展规划、项目投融资策划、项目可行性研究和立项、工程建设项目咨询、园区投资开发策划、产业招商运营策划、城投公司改革与发展创新等具备专业的实操能力。

正是基于此基本判断和价值理念，针对政信从业人员在具体业务中的困惑和问题进行分析梳理、提炼总结和综合建构，最终形成了本书的框架和内容。本书以政信行业的理论和实务为主题，分为上下两篇：上篇是政信行业概论，下篇是政信行业实务。

上篇"政信行业概论"侧重于理论认识和政策解读，按照政信业的来龙去脉、模式和主体、重要投资运营领域这条主线，分别对政信行业概览、财政税收体制、货币金融体系、政信金融业务、地方融资平台公司、基建与新基建、战略性新兴产业、新型城镇化与乡村振兴进行介绍。下篇"政信行业实务"侧重于实际操作和案例分析，按照规划、建设、融资、运营，即我们经常讲的 DBFO 流程，对区域经济发展规划、项目投融资策划、项目可行性研究和立项、工程建设项目咨询、园区投资开发策划、产业招商运营策划、城投公司改革与发展创新、相关法律法规政策汇总进行细致解释。

本书涉及的几大话题，值得社会各界研究分析和探讨：

第一，地方政府财税改革、地方政府投融资模式、地方政府债务、地方城投平台转型发展这几个方面，既是当前经济领域的热点和痛点话题，也是中国经济长远发展的难点和基点问题。

第二，地方融资平台不仅是政信业务的融资主体，负责政信项目的投融资工作；更是政信业务的投资主体，负责政信项目的规划设计、建设运营和管控工作。正确理解地方城投平台的历史使命和独特价值，对于未来较长一段时期做好政信业务至关重要。

第三，新基建、数字经济、碳中和与碳达峰、乡村振兴、教育、医疗等领域具有战略性、引领性和带动性，能够支撑相关产业锻长补短、强链延链，是新的经济增长点和高质量发展的动力引擎，同时也事关国家稳就业、稳物价、稳增长，以及共同富裕和 2035 年社会主义现代化目标的顺利实现。

习近平总书记在党的二十大报告中指出：从现在起，中国共产党的中心任务就是团结带领全国各族人民全面建成社会主义现代化强国、实现第二个百年奋斗目标，以中国式现代化全面推进中华民族伟大复兴。高质量发展是全面建设社会主义现代化国家的首要任务，一是构建高水平社会主义市场经济体制，二是建设现代化产业体系，三是全面推进乡村振兴，四是促进区域协调发展，五是推进高水平对外开放。此次大会具有重要里程碑意义，不仅绘制了未来十年的战略蓝图、政策重点和发展路线；而且展现了中国智慧、中国方案、中国力量，将为世界发展提供新模式、新机遇、新动力。此次大会也为中国政信行业发展进一步指明了方向、路径和重点。

　　针对目前政信知识在社会上的普及率不高，以及政信从业人员在实操和理论基础方面的不足，《政信行业概论和实务》是首部将政信行业的理论研究和从业经验进行总结和归纳的系统性、专业性的教材，适用于政信行业长期培训、研究。

　　是为序。

厉以宁
著名经济学家、北京大学光华管理学院名誉院长

序二

基础设施是经济社会发展的重要支撑，新型基础设施是现代化基础设施体系的重要组成部分，也是我国社会经济高质量发展的标志。

"新基建"，又称为"新型基础设施建设"，主要指 5G、特高压、城际交通、汽车充电桩、大数据中心、人工智能、工业互联网等重大领域。我国"十四五"规划提出要加快建设新型基础设施。党的二十大报告强调要建设现代化产业体系，推进新型工业化，加快建设制造强国、质量强国、航天强国、交通强国、网络强国、数字中国。2022 年 12 月召开的中央经济工作会议提出要通过政府投资和政策激励有效带动全社会投资，加快实施"十四五"重大工程，加强区域间基础设施联通。鼓励和吸引更多民间资本参与国家重大工程和补短板项目建设。

党的十八大以来，我国的基础设施全面加强，交通、能源、水利和新型基础设施发展取得了历史性成就。目前，我国的高铁、高速公路、电网、4G 网络规模等稳居世界第一。

对任何国家来说，庞大的基础设施投资都不是政府财力能够承担得了的，需要撬动社会资本的投入。政府和社会资本合作（PPP）模式旨在向社会资本开放基础设施建设和公共服务项目，对于增加公共产品供给、改善投融资环境、激活民间资本具有重要意义，在稳投资、扩内需、畅循环、促增长方面发挥了积极作用。PPP 模式自 2014 年以来在全国各地广泛应用，近年来许多重大项目通过政企合作的形式进行投融资和运营管理，逐渐形成了中国特色的 PPP 模式。

与传统基础设施建设相比，新基建从内容到形式都发生了一些变化，出现了新的内涵、新的推动力量、新的适应地区、新的投资方式和新的投资主体。随着我国财政金融体制的不断完善，对于新基建的投融资模式已经达成共识，那就是综合利用好政治资源、行政资源和平台资源实现投资利益最大化，让利益惠及更多人和低负债运行，形成政府、科研院所、各类市场主体和社会资本"一起出钱、一起出力"的模式，产生"一起投，共同受益"

的良好效果。

落实好政府与社会资本合作的"规范发展，阳光运行，市场化经营，专业化管理"的经营方针，一方面要做好风险防控，另一方面要推进改革发展。党的二十大报告明确提出，"依法将各类金融活动全部纳入监管，守住不发生系统性风险底线"，同时强调"必须坚持守正创新"。2022 年 11 月，财政部发文，从四个方面明确举措，推动政府和社会资本合作模式规范发展，阳光运行：一是做好项目前期论证，充分做好项目前期工作，规范开展财政承受能力论证，压实项目库管理责任，健全项目入库联评联审机制；二是推动项目规范运作，保障社会资本充分竞争，规范存量资产转让项目运作，完善项目绩效管理，强化项目履约管理；三是严防隐性债务风险，加强项目合同审核和项目执行信息复核，规范项目预算管理；四是保障项目阳光运行，推动项目信息公开，强化财政承受能力动态监测，强化信息公开监督管理。

在进一步推进政府和社会资本合作的规范发展方面，我们还有很多工作要做，如要继续完善基金治理体系，筑牢风险管理防线；要强化制度与合规建设，尤其要坚持专业队伍建设，通过系统的学习、培训来提高专业化能力。

本书理论与实践相结合，借鉴国际经验，值得各级政府机构、科研院所、各类高等院校、金融机构、企业等学习研读。

常保国

中国政法大学副校长

目　录

上篇：政信行业概论

下篇：政信行业实务

上篇：政信行业概论

第四次工业革命、全球经济治理变革、大国博弈等重要因素将深刻改变未来国际经济政治格局。中国将在 2035 年左右成为全球第一大经济体，而美国将成为第二大经济体。在这个大国崛起的关键期和比较优势转换期，需要优良的国家治理体系和治理能力作为支撑。

党的十八届三中全会提出全面深化改革，将推进国家治理体系和治理能力现代化作为全面深化改革的总目标。党的十九届四中全会做出坚持和完善中国特色社会主义制度、推进国家治理体系和治理能力现代化的重大决定。党的二十大提出全面依法治国是国家治理的一场深刻革命，关系党执政兴国，关系人民幸福安康，关系党和国家长治久安。国家治理体系和能力离不开一个重要概念：政府信用。政府信用是国家顶层设计和经济调控的基础资源，是社会信用体系大厦的基础，是现代国家治理能力的晴雨表。中国崛起的过程也是政府信用不断强化和运用的过程。

政府信用以及由此衍生出来的政信项目、政信金融、政信业务等，也是国家治理体系和能力的一个方面，对于我们理解、提升和强化国家治理体系和能力至关重要。

第一章
政信行业概览

第一节　政信业概述

一、政信业

信用本质上是一种委托—代理关系，是信任方（评价方）对信用方（被评价方）遵守约定，重视承诺的意愿、能力和行为的评价。信用不仅是市场经济得以产生和发展的重要基础，也是经济学、金融学、管理学、社会学的基础要素。

政府信用实际上是一种政治上的委托—代理关系，公众是信任方，政府是信用方。所以，政府信用一方面是指公众对于政府诚实守信意愿、履行契约的能力和行为的评价，另一方面也是指政府对公众的期待和信任的回应与担当。经济学意义上的政府信用，是政府及其所属机构为履行向社会提供基础设施、公共服务的承诺，为实现经济社会发展，以自身的履约意愿、资源和能力为基础而进行的投融资活动和资源配置活动。政府信用在整个社会信用链中处于非常特殊的位置，不仅是企业信用、行业信用、社会信用的起点，起到示范性、规则性的作用，而且会深入渗透和影响整个社会信用链的交互发展，成为当地企业成长、经济发展和社会进步的催化剂或者抑制剂。

政信业务起源于政府信用的概念，但随着实践的发展，其内涵和外延已经远远超出了传统政府信用的概念，而成为一种社会关系形态和实践业态，包括文化伦理、政治经济、社会生态等方面的内容，涵盖了政府信用、政府诚信、政府公信力等概念所表述的内涵，并加以丰富和拓展。简而言之，政信业务是基于政府信用，围绕政信项目，以政信金融为核心，包含政信项目规划设计、政信项目建设、政信项目投融资、政信项目运营等环节一系列活动的总称。古往今来，政信业务一直是国家（或者地区）经济调控、共克时艰和富民强国的重要手段，发挥着不可替代的重要作用。

二、政信业的基础

（一）政信项目介绍

政信项目是中央政府和地方政府基于政府信用，在基础设施工程、战略新兴产业、产业园区、新型城镇化、乡村振兴等领域开展的各类项目。

政信项目通常以城投平台公司作为投融资主体，通过银行贷款、发行债券、产业基金、信托计划、供应链金融、资产证券化、融资租赁等方式筹集资金，将款项用于基础设施、产业发展、民生工程项目，比如棚改、造桥、修路等，承诺到期后用其经营收入和财政补贴收入等归还本息。政信项目一般可从以下四个方面进行界定：（1）融资主体：一般是由地方政府及相关部门出资设立，承担政府投融资项目任务，具有融资职能的政府融资平台。（2）资金用途：资金多用于政府公益项目（基建、保障性住房）、土地整理（城乡一体化及综合整治）、政府主导的商业、产业园区建设及民生保障工程项目等。（3）还款来源：除项目本身会产生一定现金流外，更多依赖政府资金统筹安排及再融资。（4）风控措施：其他融资平台保证担保，引入政府信用等。

（二）基础设施建设与新型基础设施建设

1. 基础设施建设

基础设施建设，简称"基建"，具体包括铁路、公路、桥梁、水利工程等，是稳定经济增长和保障就业的重要方式。以前人们常说的"修桥铺路盖房子""铁公基"（指铁路、公路、机场、水利等重大基础设施建设），都属于基建。

2013年9月6日，国务院印发《关于加强城市基础设施建设的意见》，要求围绕改善民生、保障城市安全、投资拉动效应明显的重点领域，加快城市基础设施转型升级，全面提升城市基础设施水平。2022年2月9日，国务院转发国家发展改革委、生态环境部、住房城乡建设部、国家卫生健康委《关于加快推进城镇环境基础设施建设的指导意见》。2022年4月，在中央财经委员会第十一次会议上，习近平总书记强调，基础设施是经济社会发展的重要支撑，要统筹发展和安全，优化基础设施布局、结构、功能和发展模式，构建现代化基础设施体系，为全面建设社会主义现代化国家打下坚实基础。

基础设施投资具有高乘数效应，可以带动GDP、增加就业、促进经济发展。例如，2008年全球金融危机期间推动的大规模基建就有效地释放了中国经济高增长的巨大潜力。目前我国正在大力推进高速铁路建设，完善高速公路网络，完善机场运输功能布局，构建高品质综合交通骨干网络。

这些基础设施项目投资金额大，需要很强的运营能力，要多依靠社会资本来驱动。

☞ 延伸阅读 ☜

"十四五"规划 102 项重大工程

2022 年 3 月 31 日，国家发展改革委组织召开"十四五"规划 102 项重大工程实施部际联席会议第一次会议。会议强调，102 项重大工程是"十四五"规划纲要的重要组成部分，也是实现"十四五"规划目标任务的有力抓手。推动 102 项重大工程实施既利当前，又利长远，对当前扩大有效投资、促进经济平稳健康发展具有重要作用。

什么是"十四五"规划 102 项重大工程？"十四五"规划纲要中的 20 个专栏，除去经济社会发展主要指标专栏，以及数字经济重点的 7 个产业专栏和数字化应用 10 大场景专栏，其余 17 个专栏包含的 102 项工程即为"十四五"规划 102 项重大工程项目。其中 55 项重大工程项目属于基础设施建设项目，分别对应交通、现代能源体系、国家水网、农村和城镇建设、生态环境和经济安全保障等工程。除基建项目外的重大工程项目主要涵盖产业项目、科学技术以及社会民生。其中 25 项与实现碳达峰碳中和目标直接相关，以能源为核心并分布于交通、城乡建设、农业等多个具体领域。

国家发展改革委会同有关方面，在工作机制方面，明确了 102 项重大工程的牵头部门，确定了部门和地方职责分工，建立了推动"十四五"规划 102 项重大工程实施部际联席会议制度。

102 项重大工程中，一批重大项目已竣工投产。例如，我国自主三代核电"华龙一号"示范工程福建福清 5 号、6 号机组已建成投运，四川雅砻江两河口水电站全部机组已投产发电。

资料来源：作者整理自各地政府官网。

2. 新基建

新型基础设施建设，简称"新基建"，是指以 5G、人工智能、工业互联网、物联网为代表的新型基础设施。在 2018 年底召开的中央经济工作会议上就明确了 5G、人工智能、工业互联网等新型基础设施建设的定位。国家发展改革委公布的"新基建"主要包括七大领域：5G 基建、特高压、城际高速铁路和城市轨道交通、新能源汽车充电桩、大数据中心、人工智能、工业互联网。

新基建本质上是信息数字化的基础设施。它立足于科技端的基础设施建设，可以说既是基建，同时又是新兴产业。新基建体现了信息化、科技化和数字化，强调为实体经济发展培育新动能。而5G、人工智能、工业互联网、物联网等代表着未来经济、生活的方向。

新基建通过高科技大规模应用带动数字经济、新的产业发展，相比旧基建，带动需求规模更大、带动领域更加广泛，是基建结构性转型的必要方式。与旧基建重资产的特点相比，新基建走的是轻资产、高科技含量、高附加值的发展模式，其涉及的领域大多是中国经济未来发展的短板。总体来看，新基建在提振经济短期表现的同时，也将为经济增长的质量及结构改善提供支撑路径。

☞延伸阅读☜

稳住经济大盘，多地发布新基建规划

2022年5月，广州市发布《广州市工业和信息化发展"十四五"规划》，提出构建新一代信息技术基础设施行动计划，计划到2025年，全市工业和信息化高质量发展取得显著成效，与实体经济融合发展达到新水平，形成若干具有国际竞争力的先进制造业集群，部分重点领域居于国际领先地位，初步建成数产融合的全球标杆城市和先进制造业强市。

2022年5月23日，湖南省工信厅发布《湖南省"数字新基建"100个标志性项目名单（2022年）》，公布了湖南省2022年"数字新基建"100个标志性项目，涵盖5G建设及应用、工业互联网、大数据、人工智能、物联网、区块链等领域，总投资额超过200亿元。

2022年5月9日成都市发布《成都市"十四五"新型基础设施建设规划》，提出到2025年，基本形成泛在智能、集约高效、先进适用、安全可靠的新型基础设施体系，使其成为建设践行新发展理念的公园城市示范区的重要支撑。

2022年5月，云南省出台《云南省"十四五"新型基础设施建设规划》，提出到2025年，新型基础设施将成为数字云南建设和云南高质量跨越式发展的重要支撑。"十四五"期间，云南要建成100个数字农业示范基地，培育5个国家工业互联网应用示范平台，建成

20 个工业互联网标识解析二级节点。与此同时，加快 5G 网络商用规模化部署和应用，实现 5G 网络全面深度覆盖。到 2023 年，基本实现全省县级以上城区 5G 网络全覆盖；到 2025 年，全省建成 5G 基站 15 万个，在数字农业、工业互联网、智慧能源、智慧医疗等领域打造 100 个"5G＋"创新应用试点。

　　资料来源：作者整理自各地政府官网。

（三）战略性新兴产业

战略性新兴产业具有知识技术密集、物质资源消耗少、成长潜力大、综合效益好的特点，具体包括新一代信息技术产业、高端装备制造产业、新材料产业、生物产业、新能源汽车产业、新能源产业、节能环保产业、数字创意产业、相关服务业等领域。

任何国家在经济发展的过程中，都会遇到原有的发展方式逐渐不适应新形势的问题。经济继续转型、产业升级是每一个走上工业化道路的国家必须经历的一个阶段，在这个转变中，谁有实力、谁有眼光，谁就将继续走在世界经济的前列。

2009 年，国务院首次召开战略性新兴产业发展座谈会。2010 年，启动"战略性新兴产业"发展计划，以国务院常务会议形式框定七大战略性新兴产业发展目标。2012 年 5 月 30 日，国务院召开常务会议，讨论通过《"十二五"国家战略性新兴产业发展规划》，进一步明确了七大战略性新兴产业的重点发展方向和主要任务。2016 年 12 月，国务院印发的《"十三五"国家战略性新兴产业发展规划》指出，要创新财税政策支持方式，积极运用政府和社会资本合作（PPP）等模式，引导社会资本参与重大项目建设。2017 年 1 月 25 日，国家发展改革委发布《战略性新兴产业重点产品和服务指导目录》（2016 版）。该目录涵盖新一代信息技术、高端装备制造、新材料、生物、新能源、数字创意等战略性新兴产业 5 大领域 8 个产业，近 4000 项细分产品和服务。2021 年 3 月发布的《中华人民共和国国民经济和社会发展第十四个五年规划和 2035 年远景目标纲要》明确提出，着眼于抢占未来产业发展先机，培育先导性和支柱性产业，推动战略性新兴产业融合化、集群化、生态化发展，战略性新兴产业增加值占 GDP 比重超过 17%。

战略性新兴产业代表新一轮科技革命和产业变革的方向，是培育发展新动能、获取未来竞争新优势的关键领域。从"新兴产业"角度来说，是新建立的或是重新塑形的产业。它出现的原因包括科技创新、新的顾客需求、相对成本结构的改变，或是社会与经济的改变使得某项新产品或服务具备开创新事业的机会。从"战略性"角度来说，强调的是产业在国民经济和产业结构调整中的重要性。

（四）区域产业规划及投资运营

产业园区是区域产业集聚的载体，推动着企业孵化和区域经济的发展，肩负着聚集创新资源、培育新兴产业、推动城市化建设等重要使命。产业园区类型十分丰富，包括高新技术开发区、经济技术开发区、科技园、工业区、金融后台、文化创意产业园区、物流产业园区，以及各地陆续提出的产业新城、科技新城等。

在产业园区投资建设方面，需要针对不同项目的特点、市场响应程度及产业园区资源禀赋（如土地资源、矿产资源、生态资源等），首先进行区域产业整体规划，明确定位、构建体系和财务测算，然后从单个项目出发，一项目一策略，设计合理的投融资模式。例如，中央预算内投资、省级专项资金、本级财政直接投资、地方政府专项债券、政策性银行融资、企业债券、特许经营、政府和社会资本合作（PPP）、片区开发、REITs 等。

产业园区投资运营在之前相当长一段时间内被冠之为"政策市"。土地，政府抓着；产业，政府管着；市场，政府看着，可以说政府政策的变化对产业园区行业的发展有巨大的影响，市场化进程缓慢。随着行业的实践发展，政府政策也在探索中不断修订深化，辅助园区发展。

2014 年，在市场化道路上历经"坎坷"的产业园区行业迎来了重大转机，除工业用地存量盘活等一系列中央及地市用地法规政策相继出台外，《国务院关于加强地方政府性债务管理的意见》明确提出，要加快政府投融资体制改革，去除地方平台企业特权，基础设施及公共服务领域的大门要向社会资本公平开放；其后，财政部《关于推广运用政府和社会资本合作模式有关问题的通知》更是为政府与社会资本的可持续合作提供了政策保障，为产业园区加速市场化提供了更加公开透明的外部环境。

2019 年 5 月，国务院印发《关于推进国家级经济技术开发区创新提升打造改革开放新高地的意见》，再次掀起了开发区提质增效、改革创新的风潮，要求原来政企不分的开发区管委会要打造成一个专业化、服务化的管理体系。2020 年 7 月发布的《国务院关于促进国家高新技术产业开发区高质量发展的若干意见》提出，到 2025 年，涌现一批具有国际竞争力的创新型企业和产业集群，建成若干具有世界影响力的高科技园区和一批创新型特色园区。

2021 年，随着园区 REITs 的成功发行，园区资产金融化的道路被进一步打通，这让行业模式产生了翻天覆地的变化，轻资产运营的价值被史无前例地放大，尤其在开发区市场化转型、高新区 IPO 上市的大背景下，从国控园区到民营园区的转型发展任重道远。

产业园区建成之后，怎样做好产业园区运营管理，一直以来都是每个园区运营者最为关心的问题，在产业园区运营管理工作中，物业管理是基础，产业规划是中枢，招商工作是关键，企业服务是保障。

（五）新型城镇化与乡村振兴

无论是党的十九大报告，还是每年的两会政府工作报告，农村农民问题和城镇化问题都是重要的内容，《国家新型城镇化规划（2014—2020年）》提出，推进符合条件的农业转移人口落户城镇，推进农业转移人口享有城镇基本公共服务，优化提升东部地区城市群并培育发展中西部地区城市群，强化综合交通运输网络支撑，提升城市基本公共服务水平，以使人们的物质生活更加殷实充裕，精神生活更加丰富多彩。

没有农业农村现代化，就没有整个国家的现代化。在城镇化的进程中，我们也要看到，如何处理好工农关系、城乡关系在一定程度上决定着现代化的成败。乡村振兴战略对于全面建设社会主义现代化国家、实现第二个百年奋斗目标具有全局性和历史性意义。

2018年9月，中共中央、国务院印发的《乡村振兴战略规划（2018—2022年）》指出了乡村振兴的发展目标和远景规划：

"到2020年，乡村振兴的制度框架和政策体系基本形成，各地区各部门乡村振兴的思路举措得以确立，全面建成小康社会的目标如期实现。到2022年，乡村振兴的制度框架和政策体系初步健全。国家粮食安全保障水平进一步提高，现代农业体系初步构建，农业绿色发展全面推进；农村一二三产业融合发展格局初步形成，乡村产业加快发展，农民收入水平进一步提高，脱贫攻坚成果得到进一步巩固；农村基础设施条件持续改善，城乡统一的社会保障制度体系基本建立；农村人居环境显著改善，生态宜居的美丽乡村建设扎实推进；城乡融合发展体制机制初步建立，农村基本公共服务水平进一步提升；乡村优秀传统文化得以传承和发展，农民精神文化生活需求基本得到满足；以党组织为核心的农村基层组织建设明显加强，乡村治理能力进一步提升，现代乡村治理体系初步构建。探索形成一批各具特色的乡村振兴模式和经验，乡村振兴取得阶段性成果。

到2035年，乡村振兴取得决定性进展，农业农村现代化基本实现。农业结构得到根本性改善，农民就业质量显著提高，相对贫困进一步缓解，共同富裕迈出坚实步伐；城乡基本公共服务均等化基本实现，城乡融合发展体制机制更加完善；乡风文明达到新高度，乡村治理体系更加完善；农村生态环境根本好转，生态宜居的美丽乡村基本实现。

到2050年，乡村全面振兴，农业强、农村美、农民富全面实现。"

2022年5月31日，国务院批复同意《"十四五"新型城镇化实施方案》，其成为国家面向2035年的新一轮新型城镇化顶层设计。该方案提出，深入推进以人为核心的新型城镇化战略，持续促进农业转移人口市民化，完善以城市群为主体形态、大中小城市和小城镇协调发展的城镇化格局，推动城市健康宜居安全发展，推进城市治理体系和治理能力现代化，促进城乡融合发展，为全面建设社会主义现代化国家提供强劲动力和坚实支撑。

三、政信业的内容

政信项目大多是中长期项目，投资规模大、涉及范围广、利益相关者众多，一般包括设计（design）、兴建（build）、融资（finance）、营运（operate）等工作环节。相应地，政信业务也包括政信项目规划设计、政信项目建设、政信项目投融资、政信项目运营等环节。

（一）项目规划设计

传统的工程建设和新兴产业项目规划设计已经非常成熟，这里主要分析区域产业规划设计。区域产业规划项目包括分析、定位、规划及测算四个主要组成部分，其目的是完整地呈现区域产业规划的背景、目标、实现路径及收益预测，在满足发展需要的前提下平衡多方利益，使规划可预期、可落地。

1. 分析

分析是区域产业规划工作的第一步，需要结合园区所在区域的经济发展战略和政策、发展现状、行业趋势、长期愿景等关键要素，对发展环境进行全面的梳理和研究。在研究过程中，应该遵从由宏观到微观的原则，使产业发展有更加清晰的思路，进一步明确产业发展方向，保证区域产业发展在充分考虑各类影响因素的前提下不偏离主题。

2. 定位

定位是指在分析的基础上明确产业发展的着力点，聚焦于解决什么问题、达成什么效果。需要充分考虑资源禀赋、区位优势、产业基础和区域分工协作等因素，确定主导产业、支柱产业以及基础产业。此外，产业升级和产业转移也是重要因素，不同的产业园区有不同的优势，产业园区要发挥比较优势，明确产业定位，做大做强优势产业。

3. 规划

产业规划包括产业规划背景、发展定位、规划布局、招商策略、园区运营管理等。产业规划的总体规划思路在于产业的定位分析，对于园区产业发展起到指导性的作用。产业定位准确了，后续的空间布局、招商战略的增值服务的设计才会更加具有成效。对于区域产业规划来说，聚焦在如何对细分产业与企业进行筛选，以及在满足目标的前提下配套的服务与基础设施建设。

4. 测算

测算作为最后一个环节，是为了支撑整体规划的可行性，通过对各项财务指标的测算，呈现出预期收益和风险，尽可能做到缜密和真实。执行过程中的重点是明确关键假设，使所有测算结算有的放矢，可以有效指导规划后的实施与运营工作。

（二）项目建设

政信项目建设包括建设准备、施工、生产准备、竣工验收四个阶段。

1. 建设准备阶段

建设准备阶段的主要内容包括组建项目法人、征地、拆迁、"三通一平"乃至"七通一平"；组织材料、设备订货；办理建设工程质量监督手续；委托工程监理；准备必要的施工图纸；组织施工招投标，择优选定施工单位；办理施工许可证等。按规定做好施工准备，在具备开工条件后，建设单位申请开工，进入施工安装阶段。

2. 施工阶段

建设工程具备了开工条件并取得施工许可证后方可开工。项目新开工时间根据设计文件中规定的任何一项永久性工程第一次正式破土开槽时间而定。不需要开槽的，以正式打桩作为开工时间。铁路、公路、水库等，以开始进行土石方工程作为正式开工时间。

3. 生产准备阶段

对于生产性建设项目，在其竣工投产前，建设单位应适时地组织专门班子或机构，有计划地做好生产准备工作，包括招收、培训生产人员；组织有关人员参加设备安装、调试、工程验收；落实原材料供应；组建生产管理机构，健全生产规章制度等。生产准备是由建设阶段转入经营的一项重要工作。

4. 竣工验收阶段

工程竣工验收是全面考核建设成果、检验设计和施工质量的重要步骤，也是建设项目转入生产和使用的标志。验收合格后，建设单位编制竣工决算，项目正式投入使用。

（三）项目投融资

政信项目投融资一般包括投资决策、融资决策、融资结构分析、融资谈判和执行。

1. 投资决策

对于任何一个投资项目，在决策者下决心之前，都需要经过相当周密的投资决策的分析，这些分析包括对宏观经济形势的判断、工业部门的发展，以及项目在工业部门中的竞争性分析、项目的可行性研究等内容。投资者在决定项目投资结构时需要考虑的因素很多，其中主要包括项目的产权形式、产品分配形式、决策程序、债务责任、现金流量控制、税务结构和会计处理等方面的内容。

2. 融资决策

项目投资者将决定采用何种融资方式为项目开发筹集资金。是否采用项目融资，取决于投资者对债务责任分担、贷款资金数量、时间、融资费用以及债务会计处理等方面的要求。如果决定采用项目融资作为筹资手段，投资者就需要选择和任命融资顾问，开始研究和设计项目的融资结构。

3. 融资结构分析

设计项目融资结构的一个重要步骤是完成对项目风险的分析和评估。项目融资的信用结构的基础是由项目本身的经济强度，以及与之有关的各个利益主体与项目的契约关系和信用保证等构成的。能否采用以及如何设计项目融资结构的关键点之一，就是要求项目融资顾问和项目投资者一起，对于项目有关的风险因素进行全面分析和判断，确定项目的债务承受能力和风险，设计切实可行的融资方案。项目融资结构以及相应的资金结构的设计和选择必须全面反映投资者的融资战略要求和考虑。

4. 融资谈判

在初步确定项目融资方案以后，融资顾问将有选择地向商业银行或其他投资机构发出参与项目融资的建议书，组织贷款银团，策划债券发行，着手起草有关文件。与银行的谈判中会经过很多次的反复，这些反复可能是对相关法律文件进行修改，也可能涉及融资结构或资金来源的调整，甚至可能是对项目的投资结构及相应的法律文件做出修改，以满足债权投资人、股权投资人的要求。

5. 融资执行

正式签署项目融资的法律文件后，项目融资进入执行阶段。在这期间，投资人会对项目的进展情况进行监督，并根据融资文件的规定，参与部分项目的决策、管理，以及控制项目的贷款资金投入和部分现金流量。投资人的参与可以按项目的进展划分为三个阶段：项目建设期、试生产期和正常运行期。对于融资机构来说，相应地需要按时还本付息或者兑现运营业绩承诺。

（四）项目运营

传统的工程建设和新兴产业项目运营已经非常成熟，这里主要分析产业园区运营。产业园区运营包括物业管理、产业规划、产业招商、企业服务四个主要部分。

1. 物业管理

产业园物业管理涉及通信网络、水、电、保洁、安保等事宜，应具有专业化的管控流程、规范化的管理体系、数字化的管理平台以及应急性的处置措施。

2. 产业规划

产业园区规划要充分考虑资源禀赋、区位优势、产业基础和区域分工协作等因素。不同的产业园区有不同的优势，产业园区要发挥比较优势，做好产业定位，做大做强优势产业。此外，产业升级和产业转移也是产业定位考虑的重要因素。

3. 产业招商

目前我国产业园同质化非常严重，过去传统的招商模式已经日渐式微，只有打造出产业集群效应，才能凸显园区的竞争力，所以以大数据为基础、以产业链为主线的招商模式越来越受到各产业园区的青睐，也就是产业链招商。

4. 企业服务

企业入驻，园区应给予其足够的重视，在硬件上提供保障，在税收上提供优惠，在其遇到困难时积极帮助解决等。建立起"亲"商"清"商的园企关系，园区与企业打交道，要坦坦荡荡，尽心尽力；企业也要有困难就说，有要求就提，真正做到"亲"不逾矩，"清"不疏远，这样企业才会因为园区的福利和贴心服务而留下来。

除此之外，产业园区运营管理工作还涉及地产管理、商业配套、创业孵化、公共服务平台，等等。

☞**延伸阅读**☜

政信产业联盟

2020 年，政信产业联盟成立。政信产业联盟大会是全体政信产业联盟的最高机构，下设理事会、顾问委员会和秘书处，由著名经济学家厉以宁教授担任总顾问。如今，政信产业联盟的项目端、资金端、工程端三大产品服务类别各自延伸出全产业链产品及服务体系。

政信产业联盟的愿景和目标是推动政信产业的四项发展。

1. 政信产业化：以国家基础设施建设和公共服务领域的需求为导向，以促进地方经济发展为目标，依靠金融、法律、财税、工程建设等专业领域的服务和质量管理，形成流程化、标准化和品牌化的经营方式和组织形式。

2. 政信互联网化：逐步将政信产业联盟相关企业和会员的内部业务流程和外部商务活动与互联网、移动互联网结合起来，连接政府项目和社会资本需求，形成全社会线上线下资源整合与互动。

3. 政信生态化：将政信产业视作一个价值链，打造稳定的、有机的政信产业生态系统。

4. 政信平台化：在中国政法大学、中央财经大学等高校和中国政信研究院等研究机构的引领下，汇聚行业资源，为地方经济建设和产业项目提供顶层规划、项目投资、金融服务、法律支持等多种形式的服务，将政信产业联盟建设成为政信领域发展、合作、产学研一体的平台，实现共赢。

政信产业联盟汇集了优质产业、龙头企业、各级政府、优质项目以及众多优秀的企业家。业务模式聚焦产业、金融、项目、政服、零售等方面的共享共创。

资料来源：吕世杰：《政信产业联盟年度工作及发展规划报告》，2021政信产业年度峰会暨第六届中国PPP投资论坛，2021年10月23日。

第二节　政信业的前世今生

政信文化源自"富民强国"的中华传统文化，"富民强国"思想是我国古代治国理政的核心。

一、政信业的起源：富国强民的传统文化

（一）起源于中华民族"家国一体"理念

家国文化是中国社会发展的基石，也是中国政信文化的渊源。《尚书》中有"裕民""惠民"的观点，《周易·益》有"损上益下，民说无疆"的卦象，都把重视人民的利益视为统治者的德政。

当今的棚改、廉租房是以政府和社会资本合作模式建造，为解决人民住房困难、有效推动经济增长、促进社会稳定起到了重要的作用。而这种模式早在唐宋就已经出现，当时的"廉租房"大多是政府和民间合作的产物。在唐朝，寺庙和道观充当了廉租房管理和维护的角色。政府无偿划拨土地，善男信女捐赠建房资金，房产的维护保养费用从寺庙和道观的香火钱中支取。大都市的庙宇常有上千间客房，供应试的学生、出门的商旅和遭了天灾的百姓临时居住。北宋初年，社会稳定，经济快速发展，民众大量涌入城市，房屋租赁市场异常火爆。节节攀升的房租使越来越多的人租不起房，露宿街头。于是，为了稳定社会，北宋政府就出台了"廉租房"

政策，起名为店宅务（初名楼店务）。店宅务是宋代官方房屋管理机构，负责官屋及邸店的计值出租和营修。据《宋会要辑稿》记载推算，日租约 15 文，月租约 500 文。据苏辙《论雇河夫不便札子》记载"一例只出二百三十文省"，月租是两日收入水平。明朝开国皇帝朱元璋下令南京的官员寻找一块闲置土地，盖起 260 间瓦房，供没有住房的南京人居住。后来，上海又复制了"南京模式"，对宋朝留下的居养院进行翻修，供给没房的人居住。明清时期，会馆开始兴起，这与明清的科举之风盛行有关。穷举子进京赶考，需要一个落脚的地方，于是先期进京做官和做生意的人联合起来，置地建房，供进京赶考的同乡后辈居住，也用于异乡人在客地聚会。凡是像样的会馆，都有戏台、议事厅以及客房。客房是为旅居在外没有住处的同乡准备的，租金非常便宜。

几千年来的富民强国思想一以贯之，简单又深刻。统治者想要长治久安，必须保障人民生活安定，让利于民，藏富于民。在推行仁政德政的过程中，政信文化的重要性也随之增强。

（二）传承着中华民族"天下大同"的理想

中国政信业蓬勃发展，其背后蕴含着独特的政信文化。中国政信文化既是富民强国的家国文化，也是政府、企业、民众与国共赢的政商文化。

随着 2014 年 PPP 模式被首次提出，越来越多的领域向社会资本开放，除了涉及军事和国家安全等领域外。这是国家在顶层设计上的一次重大突破，允许社会资本参与国家重大基础设施建设和公共服务领域的建设，一方面有利于发挥社会资本运营、管理、盈利的优势，另一方面是让利于社会资本，允许社会资本参与之前政府垄断的行业。

国家推动供给侧改革、城镇化建设、"京津冀一体化"发展战略和"一带一路"倡议，一方面是扫除经济发展的障碍，另一方面则是培育新的经济增长动力。这一系列战略的实现和问题的解决如果单纯依靠政府的力量，实现难度大、期限长，政府和社会资本合作投资的模式由此获得应用，成为长三角一体化发展、粤港澳大湾区建设、京津冀协同发展、长江经济带发展四大国家区域战略和"一带一路"倡议实现的重要方式。

政信行业以共赢思维，为参与各方提供更大回报。随着市场经济的深入和国家改革政策的不断优化，充分和有效利用社会资本进行国家社会主义经济建设已经成为主旋律。各地政府也需要更多地依赖市场，从社会获得融资。只有开放更多优质项目给市场，与民共赢，才能获得更好的发展。这也印证了王安石说的"富其家者资之国，富其国者资之天下，欲富天下，则资之天地"。

二、政信业的发展：项目与金融协同创新

政信业的发展逐渐形成以政信金融为核心，以政府相关项目规划设计、开发建设、长期运营为支撑的政信生态。

（一）政信项目的发展

1. 政信投资强调公共服务

当前，基础设施领域向民间资本开放力度加强。基础设施领域引入社会资本，是加快转变政府职能、提升国家治理能力的一次体制机制变革，是深化财税体制改革、构建现代财政制度的重要内容。政府向社会资本开放基础设施和公共服务项目，可以拓宽城镇化建设的融资渠道，形成多元化、可持续的资金投入机制，有利于整合社会资源，盘活社会存量资本，激发民间投资活力，拓展企业发展空间，提升经济增长动力。

下一步，政策将会倾向于更好地发挥市场配置资源的基础性作用，更好地发挥金融政策、财政政策和产业政策的协同作用，优化社会融资结构，持续加强对重点领域和薄弱环节的金融支持，有力促进经济结构调整和转型升级。

2. 政信投资带动基建补短板

我国的基础设施建设仍存在发展空间和现实需求，诸如水利设施、环境整治、中西部高铁建设等方面的基建仍然是未来政策"补短板"的重要发展方向。

近年来，中央经济工作会议、全国两会，以及陆续出台的《国务院办公厅关于保持基础设施领域补短板力度的指导意见》《政府投资条例》等政策，都将稳基建投资作为实现稳增长、扩内需的重要途径。

加强基建主要驱动力就是地方政府投资。目前，基建是唯一高增长，并带动社会发展的基础门类。而基建投资需要依靠政信，用专项债、产业基金等模式推动基础设施建设。

3. 政信项目形成规划建设运营的系统生态

当前政信行业形成规划设计、开发建设、长期运营的系统生态。在城市建设中，必须要根据地区产业功能和客群定位来指导具体规划设计方案。在进行总体规划的时候，可以进行大方向的规划，也可以具体到项目的规划。必须结合地方重大战略和重点任务、各级政府"十四五"发展方向和目标，明晰产业发展格局、战略定位，把握项目策划方向。

在开发建设期间，首先要根据国民经济和社会发展规划、土地利用总体规划、城市总体规划，以及土地供应计划、土地利用年度计划和土地储备开发计划来编制土地一级开发计划。土地开发全过程可以划分为三个阶段：一级开发是指拆迁、土地收储、设施配套等一系列土地整理的工作；

二级开发是指我们常见的传统房地产开发，就是通过划拨、公开招拍挂等方式获取土地后，直接盖楼的过程；三级开发一般是指运营，比如产业运营、商业运营等。

运营是指政府和企业在充分认识城市资源的基础上，运用政策、市场和法律的手段，对城市资源进行整合、优化、创新，从而取得城市资源的增值和城市发展最大化的过程。实践中的城市运营包括两层意义：一是政府和企业在充分挖掘城市资源的基础上，运用政策、市场和法律的手段对城市资源进行整合、优化、创新；二是通过城市运营，实现城市自然资源和人文资源的增值，使城市的综合财富得到提高。

（二）政信金融的发展

政信金融脱胎于海外市场经济国家的地方政府举债融资，比如：美国和印度的地方政府以发行市政债券为主，英国的地方政府以银行贷款为主，而德国和日本则二者兼而有之。但是由于财政体制差异和地方政府融资平台的介入，中国政信金融逐渐形成了囊括政府债券、政府借款、市政债券、PPP、产业投资基金、政信类私募基金、信托计划、资产证券化、境外债券等多种形式的综合性金融产品。

政信金融通常是与政府、银行、基金、保险公司等进行合作，主要投资于政府负有提供责任，同时又适合市场化的公共服务、基础设施类项目，主要包括燃气、供电、供水、供热、污水及垃圾处理等市政设施，公路、铁路、机场、城市轨道交通等交通设施，医疗、旅游、教育培训、健康养老等公共服务项目，以及水利、资源环境和生态保护等项目。相对于传统银行储蓄，政信类产品被认为是"类国债"产品，被视为优选的安全业务。除了作为国债、地方债的政信金融产品，融资标的一般为政府债权收益权。

☞延伸阅读

地方融资平台公司转型

2017年4月，财政部等六部委发布《关于进一步规范地方政府举债融资行为的通知》，提出鼓励地方融资平台公司尽快转型市场化运营的国有企业，开展市场化融资，服务于实体经济，为有效盘活国有资产以及实现资产证券提供支持。

引入社会资本，股权多元化、国有资产证券化决定着地方融资平台公司整体改革的成败，决定着政府投融资体制改革的成败，关系到国有经济的整体实力与控制力大小，也关系到地方政府调控经济的能力与发展社会公共事业的能力。可以大胆预测，未来转型后的地方融资平台公司及地方国有资产的营运及收入将在地方政府财政中扮演更为重要的角色，而且最终会成为最重要的主渠道和"钱袋子"。届时，地方平台公司及国有资产的营运效率、估值水平、变现能力和可持续发展能力将直接关系一个地方政府的经济调控能力和发展社会公共事业的能力。

三、政信业的转型：政信服务与国共赢

（一）政信项目的与国共赢之路

1. 政信项目的与国共赢机制

目前政信项目的发展趋势与国家的政策导向包括以下几点：中央政策正在依据相关内容打造社会资本与国共赢的机制，加大对公共服务领域的投入与关注；不断加大政府和社会资本合作信息公开力度；加大政府性基金预算与一般公共预算统筹力度；规范政府融资渠道，逐步缓解地方政府债务压力；规范金融机构为地方政府开展的投融资服务；规范地方政府和平台公司融资，政信项目不断趋于规范化。

政府同社会资本合作是地方政府项目中分量最小，但是权重最大的环节，只有通过社会融资才能有效推动后续项目建设和贷款，才能创造价值，所以它是价值链中价值最高的，收益最多的。社会资金撬动了整个项目，可以享受项目创造的收益，助力地方建设，分享发展红利。

2. 《政府投资条例》为政信项目提供更多规范保障

2019 年 5 月 5 日，国务院总理李克强签署国务院令，公布《政府投资条例》（以下简称《条例》）。政府投资涉及道路交通基建、教育医疗、环保等诸多领域，投资体量巨大。《条例》聚焦政府投资方向，从法律层面对政府债务融资进行了规范，为防风险提供法治保障，激发社会投资活力。

《条例》指出，政府投资可通过注入资本金的方式进行。而后续项目的建设资金仍需要依赖融资贷款，经营性项目的建设仍然需要社会资本方的参与。对于投资周期长、金额大且子项目多的政府投资项目，社会资本也可以针对不同的子项目，根据政府付费、使用者付费、可行性缺口补助等选择利益最大化的回报机制。

3. 基建项目引入社会资本是大势所趋

融资对基础设施建设的影响巨大，城市化率的提高直接带来投资需求增加，但财政资金明显不足。当前政府大力引入市场机制，进行基础设施

项目领域的改革和融资。社会资本具有资金、技术和管理上的多重优势，为了降低投融资风险、提高投资收益，社会资本有强大的动力和积极性去节约建设资金和运营成本。同时，为缓解基础设施建设资金缺口压力，在中央加快投融资体制改革的契机下，要积极调动社会资本的积极性，拓展社会资本参与基础设施建设的渠道和方式。

提高社会资本在基础设施建设领域的参与率，需要优化社会资本的投资环境，包括以下几点：一是继续深化简政放权，进一步转变政府职能，由事前监管逐渐转变为事中、事后监管，为社会资本松绑，释放社会资本活力，从而激发其新动能；二是降低社会资本的准入门槛，建立平等的市场准入机制；三是坚持政府和社会资本地位平等、权利义务对等原则，建立政府违约追责机制，积极探索成立 CEF（增信便利）基金，解除社会资本参与投资的后顾之忧。

（二）政信金融的转型演进之路

1. 政府融资进入政信投资时代

从改革开放开始，政府融资大致分为四个阶段。

第一个阶段，改革开放时期（1978～1994 年）。在这个阶段，政府通过发行国债、国库券来支持国内投资和地方发展建设。

第二个阶段，分税制改革时期（1994～2008 年）。在这个阶段，土地财政、银行贷款是地方经济发展的主要资金来源和推动力。

第三个阶段，地方融资平台时期（2010～2015 年）。在这个阶段，各地方政府通过城投借债，支持地方基础设施建设、棚改、产业园建设等，促进本地百姓住房安置与就业。

第四个阶段，政信投资时期（2015 年至今）。在这个阶段，政信规范发展，中央鼓励股权融资，地方通过交易所定融等方式，合法合规开展融资，用于地方发展。其中，地方政信私募债将充分发挥稳投资、扩内需、补短板的作用，增强投资者对本地经济社会发展的参与度，保证投资人的投资安全，让投资人与国共赢。

2. 中国金融体系转型发展

我国市场上的融资方式一般分为直接融资和间接融资。直接融资通常指股票和债券融资，间接融资通常指银行贷款。在世界银行等国际机构的研究中，一般称为"市场主导型金融体系"（直接融资）和"银行主导型金融体系"（间接融资）。直接融资和间接融资的比例关系既反映一国的金融结构，也反映一国的两种融资方式对实体经济的支持和贡献程度。G20 国家直接融资比重大多为 65%～75%，美国显著高于其他国家，超过 80%。[①]

---

① 证监会：《直接融资和间接融资的国际比较》，2015 年 5 月。

目前，向"市场主导型"（直接融资）的金融结构演进是一个普遍规律，通过资本市场进行金融资源配置是基本趋势。

中国与各国相比，直接融资比重相对较低，仍以传统的银行金融为主，这不仅与发达国家存在差距，也低于转轨经济体俄罗斯以及人均收入不及我国的印度和印度尼西亚等国。

当前，我国正处在转变经济增长方式的关键时期，应进一步推进金融体系市场化改革，改善金融结构。政信金融作为调经济、惠民生的重要手段，在促进我国经济转型升级、推动发展直接融资方面发挥重要作用。

第三节　政信的战略与战术

一、政信的战略

（一）新时代的中国金融大战略

在 2017 年全国金融工作会议上，习近平总书记强调，金融是国家重要的核心竞争力，金融安全是国家安全的重要组成部分，金融制度是经济社会发展中重要的基础性制度。他指出，做好金融工作要把握好四项重要原则。第一，回归本源，服从服务于经济社会发展。第二，优化结构，完善金融市场、金融机构、金融产品体系。第三，强化监管，提高防范化解金融风险能力。第四，市场导向，发挥市场在金融资源配置中的决定性作用。

1. 增强金融服务实体经济的能力

一个国家金融业的强大，不仅表现为对域内人力、生产能力和自然资源的调动能力，而且能够突出地表现为能够在很大程度上动员域外的各类资源为其服务。相较于其他手段，金融能够以较小的成本撬动大量的资源。

2019 年 2 月 22 日，中共中央政治局就完善金融服务、防范金融风险举行第十三次集体学习，习近平总书记指出，深化金融供给侧结构性改革，必须贯彻落实新发展理念，强化金融服务功能，找准金融服务重点，以服务实体经济、服务人民生活为本。要以金融体系结构调整优化为重点，优化融资结构和金融机构体系、市场体系、产品体系，为实体经济发展提供更高质量、更有效率的金融服务。

2. 提高直接融资比重

我国金融资产中货币性资产占比过高，这意味着间接融资比例远高于直接融资比例。根据中国人民银行的数据，2020 年我国社会融资规模存量达 3260.6 万亿元，从金融资产来看，在中国金融资产结构中，2020 年我国货币性资产比例高达 62%，而债券与股票资产分别只占 18% 和 20%。与同期美国的数据对比，美国货币性资产仅占17%，而债权资产与股票市值占比分别高达49%和34%。

党的十八大以来，我国现代金融体系围绕提高直接融资比重、优化融资结构、增强金融服务实体经济能力进行改革。近年来，我国资本市场改革发展明显加速，设立科创板并试点注册制成功落地，创业板、新三板等一批重大改革相继推出，对外开放持续深化，直接融资呈现加快发展的积极态势。

提高直接融资比重，对于深化金融供给侧结构性改革，加快构建新发展格局，实现更高质量、更有效率、更加公平、更可持续、更为安全的发展，具有十分重要意义。需要畅通直接融资渠道，促进投融资协同发展，努力提高直接融资的包容度和覆盖面。一是全面实行股票发行注册制，拓宽直接融资入口。二是健全中国特色多层次资本市场体系，增强直接融资包容性。三是推动上市公司提高质量，夯实直接融资发展基石。四是深入推进债券市场创新发展，丰富直接融资工具。五是加快发展私募股权基金，突出创新资本战略作用。六是大力推动长期资金入市，充沛直接融资源头活水。

3. 大力发展资管业务

（1）以资产配置为核心的资管时代的到来。2019年，我国人均GDP已经超过1万美元。根据《2019胡润财富报告》，中国大陆中产家庭达3320万户。报告显示，我国拥有600万资产的"富裕家庭"的总财富量达到了128万亿元左右，已经超过我国GDP总量（2019年我国全年GDP约为100亿人民币），而我国富裕家庭数量达到了390多万户。我国的高净值客户的规模不断扩大。中产和高净值家庭对财富管理的需求日益强烈。从这个意义上说，我国社会的金融体系和结构正在发生重大的变化。随着经济增长和居民收入的提高，金融体系所提供的产品供给的多样性是非常明显的。

☞延伸阅读☜

中国新中产圈层

2018年11月23日，胡润研究院发布《中国新中产圈层白皮书》。按照白皮书的定义，资产达到300万元，就可以称为中产。对于中产阶级，在除去家庭衣食住行等方面基本生活消费支出后，其仍然有高消费和投资能力。目前，中国中产家庭达到了3320万户。

（2）金融加速脱媒驱动金融结构变革。家庭财富管理的强烈需求，加上整个经济市场化进程的推进，推动了金融加速脱媒。金融加速脱媒在客观上会推动金融市场的发展，特别是资本市场的发展，会推动融资的市场化和投资产品多样性。在我国金融体系、金融产品的结构中，标准的证券化金融产品的规模迅速增长，非标准化的金融产品的比例也在逐步提高，这意味着我国金融体系的功能由过去比较单一的融资功能，慢慢走向融资和资产管理并重的二元时代。大力发展财富管理顺应了我国金融结构变革的趋势，能促进我国金融现代化。

（二）政信金融推动经济体制改革进程

纵观改革开放以来的经济增长模式，我国形成了政府主导型的市场经济体制，有别于西方的自由市场经济体制。在这种体制下，政府作为国家资本的代表力量，对国家经济建设起到主导作用。这种体制的优点是避免了纯粹市场调节的滞后性和盲目性。从"亚洲四小龙"的腾飞到中国经济的崛起，可以看到这种政府主导型的市场经济体制适合于我们国家经济发展的模式。政府主导型的市场经济体制成功与否，取决于政府能否最大限度调动社会各方力量，激发市场主体的活力，使其参与到经济建设中。

经济学泰斗、我国股份制改革第一人厉以宁教授认为，深化改革要鼓励民间资本参与到公共服务事业，这就需要政府投资作为引导。他认为，未来政府和大企业要裂变成平台，为更多的市场主体（包括企业和个人）提供释放生产力的机会。在新技术革命到来的背景下，企业作为市场竞争主体，是新技术的研发和应用主体，是新业态的缔造者，是社会就业的载体，是民生的保障，是科学技术进步的动力源。因此，激发企业的创新力量，能更好地在强国目标建设中将全要素生产率的作用发挥到极致。

在政府主导型的市场经济体制下，政府通过宏观调控发挥市场对资源的基础配置作用。公共服务类的基础设施建设需要政府作为投资主体进行持续的投入，同时需要发挥市场的作用，引入社会资本参与，但是取代不了政府投资的主导地位。而政府投资的资金来源主要包括非自筹资金和自筹资金两部分，其中非自筹资金包括预算内资金、国内贷款和利用外资，自筹资金包括政府性基金、城投债、地方政府专项债、PPP以及非标融资等。有政府信用在其中，撬动各类社会资本参与。

二、政信的战术

政信业务是依托金融机构与各级政府，在基础设施、民生工程等领域开展的合作业务。参与实体基本为地方国有企业或融资平台，用资项目多为国家和政府支持、最后由政府验收还付款的项目，项目安全性较高。政信项目真实可靠，具有相对较低的违约风险、较高的信用等级、可靠的还款来源，从而在一定程度上降低了风险。但想要获取高质量的政信项目，还需要具备一些战术。

（一）政信的"四国理念"

政信项目及其融资需具有国资融、国资建、国资管、国资还的"四国"理念。国资建是指国资工程公司参与建设，项目可控；国资管是指国资金融管理机构承揽并监督金融产品发行；国资融是指地方政信融资；国资还是指还款有上级来源保障。依靠"四国"保障，政信金融产品的安全性非常高，投资收益也有保障。

政信金融的"四国"优势体现在：（1）政信是一个长期稳定的市场，违约率极低，政信债务不会被取消，政信债务实质违约率为0。（2）2018年是信用债频繁违约的一年，非国有企业违约金额占全市场违约的9成以上，违约率约3.8%，远高于国有企业违约率。从长期来看，国有企业的违约率仅占0.25%，而国有企业中平台公司的违约率仅为0.023%，而且在出现延期偿还后，基本上能在3个月内完成兑付。（3）中央重磅文件严禁地方政府违约毁约，严禁"新官不理旧账"，确定债务终身问责制，新"预算法"要求把地方政府债务分门别类纳入全口径预算管理，实现"借、用、还"相统一。（4）地方债务纳入央行登记系统，违约成本高，政府信用受损会造成极大的影响，代价较大。

（二）政信金融产品全周期管理：投、融、建、管、退

政信项目很多都是全周期管理，包括投、融、建、管、退项目全生命周期管理，以降低风险，把握收益。通过采取入股、并购、重组、联谊等多种方式整合各行各业优质公司，针对优质的单体项目、产城融合、园区建设运营进行多元化的资源整合，强调与政府的深度合作、风险控制、利润锁定、后续退出等。

（1）投：项目投资与运营机制。对项目背景资料进行搜集和分析，然后进行项目设计，最后进行项目运作。

（2）融：项目融资流程。对项目基本情况、融资方情况、担保方情况、增信基础资产情况、用款项目情况以及政府综合财力等做详细的尽职调查，对融资方式和产品进行分析，对接地方交易所，AMC资产管理。

（3）建：参与工程建设。通过参与工程建设，把握利润。

（4）管：财富业务价值链管理模式、风控体系。从项目事前、事中、事后进行管理。

（5）退：退出机制与退出方式。包括上市、股权转让、减资、清算、股转债、债转股、ABS、政府财政支出、政府统筹等。

在生产流程中，政信深入从初期设计到运营管理、退出的项目全流程。政信的全生命周期管理运营更符合投资人的利益。

（三）"72＋2"道风控：层层筛选，提升能效

在政信金融不断发展的时代背景下，作为中国最早、体系最为完善的政信投资平台之一的政信投资集团，经过长期的研究探索，从实践中总结经验，最终建立了成熟的"72＋2"道风控体系。这一风控体系既有理论指导性，又具备实操性，能系统化、规范化地提升项目经营效益，开启"与国共赢、创利为民"的投资理念。

"72＋2"道风控对政信项目风险管理的每个环节都提供了具体的标准，为判断一个项目的风险性、发展前景和可靠度提供了有力的参考依据。

（1）投后管理：专业管理，专项服务，专人负责，定期跟踪。

（2）风险应对：建立政治保障、经济偿还、法律追索三级风险防控机制。

（3）手续合规：政府履行行政监督职责，严格办理项目合作资料和手续。

（4）项目筛选：精选项目，尽职调查，审核资产，测算收益。

（5）交易主体：18项清单尽调审核，合作主体优中选优。

（6）政信指数：长期跟踪信用体系数据、资源禀赋、偿债能力。

（7）区域规划：深入调研区域发展潜力，精诚合作，服务地方。

（8）国家战略：研究紧跟国家战略，注重大局意识、共赢意识。

"72＋2"道风控作为项目、产品孵化标准和流程，严格规范了政信金融项目运作，建立起了一个完善的、覆盖所有主要风险的全面风险管理体系，最终实现了有效的风险管理，确保项目发展战略、经营目标的实现。

（四）业务八闭环

投资的体系环环相扣，想要控制一个节点，想要获得收益，需要的是全部投资环节的相互配合。八大投资闭环涵盖政信事业合作、政信背书、法律合规、项目底层资产、融资协同、工程管理、产业经营、产品风控八个闭环管理原则。

一是政信事业战略大闭环。"国资建，国资管，国资融，国资还"是投资战略生态闭环。"投、融、建、管、退"是事业的大闭环，是收益的生态闭环。有始有终的闭环是投资智慧。只想获得高收益，而不做好全部环节的管理，是不现实的。

二是项目共建搭平台。政信项目是共建体系，是政府、社会资本共建；是政府、业主、建设单位、咨询单位、产业部门共建。团结一致的认可、高瞻远瞩的项目规划、科学合理的项目计划、良好的项目建设与监督管理是政信项目成功的重要因素。

三是项目投资架梯子。围绕政府的基建棚改、PPP、产城融合与存量债务化解等需求，提供相关政信服务。积极推动项目的市场化运作，规范化

操作。引入创新，提升产业，推动项目质效双提升。

四是项目融资摆桌子。服务为先，控制风险，合理满足地方的各类融资需求。化解债务，推动民生建设。保护项目参与各方的强信用身份。以债务化解的思路看融资，以银行的标准做融资，以服务的态度做产品，以合规的方式搭结构，以国际的视野做发行。

五是工程建设上筷子。项目工程管理是政信项目兑现投资收益的基石。项目工程管理优劣，决定了企业效力与可持续发展能力。

六是产业经营做增效。产业的经营是政信投资的增效部分。通过产业经营的引商、引智，有效提升项目的价值拓展空间，使项目获得长久的社会效益和经济效益。

七是债务化解见功夫。债务化解是国策，利用好国家政策，服务地方，为政信项目的负债提供切实有效的债务化解方案。设计符合市场的各类债务化解产品，为地方政府提供最大支持是关键。

八是风险控制是保障。严谨风险控制是金融健康发展的基础。坚守底线思维，坚持风险的有效管控是保障。风险控制独立于项目的投资与融资，对于风险的控制应该审慎。政信风险管理体系是政信金融的核心理念体现。

（五）政信项目规范流程

机构投资者在面对政信项目的时候，出于对项目的把控以及获取更多利润的目标，需要设计严格的操作流程。比如，更多地参与到项目中来，全方位洞察项目品质，通过多种途径的融资渠道及金融平台，为所投项目化解各类投资风险及金融风险。通过专业的金融产品设计理念，获得市场普遍认可的风控管理体系及风险控制方法，有效化解项目实施过程中可能遇到的各类金融风险。

1. 项目筛选

（1）结构：考察当地人文环境、经济发展、产业政策、财政情况。项目负责团队对人口、经济数据、产业分布及优势产业、上级补助及土地出让等信息进行登记和核实。

（2）支撑：考察当地政府对项目的重视程度，如项目是否为当地政府重点建设项目，当地政府对项目有哪些支持，政府的需求是什么，与政府各相关部门接洽是否顺利。

（3）细节：考察用资项目。项目团队重点对项目类型、用资需求和各类政策文件进行查证，包括项目立项、可研报告、土地出让过程、环评、项目入库申报等相关信息。

2. 立项标准

（1）投资标的。投资标的须是地方政府下设县级以上国有企业，或已经过项目识别或正在进行项目识别的优质 PPP 项目，项目情况综合评测结果良好，交易结构严谨合规。

（2）风控要求。优先选择 AA 及以上等级主体信用评级的国有企业，融资主体或担保主体（针对债权投资的还本付息或者针对股权投资的远期股权转让）至少其一达到 AA 及以上等级主体信用评级。必要时，融资方及相关主体需提供足额抵/质押资产。

（3）尽职调查。对项目要素进行全方位尽职调查，引入咨询公司、会计师事务所、律师事务所、评级机构等第三方机构对项目的商业预期、财务状况、法律合规性进行实地考察和核算。

（4）合规操作。合规链接地方财政的资金，须得到地方政府及人大决议通过，并被纳入政府财政预算。项目的各项手续严格遵照现行法律法规的要求。

3. 交易结构设置

政信项目可以拥有多种、灵活的交易结构，可以覆盖存量债务管理、新项目建设。银行、信托、证券、基金、保理、融资租赁、地方交易所等机构可以在合理安排下介入项目投资。投资模式包括 TOT、BOT、BOO 等。通常情况下，可根据客户具体情况及项目实际需求，综合考虑相关法律法规等因素，设计合理的交易结构；推动设立项目公司，帮助形成合理的内部管理制度；融资方与投资方确定融资及退出方式，签订合同文书，落实资金投放。

4. 风险分配

（1）商业保理及融资租赁。标的资产无法律瑕疵，交易过程合法合规，融资方提供必要增信措施。

（2）PPP 项目。原则上项目设计、建造、财务和运营维护等商业风险由社会资本承担，法律、政策和最低需求等风险由政府承担，不可抗力等风险由政府和社会资本合理共担。

5. 项目监控

（1）工程建设进度计划。明确要求项目的具体建设进度要求，关键时间节点要明确具体日期，督促项目公司确保工程建设进度。

（2）工程建设承包商和设备材料采购管理。根据具体项目确定采购方式和采购流程，实现充分竞争，保证施工质量，把控成本。

（3）施工现场监督和检查。对项目工程的施工情况进行检查，把控项目建设过程中的风险。

（4）对项目公司日常运营维护监管。保证项目公司在特许经营期内的合法经营，严格履行对项目公司的各项监管职能，协助项目公司与相关政府部门进行沟通。

（5）中期评估的实施。确认 PPP 协议是否实现了其目标，评估项目公司在运营期内的运营维护状况等。

6. 项目退出

（1）资产证券化退出。针对已经进入运营期的 PPP 项目，根据国家政策方针，借助 PPP 项目资产证券化绿色通道，实现资本金的及时回笼和利润分配。

（2）股权/收益权转让退出。向第三方转让 PPP 项目公司的股权、保理资产受益权、融资租赁受益权，实现溢价转让并退出。

（3）借壳上市退出。通过反向并购手段，使优质投资项目的核心资产借壳上市，实现数倍盈利，进行收益分配并将富余资金投向新的项目标的。①

---

①　政信投资集团：《新共赢生态：政信金融投资指南（一）》，中国金融出版社 2019 年版。

第二章
中国财政税收体制

《中共中央关于全面深化改革若干重大问题的决定》指出："财政是国家治理的基础和重要支柱，科学的财税体制是优化资源配置、维护市场统一、促进社会公平、实现国家长治久安的制度保障。"1994 年分税制改革后，为了提高中央政府宏观调控的有效性，中央政府将财权层层上移，同时将事权层层下放，导致地方政府面临财权与事权不匹配的财政困境。一方面，地方政府在收入端需要将大部分税收收入上缴中央；另一方面，在支出端既要保证经济增长，又要兼顾医疗、教育、基础设施建设等民生性支出，导致地方财政资金愈加吃紧，地方财政资金缺口日益扩大。

地方政府的财政困境导致其必须从除税收外的其他途径获取收入，因此地方政府投融资平台纷纷成立，以融资为主要经营目的，以经营收入、公共设施收费和财政资金等作为还款来源。同时，在我国土地公有制的背景下，依靠出让土地使用权获取财政收入的土地财政现象逐渐普遍。在此基础上，将政府信用与社会资本有机结合的政信投融资模式开始迅速发展，成为地方政府有效解决财政困境、落实政府职能的重要途径。

第一节　中国财政预算机制

政府预算是指经法定程序审核批准的具有法律效力的政府年度财政收支计划。国家预算是指经法定程序审核批准的一个国家各级政府预算的总和。我国政府财政预算机制经过了不断扩展和完善的发展过程。1997 年之前，我国只有一般公共预算这一本账；1997 年，13 项政府性基金预算被纳入政府财政预算机制；2007 年国有资本经营预算脱离出来进行单独核算；2014 年，我国开始编制社会保险基金预算。至此，初步形成了目前的"四本预算"体系。

我国财政预算机制可以用"四本账"进行概括，又可称为全口径预算，即一般公共预算、政府性基金预算、国有资本经营预算以及社会保险基金预算，政府的全部收入和支出都应当纳入这"四本预算"进行管理。每本预算均包括收入预算和支出预算两部分，详细规定了政府财政资金的收支，反映了政府一个财政年度内的收支状况。政府财政预算采用收付实现制进行记账，所记载的数据属于当年流量数据，反映了财政资金"从哪里来，流到哪里去"。

在中央政府层面，国务院编制中央预算草案，并由全国人民代表大会批准后执行。在地方政府层面，地方各级政府编制本级预算草案，并由同级人民代表大会批准后执行，地方各级预算收支统称地方财政收支。

根据《关于 2021 年中央和地方预算执行情况与 2022 年中央和地方预算草案的报告》公布的数据：（1）2021 年全国一般公共预算收入 202538.88 亿元，为预算的 102.5%，比 2020 年增长 10.7%，主要是经济持续稳定恢复和价格上涨等因素拉动；全国一般公共预算支出 246321.5 亿元，完成预算的 98.5%，增长 0.3%。（2）2021 年全国政府性基金预算收入 98023.71 亿元，为预算的 103.7%，增长 4.8%；全国政府性基金预算支出 113661.01 亿元，完成预算的 86.6%，下降 3.7%。（3）2021 年全国国有资本经营预算收入 5179.55 亿元，为预算的 133.6%，增长 8.5%。（4）2021 年全国社会保险基金预算收入 94734.74 亿元，为预算的 106.2%，增长 24.9%；全国社会保险基金预算支出 87876.29 亿元，完成预算的 101.7%，增长 12.1%。

一、一般公共预算

一般公共预算收入是指，政府凭借国家政治权力，以社会管理者身份筹集的以税收为主体的财政收入，是财政收入的重要组成部分。一般公共预算主要安排用于保障和改善民生、推动经济社会发展、维护国家安全、维持国家机构正常运转等方面的收支预算。

一般公共预算收入分为中央一般公共预算收入和地方一般公共预算收入。其中，中央一般公共预算收入主要由中央本级收入和地方向中央的上解收入两部分组成；地方各级一般公共预算收入主要由地方本级收入、上级政府对本级政府的税收返还和转移支付、下级政府的上解收入组成，其衡量了地方政府在扣除上缴中央政府的部分税收后的实际可用财力。

一般公共预算支出可以分为中央一般公共预算支出和地方一般公共预算支出。其中，中央一般公共预算支出包括中央本级支出、中央对地方的税收返还和转移支付；地方各级一般公共预算支出包括地方本级支出、对上级政府的上解支出、对下级政府的税收返还和转移支付。

☞延伸阅读☜

PPP 政信投资项目与一般公共预算支出

随着财政金融体制改革的深化和金融市场国际化的推进，政信金融模式和产品也在不断创新和升级，其中政府与社会资本合作项目（PPP 项目）模式便是政信金融模式的典型代表与重要组成部分。PPP 政信投资项目一方面可以引入社会资本，提高公共产品及服务质量，为经济、社会成功渡过调整期，进入高质量发展期而努力；另一方面有助于缓解地方政府财政资金不足的困境，能够更好地落实经济发展、民生建设等职能。

根据 2015 年财政部颁发的《政府和社会资本合作项目财政承受能力论证指引》，地方财政支持 PPP 项目的具体规模需要在地方政府决算报告中的一般公共预算支出口径列示。与其他投资项目不同，PPP 项目由于多以政府补贴形式的财政支出为主，故被纳入一般公共预算，而非政府性基金预算。

当一般公共预算收入不足以支付一般公共预算支出时，相应的差额便需要进行弥补。此时，便需要依靠中央政府转移支付资金及上年结余结转资金进行补充；如果仍然不足以弥补差额，则需要动用土地出让金等政府性基金或预算稳定调节基金进行调入；仍然不足以弥补的，按照相关规定，可以通过发行债券获得相应的资金，但需要承担还本付息的责任。

二、政府性基金预算

政府性基金预算是指，政府通过向社会征收基金、收费以及出让土地、发行彩票等方式取得收入，专项用于支持特定基础设施建设和社会事业发展的收支预算。政府性基金预算作为"四本账"中的第二大账本，其基金收入以地方政府国有土地使用权出让收入为主，占比高达 80%～90%，因此经常被称为"卖地的钱"，是地方政府的财政支柱之一。

政府性基金预算的管理原则是根据基金项目收入情况和实际支出需要，按基金项目进行编制，并具有以下特点：（1）以收定支：基金支出根据基金收入情况安排，自求平衡，不编制赤字预算；（2）专款专用：政府性基金必须用于特定公共事业发展等指定用途，不允许调剂使用；（3）结余结转下年继续使用：当年基金预算收入不足的，可使用以前年度结余资金安排支出；当年基金预算收入超出预算支出的，结余资金结转下年继续安排使用。

　　根据收入归属来看，纳入政府性基金预算管理的基金可以划分为属于中央收入的基金、属于地方收入的基金，以及属于中央与地方共享收入的基金。政府性基金预算收入是指，按规定收取、转入或通过当年财政安排，纳入政府预算管理，具有指定用途的政府性基金收入。

☞延伸阅读☜

土地出让金即将退出历史舞台？

　　2021 年 5 月，财政部等部委联合发布的文件中提到，"将由自然资源部门负责征收的国有土地使用权出让收入、矿产资源专项收入、海域使用金、无居民海岛使用金四项政府非税收入，全部划转给税务部门负责征收"。也就是说，地方土地出让金将由税务部门征收并纳入国库监管，并且从 7 月起在河北、内蒙古、上海等省（区、市）开始试点。

　　简单来讲，该文件的主要内容是将地方政府"卖地的钱"从政府性基金预算转移到一般公共预算进行征管。虽然从政府性基金预算转移到一般公共预算表面上看就是换了一个"征收人"，但其实存在本质区别。在地方政府支配力度方面，政府性基金可以由地方政府较为自由地使用，而一般公共预算则面临着上级政府严格的约束以及各监管部门的监督，因此该政策实施后，地方政府将难以像过去一样自由地支配土地出让金。这在规范地方政府行为的同时，也使得本就匮乏的地方财政更加艰难。

三、国有资本经营预算

　　国有资本经营预算是政府以所有者身份依法取得国有资本收益，并对所得收益进行分配而发生的各项收支预算，反映了国有资本所有者与国有资本经营者之间的收益分配关系，是政府预算的重要组成部分。

　　国有资本经营预算收入是指经营和使用国有财产取得的收入，具体包括：（1）利润收入，即国有独资企业按规定上交给国家的税后利润；（2）股利、股息收入，即国有控股、参股企业国有股权（股份）享有的股利和股息；（3）产权转让收入，即国有独资企业产权转让收入、国有控股或参股企业国有股权（股份）转让收入，以及国有股减持收入；（4）清算收入，即扣除清算费用后，国有独资企业清算收入、国有控股或参股企业国有股权（股份）享有的清算收入；（5）其他国有资本经营收入；（6）上年结转收入。

国有资本经营预算支出主要是根据产业发展规划、国有经济布局和结构调整、国有企业发展要求以及国家战略、安全需要的支出，弥补国有企业改革成本方面的支出和其他支出等。国有资本经营预算支出可分为三大类：（1）资本性支出，即向新设企业注入国有资本金，向现有企业增加资本性投入，向公司制企业认购股权、股份等方面的资本性支出；（2）费用性支出，即弥补企业改革成本等方面的费用性支出；（3）其他支出。

四、社会保险基金预算

社会保险基金预算是指，社会保险经办机构根据社会保险制度的实施计划和任务编制的、经规定程序审批的年度基金财务收支计划。社会保险基金预算能够全面客观地反映社会保险基金的运行情况，对于我国的社会保障工作具有重要意义。

社会保险基金预算按险种分别编制，包括企业职工基本养老保险基金、失业保险基金、城镇职工基本医疗保险基金、工伤保险基金、生育保险基金等。目前，我国社会保险基金预算收入来源主要包括：（1）单位缴纳的社会保险费收入；（2）职工个人缴纳的社会保险费收入；（3）基金利息收入；（4）财政补贴收入；（5）转移收入；（6）上级补助收入；（7）下级上解收入；（8）其他收入。

社会保险基金预算具有专款专用性。目前，我国社会保险基金预算支出项目主要包括：（1）社会保险待遇支出；（2）转移支出；（3）补助下级支出；（4）上解上级支出；（5）其他支出。

第二节　中国税收体制现状

马克思曾经指出，"赋税是政府机关的经济基础，而不是其他任何东西"。税收制度是国家制度体系的重要组成部分，是国家（政府）公共财政最主要的收入形式和来源，是政府有效发挥其职能的前提。税收制度的合理性对于政治稳定、经济发展、科技进步、民生建设等各个方面均至关重要。

我国现行税种共 18 个，分别是：增值税、消费税、企业所得税、个人所得税、资源税、城市维护建设税、房产税、印花税、城镇土地使用税、土地增值税、车船税、船舶吨税、车辆购置税、烟叶税、耕地占用税、契税、环境保护税、关税。另外，还有四个费：教育费附加、地方教育费附加、文化事业建设费、残疾人就业保障金。我国现行税种和分配比例如表 2 - 1 所示。

表 2 - 1　　　　　　　各税种中央地方财政分配比例

序号	税种	细分	中央（%）	地方（%）
1	增值税	海关代征增值税	100	
		非海关代征增值税	50	50
2	消费税		100	
3	车辆购置税		100	
4	关税		100	
5	船舶吨税		100	
6	城镇土地使用税			100
7	房产税			100
8	车船税			100
9	土地增值税			100
10	耕地占用税			100
11	契税			100
12	烟叶税			100
13	环境保护税			100
14	企业所得税	中央企业、地方银行和外资银行及非银行金融企业、铁道部门、各银行总行、各保险总公司等缴纳的部分	100	
		其他企业缴纳的部分	60	40
15	个人所得税		60	40
16	资源税	海洋石油企业缴纳	100	
		非海洋石油企业缴纳		100
		水资源税	10	90
17	城市维护建设税	铁道部门、各银行总行、各保险总公司集中缴纳的部分	100	
		其他企业缴纳部分		100
18	印花税	证券交易印花税	100	
		其他印花税		100

根据国家统计局公布的数据，2021 年我国实现全国一般公共预算收入202539 亿元，其中税收收入为 172731 亿元，同比增长 11.9%，占比

85.28%；非税收入 29808 亿元，同比增长 4.2%，占比 14.72%。由此可见，税收收入是我国一般公共预算收入的主要部分。

目前，我国经济正处于转型发展时期，采用的是以流转税和所得税为主体的"双主体"税制模式。

一、流转税和所得税为税收主体

根据国家统计局公布的数据，2021 年国内增值税收入占总税收收入的比重为 36.8%，企业所得税占比为 24.3%，国内消费税占比为 8.0%，个人所得税占比为 8.1%。从总量来看，增值税和企业所得税是我国税收收入的核心组成部分，合计占比达 61.1%；增值税、企业所得税、消费税、个人所得税这四大税种合计占比达 77.2%，构成了税收收入的主体。2012 ~ 2021 年，我国税收收入结构变动情况如图 2 - 1 所示。

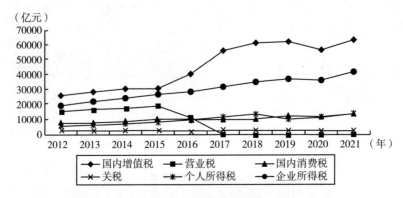

图 2 - 1　2012 ~ 2021 年我国税收收入结构变化

资料来源：国家统计局。

从变化趋势来看，增值税自 2015 年后增长迅速，其原因为"营改增"导致的增值税增加，在 2021 年达到新高；国内消费税呈现波动增长趋势；企业所得税呈现稳定增长的趋势；个人所得税整体呈现增加趋势，在 2021 年达到新高。

整体来看，流转税和所得税构成了我国税收收入的主体，二者各具特点又可相互补充，共同构成了我国的"双主体"税制模式。

（一）流转税的内容和特点

我国的流转税主要由增值税和消费税组成，除此之外，还包括关税等。流转税在稳定筹集财政资金、保证政府及时获得财政收入、配合国家价格政策等方面发挥着关键作用。

1. 增值税

增值税是以商品（含应税劳务）在流转过程中产生的增值额作为计税

依据而征收的一种流转税。从价格组成来看，增值税属于价外税，最终由消费者承担；我国现行增值税属于比例税率，根据应税行为一共分为13%、9%、6%三档税率，以及5%、3%两档征收率。从税收收入分配来看，增值税属于中央与地方共享税，税收收入的50%归中央政府所有，50%归地方政府所有，但是进口环节的增值税全部归中央政府所有。

☞小贴士☜

"营改增"改革对地方政府税收收入的影响

为了加快财税体制改革、进一步减轻企业赋税，我国自2011年起开始逐步展开营业税改增值税试点工作。"营改增"大致分为三个阶段：第一个阶段是在上海交通运输业和部分现代服务业开展营业税改增值税试点；在第二阶段，试点范围逐渐扩大；第三阶段为试点全面推开阶段，自2016年5月1日起营业税彻底退出历史舞台。

"营改增"有效增加了中央政府财政收入，提高了国家宏观调控的能力，但同时也显著减少了地方政府税收收入。在之前的税制体制中，营业税属于地方税，主要对第三产业征收，税收收入归地方所有，是地方政府的主要税收收入，而改革后，地税收入中营业税将全部或大部分丧失，企业所得税因新增企业随着"营改增"变为国税征管而失去新的增长空间。因此，从长期来看，地方政府财政资金不足的问题将会持续，地方政府亟须扩展现有融资模式，而政信投资产品和模式将会大有所为。

---

2. 消费税

消费税是为了调整产品结构，引导消费方向，在对货物征收增值税的基础上，选择特定消费品再征收的一项税种。消费税是以消费品的流转额作为征税对象的各种税收的统称，其征税对象为国家政策规定的、体现消费政策导向、在增值税基础上对部分消费品额外征收的税种。

国务院于1993年12月13日颁布了《中华人民共和国消费税暂行条例》（简称《消费税暂行条例》），财政部于1993年12月25日颁布了《中华人民共和国消费税暂行条例实施细则》（简称《消费税暂行条例实施细则》)[①]，并于1994年1月1日开征消费税。消费税的特点包括：（1）征收范围具有

---

① 除另有说明，本书中所提及的法律法规等均是指我国的法律法规。

选择性；（2）征税环节具有单一性；（3）征收方法具有选择性；（4）税率、税额具有差别性；（5）税负具有转嫁性。

我国各类消费品现行消费税税率如表 2 - 2 所示。

表 2 - 2   我国各类消费品现行消费税税率

序号	消费品	消费税税率
1	卷烟	每标准箱（5 万支）定额税率为 150 元；标准条（200 支）调拨价格在 50 元以上的卷烟税率为 45%，不足 50 元的税率为 30%；雪茄烟的税率为 25%；其他进口卷烟、手工卷烟等一律适用 45% 税率；烟丝为 30%
2	酒和酒精	粮食白酒每斤税额标准为 0.5 元 + 出厂价格×25%，薯类白酒为 0.5 元 + 出厂价格×15%；黄酒为每吨 240 元；啤酒出厂价在每吨 3000 元以上的，为每吨 250 元，不足 3000 元的，为每吨 220 元；其他酒税率为 10%；酒精税率为 5%
3	化妆品	30%
4	护肤护发品	8%
5	金银首饰	5%
6	其他首饰和珠宝玉石	10%
7	鞭炮、焰火	15%
8	汽油	无铅汽油每升税额 0.2 元，含铅汽油每升 0.28 元
9	柴油	每升税额 0.1 元
10	汽车轮胎	10%
11	摩托车	10%
12	小汽车	税率分别为 3%、5%、8%

根据我国目前的税收收入分配模式，消费税属于中央税，全部税收收入归中央政府所有。关于消费税收入归属的划分，一直是我国税制改革的重要问题，消费税能否成为地方主体税收的争论也一直不断。从国际经验来看，世界上大多数国家将消费税设为中央税，少数国家将消费税设置为中央与地方共享税，几乎没有国家将消费税设为地方税。

（二）所得税的内容和特点

所得税又称所得课税、收益税，是指国家对法人、自然人和其他经济组织在一定时期内的各种所得征收的一类税收。所得税分为企业所得税和个人所得税，征收方式及适用税率有所不同。

对于企业所得税，按照《企业所得税法》第二十八条的规定，符合条件的小型微利企业，减按 20% 的税率征收企业所得税；国家需要重点扶持的高新技术企业，减按 15% 的税率征收企业所得税。因此，公司的规模、经营的业务等都会影响企业所得税税率。

对于个人所得税，根据个人综合所得和经营所得，分别采取不同的所得税税率（见表2-3和表2-4）。

表2-3　　　　　　　　　　个人所得税税率表（综合所得适用）

级数	全年应纳税所得额	税率（%）	速算扣除数
1	不超过36000元的	3	0
2	超过36000元至144000元的部分	10	2520
3	超过144000元至300000元的部分	20	16920
4	超过300000元至420000元的部分	25	31920
5	超过420000元至660000元的部分	30	52920
6	超过660000元至960000元的部分	35	85920
7	超过960000元的部分	45	181920

注：本表所称全年应纳税所得额是指，依照《个人所得税法》第六条的规定，居民个人取得综合所得以每一纳税年度收入额减除费用6万元以及专项扣除、专项附加扣除和依法确定的其他扣除后的余额。

资料来源：《个人所得税法》及《全国人民代表大会常务委员会关于修改〈中华人民共和国个人所得税法〉的决定》。

表2-4　　　　　　　　　　个人所得税税率（经营所得适用）

级数	全年应纳税所得额	税率（%）
1	不超过30000元的	5
2	超过30000元至90000元的部分	10
3	超过90000元至300000元的部分	20
4	超过300000元至500000元的部分	30
5	超过500000元的部分	35

注：本表所称全年应纳税所得额是指，依照《个人所得税法》第六条的规定，以每一纳税年度的收入总额减除成本、费用以及损失后的余额。

资料来源：《个人所得税法》及《全国人民代表大会常务委员会关于修改〈中华人民共和国个人所得税法〉的决定》。

在所得税的划分方面，中央政府在税收收入分配中仍处于主导地位。对于企业所得税，中央企业、地方银行、外资银行、非银行金融企业、铁道部门、各银行总行及各保险总公司缴纳的部分100%归中央政府，其余部分中央与地方政府按60%与40%的比例分享；对于个人所得税，中央与地方政府按60%与40%的比例分享，体现出分配的不均衡性。

所得税是我国直接税体系建设的重要组成部分，对于整个经济社会来讲具有重要意义，具体表现在：（1）在公平方面，所得税既具有广泛的税基，又在普遍征税的基础上具有起征点制度、税收减免制度、税率累进性等额外特点，能够有效实现收入调节功能，缩小收入差距，实现横向公平与纵向公平；（2）在效率方面，虽然对所得课税的效率会低于对商品课税，但是所得税更有利于发挥收入再分配功能，能够通过实现经济的有效性来提高资源配置效率，进而提高整体的经济效率；（3）在经济增长方面，通过降低所得税税率、扩大减免税范围、实施折旧、存货、投资抵免等政策，可以有效激发微观主体经济活力，促进经济增长；（4）在经济稳定方面，所得税由于税基广泛、波动较小等特点，具有"自动稳定器"功能，通过相机抉择的所得税政策可以降低经济波动，实现经济稳定。

二、资源税类和财产税是重要辅助

根据国家税务总局的统计数据，2021 年我国资源税收入为 2288 亿元，占比 1.3%，同比增长 30.4%，是收入增速最快的税种之一，说明我国对资源税的重视程度正不断提高。2021 年，财产税各类税种增减变化不同，契税收入 7428 亿元，占比为 4.3%，增长率为 5.2%；车辆购置税为 3520 亿元，占比 2%，增长率为 -0.3%；耕地占用税 1065 亿元，占比 0.6%，增长率为 -15.3%。

资源税和财产税虽然在税收规模上明显少于主体税种，但是其具备不可替代的辅助调节功能，在我国税制体系中具有重要作用。例如，资源税可以促进资源有效利用，提高资源的利用效率；而财产税有助于调节收入分配，缩小贫富差距，实现共同富裕。

（一）资源税的内容和特点

资源税又名自然资源税，是对在我国境内开采应税矿产品和生产盐的单位和个人，就其应税资源税数量征收的一种税。根据《资源税暂行条例实施细则》规定，所附《资源税税目税率表》中所列部分税目的征税范围限定如下：（1）原油，是指开采的天然原油；（2）天然气，是指专门开采或者与原油同时开采的天然气；（3）煤炭，是指原煤；（4）其他非金属矿原矿，是指上列产品和井矿盐以外的非金属矿原矿；（5）固体盐。

资源税主要具有以下特点：第一，资源税的征收范围较窄。虽然自然资源的范围相当广泛，包括矿产资源、土地资源、水资源、动植物资源等，但是资源税的征税对象仅是其中一个子集。第二，在征收方式上，实行"普遍征收，级差调节"的差别税额从量计征，即开采的所有应税资源均应交税，同时根据资源的条件优劣程度进行分级征收，对资源条件好、收入多的多征，对资源条件差、收入少的少征。第三，与其他税种由独立核算的单位统一缴纳不同，为了避免税收流失与照顾采掘地的利益，资源税实行源泉课征，规定均在采掘或生产地源泉控制征收。

《资源税法》自 2020 年 9 月 1 日正式实施。《资源税法》是完善地方税体系的重要举措，是绿色税制建设的重要组成部分。资源税属于中央与地方共享税，但是考虑到不同地区的资源禀赋不同，故在税收分配中，地方政府所占权重同样重要，其中海洋石油企业缴纳的资源税全部归中央所有；非海洋石油企业缴纳的资源税全部归地方所有；水资源税 10% 归中央所有，90% 归地方所有。

（二）财产税的内容和特点

财产税是以纳税人所有或属其支配的财产为课税对象、向财产的所有者征收的一类税收。这里所指的财产既包括有形财产（自然资源、劳动产品等），又包括无形财产（科学技术、发明创作的特许权等）。

财产税类包括房产税、城市房地产税、城镇土地使用税、车船使用税、车船使用牌照税、车辆购置税、契税、耕地占用税、船舶吨税和遗产税。

财产税最为显著的特点为易于征管，能够有效避免税收遗漏。土地、房产等不动产的位置固定，标志明显，并且目前已经形成了完善的登记制度，地方政府易于了解纳税人的财产情况，从而可以根据量能原则有效征管，避免逃税漏税问题。

财产税可以追溯至古老的奴隶社会和封建社会，是当时政府税收收入的主要来源，但是进入资本主义社会以后，其主体地位逐渐让位于流转税及所得税。但征收财产税同样具有重要意义：首先，闲置、不经营状态的资产的资金和财产也要课税，这有助于抑制坐吃利息、租金、存量资产等"不劳而获"的行为，鼓励资金用于生产经营；其次，财产税的征收对象重点是富人，因此有助于缩小贫富差距，实现资源再分配。

在 2021 年 4 月国务院新闻办公室举行的新闻发布会上，财政部相关人员介绍了贯彻落实"十四五"规划纲要，加快建立现代财税体制有关情况，提出要"健全以所得税和财产税为主体的直接税体系，逐步提高其占税收收入的比重，有效发挥直接税筹集财政收入、调节收入分配和稳定宏观经济的作用，夯实社会治理基础"，"积极稳妥推进房地产税立法和改革。"

三、多税种、多层次调节的复合税制体系

复合税制与单一税制相对应，是指由多种税类的多个税种组成的、通过多税种互相配合和相辅相成的完整的税收体系。

复合税制一般由主体税种及辅助税种组成，其中主体税种是指筹集财政收入和调节经济活动的主导税种，在我国即为流转税类和所得税类；辅助税种是指对主体税种起到补充和调节作用的其他税种，在我国主要由财产税类和资源税类组成。

实行复合税制有助于避免过于依赖单一税种造成的风险及不确定性，有利于发挥各种税的不同调节功能，为政府获得稳定可靠的财政收入，具

有灵活性及高弹性的优点。

由于单一税制缺乏弹性并且无法发挥筹集财政收入和调节经济的功能，因此世界各国均普遍采用复合税制，并没有哪一国家真正实行彻底的单一税制。

第三节 "十四五"财税体制改革

一、健全地方税体系，培育地方税源

《国民经济和社会发展第十四个五年规划和 2035 年远景目标纲要》提出，"十四五"时期，我国经济社会发展的主要目标是：经济发展取得新成效，改革开放迈出新步伐，社会文明程度得到新提高，生态文明建设实现新进步，民生福祉达到新水平，国家治理效能得到新提升。

"十四五"规划纲要要求进一步优化税制结构，完善现代税收制度，健全地方税、直接税体系。其中，重点内容包括健全地方税体系，培育地方税源；在中央统一立法和税种开征权的前提下，通过立法授权，适当扩大省级税收管理权限；同时，深化税收征管制度改革，如建设智慧税务，推动税收征管现代化。

地方政府财权与事权的不匹配进一步凸显了加快健全地方税体系与培养地方税源的必要性。为了缓解地方特别是基层的财政收支矛盾，2019 年10 月，国务院出台《实施更大规模减税降费后调整中央与地方收入划分改革推进方案》，增加减税降费后的收入划分中地方政府所占比重。在现阶段地方没有主体税种的情形下，该方案有助于保障地方政府的税收收入、稳定地方税收预期，但从中长期来看仍属权宜之计，而根本的解决方法还是要加快健全地方税体系，具体措施有以下几点：一是在中央统一立法和税种开征权的前提下，通过立法授权，赋予地方政府一定的税政管理权限；二是着力打造地方税主体税种，加强税基建设；三是结合健全直接税体系，调整所得税分享比例，适当提高地方分享部分，以充实地方财力。

☞典型案例☜

云南省培育新兴产业优化地方税源结构

差别化扶持政策主要是基于地域和民族的差别、针对不同的情况进行扶持的政策。云南省与东部发达省份相比，产业发展较为滞后，产业结构较不合理，一是高度依赖"两烟"税源，导致地方财源单一；二是资源密集型产业占比较高，产品附加值低；三是新兴产业发展迟缓，优质项目缺乏，导致地方财政收入质量较低，财政收入增长乏力。为改变这种局面，自党的十九大以来，云南省开始研究制定差异化政策，实行有差别的产业政策。一方面，巩固烟草、矿业、水资源产业等传统税源。另一方面，优化产业结构，打造一流的"健康生活目的地牌"，发展生物医药和大健康产业，打造集医疗、研发、教育、康养为一体的医疗产业综合体；打造一流的"绿色能源牌"，发展水电资源产业，加强西电东送通道、境外输电项目建设，拓展省内外和境外电力市场；打造一流的"绿色食品牌"，充分利用云南省丰富而独特的各类生物资源，打造名优产品并推向世界。云南省通过大力发展优势特色产业，显著扩展了政府发展空间，改善了税源结构，培育了地方税源新的增长点。

　　资料来源：赵林、杨树琪、任秀芹：《培育新兴产业 优化地方税源结构——基于云南省差别化扶持政策的分析》，载于《经济研究导刊》2019年第14期，第115~117页。

二、健全直接税体系，逐步提高直接税比重

　　完善现代税收制度的另一重要方面是优化税制结构，健全直接税体系，适当提高直接税比重。健全以所得税和财产税为主体的直接税体系，进一步完善综合与分类相结合的个人所得税制度，积极稳妥推进房产税立法和改革。

　　"十四五"时期，将坚持以政领财、以财辅政，系统谋划财政发展新思路、新举措，加快建立现代财税体制，积极发挥财政职能作用。首先，在收入方面，应有效发挥收入政策的作用，进一步完善现代税收制度。在保持现阶段税制基本稳定的基础上，进一步建立健全有利于高质量发展、社会公平、市场统一的税收制度体系。其次，在支出方面，应在保持合理支出强度的同时，做到有保有压、突出重点。完善县级基层财力保障机制，加强对欠发达地区和困难地区的保障，转移支付进一步向中西部地区和困难地区倾斜，最大限度下沉财力并提高基层的保障水平。最后，在管理方面，应持续深化预算管理制度改革，提升财政资源配置效率和资金使用效益。

　　根据国际经验，经济发达水平与直接税体系存在正向关联，经济发展

为直接税提供了充足的、税基规范的市场环境，有利于直接税体系的健全；同时，直接税占比的提高有助于更好地发挥税收调节作用，满足经济发展强化税收调节的需求。目前，与世界其他国家相比，我国直接税占比仍然较低，不但限制了税收调节作用的发挥，而且不利于经济效率的提高，具体表现在：第一，间接税难以体现"税收中性"原则，容易对初次分配中的资源配置产生干扰；第二，间接税的比例税率决定了其具有"累退性"，不利于税收调节收入分配功能的实现；第三，直接税体系结构失衡不利于缩小收入差距，不利于优化我国收入和财富分配格局；第四，目前我国个人所得税制度仍然有待健全，个人所得税占比较低是我国直接税功能发挥不力的主要原因。

健全我国直接税体系，一是要全方位提升直接税体系的职能作用，提高直接税税收收入占税收总收入和 GDP 的比重，筹集财政收入，涵养地方税源，充分发挥直接税对经济的"自动稳定器"功能与收入调节功能；二是处理好直接税与间接税的关系，在保持宏观税负基本稳定的前提下提高直接税比例，处理好直接税占比提高和税收结构优化的关系，提高个人所得税占比和保有环节的财产税占比；三是完善重点税种建设，完善个人所得税制度，发挥个人所得税的公平性和累进性；四是构建面向自然人纳税人的征管制度体系，尝试建立自然人纳税人税款自行评估申报制度，提高自然人纳税人的征纳水平；五是营造利于健全直接税体系的社会环境，加强个人纳税信用制度建设，提高自然人纳税意识等。

三、推进后移消费税征收环节改革，完善个人所得税制度

"十四五"规划纲要指出，应完善个人所得税制度，推进扩大综合征收范围，优化税率结构。同时，应调整优化消费税征收范围和税率，推进征收环节后移并稳步下划地方。

2020 年 5 月 11 日，中共中央、国务院出台的《关于新时代加快完善社会主义市场经济体制的意见》中指出，要研究将部分品目消费税征收环节后移。后移消费税可以简单理解为消费税的征收环节后移，即对消费品的征税环节从生产环节后移至批发或者零售环节。

目前，我国消费税主要在生产环节而非零售环节征收，即由生产者代替消费者缴纳。这虽然有助于加强源头控制，方便税收征管以及防止税款流失，但同时也存在许多弊端，如消费者对所承担的实际税负不易感知，不利于发挥消费税的调节作用等。因此，后移消费税的征收环节将有助于扩展地方收入来源，促进营商环境改善，以及促进内需增长。

在完善个人所得税制度方面，主要包括以下几点措施：（1）选择混合征收制度。将经常所得与其他所得进行分类征收，同时对高收入人群纳税

进行有效监督；（2）税务信息技术革新。建立全国统一的税号，完善个人所得税特有的纳税代码；（3）合理设计扣除标准。包括拟定差异扣除标准，以家庭为纳税申报单位，以及规范福利和税收优惠。

☞延伸阅读☜

消费税改革开启央地共享新模式

2019 年 9 月，《实施更大规模减税降费后调整中央与地方收入划分改革推进方案》明确了消费税改革的基本内容，消费税改革进入加速推进阶段，开启中央地方共享的新模式。此次消费税改革的基本目标在于确保中央与地方既有财力格局稳定。近期，一系列减税降费政策深入落实，在大大减轻企业和个人税收负担的同时，也在一定程度上出现了地方政府税收收入增长乏力的状况。此次改革将消费税收入中的增量部分下划地方，存量部分依然由地方上解中央，可以在一定程度上缓解地方的财政压力。除此之外，长期以来地方政府的治理思维使其惯性依赖生产环节获得财政收入，当企业的生产经营情况和宏观经济发生波动时，容易产生财政风险。由消费地分享消费税税源，能够进一步调动地方的积极性，激励政府改善营商环境、支持消费市场，从而促进经济发展和产业升级。

资料来源：《实施更大规模减税降费后调整中央与地方收入划分改革推进方案》。

四、加强全口径预算管理，健全财政支出标准体系

全口径预算管理是财政预算管理的一种模式，被视为财政管理和财政监管的一场革命。全口径预算管理的范围不仅包括预算内资金和预算外资金的监管，还包括政府性债务和或有负债的监管，是防范财政风险的一项重要措施。财政支出标准体系是指，为保证财政预算资金分配的规范性、科学性、合理性而建立的审核部门预算支出的政策依据和测算标准。

全口径预算的终极目标是将所有政府收支纳入其中，并进行高效、统一管理。这实际上不仅仅规范了财政资金，还涉及大量地方政府事权的规范，要求将地方政府的事权与财权高度匹配，在财政体制整体框架内解决中央与地方的财政矛盾。

根据财政部的权威解读，"十四五"规划纲要指出持续深化预算管理制

度改革将从五个方面重点突破：一是加强重大决策部署财力保障；二是加强财政资源统筹，充分挖掘各种闲置资源潜力，加强政府性资源综合管理，强化部门和单位收入统筹管理；三是规范预算支出管理，合理安排支出预算规模，充分发挥财政政策逆周期调节作用，优化财政支出结构；四是加强预算控制约束和风险防控，实施项目全生命周期管理；五是提高预算管理信息化水平，以省级财政为主体建设覆盖本地区的预算管理一体化系统并与中央财政对接，建立完善全覆盖、全链条的转移支付资金监控机制。

第三章
中国货币金融体系

改革开放前，我国实行计划经济体制，与之相适应的便是财政主导型的经济模式，没有现代意义上的金融体系和金融服务。1984年，以中央银行和四大专业银行为代表的"双层银行制"的形成标志着我国现代金融的起步。此后，随着金融机构改革、四大国有商业银行完成股份制改革并上市，间接融资体系愈加市场化；随着各类金融市场的蓬勃发展以及各类金融产品的多样化设计，直接融资体系迅速发展并逐渐与国际接轨；随着"一委一行两会"监管格局的形成以及金融监管体系的日趋完善，我国逐渐形成了间接融资和直接融资互补、金融创新和金融监管有效平衡的多元化融资体系。

目前，我国所面临的外部环境日趋复杂。随着金融国际化的逐步推进，我国金融市场受到国际金融市场波动的影响逐渐加剧，同时国内经济高速增长阶段所积累的各项潜在风险逐渐显现，地方政府债务规模持续扩张、金融市场运行不规范等导致国内金融风险逐渐增加，因此金融监管和金融稳定正受到更多的重视。

第一节 中国金融体系

整体来看，我国金融体系变革主要是通过国家主导下的"中央银行—国有商业银行"的二级银行体系完成，目前形成了包括兼顾通货膨胀控制和经济增长的货币政策、国家隐性担保下的银行信用扩张、基于资本管制的人民币可调整盯住汇率制在内的"货币＋金融＋汇率"三大金融政策支柱。

从监管部门角度看，我国实行"一委一行两会"及地方金融局为代表的金融监管模式。

从金融机构角度看，我国实行以中央银行为领导，国家专业银行为主体，多种金融机构并存和分工协作的金融体系。

从金融市场角度看，我国金融市场可以细分为货币市场、证券期货市场、资管市场、保险市场及其他金融市场；参与金融市场交易的机构包括银行、证券公司、期货公司、保险公司、信托公司、基金公司及其他机构。

一、监管部门

我国金融业自改革开放以来先后经历了混业经营、分业经营，再到混业经营的演进过程，基本符合"合久必分，分久必合"的周期性循环。与此相伴金融监管也经历了"统一、裂变、协同"的发展路径。

1978～1993年，我国实行混业经营、统一监管的金融监管模式，由中国人民银行作为唯一监管机构，对全国各类金融业务、金融机构进行统一监管。1993～2017年，我国逐渐尝试混业经营、分业监管的金融监管模式，建立起由中国人民银行、证监会、银监会、保监会组成的"一行三会"金融监管格局。2017年后我国进入混业经营、协同监管时期，成立国务院金融稳定发展委员会，2018年银监会和保监会合并为银保监会，从此形成了目前中央政府设置"一委一行两会"、地方政府设置地方金融监督管理局的金融监管格局。

（一）一委一行两会

1. 一委——国务院金融稳定发展委员会

2017年，全国金融工作会议在北京召开，会上宣布设立国务院金融稳定发展委员会。国务院金融稳定发展委员会主要职责包括：（1）落实党中央、国务院关于金融工作的决策部署；（2）审议金融业改革发展重大规划；（3）统筹金融改革发展与监管，协调货币政策与金融监管相关事项，统筹协调金融监管重大事项，协调金融政策与相关财政政策、产业政策等；（4）分析研判国际国内金融形势，做好国际金融风险应对，研究系统性金融风险防范处置和维护金融稳定重大政策；（5）指导地方金融改革发展与监管，对金融管理部门和地方政府进行业务监督和履职问责等。

2. 一行——中国人民银行

1993年之前，中国人民银行是金融监管体系的唯一机构，负责对各类金融机构及各类金融活动进行综合监管。自1993年起，逐渐对中国人民银行的各项经营性业务进行剥离，划转政策性业务和商业银行业务；将中国人民银行对银行、资产管理公司、保险公司、信托投资公司及其他金融机构的监管职能分离出来，成立专门负责金融监管的证监会、银监会、保监会等金融监管机构。

中国人民银行具有三大核心职能：第一，制定和执行货币政策，防范和化解金融风险，维护金融稳定；第二，担负着发行人民币、管理人民币流通、经理国库、管理征信业等一系列关乎国家经济的重要职责；第三，对我国的银行业务进行监督、管理并给予指导。

3. 两会——中国证券监督管理委员会和中国银行保险监督管理委员会

中国证券监督管理委员会（简称"证监会"）成立于1992年，是国务院证券委的监管执行机构，负责统一监督管理全国证券期货市场，维护证券期货市场秩序。在我国金融监管体系中，证监会主要负责证券期货细分领域的监管，其主要职责包括：（1）垂直领导全国证券期货监管机构，对证券期货市场实行集中统一监管；（2）监管股票、可转换债券、证券公司债券，以及国务院确定由证监会负责的债券及其他证券的发行、上市、交易、托管和结算；监管证券投资基金活动；批准企业债券的上市；监管上市国债和企业债券的交易活动；（3）监管境内期货合约的上市、交易和结算；按规定监管境内机构从事境外期货业务；（4）对证券期货经营机构、证券投资基金管理公司、证券登记结算公司、期货结算机构、证券期货投资咨询机构、证券资信评级机构等中介机构及从业人员进行监管等。

中国银行保险监督管理委员会（简称"银保监会"）成立于2018年（中国保险监督管理委员会成立于1998年，中国银行业监督管理委员会成立于2003年，二者于2018年整合，成立中国银行保险监督管理委员会），其主要职责是依照法律法规统一监督管理银行业和保险业，维护银行业和保险业合法、稳健运行，防范和化解金融风险，保护金融消费者合法权益，维护金融稳定。银保监会主要负责银行业及保险业细分领域的监管，其主要职责包括：（1）对银行业和保险业改革开放和监管有效性开展系统性研究；（2）依据审慎监管和金融消费者保护基本制度，制定银行业和保险业审慎监管与行为监管规则；（3）对银行业和保险业机构的公司治理、风险管理、内部控制、资本充足状况、偿付能力、经营行为和信息披露等实施监管；（4）对银行业和保险业机构实行现场检查与非现场监管，开展风险与合规评估，保护金融消费者合法权益，依法查处违法违规行为等。

（二）地方金融监督管理局

地方金融监督管理局主要负责在坚持金融监管中央事权的前提下，对地方金融活动进行监管，履行对地方各类金融机构的监管职能。

2021年底，中国人民银行发布《地方金融监督管理条例（草案征求意见稿）》，要求：（1）按照"中央统一规则、地方实施监管，谁审批、谁监管、谁担责"的原则，将地方各类金融业态纳入统一监管框架，强化地方金融风险防范化解和处置；（2）明确中央与地方监管分工，压实地方金融监管职责和金融风险处置属地责任；（3）建立中央与地方金融监管协调机制，加强中央与地方配合和跨区域协作；（4）明确"7+4"类机构（地方小额贷款公司、融资担保公司、区域性股权市场、典当行、融资租赁公司、商业保理公司、地方资产管理公司等地方金融机构）的监管规则和要求，强调地方金融组织持牌经营，规定地方金融组织原则上不得跨省开展业务；（5）增设地方金融监管措施，赋予更有效的监管职权，明确地方金融监管部门开展现场和非现场监管，建立风险预警机制，规定风险处置措施，加大为对违法违规行为的处理力度；（6）设置过渡期安排，确保平稳过渡。

下一步，中国人民银行可能会加快推进《地方金融监管条例》出台进程，在制度等方面进一步完善。从长期来看，地方金融监管将在我国金融监管体系中发挥更加重要的作用。

二、金融机构

根据中国人民银行公布的数据，初步统计，2021 年末，我国金融业机构总资产为 381.95 万亿元，同比增长 8.1%。其中，银行业机构总资产为 344.76 万亿元，同比增长 7.8%；证券业机构总资产为 12.3 万亿元，同比增长 21.2%；保险业机构总资产为 24.89 万亿元，同比增长 6.8%。金融业机构负债为 346.58 万亿元，同比增长 7.9%。其中，银行业机构负债为 315.28 万亿元，同比增长 7.6%；证券业机构负债为 9.35 万亿元，同比增长 24.4%；保险业机构负债为 21.96 万亿元，同比增长 6.9%。具体数据如表 3-1 所示。

表 3-1　　　　　　　　2021 年末金融业机构资产负债统计表

	余额（万亿元）	同比增速（%）
金融业机构总资产	381.95	8.10
其中：银行业	344.76	7.80
证券业	12.30	21.20
保险业	24.89	6.80
金融业机构负债	346.58	7.90
其中：银行业	315.28	7.60
证券业	9.35	24.40
保险业	21.96	6.90
金融业机构所有者权益	35.37	10.50
其中：银行业	29.48	10.70
证券业	2.95	12.20
保险业	2.93	6.50

资料来源：中国人民银行，《2021 年金融统计数据报告》。

参与我国金融市场交易的金融机构按照地位和功能可以分为三大类：

第一类是银行业金融机构；第二类是各类非银行金融机构；第三类是在中国境内开办的外资、侨资、中外合资金融机构。

（一）银行业金融机构

银行业金融机构以吸收存款为主要负债，以发放贷款为主要资产，以办理转账结算为主要中间业务，直接参与存款货币的创造过程，是金融市场的核心参与主体。

我国银行业金融机构包括政策性银行、商业银行、农村和城市信用合作社等许多类型的金融机构，具体包括：

（1）政策性银行及开发性金融机构，包括中国进出口银行、中国农业发展银行及国家开发银行，主要负责在特定领域开展金融业务并提供金融服务。

（2）国有大型银行，包括中国工商银行、中国农业银行、中国银行、中国建设银行、中国邮政储蓄银行及交通银行等。

（3）城市商业银行，其前身是城市信用社，主要是地方政府设立的、为地方经济及居民提供金融服务的银行，包括北京银行、上海银行、杭州银行等。

（4）民营银行，与国资背景的银行不同，民营银行的资金主要来自社会民间资本，具有自主性及私营性的特征。其设立的初衷是打破中国商业银行业单元国有垄断，实现金融机构多元化。民营金融机构特殊的产权结构、敏锐的市场感知和灵活的经营形式决定了其具有机制活、效率高、专业性强等一系列优点，但同时其对市场冲击的反应更加明显，抵御风险的能力较差。民营银行与国有银行配合，共同构成我国金融市场的重要组成部分。民营银行主要包括天津金城银行、温州民商银行等。

（5）住房储蓄银行，负责专营房地产存款、信贷、结算业务的金融企业，提供房地产业生产、流通领域的存贷款服务，并发行住房债券等，主要包括中德住房储蓄银行等。

（6）农村商业银行，由农村合作银行及符合条件的农村信用社改制创立，主要负责"三农"领域及城乡中小企业的金融业务，主要包括北京农村商业银行、天津农村商业银行、青岛农商银行等。

（7）外资银行，主要是指外国资本在中国境内创办的银行，凭借其对国际金融市场的了解和广泛的国际网点等有利条件，提供国际化的金融服务，是我国银行业金融机构的重要组成部分，主要包括汇丰中国、渣打中国、花旗中国等。

（二）非银行金融机构

除了银行业金融机构之外，非银行金融机构在我国金融体系中同样发挥着关键作用。非银行金融机构是指除商业银行和专业银行之外的所有金融机构，主要包括证券公司以及期货、保险公司，信托投资公司，基金公司（公募和私募），融资租赁公司和财务公司等。非银行金融机构不能吸收公众存款，以某些特殊方式吸收资金并运用资金，提供特色金融服务。

非银行金融机构在补充银行融资体系、激发金融市场活力、完善金融服务层次等方面具有重要作用，具体包括：

（1）证券公司，指专门从事有价证券买卖的法人企业，主营业务包括证券经纪业务、在市场研究和策略分析基础上提供的投资咨询业务、财务咨询业务、债券及股票等证券的承销与保荐业务、证券自营业务，以及为客户提供的资产管理业务等。

（2）期货公司，指依法设立的、接受客户委托、按照客户的指令、以自己的名义为客户进行期货交易并收取交易手续费的中介组织。其通过会员资格帮助客户实现期货交易，向客户收取保证金，并且禁止自营期货交易业务以及承诺与客户分享利益和共担风险。

（3）保险公司，指依保险法和公司法设立的公司法人。其通过收取保费形成负债，并且将保险资金投资于贷款、债券、股票及各类金融衍生工具以获得投资收益，将所得收入用于支付保险赔偿。保险公司销售保险合约，能够为金融交易提供风险保障，是防范金融交易风险的重要主体。目前，在传统保险业务的基础上进一步衍生出再保险业务，由专业的再保险公司对保险进行保险，进而实现风险的转嫁。

（4）信托公司，指依信托公司管理法和公司法设立的主要经营信托业务的金融机构，主营业务包括委托和代理两个方面。委托是指，接受财产所有者的委托，为其保管和经营财产；根据所有者或其指定人的利益，对齐资产进行妥善增值管理。代理是指，根据授权代办经济事项。

（5）基金公司，指经中国证券监督管理委员会批准，在中国境内设立，从事证券投资基金管理业务的企业法人，主营业务包括非证券业务的投资管理与咨询、参与设立投资型企业与管理型企业、基金管理与运作，以及接受客户委托，为其进行资产管理等。

（6）金融租赁公司，指经中国银行业监督管理委员会批准，以经营融资租赁业务为主的非银行金融机构，主营业务包括直租、转租赁及售后回购在内的融资租赁业务，转让和受让融资租赁资产，固定收益类证券投资业务，吸收非银行股东3个月（含）以上定期存款，租赁物变卖及处理业务，以及经济咨询业务等。

（7）财务公司，又称金融公司，是为企业技术改造、新产品开发及产品销售提供金融服务，以中长期金融业务为主的非银行机构，主营业务包括吸收定期存款，发行财务公司债券，实施同业拆借，办理商业汇票承兑及贴现，办理委托贷款及委托投资，实施有价证券及成员单位股权投资，对成员单位提供担保，以及财务咨询、信用鉴证等。

三、金融市场

金融市场是指，在经济运行过程中，资金供求双方运用各种金融工具调节资金盈余和弥补资金匮乏的市场，是资金融通发生的场所，是经营货币资金借款、外汇买卖、有价证券交易、债券和股票的发行、黄金等贵金属买卖场所的总称。我国金融市场具体包括货币市场、证券期货市场、资管市场、保险市场等。

（一）货币市场

货币市场是指期限在一年以内的金融资产交易的市场，其金融工具主要包括短期国库券、商业票据、银行承兑汇票、可转让定期存单、回购协议等短期信用工具。这些金融资产由于具有期限短、风险低、认可度高等优点，因此具有较强的流动性，在流动资产划分中仅次于现金货币和存款货币，因此又被称为"准货币"。

根据所交易的金融工具种类的不同，货币市场可以细分为同行业拆借市场（银行同业间的资金拆放）、票据市场（商业票据承兑、交易及贴现）、大额可转让定期存单市场（大额可转让存单的流通交易）、国库券市场（国库券流通转让）、消费信贷市场（消费贷款发放和担保）和回购协议市场（回购协议签订和执行）六个子市场。

（二）证券期货市场

证券市场是各类经济权益凭证交易市场的总称，泛指所有证券发行和交易的场所。证券市场作为我国直接融资体系的重要组成部分，具有以下显著特征：（1）证券市场是价值直接交换的场所。有价证券仅仅作为价值的载体，有价证券之间的交易本质上只是其背后所代表的价值的直接交换。（2）证券市场是财产权利直接交换的场所。有价证券的交换不仅是金融资产所有权的交换，更是其所代表的收益权、要求权等财产权利的交换。（3）证券市场是风险直接交换的场所。金融资产收益权交换的同时也伴随着风险的转嫁。

期货市场作为广义的证券市场的组成部分，主要由期货交易所、期货结算所、期货经纪公司和期货交易者构成，其交易的金融工具包括商品期货、金融期货以及期权等金融衍生品等。

（三）保险市场

保险市场是指各类保险产品进行交换的场所，是保险商品交易关系及供需关系的总和。其运行机制为，保险商品供给方提供人身保险、财产保险等各类保险产品，从而募集保险资金，资金需求方通过购买保险产品实现风险的转嫁和分担，同时由保险代理人、保险经纪人、保险公证人、保险精算师等中介在保险人和投保人之间活动，起到桥梁作用。

目前，保险资金可以投资于银行存款、国债、境内依法发行的商业银行理财产品、银行业金融机构信贷资产支持证券、信托公司集合资金信托计划、证券公司专项资产管理计划、保险资产管理公司基础设施投资计划、不动产投资计划和项目资产支持计划等金融产品。

（四）资管市场

资产管理市场是指主要经营资产管理业务的金融市场。其运作模式为，资产管理人接受客户委托，并根据客户要求与客户签订资产管理协议，提前约定服务内容、交易方式、交易条件、要求及限制等，对客户的资产进行管理和运作，通过投资于银行理财产品、债券、股票、基金、期货等各类金融资产获得收益，帮助客户实现资产的保本及增值，进而收取佣金。

目前，我国能够从事资产管理业务的公司有证券公司、基金公司、信托公司、资产管理公司以及第三方理财公司。对这类公司牌照，我国限制较为严格。

第二节　金融体系的国际比较

融资方式是货币金融体系本质的重要体现。企业融资方式有直接融资和间接融资两种，二者的主要区别在于是否直接形成债权债务关系。

整体来看，直接融资的资金供求双方联系较为紧密，有利于资金快速合理配置和使用效益的提高，并且由于没有中介机构的参与，对于融资方来说可以降低融资成本，对于投资方来说可以提高投资收益。但是，直接融资双方在资金数量及期限结构等方面受到诸多限制，双方直接协商所付出的信息成本、交易成本等较高，交易面临较大的不确定性，并且直接融资所使用的金融工具流通性相对较弱，兑现能力较低，因此也导致风险水平较高。

间接融资具备网点机构众多、民众认可度高等优势，因此吸收存款的起点低，能够广泛筹集社会各方面闲散资金；而中介金融机构可以通过资产及负债的多元化来分散风险，提高安全性。虽然间接融资具备上述优点，但是由于中介金融机构的介入在一定程度上阻隔了资金供求双方的联系，降低了融资效率。

一、美英直接融资体系

在全球金融市场体系中，美国和英国是典型的以直接融资为主的国家，主要表现在地方政府融资中债券融资比重较高，企业融资中股票、债券等直接融资工具占据主导地位，融资市场整体以市场为导向，商业银行在融资体系中发挥的作用较为有限。

（一）美英企业融资模式

英国直接融资模式主要包括三个部分。一是股权融资。企业可以通过私下募集、定向增发或股权转让的方式进行融资。二是准股权融资，即依据投融资双方约定，在未来一定时期与条件下可转换为股权融资的一种融资方式。其与股权融资的主要区别在于投资者无支配权，但投资者在未来一定时期与条件下可从企业盈利中取得固定百分比的收益。三是债务融资。企业可以通过发行债券获得资金。

非银行类金融机构在美国直接融资体系中发挥了关键作用，主要包括存款类金融机构、投资类金融机构、保险公司，以及养老基金。其中，存款类金融机构主要负责从分散的投资者手中吸收资金；投资类金融机构负责整合闲散资金并进行专业操作，进行专业化投资；保险公司和养老基金则分别管理保险资金和养老金。

（二）美英直接融资体系的特点

美英直接金融体系最突出的特征为多层次、强关联、宽维度的资本市场体系及完善多样的金融机构，以及市场化运作且高度发达的 PE、VC 市场等。

1. 多层次的资本市场体系

美国和英国是世界上金融体系非常发达的国家，具有完善的资本市场体系，形成了以资本市场直接融资为中心，以灵活的银行信贷间接融资为辅助，政府组织和非政府组织相结合的金融支持体系，能够满足各类企业多样化的融资需求，有效支持企业发展。

以美国为例，美国资本市场体系主要包括两个部分。一是场内股票市场，包括纽约证券交易所和美国证券交易所（上市要求最为严格，主要面对发展成熟的大型企业），以及纳斯达克证券交易所（上市要求相对较为宽松，主要服务于新兴产业，提供融资需求）。二是场外交易市场（OTC），包括 OTC 第三市场、OTC 第四市场和美国场外柜台交易系统。从风险层次结构来看，美国股票市场呈现标准的"正三角"结构，即底层三板市场挂牌公司数量显著多于上层公司数量，并且美国股票市场存在完善的"转板"制度，这对于我国股票融资市场具有借鉴意义。

2. 利用风险投资发展战略性新兴产业

为了解决创新型企业发展前期融资问题，美国和英国建立了完善的风险投资模式，为技术创新及技术快速转化为生产力提供了充足资金，分担了高科技企业的风险，有效缩短了技术创新的产业化进程。在以直接融资为主体，自由竞争、高效运行的资本市场环境下，风险投资投资者可以通过 IPO 上市、兼并收购、协议回购等多种形式收回投资并获得投资回报，进而继续将资金用于支持实体经济发展，最终形成经济、产业和金融互相促进的良性循环。

3. 中小企业融资较为便利

目前，中小企业数量占全美国企业总数的 99%，中小企业就业人数占就业总人数的 45%，小企业对创新发明的贡献达到 70% 以上。许多高新技术大型公司在起步阶段通常都是中小型企业。在美国的直接融资体系下，中小企业融资主要是通过政府的政策性基金来引导，政府主要通过对中小企业提供政策性担保基金，进而引导商业金融机构对中小企业进行贷款。美国政府专设美国中小企业管理局（SBA），旨在制定宏观调控政策并引导民间资本投资。

除了上述 SBA 贷款担保机制之外，美国还采取了多种手段支持中小企业发展，如实施小企业投资公司计划（SBIC），利用政府资金和私人投资资金为中小企业融资，一般通过股权参与的方式获得回报；实施 504 贷款计划，为中小企业购买设备与厂房提供贷款；实施微型贷款担保计划，通过非营利社区组织，向成长型小企业提供小额短期贷款计划等。

4. 互联网金融快速发展

伴随互联网金融的迅速发展，在线贷款平台为中小企业直接融资提供了更为便捷的渠道，其具备申请程序简单、资金投放速度快、服务质量好等多重优点，正在成为美国直接融资体系的重要组成部分。美国互联网融资平台主要包括三类：一是以 OnDeck 和 Kabbage 为代表的，考察资产负债表的短期贷款模式；二是以 Biz2Credit 和 Fundera 为代表的，负责为贷款方和借款方提供交易途径的模式；三是以 Lending Club 和 Funding Circle 为代表的 P2P 模式，通过多种途径满足资质好的个人借款人和个人投资者之间的资金融通需求。

美国高度发达和市场化的货币金融体系为政信金融模式的发展提供了广阔的空间。美国政府往往不会直接参与对各类企业的贷款计划，而是通过设立产业投资基金、建立产业投资公司等方式引导社会资本与政府资金相结合，以满足各级政府及各类企业的融资需求。

二、德日间接融资体系

与美国和英国"市场主导型"的直接融资体系不同，德国和日本是典型的"银行主导型"的间接融资体系，其主要特点是金融市场在地方政府融资及企业融资中发挥的作用较弱，资金配置多由商业银行掌控。

德国的银行实现混业经营，即银行属于"全能的银行"，不仅办理传统商业银行的存贷款业务，同时也办理投资银行、保险机构、信托机构等各个领域的金融业务。德国联邦和州政府、开发性金融机构德国复兴信贷银行（KFW）和州担保银行、商业银行（储蓄银行集团、合作银行等）、工商协会和担保银行等是德国企业社会化融资体系的主要参与主体。

第二次世界大战后日本经济濒临崩溃，却能在战后创造经济增长奇迹，其中政策性金融在经济恢复期及高速增长期等各个阶段均发挥了关键作用，逐渐形成了银行主导的间接融资体系。日本政策性金融机构主要由"二行九库"构成，其中"二行"是指日本开发银行和日本进出口银行，"九库"是指国民金融公库、中小企业金融公库、中小企业信用保险公库等。

（一）德日中小企业融资体系

以德国为例，德国中小企业融资体系主要包括债券融资支持和股权融资支持两部分内容。通过政策性银行对初创高新技术企业及新兴产业的融资倾斜，在为企业提供资金支持的同时有效实现了风险分摊。同时，德国担保银行也在风险分摊机制中发挥了关键作用。政府以自身信用为担保银行提供反担保，从而实现放贷银行、担保银行和政府共担风险的担保模式，将风险降至最低。债券融资支持及股权融资支持具体内容如下：

1. 债券融资支持

银行信贷业务是德国间接融资体系的核心组成部分。目前，德国最大的政策性银行是德国复兴信贷银行（KFW），其主要负责为产业开发、教育和科研机构振兴、发展战略性新兴产业、参与欧洲和德国金融项目等提供资金支持。在中小企业融资方面，由 KFW 的子公司 KFW 中小企业银行负责为初创中小型企业提供资金支持和金融服务。

为了扶持中小企业发展以及鼓励创业，KFW 推出 ERP 创业贷款业务，为满足一定标准、具备较好市场发展空间的中小企业提供中长期低利率贷款，并且利用政府信用为其提供担保，同时与欧洲投资基金（EIF）合作，进一步实现风险分散。

2. 股权融资支持

KFW 除了为新兴产业提供优惠贷款及融资担保之外，还通过与风险资本进行合作，支持中小企业选择股权融资方式。股权融资支持计划的具体机制为：由 KFW 建立 ERP 初创企业基金并进行管理，与至少一位私人投资者合作进行联合投资，实现投资风险的分摊。该基金通过公私合作方式，为经营不超过一年的高科技初创企业融资，由德国政府和社会资本共同出资组建资金池，并对申请基金的高科技初创企业实行严格的风险投资标准程序。

☞延伸阅读☜

德国普惠金融的经验借鉴

在普惠金融领域，德国采取了一系列措施，有效保障了小微企业的融资需求，为实现德国企业在众多细分领域内的"隐形领先"奠定了资金基础。德国政府在经济部、财政部、科技部下设专门负责小微企业的机构，与小微企业对接并提供服务；联邦政府出台《中小企业促进法》等一系列法律，在社会福利保障、劳资合同、税收贷款等方面为小微企业提供了强有力的法律保护；构建小微企业社会化融资体系，形成了以德国联邦政府和州政府、政策性银行、州担保银行、商业银行、工商业协会等风险共担、收益共享的小微企业社会化融资体系。

德国普惠金融的顺利实施对我国的政策启示：一是提升我国商业银行包括梯度产品支撑、增值服务赋能、多方资源共享在内的综合服务能力；二是坚持开放赋能，与政府及各类金融机构合作搭建平台，满足企业融资需求；三是完善小微企业融资担保和评级体系，建立担保机构与商业银行的风险共担机制，充分发挥银行和担保机构的协同效应；四是革新风险理念和信贷技术实现经营转型，提高普惠金融的实际收益。

资料来源：田静怡：《德国普惠金融经验借鉴》，载于《中国金融》2021年第11期，第90~91页。

（二）德日间接融资体系的特点

1. 德国间接融资体系的特点

在融资体系特点方面，德国间接融资体系的主要特点包括以下三点：

（1）"小金融大实体"保障了德国金融与实体经济的良性循环。首先，德国金融体系与实体经济的联系较为密切，虽然银行业收益率大幅低于非金融企业，但是德国首先通过商业银行、公共储蓄银行、信用社、政策性银行四大支柱，有效实现了金融业与实体经济、科技创新、现代金融和人力资源的协同发展。其次，德国银行治理体系不追求利润导向，实施利益相关者导向的公司治理模式，有效杜绝了由于股东追求短期利益最大化而出现的短视行为。最后，德国实体经济偏好内源性融资和自我融资，较为注重核心竞争力的维持，同时协调性市场经济体制使德国金融与实体经济富有韧性和约束力。

（2）"1+3"保障了德国金融与房地产行业的良性循环。德国是世界上少数能够控制房贷增速、实现金融业与房地产行业良性循环、金融业与实体经济相互促进的国家。德国住房金融制度的"1"是指长期实行的稳健的货币政策，"3"是指德国固定利率占主导、基于 MLV 的抵押物价值评估和贷款价值比低的住房贷款市场三大制度性特征，这些特征有效避免了金融与房地产市场顺周期叠加和房价上涨与房贷扩张的螺旋式循环，确保金融体系能够将更多的资金用于支持实体经济发展。

（3）德国银企关系更富韧性。从资金供给端来看，德国实行的稳健的货币政策、多元稳定的银行体系、长期再融资机制使投资者更偏向于长期价值投资，耐心资本比例较高，保证了信贷资金的稳定供给；从需求端来看，德国企业以内源性融资为主，杠杆率较低，导致其本身并没有对直接融资体系有较大需求；从制度环境来看，全能银行在银企良性协同中发挥了管家作用，在关联治理架构、互通信息机制、差异化定制服务，以及抵御周期冲击等方面发挥关键作用。

2. 日本间接融资体系的特点

日本在进入 20 世纪 90 年代以后，金融市场的自由化、国际化程度进一步加深，国际金融业竞争的加剧也促使日本积极开展金融领域改革。目前，虽然间接融资体系仍然占据主导地位，但是直接融资正呈现出更快的发展势头。例如，日本政府开展"金融大改革"，进一步取消对金融业的限制措施，减少政府对金融市场的干预，推动银行业市场化进程；同时，日本政府积极开展"结构性改革"，改革公共融资部门，提高资金配置效率。伴随直接融资体系的迅速发展，企业融资的"脱媒"趋势逐渐明显，这也倒逼商业银行提高服务质量，积极开拓中小企业融资市场，进而有助于解决中小企业融资难的问题。

我国企业融资模式仍然以银行主导的间接融资模式为主。但无论是从资金需求端还是资金供给端来看，直接融资已经迎来大发展，未来直接融资将大有可为。

第三节　"十四五"金融体系改革

目前，我国金融体系仍然存在资源配置效率较低、融资结构扭曲、直接融资体系结构失调等各类结构性问题，不利于金融市场的发展和资金融通职能的发挥。具体来讲，目前我国金融体系主要存在以下缺陷：

一是我国融资体系仍然以银行主导的间接融资模式为主，以市场为导向的直接融资体系始终处于从属地位，导致融资主动权掌握在主要以大型企业为服务对象的国有银行手中，这便不可避免地导致银行贷款不断向资金已经较为充足的大型国有企业、房地产企业倾斜，而亟须资金支持、具备发展活力的中小型企业及创新型企业却始终面临较高的融资门槛，受到"融资难、融资贵"问题的困扰，金融系统对实体经济、创新型经济的支持力度不足，金融系统配置资源的效率难以得到发挥。

二是我国直接融资市场发展仍然不健全、不规范。例如，我国股票市场结构在很长一段时间内存在"倒三角"现象，即沪深主板上市公司数量超过全国股转系统、区域性股权市场等挂牌企业的数量，并且缺乏标准的转板机制；除此之外，金融市场对中小投资者的保护力度不足，发展不规范导致内幕交易、操纵市场、欺诈客户等问题出现。

三是从金融资源的空间分布来看，我国金融供给存在显著的地区性差异，具体表现在金融资源集中于东部沿海发达地区，西部地区和东北部地区金融供给严重不足，"金融排斥"导致地区金融发展失衡和经济发展下行的恶性循环；除此之外，城乡二元制结构导致金融资源集中在城市，而农村地区信贷投入较为匮乏，农业保险、信贷抵押担保等发展滞后，农村资金大量外流。

为此，我国提出了"十四五"时期的金融体系改革举措，改善融资结构，大力发展债券市场和多层次资本市场，提高直接融资占比，加快建立现代金融体系。

一、健全金融调控体系

"十四五"规划提出，要建设现代中央银行制度，完善货币供应调控机制。

第一，要进一步厘清中央银行的职责，完善中央银行调节银行货币创造的流动性、资本和利率约束的长效机制，提高中央银行货币政策的透明度和规范性；根据名义经济增速确认基本与之匹配的货币供应量，并与社会融资规模增速相适应；建立制度化的货币政策沟通机制，有效管理和引导预期。

第二，进一步加快推进利率市场化改革，逐渐取消各类利率管制，通过深化贷款市场报价利率改革，带动存款利率的市场化进程；同时，应更好地发挥中央银行货币政策引导资源配置的作用，完善以公开市场操作利率为短期政策利率和以中期借贷便利利率为中期政策利率的中央银行政策利率体系，健全利率走廊机制，引导市场利率围绕中央银行政策利率为中枢波动。

第三，进一步加强宏观经济政策的协调，畅通货币政策、财政政策与金融市场间的传动机制，协同发力服务于宏观大局，加强货币政策与就业、产业、投资、消费、环保、区域等政策的统筹配合，构建紧密配合、目标优化、分工合理、高效协同的宏观经济治理体系。

第四，推动中央银行财务预算制度改革，进一步提高中央银行财务预算管理独立性，防止财政赤字货币化，在财政和中央银行两个"钱袋子"之间建起"防火墙"。

二、建立现代金融机构体系

"十四五"规划提出，要优化金融体系结构，深化国有商业银行改革，加快完善中小银行和农村信用社治理结构，规范发展非银行金融机构，增强金融普惠性。

第一，要进一步完善我国债券市场和多层次的资本市场体系，支持各类金融机构发展，营造多元化的融资环境；按照市场化、法治化、国际化原则，健全具有高度适应性、竞争力、普惠性的现代金融机构体系，以公司治理为核心，深化国有商业银行转型，支持中小银行及农村金融机构发展，提高金融服务实体经济的能力。

第二，改革优化政策性金融机构，实施政策性业务与商业性业务分账管理，提升政策性金融机构支持国家战略的能力。

第三，统筹规划金融业综合统计、反洗钱，以及金融市场登记托管、清算结算、支付、征信等金融基础设施，推动境内外各类金融基础设施互联互通，构建适应金融双向开放的金融基础设施管理体系。

三、构建有效支持实体经济的金融服务体系

"十四五"规划提出，要健全具有高度适应性、竞争力、普惠性的现代金融体系，构建金融有效支持实体经济的体制机制。

第一，坚持创新发展，完善金融支持创新体系。加快培育形成各具特色、充满活力、市场化运作、专业化管理的创业投资机构体系，充分发挥主板、科创板、中小企业板、创业板和全国中小企业股份转让系统（新三板）功能，畅通创业投资市场化退出渠道。同时，应进一步支持金融创新，推进数字金融建设，推进数字化人民币试点工作。

第二，坚持协调发展，构建金融有效支持实体经济的体制机制。破除贷款利率隐性下限，引导金融资源更多配置至小微、民营企业，提高小微、民营企业信贷市场的竞争性，从制度上解决小微、民营企业融资难、融资贵的问题。引导投资理念从短期投机投资向中长期价值投资转变，投资重点由房地产业向制造业、创新型产业转变，完善投资者教育体系，从制度层面出台激励措施，引导金融机构支持传统产业转型升级，扩大战略性新兴产业投资，为经济结构调整提供高水平金融支持。

第三，坚持绿色发展，构建支持经济绿色低碳发展的绿色金融体系。积极响应国家"双碳"目标，引导和撬动更多金融资源进入绿色低碳发展领域，增强金融市场机制在碳排放交易体系建设、绿色金融产品和服务创新中的作用，推动绿色金融区域合作。

第四，坚持开放发展，推进金融双向开放。支持国内金融市场与国际金融市场对接，推动金融市场机制的标准化和国际化，营造有利于市场主体公平竞争和加强创新的环境。

第五，坚持共享发展，以普惠金融实现发展成果共享。积极发挥金融市场在资源再分配中的作用，充分发挥普惠金融在促进产业转型升级、缩小收入差距、实现共同富裕等方面的作用，加大金融对国民经济薄弱环节的支持力度，健全农村金融服务体系。

四、健全系统性金融风险防控体系

"十四五"规划提出，要完善现代金融监管体系，补齐监管制度短板，在审慎监管前提下有序推进金融创新，健全风险全覆盖监管框架，提高金融监管透明度和法治化水平。

第一，继续完善中央和地方双层金融监管体制，在"一委一行两会"的中央监管体制下进一步发挥地方金融监管局在金融监管体系中的作用，增强各地政府、各级政府间的金融监管合作机制，提升金融监管合力。

第二，建立健全宏观审慎政策框架，加强系统重要性金融机构和金融控股公司等金融集团的监管，健全防范化解风险长效制度。

第三，建立权威高效专业的风险处置机制，发挥存款保险制度在问题机构有序退出中的作用，完善二级转让市场建设，规范兼并收购、资产重组等金融活动，为资金退出提供更通畅的渠道，完善高风险金融机构市场化、法治化退出机制，稳妥化解局部性、结构性风险。

第四，参照国际先进做法，优化多层次预警指标体系，完善压力测试等风险计量工具，加强跨行业、跨市场、跨区域金融风险识别和预警，坚决守住不发生系统性金融风险的底线。

五、建设更高水平开放型金融新体制

在新发展格局下，推动金融业实施更大范围、更宽领域、更深层次对外开放，建设更高水平开放型金融新体制，应继续坚持市场化、法治化、国际化原则，推动由商品和要素流动型开放向规则等制度型开放转变，在金融开放中实现互利共赢。

第一，进一步提高金融市场对外开放水平，为外资金融机构进入中国金融市场提供便利，吸引更多高质量外资进入，借鉴国际金融市场发展经验，推动国内金融市场建设。

第二，强化信用体系建设，提高对失信行为的处罚力度，营造诚实守信的交易环境；推动全面落实准入前国民待遇加负面清单制度，设定统一准入标准，推动系统化、制度化开放。

第三，积极推进人民币国际化进程，深化人民币汇率形成机制改革，提高人民币在全球结算中的占比和认可度。坚持市场驱动和企业自主选择，营造以人民币自由使用为基础的新型互利合作关系。保持人民币汇率弹性，发挥好宏观经济自动稳定器功能，实现内部均衡和外部均衡的平衡。

第四，通过"一带一路"等合作网络，多渠道加强与国际金融机构、主要经济体的协调合作，深度参与国际经济金融规则的制定与完善，参与和推动全球经济金融治理机制变革。同时，应完善金融风险"防火墙"建设，妥善应对国际金融危机的冲击。

第四章
中国政信金融业务

政信金融是地方政府信用与市场经济原理有机结合的产物。地方政府肩负着城市建设、经济发展和服务民生等多重任务,需要各种财政性和后来出现的金融性渠道来筹集相关资金。为了解决财力不足与不断增长的资金需求矛盾,地方政府融资平台应运而生,通过银行借款、债券发行、土地财政、PPP、产业基金等方式,成为替地方政府举债融资的核心渠道,推动中国政信金融业务蓬勃发展,进而极大地促进了中国城镇化、工业化和现代化进程。

第一节　中国地方政府投融资模式

政信金融的主体是指政信金融的参与方,包括融资主体、投资主体和服务主体。政信金融的客体是指政信金融采用的金融工具。

一、融资主体

在政信金融市场,融资主体包括中央政府、地方政府和平台公司。

(一)中央政府

中央政府是政信金融的重要融资主体。国家按照信用原则,以发行债券等方式,从国内外货币持有者手中借入货币资金。国家信用是一种国家负债,指以国家为一方所取得或提供的信用,包括国内信用和国际信用。国内信用是国家以债务人身份向国内居民、企业、团体取得的信用,它形成国家的内债。国家债券是中央政府根据信用原则,以承担还本付息责任为前提而筹措资金的债务凭证,通常简称为国债或国债券。国债的发行主体是国家,所以它具有最高的信用度,被公认为是最安全的投资工具。主权债券指由政府支持的机构发行的债券,各国政府(多为发展中国家)在国际市场以外币(如美元、欧元等主要货币)所发行的政府债券。国家信用是政信的具体表现，是一种特殊资源，政府享有支配此种资源的特权。政府利用国家信用负债获得的资金，应该主要用于公共基础设施的建设，以及为保障经济社会顺利发展并促进社会公平的重要事项，以向社会公众提供更多的公共物品服务，并实现社会的和谐与安宁。国家信用的价值在政治、经济、伦理、文化和社会价值等各个维度都有非常重要的体现。在市场经济条件下，国家信用既是无形的生产力，也是社会经济发展的基石。

（二）地方政府

地方政府是政信金融的基本主体。省级、地市级和区县级政府及下属投融资平台公司是政信金融主体中政府方的代表。地方政府债券是地方政府重要的融资渠道，具有以下三个方面的重要作用：一是弥补地方财政赤字。当经常性的财政收入不能满足财政支出的需要时，弥补财政收支缺口的常用方法就是发行债券。根据财政赤字的大小，结合债务主体的承担能力，选择合适的债务发行规模，满足财政支出的资金需求，是地方政府债券使用的主要目的与作用之一。二是促进投资增长，筹集建设资金。社会经济的发展离不开投资的合理增长。债券融资的用途一般在地方政府法规中都有明确规定，不得滥用。地方政府债券兼顾社会性的特点，主要是为了向地方经济发展提供更多的软硬件支持，促进社会公平。三是通过发行地方政府债券来融资。这不仅可以缓解地方财政的支出压力，而且可以使财政支出在更多的受益者之间合理分担。四是优化地方资源配置，调控地方经济发展。地方政府将债券收入主要用于提供地方性公共物品，这一过程使得资源在公共部门与私人部门之间配置。地方公益性事业将会得到更多的照顾，资金就不仅仅只在竞争性行业中流转。

（三）平台公司

平台公司是融资主体和投资主体的连接者，是政信产品的提供者。一般而言，融资平台公司是为政信项目提供投、融、建、管、退一体化金融服务的平台机构，以其高效专业的资金及服务支持解决政府在基础设施、民生工程以及地方产业规划及投资等重大项目的问题，促进项目可持续发展。平台公司可以推动政府政务管理与市场运营理念及模式的创新，充分整合和利用行业资源，发挥行业群体优势，为企业的投资发展策略及研究提供专业权威的业务指导。优质平台公司一般具有灵活设计投资结构、平台增信、投资合规严谨、项目合作高效的特征。除此之外，平台公司可通过 PPP + EPC 模式，合理使用各种金融工具，快速筹措项目资金，有效促进地方建设合规、高速发展，满足地方政府基础设施、民生项目发展的充足资金需求。通过增信地方合作平台公司或项目公司的模式，通过 PPP 项目等合法项目融资通道，通过合理利用各种金融手段引入大额资本，有效将项目长期融资利率降到市场平均水平以下。

二、投资主体

在政信金融市场中，投资者是指参与政信金融活动，购入政信金融产品，融出资金的所有个人和机构。

（一）机构投资者

机构投资者是指使用自有资金或者从分散的社会公众、其他机构手中筹集的资金进行投资活动的法人机构。机构投资者具有资金实力雄厚、风险承受能力强和交易的专业能力强等特点。机构投资者进行对外投资的目的主要有两个：一是资产增值，二是参与管理。此外，机构投资者还具有管理专业化、结构组合化和行为规范化的特点。

机构投资者包括银行、保险公司、证券公司和信托公司、养老基金和捐助基金等。按照机构投资者主体性质不同，可以将机构投资者分为企业法人、金融机构（银行、保险公司、证券公司和信托公司、养老基金和捐助基金等，它们既是资金供给者，又是资金需求者）、政府及其机构等。

（二）个人投资者

个人投资者是指以居民个人作为一级投资主体进行对外投资政信金融产品的投资者。个人投资者是政信金融市场最广泛的投资主体，具有分散性和流动性等特点。个人投资者的资金规模有限，专业知识相对匮乏，投资行为具有随意性、分散性和短期性的特点，投资的灵活性强。

政信金融具有"与民分利"的特点，个人投资者投资政信金融产品可以实现"与国共赢"。个人进行政信金融投资应具备一些基本条件，包括国家有关法律、法规关于个人投资者投资资格的规定，以及个人投资者必须具备一定的经济实力。为保护个人投资者利益，对于部分高风险的产品，监管法规还要求相关个人具有一定的产品知识并签署书面的知情同意书。

三、金融工具

在政信金融市场中，金融工具主要包括贷款、信托、政府产业投资基金、定向融资计划、供应链金融、资产支持证券（ABS）、不动产投资信托基金（REITs）、融资租赁等。

（一）政信贷款

政信贷款是以政信项目的投资、建设、运营等为资金用途，向各类银行发起的贷款行为。政府投资项目首先有财政预算的支持，同时还以政府信用为项目的顺利完成提供各类融资便利，其中银行融资是政信项目结构化融资中的一种重要融资方式，我们称这种有政府信用支持的项目贷款为政信贷款。

（二）政府信托

政府信托自推出以来，由于有政府出具的"承诺函"保驾护航，受到众多投资者青睐，在 2012～2013 年呈现爆发式增长。但 2014 年以来，在财政部等部门严查地方政府违法违规举债和担保的监管新政的打击下，政府信托业务失去了政府信用的保障，对投资者的吸引力有所降低，业务规模逐渐萎缩。政府信托业务在失去政府出函、财政担保的融资优势后，地方政府正在积极探索转型升级业务模式。

（三）政府产业投资基金

政府产业投资基金是我国国资投资体系中微观而又重要的一部分。通过政府出资，吸引其他政府、社会资本参与，以股权或者债权形式投资于创业投资机构，并以此支持创业企业发展。这样一种政府投资体系是在我国大众创业、万众创新的背景之下诞生的，以资本"国家队"切实支持优秀创业企业的发展，对我国产业升级具有重要意义。同时，创投行业是一个高风险和高收益并存的行业，政府产业投资基金通过引入合伙人的方式来进行风险分担，有效平衡了风险与收益之间的关系，也开辟了一套有效的国资管理模式。当前，政府投资基金已成为我国各级政府广泛采用的政信金融形式，近年来其数量和规模都呈加速增长之势，并已形成由东部沿海地区向中西部地区扩散的分布特征。政府投资基金得到快速发展的同时也暴露出市场化运作不规范、名股实债、资金闲置等一系列问题，财政部、国家发展改革委、证监会等部委正在探索加强对政府投资基金的监管。

（四）定向融资计划

定向融资工具是指依法成立的企事业单位法人、合伙企业或其他经济组织向特定投资者发行，约定在一定期限内还本付息的私募债权产品。其本质是经各地方金融办公室审核批准，以支持实体经济发展为目的，遵守相关法律法规、政策规定开展的业务。政信定向融资计划属于定向融资工具的一种，在国家金融监管愈加严格的趋势下，产品越来越成熟和规范，其优势也更突出。一是政信定向融资计划可以形成合法有效的债权债务关系；二是定向融资工具的中间环节较少，管理费用低；三是解决了资质较好平台的融资需求；四是定向融资计划比非集合类的信托计划更灵活；五是定向融资计划由金交所作为平台，撮合融资主体与投资人的交易，定向融资计划的安全性取决于发行方的资信情况和增信方的担保能力。

（五）供应链金融

供应链金融从产业链的角度出发，管理上下游企业间的物流、信息流、商流和资金流，能够有效缓解中小企业融资难问题。政信供应链金融是指国有企业（简称"国企"）、中央企业（简称"央企"）等政信主体的供应链金融模式，以政信主体及其上下游企业间的真实贸易为基础，以企业销售产品、提供劳务所产生的未来现金流为还款来源，围绕政信主体对供应链中物流、信息流、商流和资金流进行有效管理，根据供应链整体状况为供应链上的企业提供融资、结算、账款管理、风险控制等金融服务。

（六）资产支持证券（ABS）

资产证券化是指对缺乏流动性但具有可预见稳定现金流的基础资产进行结构化设计和信用增级，将流动性较差的资产转变为可以在资本市场上流通转让的有价证券的过程。广义的资产证券化是指某一资产或资产组合采取证券资产这一价值形态的资产运营方式；狭义的资产证券化指的是信贷资产证券化。政信资产证券化是指基础设施建设、民生工程或 PPP 等政信项目领域的原始权益人将流动性较差但具有可预测的稳定现金流的政信项目资产出售给特殊目的载体（SPV），特殊目的机构再发行以该政信项目未来稳定现金流为支撑的有价证券，并管理政信资产池、定期清偿该有价证券的过程。政信项目的建设期长但未来能产生稳定现金流，资产证券化则正是将流动性差但具有稳定现金流的基础资产转变为可流通转让的有价证券。政信项目和资产证券化的结合盘活了存量资产，有助于解决政信项目的融资问题，同时也给投资者提供优质的投资产品。

（七）不动产投资信托基金（REITs）

不动产投资信托基金（REITs）是房地产证券化的重要手段。从本质上看，REITs 属于资产证券化的一种方式，即把流动性较低的、非证券形态的房地产投资直接转化为资本市场上的证券资产的金融交易过程。政信类REITs 项目是在政信金融领域开展的 REITs 项目。最常见的形式表现为公开募集基础设施证券投资基金，简称基础设施 REITs。我国基础设施 REITs 是指，依法向社会投资者公开募集资金形成基金财产，通过基础设施资产支持证券等特殊目的载体持有基础设施项目，由基金管理人等主动管理运营上述基础设施项目，并将产生的绝大部分收益分配给投资者的标准化金融产品。按照规定，我国基础设施 REITs 在证券交易所上市交易。基础设施项目主要包括仓储物流、收费公路、机场港口等交通设施，水电气热等市政设施，污染治理、信息网络、产业园区等其他基础设施。

（八）融资租赁

融资租赁的定义是，出租人受承租人委托，向指定的或者非指定的生产方购入租赁物，并将租赁物出租给承租人，收取一定租金以涵盖设备购置以及资本占用成本。融资租赁实际上是承租人无力购买一些大型设备时，向出租人进行融资的一种方式。与传统实物租赁不同，在融资租赁过程中，租赁物基本不进行重复出租，使得整个租赁期基本等于租赁物的寿命期，或者在租期结束后，承租人可以以一定价格购入设备。政信融资租赁属于融资租赁下的一个细分概念，即有政府信用参与的融资租赁业务或者项目。

政信项目的融资方一般是政府的各类融资平台（由地方国资委控股），主要负责城市基础设施建设、城市开发等。一般而言，当融资租赁活动的项目主体是政府或相关方，项目资金去向是社会公用事业等政府项目时，该融资租赁活动即可被定义为政信融资租赁活动。

四、服务主体

在政信金融市场中，服务主体包括交易所和三方机构两大类。

（一）交易所

政信金融产品根据产品类型不同和监管要求不同，在不同的机构和场所发行备案，主要包括各大证券和金融衍生品交易所、中国银行间交易商协会、地方金融资产交易所等。

1. 全国性证券交易所

（1）深圳证券交易所（简称"深交所"）成立于1990年12月1日，是经国务院批准设立的全国性证券交易场所，是为证券集中交易提供场所和设施，组织和监督证券交易，实行自律管理的法人，由中国证券监督管理委员会监督管理，履行市场组织、市场监管和市场服务等职责。（2）上海证券交易所（简称"上交所"）成立于1990年11月26日，同年12月19日开业，受证监会监督和管理，是为证券集中交易提供场所和设施、组织和监督证券交易、实行自律管理的会员制法人。（3）全国中小企业股份转让系统，即"新三板"，是经国务院批准，依据证券法设立的继上交所、深交所之后第三家全国性证券交易场所，也是我国第一家公司制运营的证券交易场所，是全国性的非上市股份有限公司股权交易平台，主要针对中小微型企业。（4）北京证券交易所于2021年9月3日注册成立，受证监会监督管理，依法为证券集中交易提供场所和设施、组织和监督证券交易以及证券市场管理服务等业务。

2. 金融衍生品交易所

金融衍生品交易所包括中国金融期货交易所、上海期货交易所、郑州商品交易所、大连商品交易所、上海黄金交易所。

3. 中国银行间市场交易商协会

中国银行间市场交易商协会（简称"交易商协会"），是银行间债券市场、拆借市场、票据市场、外汇市场和黄金市场参与者共同的自律组织，其业务主管单位为中国人民银行。经国务院同意、民政部批准，中国银行间市场交易商协会于2007年9月3日成立，是全国性的非营利性社会团体法人。交易商协会单位会员涵盖政策性银行、商业银行、信用社、保险公司、证券公司、信托公司、投资基金、财务公司、信用评级公司、大中型工商企业等各类金融机构和非金融机构。经过十几年的发展，中国银行间市场交易商协会已成为一个以合格机构投资者为主要参与者，以一对一询价为主要交易方式，囊括债券、拆借、票据、黄金、外汇等子市场在内的多板块、有层次的市场体系，市场规模稳步增长。

4. 地方金融资产交易所

金融资产交易所（简称"金交所"）是一种新型交易平台，即以资产交易的方式，让资产持有者通过出售某类资产或者暂时让渡某资产的权利获得融资。金交所一般由省政府批准设立，业务上受地方金融办监管，各省份对金融资产交易所出台相应的业务管理办法，各交易所有各自的业务规则。一般情况下，交易所有合格的审计事务所对备案企业财务信息进行审计，有承销券商对项目进行尽职调查，有律师事务所对所有备查文件进行核实，并由金交所对所有文件进行二次审核。因此，金交所的业务操作具有合规合法性，并受多方监管。

（二）三方机构

政信金融产品从产品募集到交易结构设计，再到产品投向、存续期管理、到期兑付等环节，需要会计师事务所、律师事务所、信用评级机构、资产管理公司等各类咨询服务机构的参与。

1. 会计师事务所

会计师事务所是指依法独立承担注册会计师业务的中介服务机构，是由有一定会计专业水平、经考核取得证书的会计师（如中国的注册会计师、美国的注册会计师、英国的特许会计师、日本的公认会计师等）组成的，受当事人委托承办有关审计、会计、咨询、税务等方面业务的组织。会计师事务所在政信金融产品发行过程中有着重要作用：一方面，对融资主体资产负债的质和量进行检查核实，从而确定企业的真正规模、实力和资信状况；另一方面，对融资主体收入费用的合法性、真实性进行确认，从而核准企业利润，确定其应纳税额。在实际操作中，会计师事务所需要对项目资金平衡情况进行评价，出具项目收益与融资资金平衡方案、财务评价报告两份文件。

2. 律师事务所

律师事务所是指中华人民共和国律师执行职务进行业务活动的工作机构。律师事务所在政信金融产品发行过程中具有对项目进行合规性审查、提供法律意见、规范常用业务合同等功能。

3. 信用评级机构

信用评级机构是金融市场上一个重要的服务性中介机构，是由专门的经济、法律、财务专家组成的，对发行人和证券信用进行等级评定的组织。证券信用评级的主要对象为各类公司债券和地方债券，有时也包括国际债券和优先股票，普通股票一般不作评级。债券发行过程中，信用评级是必备环节。评级机构对区域经济实力、政府治理、地方政府财政实力、政府债务及偿还能力、政府支持五个方面进行综合评估,得到地方政府信用等级。在地方政府信用等级的基础上,对地方政府一般债券偿债能力进行评估,得到地方政府一般债券信用等级;对地方政府专项债券偿债能力进行评估,得到地方政府专项债券信用等级。信用等级直接影响债券发行利率。

4. 资产管理公司

资产管理公司可以分为两类:一类是进行正常资产管理、投资管理业务的资产管理公司,没有金融机构许可证;另一类是专门处理金融机构不良资产的金融资产管理公司,持有银保监会颁发的金融机构许可证。在政信金融产品出现逾期及金融不良资产时,资产管理公司进行不良资产处理,尽最大可能保护投资者权益。

第二节 中国地方政府政信金融工具

近年来,地方政府凭借政府信用开展各种形式的政信金融业务,构成了实践中的政信金融业态。政信金融业态具体包括以政府债务、政府贷款为主要形式的债务政信金融,以 PPP、融资租赁、资产证券化、政府信托为主要形式的结构性政信金融,以及以平台公司债务、政府投资基金为主要形式的权益性政信金融。

一、产业投资基金

目前,政信产业投资基金在实务界中多以政府投资基金、政府引导基金、政府出资产业投资基金、国有企业产业基金等形式出现。政信产业投资基金是由中央、地方政府及国有企业参与基金发起设立、投资运营等环节,引导社会资本通过股权投资等方式参与实体投资,支持国家产业与经济发展的产业投资基金。

政信产业投资基金将"市场无形的手"与"政府有形的手"巧妙结合,是一种新型政府融资方式,也是一种新型政信金融投资工具。根据投资领域来分类,政信产业投资基金大致可以分为新兴产业投资基金、支柱产业投资基金、基础产业投资基金和并购重组产业投资基金。总的来看,政信产业投资基金具有三大特点:(1)私募发行,集合投资;(2)投资特定领域,具有战略意义;(3)政府引导,市场化运作。

(一)政信产业投资基金的发起主体

政信产业投资基金不同于其他投资基金之处在于政府信用的涉入。它们一般由中央、地方政府或国有企业、中央企业发起,但不同类型的发起人主导着不同种类的政信产业投资基金。

1. 由中央各部委主导，联合中央企业共同发起

现有的大多数国家级政府投资基金是由中央各部委出资引导，并联合各大中央企业共同发起的。这类政信产业投资基金下设的子基金或者直投项目不受地域限制，服务于全国范围内的产业和经济发展，具有全局性。

2. 由地方政府主导发起

随着中央鼓励政府引导基金的发展态势明确，各地方政府积极主导设立政府引导基金，设立主体由省级单位逐渐延伸至市级甚至区县级单位，各层级之间形成了较好的联动机制。由地方政府出资设立的政信产业投资基金主要投资于当地的优势产业、特色产业和基础产业，用于支持地方产业升级和经济发展，区域性特征明显。地方政府投资基金包括省级、地市级，以及区县级层面。

3. 由国有企业牵头主导发起

此类政信产业投资基金主要由中央企业、地方国有企业主导，联合政府、民营企业、金融机构等主体共同发起。在实际操作中，国有企业主导发起的投资基金一般聚焦于自身产业链的上下游或相关领域的产业，或者从资本的角度进行资产重组，优化资本结构，对于支持区域经济发展、提高现有资源利用率具有重要意义。

（二）政信产业投资基金的设立形式

政信产业投资基金的设立可采用公司制、有限合伙制和契约制等不同组织形式。在实际操作中，设立政信产业投资基金时主要采取公司型和有限合伙型的组织形式。

1. 有限合伙型

根据《合伙企业法》，以有限合伙方式成立的政信产业投资基金由普通合伙人（GP）和有限合伙人（LP）组成。政府出资通常以有限合伙人（LP）的形式存在，其他有限合伙人主要包括银行、企业等机构投资者。有限合伙人是投资基金的主要资金提供者，以出资额为限，对基金债务承担有限责任，不参与基金的日常运营。普通合伙人（GP）一般是专业的基金管理公司，其出资金额占比较小，主要发挥"融智"的作用，凭借专业管理能力与管理经验，负责投资基金的日常运作。为保证资金安全，基金财产将委托给托管机构进行保管与监督。在有限合伙型政信产业投资基金的组织架构中，一般设立合伙人大会、投资决策委员会以及战略咨询委员会。其中，投资决策委员会是基金项目投资及退出的决策机构，主要由有限合伙人委派、普通合伙人委派以及外部专家等人员构成。投资决策委员会做出投资决策后，由基金管理人具体实施操作，并予以后期管理。

2. 公司型

公司型政信产业投资基金依据《公司法》设立，与一般公司类似，具有比较完备的现代企业管理制度和体系。政府出资、国有和中央企业及其他社会资本通过认缴基金公司股份参与投资，以公司股东的身份存在，享受公司章程明确规定的权利，以出资额为限承担有限责任。基金公司通过股东大会选拔出董事会、监事会，再由董事会组建或选聘基金管理团队负责基金的日常运营管理，同时将基金资产委托给另一方托管机构，由其保管并监督资金运用。股东大会和董事会是基金公司的决策机构，基金管理人则作为经理人负责基金公司的具体运营，并接受各方的监督。政府和社会资本出资人可以通过参加股东大会、选举董事等方式参与公司的重大决策。

（三）政信产业投资基金的运作机制

当前，我国政信产业投资基金主要采取直接投资和母子基金这两种运行模式。（1）直接投资是指由政府及国有和中央企业联合社会资本共同设立产业基金，由该基金直接投资于具体标的。直接投资运行模式的好处在于可以缩短、简化投资基金的资金链和决策链，具有直达效果，有利于提高基金管理决策效率，降低成本费用。（2）母子基金通常由政府、国有和中央企业单独出资或联合社会资本设立母基金（引导基金），母基金不直接投资于具体项目，而是部分或全部出资设立子基金，由子基金投资于具体标的。

政信产业投资基金的退出按照市场化方式运作，主要包括 IPO 上市、企业并购、股权转让、股权回购、清算退出几种途径。在风险收益分配方面，根据是否划分优劣级，政信产业投资基金可以采取平层结构和多层结构两种模式。所谓平层结构，是指政信产业投资基金的所有投资者在风险承担和收益分配方面具有同等地位，不分先后，不分优劣。多层结构是指政信产业投资基金的不同投资者之间存在风险承担和收益分配的先后次序。最常见的是包含优先级和劣后级的两级结构。

二、信托计划

（一）政信信托

政信信托是指信托公司担任受托人，与政府融资平台公司或具有政府背景的国有企业就基础设施、民生工程、PPP 项目等领域作为投资标的而展开的信托业务。

对于政信信托的理解可以从以下五个特征来把握：第一，收益性。政信信托产品和其他金融产品一样，都具有收益性，产品收益率为 6%～10%。第二，融资主体的特殊性。政信信托计划的融资主体是政府融资平台公司，或者是有一定政府背景的国有企业。第三，风险性。政信信托产品具有风险性。第四，社会效益性。政信信托的资金一般是用于城市基础设施建设、民生工程等社会公共产品，有利于提高城市居民的生活水平和社会整体福利，具有社会效益。第五，形式上多为集合资金信托。

国内政信信托是指业务范围仅限于本国国内的政信信托。国际政信信托是指业务范围至少涉及两个国家，信托财产在不同国家之间转移、运用的政信信托。

（二）政信信托的基本运作模式

政信信托的基本运作模式为信托公司发行信托计划，从投资者手中募集资金，并以贷款、股权、收益权或混合模式将资金投入基础设施建设等政信项目工程中，在为投资者赚取收益的同时满足了政府的融资需求。政信信托运作模式主要可以分为贷款型、股权型、收益权型和混合型四类。

1. 贷款型政信信托

信托公司发行信托计划，从合格投资者手中募集资金，然后以信托贷款的形式将资金投向基础设施建设、民生工程等政信项目领域。在发放信托贷款前，信托公司一般会要求融资方（政府融资平台等政信主体）采取信用增级措施，如提供特定资产抵押（如应收账款、土地使用权等）、担保方承担无限连带责任担保等措施，以降低信托贷款的风险，保障投资者资金的安全性。后续，信托公司根据合同约定，按期收回本息。

2. 股权型政信信托

信托公司发行信托计划，从合格投资者手中募集资金，然后以股权投资的方式将资金投入参与基础设施、民生工程等政信领域的项目公司。信托公司取得项目公司的股份，作为投资者的代表行使股东权利。信托公司通过项目分红、股权转让、股权回购等方式为投资者赚取收益。

3. 收益型政信信托

信托的融资方让渡特定资产的收益权，信托公司将从投资者手中募集来的资金投资于特定资产收益权的运作模式。这些收益权包括基础设施、公路交通的收费权，以及政信应收账款的收益权等。在实际操作中，信托公司一般会要求融资方采取一系列信用增级措施，如提供资产抵押（质押），担保方承担无限连带责任担保等。为保证政信信托的顺利退出，信托公司可以在合同中要求融资方在信托计划结束后回购特定资产收益权。

收益权型政信信托与股权型政信信托的不同之处在于：第一，投资标的不同。股权型运作模式下，信托公司的投资标的是政信项目公司的股权；而收益型模式下，信托公司的投资标的是收费权、营运权、政信应收账款等未来能提供稳定现金流的权利。第二，信托公司管理难度不同。在股权模式下，信托公司需要通过派驻股东、董事等方式参与项目公司的经营决策。而收益型模式下，信托公司不一定需要参与管理。如需要参与管理，信托公司多以权利拥有者的身份行使管理权，其管理权的范围、大小由投资合同规定。相较于股权型模式，收益型政信信托的管理难度更小。第三，实际应用程度不同。从实际应用上来看，收益型政信信托在实际操作领域中更为常见。

4. 混合型政信信托

混合型模式综合运用贷款型、股权型、收益权型中的两种及以上模式。

三、资产证券化

资产证券化是指对缺乏流动性但具有可预见稳定现金流的基础资产进行结构化设计和信用增级，将流动性较差的资产转变为可以在资本市场上流通转让的有价证券的过程。广义的资产证券化是指某一资产或资产组合采取证券资产这一价值形态的资产运营方式；狭义的资产证券化指的是信贷资产证券化。

按照受托人的类型来划分，政信资产证券化具体可以分为政信信贷资产证券化、政信资产专项支持计划、政信资产支持票据和政信资产支持计划四大类。各类资产证券化的特征如表4-1所示。

表4-1　　　　　　　　　　　四类资产证券化特征比较

	政信信贷资产证券化	政信资产专项支持计划	政信资产支持票据	政信资产支持计划
发起人	银行业金融机构	金融机构、非金融企业	非金融企业	金融机构、非金融企业
基础资产	基础设施项目贷款、节能减排贷款、保障性安居工程贷款等信贷资产	实行负面清单；企业应收款、租赁债权、信贷资产、信托受益权等财产权利，基础设施、商业物业等不动产财产或不动产收益权	能够产生可预测现金流的财产、财产权利或财产和财产权利的组合；基础资产不得附带抵押、质押等担保负担或其他权利限制	基础资产预期产生的现金流，应当覆盖支持计划预期投资收益和投资本金；国家政策支持的基础设施项目、保障房和城镇化建设等领域的基础资产除外；此处所指的基础资产现金流不包括回购等增信方式产生的现金流
受托机构	特殊目的的信托	证券公司、基金管理公司子公司	目前无受托机构（下一步可能引入信托）	保险资产管理公司

	政信信贷资产证券化	政信资产专项支持计划	政信资产支持票据	政信资产支持计划
交易场所	全国银行间债券市场	证券交易所、全国中小企业股份转让系统、机构间私募产品报价与服务系统、证券公司柜台市场	全国银行间债券市场	保险资产登记交易平台
管理部门	银保监会	证监会	银保监会	中国银行间市场交易商协会

　　按现金流的结构，政信资产证券化产品可分为政信过手证券和政信转付证券。政信过手证券是指特殊目的载体发行的，以与基础设施建设、PPP等政信项目相关资产作为其基础资产，具有权益属性的有价证券。政信转付证券是指特殊目的载体对与基础设施建设、PPP等政信项目相关的基础资产现金流进行剥离、重组，并以此为基础发行的具有债务属性的有价证券。

（一）业务运作主体

1. 发起人

　　发起人是基础资产的原始权益人和证券化交易融资人。发起人根据其自身的业务需要和资本市场状况，确定其证券化融资目标和规模，据此对自身资产进行清理、考核和评估，整理相关资产文件，确定拟证券化资产并将其转移给特殊目的载体。

2. 特殊目的载体

　　特殊目的载体（SPV）是从发起人手中购买政信基础资产并以基础资产的现金流为支撑发行资产支持证券的特殊实体。其在交易中的主要作用包括确定基础资产标准，汇集组合基础资产，确定证券化交易方案；对资产支持证券进行信用增级；聘请信用评级机构对证券进行信用评级；确定受托机构、服务商、交易财务顾问、律师事务所、会计师事务所和证券承销商等为交易提供服务的中介机构。

3. 中介机构

　　受托机构是资产证券化项目的主要中介，负责托管基础资产及与之相关的各类权益，对资产实施监督、管理，并作为SPV的代表，连接发起人与投资者。服务商负责基础资产的日常管理和经营，是证券化交易中非常重要的一个角色。在政信资产证券化过程中，证券公司一般作为包销商或者代理人来促销证券。除此之外，资产证券化过程中的中介机构还包括信用评级机构、信用支持机构、会计师事务所和律师事务所。

（二）政信资产证券化的业务流程

1. 确定基础资产

确定基础资产是政信资产证券化过程的第一步。理论上，能产生稳定的可预期未来现金流的政信项目资产均可作为政信资产证券化的基础资产进行证券化。不同的监管部门对基础资产的定义略有不同，但总体来说需要满足以下几个方面的要求：一是基础资产具有政信项目属性，要求基础资产和基础设施建设、民生工程、PPP 项目等项目工程相关，如保障性安居工程贷款、道路交通的收费权、国有企业的应收账款、PPP 项目公司的应收账款等；二是产权明晰；三是可预见现金流稳定；四是不在负面清单内。针对政信资产支持专项计划，中国证券投资基金协会颁布了关于基础资产的负面清单，具体的评估期限为至少每半年一次，根据业务发展与监管需要，可不定期进行评估。

2. 设立特殊目的载体（SPV）

特殊目的载体主要有特殊目的信托、特殊目的公司和合伙制这三种形式。在我国的实践中，政信信贷资产证券化的 SPV 采用特殊目的信托方式；政信资产支持专项计划的 SPV 是证券公司或基金子公司设立的资产专项管理计划；政信资产支持计划的 SPV 是保险资管公司设立的资产专项计划；政信资产支持票据不强求设立 SPV，可以引入 SPV，也可使用特殊目的账户隔离的资产支持形式。

3. 基础资产转让

为实现破产隔离，发起人在向特殊目的载体转让基础资产时必须采取真实出售的方式。真实出售是指发起人按照公允价值，将基础资产及其相关的风险、权益出售给特殊目的载体的行为。

4. 信用评级

信用评级是指，在资产证券化过程中，信用评级机构通过信用分析模型，对基础资产现金流状况、相关参与主体的资质及信用状况、交易结构及合规性等方面进行评价，以确定信用增级措施，出具信用评估报告，向投资者披露资产证券化产品信用风险的过程。

5. 信用增级

信用增级是指，通过内部增级或外部增信措施保障资产支持证券能顺利偿付，提高资产支持证券信用等级的过程。信用增级方式具体可以分为内部增级和外部增级两种。内部信用增级是指依靠产品自身的相关条款、设计结构来实现信用增级。外部信用增级是第三方为产品提供信用担保的一系列措施。内部信用增级措施主要包括分层结构、超额抵押、利差账户、现金储备账户和信用触发机制等；外部信用增级措施主要包括差额支付承诺、担保、保险、备用信用证等。

6. 政信资产支持证券发行与交易

发行资产支持证券是实现融资的关键一步。资产支持证券依托基础资产而发行，其信用、评级、偿付主要依赖于基础资产产生现金流收入的稳定性及可预测性，是实现由基础资产向现金过渡的桥梁。发行资产支持证券时，要根据政信资产支持证券的类型选择发行方式和交易场所。

7. 后续运作管理

（1）信息披露。发起人、受托人、托管人及其他中介机构应以适当的方式，及时、准确、完整地披露信息，不得有虚假记载、误导性陈述或者重大遗漏。（2）偿付。在政信资产支持证券发行后，管理人可以聘请发起人作为资产服务机构，负责基础资产现金流的归集。管理人根据约定的收入分配方案，将资金分配给资产支持证券的持有人，完成资产支持证券的偿付工作。

四、地方政府债券

地方政府债券是债券的一种，是地方政府利用政府信用进行资金筹集，承担还本付息责任的一种债务工具。地方政府债券的发行需要以地方政府的税收能力作为担保；对于地方政府专项债券，则需要有部分基金收入作为保障。

在 2014 年《预算法》修订后，我国地方政府从 2015 年开始发行地方政府债券，类型包括一般债券和专项债券。（1）发行一般债券主要是为没有收益的公益性项目筹集资金，采用记账式固定利率付息形式。一般政府债券的发行被归纳在一般公共预算收支科目中。（2）发行专项债券主要是为有收益的公益性项目筹集资金。专项债券同样采取记账式固定利率付息形式。它可以发挥政府投资的引导功能，扩大政府投资和拉动民间投资增长。与一般地方政府债券不同，专项债券的发行费用、收入支出及还本付息均纳入政府性基金预算管理。专项债券的种类包括土地储备专项债券、交通专项债券、棚户区改造专项债券和水利专项债券等。地方政府专项债券具有公益性、长期限、低成本等特点。以交通专项债券为例，交通专项债券以项目建成后的收入为信用保证，以政府性基金收入和项目专项收入现金流作为偿债来源。对比过去"贷款修路、收费还贷"及 PPP 等模式进行基础设施建设，收费公路专项债券具有信用等级高、融资成本低、融资期限长等优势，因此公路专项债在未来可能成为地方政府进行交通基础设施建设的主要融资渠道。

（一）地方政府债券的发行方式

地方政府债券的发行市场，又称为一级市场。发行人以融资为目的，通过向投资人发行具有一定债权和兑付条件的地方政府债券来筹措资金。具体来看，地方政府债券的发行方式在债券发行框架内，按照不同分类标准，有以下几种类型：直接发行和间接发行；招标发行和簿记建档；公募发行与私募发行；折价发行、平价发行和溢价发行。

（二）地方政府债券发行制度

我国地方政府债券的发行审核制度一般分为三种，分别是审批制、核准制和注册制。

1. 审批制

审批制制度下，地方政府和主管机构对债券的发行具有绝对控制权。地方政府拥有一定量的债券发行额度并向各发行主体进行分配。无论是地方政府债券发行主体的选择、债券发行的规模、债券发行的价格，还是发行额度的分配，均由地方政府和主管机构决定。

2. 核准制

相较于审批制，核准制在行政干预方面有所放松，同时对发行人也提出了较高的信息披露要求。具体而言，地方政府债券发行核准制实行"实质管理原则"，即发行人在申请发行债券过程中，不仅要充分公开企业的财务状况、经营能力、发展前景等真实信息，而且必须符合有关法律和证券管理机关规定的必要条件，证券主管机关有权利否决不符合规定条件的证券发行申请，发行人的发行权由审核机构以法律形式授予。

3. 注册制

与审批制和核准制相比，注册制拥有更宽松的发行条件，同时对发行人也提出了更高的信息披露要求。具体而言，地方政府债券发行注册制实行"公开管理原则"，这实质上是一种发行公司的财务公布制度。地方政府债券发行人在准备发行债券时，必须将依法公开的各种资料完全、准确地向证券主管机关呈报并申请注册。证券主管机关的职责是依据信息公开原则，对申请文件的全面性、真实性、准确性和及时性进行形式审查（但不保证信息真实），证券主管机关无权对地方政府债券的发行行为及证券本身做出价值判断，发行人的发行权无须主管部门授予。

（三）地方政府债券的交易

1. 地方政府债券的交易市场

地方政府债券的交易市场是指已发行债券的流通交易场所，又称二级市场。交易市场按照不同的市场组织形式，可以分为场内市场和场外市场。地方政府债券场内市场交易合约具有标准化特征，交易活跃。场外市场则合约标准化程度较低，交易方式也更为灵活。从债券市场的整体规模来看，场外市场交易量远远超过场内市场。在我国，地方政府债券的场内交易市场主要指上海证券交易所和深圳证券交易所，场外市场包括银行间债券市场和商业银行国债柜台市场。

2. 地方政府债券的交易方式

地方政府债券的交易方式具有多样化特征，目前市场上常见的交易方式有现券买卖、回购交易、债券借贷、衍生品交易等。地方政府债券现券交易是指，交易双方以约定价格在交易成交时就进行债券所有权转让的行为。地方政府债券的回购交易是指，交易双方在债券买卖成交的同时，约定于未来某一时间以另一约定价格或利率再进行反向交易的行为。地方政府债券的借贷交易是指，拥有债券的交易方将其所有债券有偿对外出借，融券方须按期偿还所借债券并支付债券出借方一定的利息费用。衍生品交易具有高杠杆、高风险、跨期交易等特点，地方政府债券的衍生品交易可以分为远期交易、期货交易和期权交易。

（四）地方政府债券的结算

地方政府债券的结算是指，确认交易过程中的债权债务关系，并进行债券所有权转让与结算款项支付的行为。地方政府债券的结算分为全额结算和净额结算。全额结算又称逐笔结算，即结算系统对每笔交易单独结算，具有结算风险低、结算成本高的特点，一般只适合于单笔交易量大、交易不太活跃、流动性较低的银行间市场。地方政府债券的净额结算是指，在设定时间内，证券登记结算机构以结算参与人为单位，对其买入和卖出的债券交易进行轧差，然后根据轧差得到的地方政府债券交易净额进行资金和债券的交付。

中国的地方政府债券登记结算机构共有三家，分别是中央国债登记结算有限责任公司（简称"中央结算公司"或"中债登"）、银行间市场清算所股份有限公司（简称"上海清算所"或"上清所"）和中国证券登记结算有限责任公司（简称"中证登"）。

五、境外债券

境外债券是指，我国政府、金融机构、企事业单位为筹集资金，在国际债券市场上向境外投资者发行的、以外国货币为面值的债券。境外债券主要分外国债券和欧洲债券两大类，此外还有全球债券。欧洲债券是发行人在其本国以外的某一国家债券市场发行的，不以发行地所在国货币为面值，而以第三国的可自由兑换货币为面值的债券。

在国际债券市场上发行债券，发行人通常需要经过至少一家国际公认的资信评级机构的评级。评级机构根据发行人的资信状况（包括所发行债券的情况），客观公正地确定其资信等级。目前，国际公认的资信评级机构有：美国穆迪投资服务公司、美国标准普尔公司、加拿大债务级别服务公司、英国艾克斯特尔统计服务公司和日本公社债研究所等。资信等级在发行条件中占有重要地位，资信等级高的债券不仅可以获得较低利率的优惠，降低筹资成本，而且有利于金额较大、期限较长的债券。

在近四十年的发展中，中资境外债券市场逐步成熟，发行主体越来越多元化，发行规模逐步扩大，但同时中资境外债券市场也存在一定问题，如投资者构成较为单一、违约风险逐步扩大。面对该些问题，国家发展改革委、外管局积极做出应对，把控风险。从目前的情况来看，这些应对措施已经得到了积极反馈。

☞延伸阅读☜

我国境外债券市场状况

1982 年 1 月，中国国际信托投资公司在日本发行 100 亿日元私募债券，拉开了中资企业在境外发行债券的序幕。在之后的近四十年内，中资境外债券随着我国对外开放的政策发展，规模不断扩大，逐步得到了境外投资者的认可。

1. 主体结构。2011 年前，中资境外债券市场发行主体结构以金融行业、国有企业、房地产行业及其他行业为主。自 2011 年起，中资境外债券市场发行主体出现了新的类别——城投平台，并且该类别债券新发规模在"走出去"战略背景下迅速扩大。

2. 发行币种。1986～1995 年，中资境外债券主要为武士债，即在日本市场发行、以日元计价的债券。1982 年发行的首笔中资境外债券也同样为武士债。1997 年开始，中资境外债券市场又迎来了长达十余年的点心债热潮，即以人民币作为币种的中资境外债券。而从 2013 年开始，随着"走出去"战略的推动，中资企业境外投融资规模扩大。同时，由于人民币不断升值，境外美元融资成本开始降低，导致中资美元债券规模大幅增加，形成了以中资美元债（功夫债）为主的中资境外债券市场。

3. 发行规模。整体而言，中资境外债券的发行规模主要为 1 亿～10 亿美元。但在 2014 年和 2015 年，出现了 1 亿美元规模以下债券笔数超过 1 亿～10 亿美元规模债券的情况。

4. 发行年期。2011 年前，中资境外债券整体年期保持稳定状态，短年期（1～3 年）、中年期（3～5 年）和长年期（5～10 年）债券分布较为均衡。而在 2011 年后，随着中资境外债券市场的逐渐成熟，流动性要求提高，整体平均年期逐年下降，短年期债券占比不断增高。

5. 发行票息。过去十年内，中资境外债券的票息变动可以分为三个阶段。首先，2011～2015年，由于美元融资利率的降低，功夫债兴起，整体中资境外债券票息呈现下降态势。其次，在2015～2019年，美联储连续加息，因此2015～2019年整体中资境外债券票息呈上涨趋势。最后，2020年由于新冠疫情影响，全球经济活动被扰乱、金融状况受到严重影响，美联储采取紧急降息，带动整体中资境外新发债券票息大幅下跌，短期美国国债利率第一次转负，长期美国国债利率创历史新低。

第三节　中国地方政府债务

一、地方政府债务问题

地方政府债务引发的金融风险已经成为我国实现工业化和现代化过程中普遍存在的一种现象。从西方发达国家经济发展经验来看，防范地方政府债务引发的金融风险十分复杂。对此，应当进行深入、全面的分析，科学、合理的论证，找到地方政府债务产生的原因以及所带来的风险，从而对这些问题和风险加以解决。现阶段我国地方政府债务所蕴藏的主要金融风险包括以下几个方面。

第一，债务来源途径较为单一，抗风险能力较为薄弱。现阶段，尽管地方政府投融资平台内的企业数量较多，然而其运营模式相对单一，主要由银行负责提供资金，并以地方政府的信誉或地方财政为贷款担保。这不仅加大了地方政府的财政负担，而且还造成银行不良贷款数目的增大，无形之中提高了银行的经营风险。银行为了保证自身发展的稳定性，将这些风险转移到市场，导致国内产生金融安全问题。

第二，引发财政风险和信用风险。现阶段，尽管地方举债行为在表面上通过投融资平台发生，然而，通常情况下均是以政府信誉为担保。在市场经济逐步发展的情况下，我国现阶段的地方财政收入呈现大幅提升态势。然而，在机构改革的影响下，各级政府逐步向服务型机构发展，导致地方政府的财政收入仅能勉强满足日常行政服务的支出，而为债务进行额度较大的担保，使地方财政承担了较大的债务压力。大部分贷款之所以能成功，是因为各级政府以自身信誉作为担保。而以政府信誉作为担保表明了各级政府发展经济、筹资的迫切性，但地方债务失控引发的金融风险可能造成巨大影响，甚至在一定程度上可能转化为政治风险。现阶段，各级地方政府债务延期、拖欠的情况时有发生，若是任由这种情况发生，将对政府信誉产生严重的不良影响，进而造成社会信用环境逐步恶化，引发信用危机，导致投资者与消费者对市场的信心产生动摇。

第三，致使银行不良资产规模增大。从目前的情况来看，国内投融资平台规模较大、数量较多，在管理方面存在漏洞，普遍存在违规担保的现象，明显增加了银行难以回收贷款的经营风险，使得银行的不良贷款率明显升高。现阶段，我国地方政府的投融资平台普遍出现了不具有主营业务、短期发展、法人治理结构缺乏完善性、责任主体不清、操作程序不规范等情况。与此同时，地方政府又常常借助多个融资平台企业向多家银行进行信贷，导致银行难以真正掌握地方政府的负债状况及其担保情况。为了发展经济、筹集更多资金，部分地方政府甚至将一些不符合贷款条件的项目融入融资平台，由于这类贷款项目未经过市场论证、不具备发展前景，导致在今后几年国内将出现大部分地方债务贷款即将到期的情况，使得各级地方政府面临着多家银行催还款的状况。据预计，我国商业银行的不良贷款规模可能出现井喷。

第四，地方财政无力偿还地方债务。各级地方政府的主要收入来源于土地收益。现阶段，我国地方政府债务通常以政府财政或政府信用作为担保，在土地收入占地方财政比重较大的情况下，以地方财政作为担保在某种程度上可以看成是以土地收益或土地置换金作为担保，地方政府与负责提供资金的银行均将地方债务正常偿还的希望放在土地价格上涨上。但是，尽管我国幅员辽阔，但由于人口众多，人均占有的土地资源有限。在这种情况下，依靠土地收入或土地置换金来偿还地方债务的方式存在不可持续性。而且，随着经济全球化以及我国逐步融入世界经济体系，若是发生外部经济冲击，那么将对国内房价与地价产生较为严重的影响，使其面临骤然下跌的风险，对各级地方政府财政造成严重的不利影响，导致地方财政面临巨大的压力。

二、化解地方政府债务风险

政信金融规模的不断发展和扩张，为地方社会经济发展提供了源源不断的资金支持。然而，违规举债、明股实债、违规担保等现象层出不穷，形成了巨大的地方政府债务风险，严重影响了政府信用。为此，国务院、财政部、国家发展改革委等部委相继发布一系列文件，明确举债融资的合法渠道、方式及负面清单，以防范系统性风险。除此之外，还应考虑一些预防并控制地方债务引发金融风险的有效策略。

第一，发展地方产业和经济。1994年，分税制改革在财政方面对中央与地方政府的收支范围做了重新划分。改革后，地方政府的财权有所上移。地方政府肩负着城市建设、经济发展和服务民生等多重任务，同时还受到各项法律法规对地方政府的融资约束。一直以来，地方政府都面临着较大的财政压力。

近几年，国家相继出台"新预算法"、《地方政府存量债务纳入预算管理清理甄别方法》《财政部关于对地方政府债务实行限额管理的实施意见》等，加强对地方债务、地方融资平台等地方政府投融资渠道的规范和监管。地方政府具有较强的动机去寻找新的投融资途径。政信投资基金则为地方政府发展地方产业、缓解财政压力提供了可行方案。地方政府可以利用政信投资基金的杠杆效应，投入较少的财政资金，凭借政府信用、产业政策优惠等撬动数倍的社会资本参与到产业投资之中。这不仅实现了地方政府支持地方产业和经济发展的目的，还缓解了地方财政压力。当前，我国政信投资基金通过投资于基础设施建设、医疗卫生、社会公共服务以及创新创业等实体经济领域，完善地方城市基础建设，孵化高新技术产业，推动地方经济发展。

第二，创新投融资机制。地方政府债务不仅带来一定的金融风险，同时也创造了一定的机遇，特别是针对一些经济欠发达地区而言，地方债务是其获得进一步发展的重要途径。国内地方债务引发的风险主要在于担保与使用缺乏规范性、科学性、合理性。所以，为了有效消除地方债务引发的金融风险，应当对地方债务进行科学管理，优化其结构，将其纳入法制与行政管制范围内，严格监督并管理地方投融资平台。与此同时，中央政府也需要尽早构建地方投融资监督管理机制与制度，深入分析并严格监管地方投融资平台，对地方债券发行等实施妥善管理，进而在地方政府债款使用方面加强监管。另外，中央政府还应当改进《预算法》，建立完善的财政预算机制，并对颁布的《公债法》进行论证，做到依法管理地方债务，从而促使地方政府债务接受各行各业的实时监督。

第三，适当放开地方政府债券发行权。在我国市场经济体制逐渐完善的情况下，地方政府承担了越来越繁重的行政事务与经济管理任务。过去的财政收入难以满足日常行政开支已经成为主要问题。所以，中央政府应当适当地允许地方发行债券，以此来改善地方负债现状，缓解财政压力。事实上，在我国地方政府债券发行禁令的实施下，地方政府出于无奈，选择构建投融资平台。对此，中央政府可以适当放开地方政府债券发行权，促使地方融资融入现行法律与行政的管理体系，这能够在一定程度上缩减地方政府融资平台的规模和数量，逐步提升地方融资渠道的社会性和透明性。

第四，优化管理地方政府债务。从西方发达国家的发展经验可知，当中央政府对地方政府实施规范、严格、有序的管理时，地方政府债务所引起的金融风险均可以得到良好的防控，并且地方财政体系也可以正常、稳定地运行，促使国家经济得到稳定发展。相反，若是中央对地方管理不当，则会引发财政金融危机，如美国的次贷危机、欧洲债务危机等，从而引发经济、社会动荡。为了有效解决地方债务引发的金融风险，中央政府应当建立专门的机构来统一、集中管理地方债务。通常情况下，中央财政相关部门应当负责管理地方债务。但在现阶段，中央还没有建立专门机构，更未建立配套的地方债务管理制度与体系。因此，我国应该对国内各区域的地方债务实施深入分析，对其进行科学论证，从而构建一个统一机构，构建完善、配套的地方债务管理体系，对地方政府举债行为做出正确指引，在有效控制地方财政赤字问题的基础上，还应当促进分税制深化改革，进而逐步构建权责分明、协调平衡的地方财政收支体系。

第五，债务展期。2022年1月，国务院发布的《关于支持贵州在新时代西部大开发上闯新路的意见》中指出，按照市场化、法治化原则，在落实地方政府化债责任和不新增地方政府隐性债务的前提下，允许融资平台公司对符合条件的存量隐性债务，与金融机构协商采取适当的展期、债务重组等方式维持资金周转。

在我国快速城镇化的进程中，需要高强度融资，但是地方政府收入不匹配，因此产生了许多政府债务。当前，我国地方不少债务是投向基础设施建设，中短期内并不产生回报，这些资产优质可靠，只是暂时没有现金流，而银行债务往往又是中短期贷款，在资金错配之下，有条件的展期确有必要。目前纯公益性无收益的项目建设需求没有以前那么多了，所以目前存在的债务化解方式可以用债务展期的方式。从实际操作来看，债务展期的核心在于债务的利率要低于当前社会通胀率或城投公司收入的增长率。

第六，债务置换。债务置换又称债券置换或者债权置换，指大约在同一时间购买和销售，有效迅速地使用旧债券换得一套新的债券。地方债务置换是在财政部甄别存量债务的基础上，将原来政府融资平台的理财产品、银行贷款等期限短、利率高的债务置换成期限长、利率低的债券。存量债务中属于政府直接债务的部分，将从短期、高息中解脱出来，变成长期、低成本的政府直接债。它是政府为解决财政危机使用的一种延长国债到期支付时间的方法。

目前的地方政府债务主要为银行贷款和信托贷款，流动性差，而置换后的地方政府债券可以直接在市场上交易。不同于银行贷款，债券投资不属于贷存比计算范围，因此如果将贷款置换为债券，银行可以降低贷存比，提高流动性。由于债务置换可以改善地方政府债务的可持续性，信贷风险和不良贷款的生成速度也将显著降低。

债券置换是主动负债管理的一种制度工具，有利于化解风险事件，维护平台和区域在资本市场上的信用形象。作为进一步丰富市场化债券违约处置方式的创新手段，其具有重大的现实意义。

第五章
地方融资平台公司

平台公司又称地方政府融资平台，是指由地方政府及其部门和机构等通过财政拨款或注入土地、股权等资产设立，承担政府投资项目融资功能，并拥有独立法人资格的经济实体，具体包括各类综合性投资公司，如建设投资公司、建设开发公司、投资开发公司、投资控股公司、投资发展公司、投资集团公司、国有资产运营公司、国有资本经营管理中心等，以及行业性投资公司，如交通投资公司等。

平台公司是我国现行经济和政治体制下的特殊产物，在我国地方政府融资体系中发挥了重要的支撑作用。

第一节 平台公司的来龙去脉

一、平台公司的产生

平台公司的产生主要源于分税制改革。1994 年，我国开始实施分税制改革，重新划分中央与地方政府的财权与事权，这一改革举措使得中央财政收入占比大幅提高。然而，与财权重心上移相对应的却是事权重心的下移。20 世纪 90 年代是我国城镇化进程的关键时期，各级地方政府所承担的扩大城市基础设施建设、加速地方产业升级等促进地方经济发展的责任不断增加，给地方政府带来了巨大的财力缺口。与此同时，我国进入社会主义市场经济阶段，提供公共产品与服务的主体由计划经济体制下的国有企业变为了地方政府，而随着经济的高速发展，社会公众对于教育、医疗等公共事务的要求和需求也在不断提高，地方政府所承担的财政压力与日俱增。此外，法律对于地方政府的融资也有诸多限制。1994 年的《预算法》第二十八条规定，除法律和国务院另有规定，否则地方政府不得发行地方政府债券，而《担保法》和《贷款通则》也分别限制了地方政府为贷款提供担保和直接向银行贷款的能力。一方面是财政收支的入不敷出，另一方面是融资渠道的重重受限，地方政府在资金供求严重不匹配的情况下，不得不寻求市场化的融资渠道，向社会资本进行融资，平台公司应运而生。

二、平台公司的发展

平台公司的发展史与我国 20 多年来经济发展的情况密不可分，其生存环境周期性的变化恰恰也是我国经济发展模式的真实写照。

（一）20 世纪 90 年代初期至 2000 年的起步阶段

20 世纪 80 年代末至 90 年代初，我国正着手大刀阔斧地推动城市化进程，然而，受分税制改革的影响，加之受限于《预算法》（1994 年）、《担保法》（1995 年）和《贷款通则》（1996 年），地方政府在财政收支压力日益增长的情况下不能通过举债和担保进行融资。如何更有效地筹措建设资金成为各级地方政府亟待解决的难题。一边是急缺资金的地方政府，一边是手握资金却不知投向何方的商业银行，在这种背景下，商业银行建议地方政府通过设立平台公司的方式，承接商业银行的贷款投放，进而实现地方政府融资的目的。各地方政府纷纷设立地方融资平台，并通过土地资产划拨等方式注入资本。而正在兴起的房地产浪潮也助力地方融资平台提高了资本实力与融资能力。

☞延伸阅读☜

地方融资平台公司的"芜湖模式"

1998 年，国家开发银行（简称"国开行"）建议芜湖市政府成立芜湖建设投资有限公司。随后，芜湖市政府向芜湖建设投资有限公司（简称"芜湖建投"）注入大量诸如土地储备、高速公路等优质资产，芜湖建投以这些资产作为抵押品，向国开行申请贷款，芜湖政府无须进行担保。这种贷款主体为城投公司，且政府不需要对贷款过程进行担保的模式即为地方政府融资平台模式。芜湖建投成立之后，将财务质量参差不齐的项目进行捆绑打包并申请贷款，从而解决财务质量不佳的项目难以融资的问题，这项业务即为"打捆模式"。在以上两种模式的基础上，国开行还开创了"先贷款后开发"的模式。2002 年，芜湖市政府授权芜湖建投以土地出让收益质押作为主要还款保证，向国开行申请 10.95 亿元贷款，即"先贷款后开发"的模式。国开行在芜湖开创的"地方融资平台、打捆贷款、先贷款后开发"的三种业务模式被称为"芜湖模式",引得各地政府纷纷效仿,地方政府融资平台模式正式在祖国大地上遍地开花。

(二) 2001~2008 年的缓慢发展阶段

2000 年之后,各地开始普遍成立平台公司。但在这一阶段,平台公司的融资渠道仍然局限在银行信贷体系内,尤其是用以承接政策性贷款,城投债(包括企业债、短期融资、中期票据、非公开定向债务融资工具等)的增长趋势相对较为缓慢。一些主要城市的融资平台也在这一时期开始转型和调整,形成了特定的发展模式,如重庆市建立了行业平台体系等。

(三) 2009~2012 年的高速发展阶段

2009 年,为应对国际金融危机,政府出台了 4 万亿元投资计划以刺激经济,各商业银行也纷纷宣布积极支持国家重点项目和基础设施建设。由于大量的基建投融资任务落到了地方政府头上,地方政府融资平台的作用进一步凸显,政策层面也给予了相应的支持。这一时期,地方融资平台公司数量快速增长,并开始大规模举债,以支持基建投资(其融资方式包括银行信贷、企业债、项目收益债、短期融资券、中期票据、专项债、政策性银行贷款、专项建设基金、银行信贷、非标贷款、互联网金融、P2P 等)。与此同时,平台公司的风险问题也逐渐暴露。

(四) 2013~2020 年的调整发展阶段

2009 年之后,地方融资平台经历了阶段性的蓬勃发展,同时也暴露了一系列潜在的风险。2013 年,政府加强了对风险的重视程度,于是在 2014 年中央政府启动了对地方政府的债务甄别工作,同年 10 月国务院发布《关于加强地方政府性债务管理的意见》,明确将政企债务进行分离切割,并开始在全国范围内整治地方政府债务问题。该文件的推出使平台公司进入了转型发展的新阶段。在这一阶段,地方政府债务及融资平台发展过程中暴露的问题导致政策调整较为频繁,融资平台运作模式也受到相应的限制。

(五) 2021 年以来,平台公司进入新一轮整顿期

"十四五"规划纲要将"稳妥化解地方政府隐性债务"作为了未来五年的重点工作目标。2021 年 3 月,国务院常务会议提出,保持宏观杠杆率基本稳定,政府杠杆率要有所降低。2020 年 12 月,中央经济工作会议对化解地方隐性债务进行了政策定调,要在 2028 年前化解完毕地方隐性债务。2021 年 4 月,国务院发布的《关于进一步深化预算管理制度改革的意见》明确提出要清理规范融资平台公司,剥离其政府融资功能,对失去清偿能力的要依法实施破产重整或清算。多项政策的出台将进一步加剧平台公司之间的分化。

未来较长一段时间内，平台公司需要明确下一步改革和发展创新目标，匹配合适的路径与任务，在重点领域和发展方向中寻求市场创新空间和可持续发展路径。

三、平台公司的使命

平台公司作为"财政、金融、国资"三者融合的产物，其存在和发展具有客观必然性，对于我国经济的发展也起到了重要的推动作用。其历史使命主要包括以下三点：

第一，破解制度制约，创造性地解决城市建设发展中的资金瓶颈问题。地方政府融资平台是由计划经济向市场经济过渡过程中的重要载体，起到推动市场化发育的作用，在公用事业市场化改革、城市公共资源和土地资源的市场化中均扮演了重要角色。在这一层面上，平台公司的历史使命主要包括以下两个方面：一是打破生产关系的制约，把原有制度约束下不便于市场化的部分通过创建新的规则实现了市场化；二是打破生产力的发展瓶颈，通过自身的创新行为，推动新的市场化和专业化的形成，提高了劳动生产率水平，创造性地解决了城市化发展进程中的资金瓶颈问题。

第二，扩张地方政府信用，对地方基建投资形成有力支撑。分税制改革之后，地方政府的资金来源大幅缩减，加之受制度所限，地方政府难以从社会上获得融资，地方财政形成了巨大的资金缺口。作为地方政府的融资代理人，平台公司最主要的价值在于弥补地方政府在信用开发过程中的缺口，帮助地方政府在现行法律框架下和行政结构内充分利用其信用资源，形成地方政府信用扩张。融资平台不仅能够从银行获得贷款，发行债券进行直接融资，还能够通过信托公司、保险公司、证券公司等金融机构进行融资，有效扩充了地方政府的融资渠道，对地方基建投资形成有力支撑。

第三，加速城镇化进程，促进民生改善。融资平台公司在我国城镇化的进程中发挥了举足轻重的作用，为地方政府筹措了大量资金用于城镇公共基础设施建设，加速了城镇化的进程，使得我国城市面貌日新月异。保障性住房项目（廉租房、公租房、棚户区改造等）、民生项目（公立医院设施、教育基础设施、文化体育基础设施等）、环保项目（污水处理厂及管网、垃圾焚烧厂、水环境治理工程建设）等城镇公共基础设施建设的推进有效改善了民生环境，增加了人民福祉。

第二节　平台公司投融资模式

除了传统的上市、银行贷款和发行债券之外，平台公司还有一些独具特色的投融资模式。这里重点介绍产业基金、引入战略投资者混改、杠杆收购上市公司、项目融资四种投融资模式。

一、产业基金

2016 年 12 月，国家发展改革委发布的《政府出资产业投资基金管理暂行办法》对政府性产业基金进行了界定，即指有政府出资，主要投资于非公开交易企业股权的股权投资基金和创业投资基金，包括全部由政府出资、与社会资本共同出资或向符合条件的已有产业投资基金投资等形式。

☞延伸阅读☜

第一家中资产业投资基金

2006 年 12 月 30 日，国内第一家全中资背景的产业投资基金渤海产业投资基金正式挂牌成立，这也是中国第一个由地方政府主导的产业投资基金。渤海产业投资基金规模达 200 亿元，首期募集规模为 60.8 亿元，设立形式为契约型，主要投资于渤海新区金融商贸业、高新技术、现代冶金、空港物流、海洋及循环经济、海港物流、化学工业和休闲旅游七大产业。

资料来源：赵彤刚：《渤海产业投资基金今日挂牌》，载于《中国证券报》，2006 年 12 月。

（一）平台公司参与产业基金的方式

在参与产业基金的过程中，平台公司的角色是多元的，既可以是产业基金管理人、基金持有人，也可以是被投资者。

1. 产业基金管理人

地方融资平台受政府部门的委托，代表政府履行政府投资基金日常运作管理职能。政府投资基金主要由政府财政出资，由政府主导，投资领域主要是经济发展中的重点领域或薄弱环节，宏观调控意图较为明确。比如，2016 年 3 月，滁州市城市建设投资有限公司作为发起人专门成立了基金管理公司滁州市天使投资基金，并负责基金的日常管理。由平台公司负责管理政府投资基金虽然有利于增加政府对基金的掌控力、更好地落实政府政策、有效防范投资风险，但也存在专业管理人才不足等问题。

2. 产业基金投资人

平台公司持有产业基金的途径有以下两种：一是受政府委托，作为政府出资人代表，持有基金股份；二是由平台公司出资成立私募股权投资基金，成为基金的持有人。在我国，《合伙制企业法》规定国有企业不能为普通合伙人，所以在合伙制基金的结构中，平台公司多以有限合伙人（LP）的身份出现，而平台公司也可以成为非国有性质普通合伙人的股东。目前，有限合伙型基金是政府投资基金最主要的模式，地方政府融资平台一般作为有限合伙人成为劣后级投资者。

3. 产业基金被投资者

对于平台公司运营的项目，产业基金可以以股权投资、债券投资或者股权加债券投资等方式参与项目融资和建设。由于大多数平台公司的建设项目为城镇基础设施建设项目等公益性项目，投资回报率低，回报期较长，产业基金在投资平台公司或者基金项目后，一般要求所投资企业进行回购，从而降低投资风险。

（二）产业基金模式的优势

1. 融资优势

首先，平台公司通过设立产业基金进行融资的模式可以解决平台公司资产负债的约束问题。平台公司进行直接融资能提高自身的资产负债率，造成资产负债表膨胀，从而对其进行银行贷款和发行债券产生影响。在产业基金的模式下，平台公司可以以基金的形式筹集资金，从而实现表外化的融资，降低平台公司的资产负债率。其次，充分发挥产业基金的杠杆作用。在产业投资基金的模式下，通过优先劣后结构化的设计安排，平台公司可以以较小的资本金撬动银行信贷和社会资本，实现融资规模的扩大。最后，拓展平台公司的融资渠道。与传统的银行信贷、信托资金等融资渠道相比，产业基金的资金来源更为广泛，包括风险基金、杠杆并购基金、战略投资者、保险公司等，能有效增加平台公司的融资渠道。

☞延伸阅读☜

合肥模式：产业项目、基金投资，助力产业孵化

缓建地铁"押宝"京东方、千亿资金"投注"长鑫存储、联手战略投资者"接盘"蔚来汽车……因这一系列操作而出圈的合肥市在短短数年间就建立起了包含面板、芯片、新能源汽车等先进制造产业集群，强势跻身新一线城市。探析"合肥模式"不难发现，产业基金在合肥市的产业转型升级发展过程中发挥了至关重要的作用。

合肥建投作为市级城投平台，在"合肥模式"中发挥了关键作用。以与京东方的合作为例，在京东方合肥 10.5 代线、彩虹 8.5 代玻璃基板等相关产业项目建设中，合肥建投积极开展投融资创新，以金融方式切入资本市场，发起组建市场化运作的合肥芯屏产业投资基金，充分利用市场化手段募集资金，服务于新型显示、集成电路等崭新产业，构建良好的金融支撑体系。

合肥市政府下属三大投资平台（合肥建投、合肥产投、合肥兴泰），通过与中信、招商等头部投资机构合作设立产业基金，累计组成了将近 1000 亿元的产业基金群；通过资本加持、土地、人才、贴息、税收等一系列组合拳，引入和培育了一个又一个新兴产业，使合肥在短短十年间完成了华丽的蜕变，在 2021 正式进入了 GDP "万亿俱乐部"。

资料来源：周琦：《产业投资的"合肥模式"》，载于《中国经济周刊》2022 年第 8 期。

2. 投资优势

第一，有利于充分发挥基金的专业化投资管理能力。平台公司的业务以基础设施建设等公益性或准公益性项目为主，投资回报率较低，自身的"造血"能力不足，而推动经营业务转型是平台公司增强"造血"机制的关键。但如果平台公司贸然推动多元化经营，进入竞争性行业，则会面临较大的经营风险。产业投资基金专业化、专家化的投资管理优势能帮助平台公司精选投资项目，降低业务多元化布局中的经营风险。第二，有利于分散投资风险。在结构化的设计安排下，平台公司能发挥产业基金的杠杆作用，以较少的资本金撬动其他社会资本共同投资，与其他社会资本收益共享、风险共担，有利于降低自身投资风险；同时，也能克服自身资金不足所带来的投资约束。第三，能够灵活地介入被投资企业。在参与产业基金

的过程中，平台公司的角色是多元化的，因此平台公司可以根据自身的战略发展需求，灵活地介入被投资企业，从而获得经营的自主性。第四，推动实现产融结合。平台公司参与政府投资基金或者设立私募股权投资基金是实现产融结合的重要途径。平台公司可以通过产业投资基金布局金融业务，帮助整合当地的金融资源，进一步推动产业资源和金融资本的融合发展，提高资产报酬率。

（三）产业基金模式的风险

由政府牵头的产业基金杠杆率一般在 1:4 左右，但在现实情况中，实际的杠杆率可能更高。因此，在产业基金模式下，直接债务、或有债务或者由隐形担保导致的资金需求都有可能增加政府潜在的债务负担，引发地方政府隐性债务风险。此外，平台公司利用产业基金面临政策风险，对于城投而言，产业基金成为一种国有资本与社会资本收益共享、风险共担的运作模式，在当前各地谨慎推进混合所有制改革、金融去杠杆以及城投转型的大背景下，城投公司所能获得的政策支持有限。

除此之外，还可能引发金融体系内在关联性风险。产业基金的"投资 + 贷款"联动模式本质上强化了股权投资和债权融资的内在关联性，如果风险管控不到位，就容易形成混业或跨界风险。

二、引进战略投资者混改

自 2013 年《中共中央关于全面深化改革若干重大问题的决定》提出积极发展混合所有制经济以来，国家陆续出台了一系列指导意见。2015年中共中央、国务院印发《关于深化国有企业改革的指导意见》，随后出台了 22 个配套文件，形成了"1 + N"系列指导文件，标志着国有企业改革顶层设计基本完成。至此，分类、分层推进国有企业混合所有制改革成为重中之重。《国务院关于国有企业发展混合所有制经济的意见》《关于鼓励和规范国有企业投资项目引入非国有资本的指导意见》《关于国有控股混合所有制企业开展员工持股试点的意见》等文件混合所有制改革（简称"混改"）的原则、方式以及关键点。混改的具体形式包括引入战略投资者、整体上市或核心资产上市、引入基金、开放式改制重组、员工持股等。

平台公司引进战略投资者混改是指，平台公司通过股权转让、增资扩股或新设公司的形式，引入战略投资者参股，甚至控股。平台公司引入战略投资者混改的意义体现在三个方面。一是推动平台公司内部体制革新升级。平台公司引入战略投资者进行混改有助于倒逼平台公司体制改革，划清政府与企业的关系，减少行政化的干预和约束，实现所有权和经营权的分离。二是提升经营管理水平，盘活经营性资产。平台公司通过引进战略投资者进行混改，能吸收战略投资者带来的先进管理经验，对公司的治理结构、人才机制、管理体制进行优化，有助于理清政企关系，完善现代企业制度。除此之外，平台公司通过股权合作的形式引入战略性投资，可实现部分领域内国有股权的退出，从而间接盘活经营性资产。三是优化资本结构，拓宽经营领域。平台公司利用股权交易引入战略投资者能获得战略投资者雄厚的资金支持，进而缓解平台公司的债务负担及偿债压力，拓展融资渠道。战略投资者的丰富业务资源和资本运作经验能协助平台公司拓宽经营领域，提升相关业务水平及竞争实力，完善平台公司的多元化发展体系。

（一）引入战略投资者的类型

战略投资者通常分为两类：产业投资者和财务投资者。产业投资者看好某一产业，并对产业内的某种商业模式表示认同，致力于长期投资。产业投资者不仅拥有金融资本，更具有强大的产业资本背景，精通产业发展，能够积极参与混改企业的生产经营和公司治理，并为混改企业带来先进的技术、管理和市场营销网络，从而提高企业的经营效率和盈利水平。与产业投资者相比，财务投资者一般更注重中短期的获利，投机性较强，他们通常与目标企业分属不同行业，相关性较低，投资的目的在于运用大规模的资金赚取超额收益。

基于平台公司的发展要求，（1）产业投资者通常是与平台公司拥有同类业务或者处于产业上下游的强竞争力企业，包括但不限于中央企业、大型上市公司、民营产业集团、专业运营商等。引入这类产业投资者能帮助平台公司整合上下游资源，加快业务发展。（2）财务投资者通常是具备资深经验的投资基金，包含但不限于基础设施产业基金、产业发展投资基金、私募股权基金等。财务投资者可发挥其资金优势和资源优势，帮助平台公司逐步实现对外并购扩张、资产证券化等战略目标。

（二）引入战略投资者交易结构

平台公司可通过股权转让、增资扩股和新设公司三种方式引入战略投资者。

1. 股权转让

采用股权转让的方式进行混改，即标的公司的股东与战略投资者进行股权转让交易，股东依法向战略投资者转让部分股权，战略投资者向股东公司支付股权对价资金，交易完成之后标的公司为合资混改公司。通过股权转让的方式引入战略投资者交易结构简单，能实现国有股权的退出，但同时由于其合作对象不明确，需要进场挂牌交易，交易的不确定性风险较大，当平台公司想要通过股权退出筹集资金且无明确合作对象时，使用这种交易结构较为合适。

2. 增资扩股

采用增资扩股的方式进行混改，即标的公司直接与战略投资者进行交易，标的公司扩大企业注册资本，战略投资者出资入股，成为标的公司的新股东。采用这种交易结构进行混改的标的公司通常已经明确了战略合作对象，所以交易的成功率较高，但这种交易安排面临着国有股权无法退出、资金仅回流至标的公司等问题。

3. 新设公司

采用新设公司的方式进行混改，即标的公司的股东公司与战略投资者新成立合资公司，其中股东公司以标的公司全部股权出资，战略投资者以现金出资。新设公司成立之后持有标的公司的全部股权，通过合资公司间接实现标的公司的混改目标。这种交易结构较为复杂，适用于标的公司历史问题较严重，战略合作对象要求标的公司剥离历史问题的情况，同时与增资扩股一样，这种方式也面临着国有股权无法退出、资金仅回流至标的公司等问题。

☞典型案例☜

平台公司混改引入战略投资者案例——天津城投

1. 混改主体简介

天津城市基础设施建设投资集团有限公司（简称"天津城投"）是由天津市政府于2004年批准成立的国有独资公司，专司重大城市基础设施的融资、投资、建设、运营职责。天津城投置地投资发展有限公司是天津城投房地产领域内子公司，天津城投间接持有城投置地全部股权，城投置地拥有大量的土地储备及优质资产，先后开发运营银河国际购物中心、新梅江锦秀里以及海南万宁石梅半岛等项目。

2. 战略投资者简介

华润置地是财富500强企业华润集团旗下的地产业务旗舰，成立于1994年，1996年在香港联交所上市。华润置地是我国最具实力的综合型地产发展商之一，主营业务包括房地产开发、商业地产开发及运营、物业服务等。

华润置地以产业投资者身份参与天津城投混改，天津城投可借助华润置地在房地产板块资深的投资开发经验，加速自身房地产业务板块发展成熟。

3. 混改股权比例设计

混改前，天津市国资委间接通过天津城投集团持有天津城投置地100%股权。混改后，天津市国资委持股比例稀释为51%，华润置地全资子公司北京润置持股天津城投置地49%，天津市国资委仍保持对天津城投置地的控股地位。

4. 交易方式设计

天津城投置地在引入战略投资者的过程中采用公开挂牌的增资扩股方式，北京华润置地以增资方式注入79.34亿元，持有天津城投置地49%股权。天津城投虽没有通过引入战略投资者完成国有股权的退出，但根据华润置地和天津产权交易中心披露，本次增资资金将用于天津城投置业在津业务拓展，加大优质项目的投资力度，也可用于偿还公司债务，优化资本结构。本次交易既为天津城投后续地产开发项目提供了庞大的资金支持，又间接化解了天津城投债务，优化了资本结构。

资料来源：张雅楠：《华润置地、天津城投结出混改果实》，载于《经济观察报》，2019年4月。

三、杠杆收购上市公司

平台公司收购上市公司不仅能有效打通证券融资这条关键渠道，而且将上市公司并表后，能帮助平台公司改善业务模式单一、市场化业务少、"造血"能力不足的问题，形成可持续经营性现金流，从而改善平台公司已有的融资能力和偿债能力。更为重要的是，通过杠杆收购这种以小搏大的并购形式，平台公司完成收购之后逐步将旗下优质资产注入上市公司，有助于打造和形成产业运作与整合平台，引导产业向本地聚集，推动平台公司的资产证券化工作。

（一）平台公司收购上市公司应具备的条件

1. 具有较强的融资能力

在实施收购的过程中，平台公司需要给目标公司支付数额较大的资金，仅靠自有资金很难完成，如何筹措资金成为平台公司收购过程中的关键问题。目前，平台公司并购融资主要是债权融资，即通过银行贷款和发债筹集并购资金，但无论采取哪种融资方式，平台公司外部并购都必须有较强的融资能力作为支撑。

2. 具有明确的发展战略

平台公司在实施并购战略的过程中要以总体战略为核心，考虑并购是否有利于公司的长远发展。基于总体战略和并购战略,选择合适的并购方式,从而实现资源的整合,增强自身的竞争实力。

3. 具有较强的风险管理能力

平台公司收购上市公司会面临融资风险、目标企业价值评估中的资产不实风险、国有资产管理风险等,对平台公司的风险识别能力和风险管理能力提出了较高的要求。在并购的过程中,平台公司要通过对现金流指标、偿债能力指标等进行分析,对潜在的并购风险进行识别,并判断自身是否具备足够的风险管理能力。

4. 具有经验丰富的管理团队

在平台公司并购上市公司之前,目标公司的筛选、并购过程的顺利开展以及并购后的整合管理都需要经验丰富的管理团队进行操盘。如果缺乏完备的统筹规划,可能会导致收购完成之后公司治理和业务发展混乱、人才流失等问题。

(二) 平台公司收购上市公司的方式

平台公司并购上市公司的方式主要有横向并购、混合并购、借壳上市三种。

1. 横向并购,增强行业竞争实力

横向并购战略是指并购方为扩大自身规模而在同一行业之间进行的并购。通过实施横向并购战略,有利于平台公司发挥规模效应、经营管理协同效应,增强行业竞争力。平台公司采取此横向并购的前提是有需要并有能力拓展自身业务,且业务类型与上市公司业务相近或类似。

例如,成都体育产业投资集团有限责任公司(简称成都体投)以 13.29 亿元收购莱茵体育 29.9% 的股份,成为莱茵体育实际控股股东。成都体投是成都文旅集团的全资子公司,主要经营业务为体育基础设施和体育产业项目,而莱茵体育多年来一直定位于体育发展领域,业务板块中包含很多赛事 IP,并购之后,有利于双方整合体育赛事业务,扩大业务规模,提高企业竞争力。[1]

2. 混合并购,实现多元化经营

混合并购是指分属不同产业领域,即无产业链上的关联关系,行业也不相同的企业间的并购。平台公司采用混合并购的战略,通过并购与其业务关联程度低、发展前景好的上市公司,快速实现多元化经营。

例如,2019 年,徐州新盛投资集团入主上市公司维维集团,成为其第一大股东。新盛投资集团是徐州市属国有大型城建集团,位居中国城投公司百强之列,由徐州市人民政府国有资产监督管理委员会 100% 控制,其主

---

① 林然:《莱茵体育:成都体户集团入主》,载于《股市动态分析》2019 年第 10 期,第 24 页。

营业务为城市建设项目投资、管理、非金融性资产受托管理服务等。维维股份主要从事豆奶粉、植物蛋白饮料（液态豆奶）、乳品、茶叶等系列产品的研发、生产和销售，曾是豆奶行业的龙头企业。这两个看似毫无关联的企业在 2019 年成功联姻。并购完成之后，维维股份成为新盛集团在农业粮食产业领域发展的抓手，从而使后者实现了多元化的产业经营。①

3. 并购上市公司，实现借壳上市

企业 IPO 上市涉及各项多方面的审批环节，流程复杂，审批时间长，而通过并购上市公司，平台公司可以实现快速上市的目的。

例如，浙江省建设投资集团有限公司两度借壳多喜爱，最终成功上市，便是平台公司借壳成功的典型案例。2019 年，多喜爱对浙江省建设投资集团有限公司（简称"浙建集团"）开展吸收合并，计划为多喜爱置出资产 7.16 亿元，置入资产 79.98 亿元，浙建集团再耗资 12.53 亿元购买原实控人 29.83% 的股份。但是，由于浙建集团资产负债率过高，多喜爱对浙建集团的吸收合并提案被证监会否决。在第一次借壳失败后，浙建集团结合自身情况和证监会的决议，积极处置了盈利能力不高、与主业相关度不高的资产以减低负债率，优化自身的资本结构，并且对并购方案中的交易价格、业绩承诺、收购方式等进行调整。经过调整优化之后，证监会核准了多喜爱重大资产置换及换股吸收合并浙建集团。2020 年 4 月，浙建集团借壳多喜爱上市成功，多喜爱更名为浙江建投。②

📖**典型案例**📖

济宁城投收购恒润股份

恒润股份是目前全球少数能制造 7.0MW 及以上海上风电塔筒法兰的企业之一，也是国内最早一批给海上风电大功率风机配套塔筒法兰的厂商。济宁城投控股集团有限公司（简称"济宁城投"）为谋求战略转型，发展风电业务，于 2021 年强势入主恒润股份。

2021 年 1 月 26 日，恒润股份发布公告，公司控股股东、实际控制人拟将其持有的 1426.88 万股股票转让给济宁城投，本次转让的股票占总股本的 7%，每股转让价格为 32.79 元，标的股份转让总价款为 4.6787 亿元。另经双方协商，济宁城投要向转让方支付本次股份

---

① 马云飞：《国资接盘，ST 维维又涨停》，载于《国际金融报》，2021 年 7 月 19 日。
② 李瑞娜：《多喜爱上市 6 年终落幕，"白衣骑士"浙江建投借壳主攻建筑行业》，载于《中国经营报》，2021 年 7 月。

转让的控制权溢价9360.3328万元。同时，济宁城投拟以现金方式认购恒润股份非公开发行的6115.2万股股份，发行价格为26.24元/股，募集资金总额16.0463亿元。本次非公开发行完成后，济宁城投持有恒润股份7542.08万股，占发行后总本本的28.46%，成为公司的控股股东。在此次并购中，济宁城投需支付股权转让价款4.6787亿元、控制权溢价价款9360.3328万元、支付非公开发行股票认购价款16.0463亿元，合计支付总额为21.661亿元。那么，对于济宁城投来说，入主上市公司的资金投入从哪儿来呢？2021年3月9日，济宁城投控股集团2021年度第一期中期票据募集说明书披露，本期中票拟发行金额21亿元，期限7年，本次债务融资工具募集资金将用于权益投资，投资标的为江阴市恒润重工股份有限公司。

济宁城投跨省收购上市公司，同时抛出与收购资金等量的债券融资，实现了一手融资一手并购的闭环操作。公开市场发债融资、收购上市公司并表、构建经营性现金流、打通上市公司融资渠道……济宁城投的"花式"融资操作值得学习。

资料来源：孔子元：《恒润股份实控人将变更为济宁国资委，拟定增募资16亿元》，载于《上海证券报》，2021年1月。

四、项目融资

项目融资是近些年兴起的一种融资手段，是以项目的名义筹措一年期以上的资金，以项目营运收入承担债务偿还责任的融资形式。不同于传统的融资方式，项目融资是为一个特定项目所安排的融资，贷款人在最初考虑安排贷款时，以项目的现金流量和收益作为偿还贷款的资金来源，以项目资产抵押作为贷款的安全保障。

（一）BOT模式

BOT模式是英文Build-Operate-Transfer的简称，即"建设—经营—转让"模式，这是私营企业参与城市建设，提供社会公共服务的主要方式，我国称之为"特许权"。政府通过向企业授予一定期限的授权特许经营权的方式，使企业经营特定的公共基础设施来获得利润，到期后再转移给政府。这种方式有以下优点：第一，减小政府财政支出压力，减少政府外债范围，有利于政府平衡财政支出，开展更多项目；第二，加快项目进展，提高项目质量，将项目风险转移；第三，促进地方经济发展。BOT投资方式主要用于建设收费公路、发电厂、铁路、废水处理设施和城市地铁等基础设施项目，对城市的发展建设有着很大的推动作用。BOT 模式还有 20 多种演化模式，比较常见的有建设—经营—拥有（BOO）、建设—转让（BT）、转让—经营—转让（TOT）、建设—经营—拥有—转让（BOOT）、建设—租赁—转让（BLT）、建设—转让—经营（BTO）等。

（二）ABS 模式

ABS 是英文 Asset-Backed Securitization 的缩写，意为资产支持证券，是一种较为常见的项目融资模式。该融资模式是以项目所属的资产为支撑，以项目资产可以带来的预期收益为保证，通过在资本市场发行债券来募集资金。ABS 模式可以将缺乏流动性但能产生可预见的、稳定现金流量的资产归集起来，通过一定的安排和增信机制，使之成为可以在金融市场上出售和流通的证券。具体运作过程是：（1）组建一个特别目标公司；（2）目标公司选择能进行资产证券化融资的对象；（3）以合同、协议等方式，将政府项目未来现金收入的权利转让给目标公司；（4）目标公司直接在资本市场发行债券募集资金或者由目标公司信用担保，由其他机构组织发行，并将募集到的资金用于项目建设；（5）目标公司通过项目资产的现金流入清偿债券本息。

以供应链金融 ABS 为例。供应链金融的核心思想是"1 + N"模式，有助于填补中小企业融资需求。"1"指的是一个产业或者供应链中的核心企业（强势企业），而"N"指的是围绕这个核心企业的上下游企业或供应链的整体成员企业。

不同于传统的供应链融资模式，供应链金融是以核心企业的信用作为保障，在真实的贸易背景下，通过应收账款质押、货权质押等手段融入资金，注入整个供应链，为供应链上下游企业提供资金融通。在这种模式下，资金提供者可以以一家核心企业为抓手点，批量挖掘整个供应链上的中小企业。

平台公司坐拥大量国有资产，主要的项目建设以为民生服务的公益性项目为主。因此，适合嵌入供应链金融的保理业务形态主要为依托城市基建、城区棚改项目的应付账款转让融资，根据具体形态不同，又可以进一步分为正向保理、反向保理、保理池融资以及票据保理融资等。这些供应链金融保理的业务形式以平台公司为核心企业，为其上游企业提供资金融通，同时也能缓解平台公司的资金压力。在实际业务中，多数依托平台公司信用，对接资金多采用银行授信及 ABS 的模式。平台公司的供应链金融保理将突破依托银行授信的传统融资渠道，发展潜力巨大。

（三）PPP 模式

PPP 是英文 Public-Private-Partnership 的缩写，即政府和社会资本合作，这是政府和社会资本共同合作的一种新型融资模式。政府和民营企业在此模式中是伙伴关系，两者通过对公共资源的共同开发、合作经营来获取利润。PPP模式的构架是：从公共事业的需求出发，利用民营资源的产业化优势，通过政府与民营企业双方合作，共同开发、投资、建设，并维护运营公共事业，即政府与社会资本在公共领域展开合作。通过这种合作形式，合作各方可以达到与单独行动相比更为有利的结果。合作各方参与某个项目时，政府并不是把项目的责任全部转移给民营企业，而是由参与合作的各方共同承担责任和融资风险。

（四）PFI模式

PFI是英文Private-Finance-Initiative的缩写，即"民间主动融资"。PFI是对BOT项目融资的优化，指政府部门根据社会对基础设施的需求，提出需要建设的项目，通过招投标，由获得特许权的私营部门进行公共基础设施项目的建设与运营，并在特许期（通常为30年左右）结束时将所经营的项目完好且无债务地归还政府，而私营部门则从政府部门或接受服务方收取费用以回收成本的项目融资方式。PFI模式与BOT模式的不同之处在于，PFI是一种私人融资活动，政府采用PFI模式的目的在于获得有效的服务，而并非旨在最终的基础设施和公共设施的所有权。除此之外，二者的应用领域也不同，BOT模式主要用于基础设施项目，而PFI项目则非常多样。

☞典型案例☜

成都城投创新BOT模式，建设保障性租赁住房

中电科十所37号楼租赁公寓是成都城投探索利用BOT模式建设并投入使用的第一个租赁住房项目，也是全国首个采用该模式实施租赁住房改建的项目。37号楼租赁公寓项目由中电科十所出租闲置办公楼，成都城投负责投资改建和运营管理，建成后全部出租给中电科十所的员工。项目前期，成都城投获得814万元补助资金用于该项目，减轻了改建、运营成本压力。投运后，成都城投按"保本微利"原则确定租金，中电科十所将城投公司缴纳的闲置楼房租金补贴给入住员工，用于抵扣租金，租金不足部分由入住员工补足。投入租赁经营10年后，成都城投将该项目交还给中电科十所。

成都城投创新BOT模式，改建人才公寓项目，不仅盘活了国有企业的闲置低效资产，还创造性地解决了人才居住问题，促进了住房租赁行业的可持续、健康发展。

资料来源：袁弘：《创新应用BOT模式，将闲置办公楼改成住房》，载于《成都日报》，2022年3月。

第三节　地方融资平台风险控制

一、地方融资平台存在的风险及解决方案

（一）系统性风险及解决方案

2021 年，我国非金融企业的杠杆率为 154.8%，大约占宏观杠杆率的 3/5，可见我国实体经济的高杠杆主要体现在非金融企业的高债务上（见图 5-1）。而造成非金融企业杠杆率高居不下的重要原因之一即为地方融资平台的债务高企。分税制改革以后，地方政府预算内收入大幅度减少，财权与事权不匹配，为了缓解财政压力，借地方融资平台以城投债的形式进行融资，这导致平台公司的债务迅速上升，并拉高了非金融部门的杠杆率。地方融资平台债务使得地方政府和企业二者的债务边界杂糅在一起，远远超出企业自身的债务偿还能力。由于平台公司的资金主要来自银行借贷，一旦发生债务风险，一方面会导致商业银行资产负债表恶化，另一方面会因为隐性担保问题恶化地方政府债务情况。这两类风险最终会反映在金融体系的风险上，由此加大系统性风险爆发的可能性。

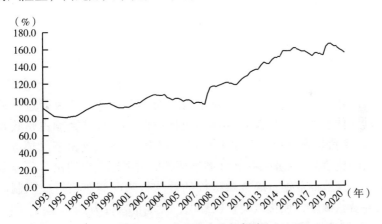

图 5-1　非金融企业杠杆率

资料来源：国家资产负债表研究中心。

从解决方法来看，首先，对于存量债务，要找到化解路径，可以采用地方债置换和市场化方式化解。高风险地区化债要加强政策支持。对于财政实力较好、隐性债务较少的地区，应促使其隐性债务加速清零。其次，要降低政府杠杆率。政府要控制债务性融资，把更多的杠杆空间让给企业，放权、让利，让社会资本更多地进入产业链、供应链。

（二）偿付风险及解决方案

地方政府融资平台主要的作用是为地方政府融资，缺乏经营性业务和充足的固定资产，通常以政府划拨的土地、股权作为资产，在融资中较多地依靠地方财政进行担保，自身"造血"能力不足，导致高负债率。同时，平台公司投资投向单一，贷款缺乏还款来源，担保普遍不足，倘若依靠土地和税收的地方政府财政收入出现大幅度下滑，则会直接影响地方财政的偿付能力，从而导致融资平台难以履行其偿债义务，出现偿付风险。

从解决方法来看，首先，对现有的债务分类管理，消化存量。要控制投融资平台的债务规模，对债务合理分类，明确偿还来源，引导地方政府投融资平台顺利偿还债务。其次，开展资产证券化，盘活资产，改善债务结构，避免出现资金断裂的风险。最后，规范投融资平台和地方政府投融资行为。要实现政企分开，规范投融资平台的法人治理结构，明确平台债务主体不是政府。

（三）信息不对称风险及解决方案

由于缺乏健全的外部监管机构对地方政府平台进行审查和控制，平台公司的真实信息和财务数据很难为外界所知，导致银行在与平台公司的合作过程中难以全面了解和掌握平台公司的实际负债情况。而且平台公司政府背景贷款的原因提高了银行的信任度，银行在评估平台公司的信用时，往往评估的是本级地方政府的财政偿还能力，无法对贷款风险做出正确的估计，造成信息不对称风险。

首先，先要完善平台公司债务风险评估机制。通过聘请专业第三方机构，严格梳理平台融资举债情况，建立规范的、符合银行信贷评估要求的财务报表。建立地方债务风险评估制度，对平台债务违约风险进行动态和前瞻性的评估与考核。风险评估体系包括偿债率（偿债金额占财政收入的比重）、债务负担率（债务余额占 GDP 的比重）、利息支出率（债务利息占财政收入的比重）、债务依存度（新增债务额占财政支出的比重）等指标。

其次，规范商业银行等金融机构的放款行为。商业银行应限制向投融资平台的贷款额度，强化风险管控意识，规范贷款行为。

（四）政府信用风险及解决方案

许多地方政府融资平台的项目资金贷款都是由政府信用作为担保的，而可能出现的政府换届导致的政策断层或者以政绩为重、忽视长期发展等问题都会损害地方政府的形象，导致信用风险。一旦地方政府的还款能力或者意愿不足，导致债务无法在规定期限内偿还，就有可能引发政府信用风险，给地方的融资和发展带来负面影响。

从解决方法来看，要加强政府诚信建设。（1）从短期来看，要盘活存量债务和发展增量债务。采用与社会资本合作的模式盘活基础设施存量资产回收的资金，除按规定用于必要的支出外，应主要用于新的基础设施和公用事业建设，重点支持补短板项目，形成新的优质资产，实现良性循环。（2）从中长期来看，要加强对财政中长期支出责任的监测和监控。要进一步明晰财政中长期支出责任与政府债务关系，加强对财政支出责任的统计和监测，对包括政府债务和中长期支出责任在内的全部资本性支出统一进行预算管理。政府可以考虑借鉴商业银行的经验，对地区财政承受能力开展压力测试。（3）从长远看，要深化财税体制改革。要健全地方税体系改革方案，改变地方事权过多而财权过少的失衡局面。研究构建资本性预算制度，以完善全口径债务预算为切入点，全面反映政府基本建设支出的规模、结果、期限等情况，防控债务风险。要逐渐探索创新其他合法合规的地方政府建设融资模式，深化改革是治本之策。同时，政府也要加强履约能力建设和惩处措施。决不能"新官不理旧账"，不得以政府换届、人员更替等理由违约毁约，因违约毁约侵犯合法权益的，要承担法律和经济责任。要建立政务失信记录，建立健全政府失信责任追究制度及责任倒查机制，加大对政务失信行为惩戒力度。

二、地方融资平台的监管政策

就目前的情况来看，我国地方政府融资平台存在的风险仍处于可控范围之内。

从 2010 年开始，监管部门先后出台一系列政策文件，指导和规范地方融资平台的融资行为。《预算法》的修订使我国地方债"开明渠、堵暗沟"的制度建设迈出决定性步伐。

2014 年 10 月 2 日，国务院印发《关于加强地方政府性债务管理的意见》，明确"剥离融资平台公司政府融资职能，融资平台公司不得新增政府债务"，促使地方融资平台进行转型。该文件与"新预算法"共同搭建了全新的政府性债务管理框架，其核心包括五个方面：一是赋予地方政府适度举债权限，举债采用政府债券形式，分为一般债券和专项债券；二是划清政府和企业的界限；三是推广使用政府与社会资本合作（PPP）模式；四是建立地方政府性债务风险预警机制和债务风险应急处置机制；五是甄别并置换存量政府债务。根据国家审计署数据，2015～2018 年各地累计置换存量政府债务约 12.2 万亿元，平均每年置换约 3 万亿元。

2015 年之后，出现了短暂的宽松期，部分地方政府仍有在法定债务限额之外变相和违法违规的举债或担保行为，如利用企事业单位举债、利用政府购买服务、PPP、政府投资基金等变相举债等。2017 年 7 月，中央政治局会议强调，"坚决遏制隐性债务增量"，首次明确提出了"隐性债务"这一概念。2018 年 8 月，《中共中央 国务院关于防范化解地方政府隐性债务风险的意见》开启了隐性债务的甄别、统计和化解工作。2018 年 10 月，《中共中央办公厅国务院办公厅关于印发〈地方政府隐性债务问责办法〉的通知》指导地方和金融机构开展隐性债务置换。2019 年末，建制县隐性债务化解试点推出。在这一阶段，隐性债务问题得到高度重视，各地积极化债，隐性债务无序增长的势头得到了遏制。

2020 年，受新冠疫情的影响，为应对经济下行，财政政策发力导致地方债务增速抬头。2021 年经济企稳后，地方政府债务监管开始新一轮的收紧。2021 年 4 月，《国务院关于进一步深化预算管理制度改革的意见》提出"把防范化解地方政府隐性债务风险作为重要的政治纪律和政治规矩"；同月，上交所、深交所发布债券审核新规（3 号指引），结合 2020 年末的"红橙黄绿"分类监管，严控尾部城投风险。2021 年 6 月，财政部等印发《关于将国有土地使用权出让收入、矿产资源专项收入、海域使用金、无居民海岛使用金四项政府非税收入划转税务部门征收有关问题的通知》，将土地使用权收入划转税务部门征收，土地出让金灰色操作空间受到压缩；7 月，《银行保险机构进一步做好地方政府隐性债务风险防范化解工作的指导意见》发布，严禁新增或虚假化解地方政府隐性债务，并限制流动性贷款融资等；11 月，上海、广东等地纳入无隐性债务试点。

从政策层面看，从 2010 年起，对平台公司的监管政策一脉相承，防范化解地方债务风险的方向从未发生改变。监管从银行贷款到非标贷款、PPP，再到债券，从最初只监管资金端到加强对项目端——地方政府的问责，政策"遏制增量，化解存量"的思路保持稳定，牢牢守住不发生系统性风险的底线，稳步推进对地方政府隐性债务的严监管。从长期来看，平台公司发展的新逻辑将逐步确立，产业化转型是大的趋势，内部分化也将进一步凸显，平台公司继续保持有持续、有退出、有转型、有整合，整体风险处于可控范围之内。

第六章
基建与新基建

　　2018 年 12 月，中央经济工作会议重新定义了基础设施建设，把 5G、人工智能、工业互联网、物联网定义为新型基础设施建设。新型基础设施建设（简称"新基建"）是以新发展理念为引领，以技术创新为驱动，以信息网络为基础，面向高质量发展需要，提供数字转型、智能升级、融合创新等服务的基础设施体系。与传统基础设施建设相比，新基建内涵更加丰富，涵盖范围更广，更能体现数字经济特征，特别是在推动实现"碳中和、碳达峰"的大背景下，新基建可以为"双碳"目标的达成提供新思路，能够有效解决碳减排中面临的技术创新、产业转型升级等关键问题[1]。从短期来看，基建、新基建能够快速拉动国内投资增长，对中国经济的持续恢复贡献力量。从长期来看，能够增加有效供给，培育中国经济新的增长点，培育新技术、新产业。

　　新型基础设施建设创造了大量投资机会、创业机会，也创造了许多"造富"的机会。以政府信用为基础进行融资，扩大基础设施建设，将成为未来经济的重点。地方政府将更好地利用政信金融的方式来进行融资建设，将新老基建项目未来的收益权通过资产证券化方式融来的资金作为资本金，并鼓励相关项目通过产业基金等各种方式筹集资本金。政信金融模式有利于打破区域、行业封锁，为民营企业进入基础设施建设等领域提供了通道。政信金融通过大力引进社会资本，尤其是民间资本，参与基础设施领域的投资、建设和运营，打破了以往国有企业垄断基础设施建设的局面。

第一节　基建和新基建概述

一、基建和新基建的范围

　　基础设施建设（简称"基建"）包括经济基础设施和社会基础设施两大

---

　　① 裴棕伟、闫春红：《新基建助推"双碳"目标达成的逻辑和建议》，载于《价格理论与实践》2022 年第 4 期，第 5 ~ 8、52 页。

基本类型。经济基础设施是用于提供经济性公共服务的基础设施，主要包括能源、交通运输、电信、农业、林业、水利、城市建设和生态环保等领域的基础设施。在一个国家经济发展的初级阶段，经济基础设施在整个基础设施建设中占主要地位。社会基础设施是用于提供社会性公共服务的基础设施，主要包括基础教育、基本医疗、社会保障、社会福利等服务设施。随着国家发展阶段的提升，将更加重视社会发展，社会基础设施在整个基础设施建设中的地位将不断提高。

2020 年 4 月，国家发展改革委在新闻发布会上明确了新型基础设施建设的范围，包括信息基础设施、融合基础设施、创新基础设施三个方面（见图 6 - 1）。信息基础设施主要是指基于新一代信息技术演化生成的基础设施，比如以 5G、物联网、工业互联网、卫星互联网为代表的通信网络基础设施，以人工智能、云计算、区块链等为代表的新技术基础设施，以数据中心、智能计算中心为代表的算力基础设施等。融合基础设施主要是指深度应用互联网、大数据、人工智能等技术，支撑传统基础设施转型升级，进而形成的融合基础设施，比如智能交通基础设施、智慧能源基础设施等。创新基础设施主要是指支撑科学研究、技术开发、产品研制等具有公益属性的基础设施，比如重大科技基础设施、科教基础设施、产业技术创新基础设施等。

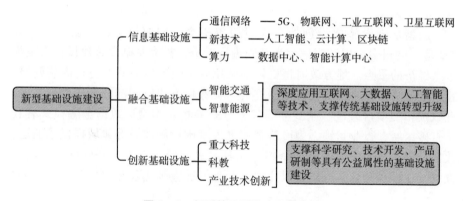

图 6 - 1　新型基础设施建设的范围

二、基建和新基建的作用

第一，基础设施建设的支撑性。基础设施的一个重要功能是实现人流、物流、资金流、信息流等顺畅流动，为经济发展和社会进步提供基础性条件。基础设施犹如经济社会发展的筋骨，只有节点布局合理、网络密度适宜、通道运行高效、传输能力符合社会需要，筋骨才强健有力，对经济社会发展的支撑才稳固有效；倘若伤筋动骨，一个地区经济发展的各个环节就难以畅通，轻则发展停滞不前，重则经济秩序瘫痪。

第二，基础设施建设的引领性。"要致富，先修路"，这句老话道出了基础设施建设对于经济发展的重要引领和先导作用。我国用几十年时间走完了发达国家几百年走过的工业化历程，创造了举世瞩目的经济快速发展奇迹，在很大程度上得益于适度超前的基础设施建设。"欲筑室者，先治其基。"良好的基础设施条件能够显著改善企业生产经营的外部条件，增强企业竞争力和开拓市场的能力，同时能够有效改善群众的生产生活环境，提升群众的获得感和幸福感。因此，适度超前的基础设施建设，发挥基础设施建设的引领性，能有效推动经济发展，增加人民群众福祉。

第二节　基础设施的城乡差异

一、城市基础设施

（一）城市基础设施的范围

城市基础设施（urban infrastructure）是城市生存和发展所必须具备的工程性基础设施和社会性基础设施的总称，包含城市中为顺利进行各种经济活动和其他社会活动而建设的各类设备。工程性基础设施一般指能源供给系统、给水排水系统、道路交通系统、通信系统、环境卫生系统以及城市防灾系统六大系统。社会性基础设施则指城市行政管理、文化教育、医疗卫生、基础性商业服务、教育科研、宗教、社会福利及住房保障等。

（二）城市基础设施的重点领域

1. 交通一体化建设

交通一体化建设主要包括城际铁路网、市域（郊）铁路和城市轨道交通。"十四五"规划中指出，将继续推进城市群都市圈交通一体化，有序推进城市轨道交通发展。《"十四五"新型城镇化实施方案》提出，到2025年新增城际铁路和市域（郊）铁路运营里程3000公里。

2. 地下综合管廊建设

地下综合管廊是指在城市地下用于集中敷设电力、通信、广播电视、给水排水等市政管线的公共隧道。地下综合管廊相比于传统市政管线，一是能够显著改善城市市容市貌，通过线路"入地"消除天空"蜘蛛网"；二是能够避免"马路拉链"，通过管线地下施工维护，减少地上反复开挖，降低对城市正常运行的影响；三是能够集约节约利用地下空间，通过集中管线布局布设，减少分散布局对地下空间切割占用；四是能够提高城市基础设施安全韧性，使管线维护更加便捷，提高使用耐久性，受自然灾害等影响小，可有效增强城市防灾抗灾能力。近年来，随着我国城镇化水平逐步提高，从中央到地方都在积极推进城市地下综合管廊建设。2022年《政府工作报告》在提到积极扩大有效投资时，强调继续推进地下综合管廊建设。《"十四五"住房和城乡建设科技发展规划》提出，研究地铁暗挖及地下管廊工程施工安全技术。地方层面也加紧规划，敲定地下综合管廊建设方案。

3. 城市防洪排涝、污水和垃圾收集处理体系建设

城市防洪排涝、污水和垃圾收集处理体系建设主要涉及河湖水系和生态空间治理与修复、管网和泵站建设与改造、排涝通道建设、雨水源头减排工程、防洪提升工程。《"十四五"城镇生活垃圾分类和处理设施发展规划》提出，到2025年底，全国城市生活垃圾资源化利用率达到60%左右；全国生活垃圾分类收运能力达到70万吨/日左右；全国城镇生活垃圾焚烧处理能力达到80万吨/日左右，城市生活垃圾焚烧处理能力占比65%左右。

4. 灾害应急基础设施建设

一是防灾减灾基础设施。根据《"十四五"国家应急体系规划》，实施地震易发地区学校、医院、体育馆、图书馆、养老院、儿童福利机构、未成年人救助保护机构、精神卫生福利机构、救助管理机构等公共设施抗震加固。推动基于城市信息模型的防洪排涝智能化管理平台建设。在重点城市群、都市圈和自然灾害多发地市及重点县区，依托现有设施建设集应急指挥、应急演练、物资储备、人员安置等功能于一体的综合性应急避难场所。加强城市公共消防设施和城镇周边森林草原防火设施建设，开展政府专职消防队伍、地方森林草原消防队伍、企业专职消防队伍达标创建。开展行业单位消防安全示范建设，实施高层建筑、大型商业综合体、城市地下轨道交通、石油化工企业、老旧居民小区等重点场所和易地扶贫搬迁安置场所消防系统改造，打通消防车通道、楼内疏散通道等"生命通道"。

二是公共卫生应急设施建设。根据《关于印发公共卫生防控救治能力建设方案的通知》，公共卫生防控救治能力建设主要任务包括建设现代化的疾病预防控制体系、全面提升县级医院救治能力、改造升级重大疫情救治基地等。"十四五"期间，我国还将建设20个左右国家重大传染病防控救治基地，全面加强公立医院传染病救治能力建设。

5. 智慧基础设施建设

智慧基础设施建设主要包括智能道路、智能电源、智能公交等。据统计，"十二五"期间，全国公交智能化建设涉及总投资100余亿元。按每年5%的增速估算，仅智能公交2022年投资额就达25.5亿元。加上其余城市基础设施智能化改造投资，在智慧基础设施建设领域年均投资额预计将超过百亿元。

二、农村基础设施建设

（一）农村基础设施建设的范围

农村基础设施（rural infrastructure）是为发展农村生产和保证农民生活而提供的公共服务设施的总称，包括农业生产性基础设施、农村生活基础设施、生态环境建设、农村社会发展基础设施四个大类。农业生产性基础设施主要指现代化农业基地及农田水利建设；农村生活基础设施主要指饮水安全、农村沼气、农村道路、农村电力等基础设施建设；农村生态环境建设主要指天然林资源保护、防护林体系、种苗工程建设，自然保护区生态保护和建设，湿地保护和建设，以及退耕还林等影响农民吃饭、烧柴、增收等当前生计和长远发展问题的建设；农村社会发展基础设施主要指有益于农村社会事业发展的基础建设，包括农村义务教育、农村卫生、农村文化基础设施等。农村基础设施是提升农村生产力、发展现代农业、增加农民收入、全面改善农村面貌、建设现代化农村的重要物质基础。

（二）农村基础设施建设重点领域

1. 农业农村基础设施

农业农村基础设施建设的重点为农田水利设施、高标准农田建设、"四好农村路"建设、城乡冷链物流设施建设。根据国家发展改革委披露，在耕地保护利用方面，2022 年已下达中央预算内投资 226 亿元，继续支持各地加强农田基础设施建设。一是持续推进高标准农田建设，农业农村部《全国高标准农田建设规划（2021—2030 年）》提出，到 2025 年累计建成 10.75 亿亩并改造提升 1.05 亿亩高标准农田。二是加大东北黑土地保护力度。综合运用高标准农田建设、畜禽粪污资源化利用等工程性措施，增加土壤有机质含量，提高耕地基础地力。三是实施大豆油料产能提升工程。提升大豆油料生产能力，努力提高自给水平。与此同时，持续加强大型灌区建设与现代化改造，着力建立设施完善、用水高效、管理科学、生态良好的灌区工程建设和运行管护体系，改善农田水利条件。在农村公路建设方面，交通运输部发布的《农村公路中长期发展纲要》提出，到 2035 年，我国农村公路总里程将超 500 万公里。2020 年农村公路里程为 438.23 万公里，这意味着在未来 15 年内将建设 61.77 万公里农村公路，年均建设 4.12 万公里。

2. 农村生活基础设施

农村生活基础设施建设的重点包括规模化供水工程、农村污水和垃圾收集处理设施建设。2021 年，水利部共完成农村供水工程建设投资 525 亿元。"十三五"期间，中央财政累计投资 258 亿元整治农村环境，包括开展农村生活污水垃圾处理、饮用水水源地保护、规模以下畜禽养殖污染治理等。根据《中共中央　国务院关于深入打好污染防治攻坚战的意见》，到 2025 年，农村生活污水治理率达到 40%，化肥农药利用率达到 43%，全国畜禽粪污综合利用率达到 80% 以上。"十四五"期间，农村供水工程建设投资和农村环境整治投资还将继续增长。

第三节　新基建的七大领域

新基建包括以下七大新兴领域：5G、大数据中心、人工智能、工业互联网、特高压、新能源充电桩、城际高铁和轨道交通。

一、5G：信息高速公路

5G，即第五代移动通信技术，是英文 5th Generation Mobile Communication Technology 的简称，是具有高速率、低时延和大连接特点的新一代宽带移动通信技术，是实现人机物互联的网络基础设施。5G 提供的峰值速率能达到 10Gbps，相当于 1 秒可以下载 1 部电影。如果说 4G 时代的网络下载速率相当于是开通了 10 条车道、时延达 10 毫秒，那么 5G 时代就相当于开通了 100 条车道、时延仅为 1 毫秒，甚至更短（见表 6 – 1）。

表 6 – 1　　　　　　　　　　1G 到 5G 特性对比

	时间	标志性应用	速率	特点
1G	20 世纪 80 年代	语音通话	2.4Kbps	成本高，体积大，稳定性和保密性差，模拟通信，只提供语音业务
2G	20 世纪 90 年代	短信	>9.6Kbps	数字化，提升容量，稳定性，保密性好，提供语音、短信等业务
3G	2000 年	上网、社交应用	>384Kbps	大容量，高质量，能较好支持语音、短信和数据，频谱利用率较高
4G	2010 年至今	在线游戏、视频、直播	100Mbps	全 IP，速率快，频谱效率高，高服务质量，支持图像视频等多业务
5G	2020 年至今	VR/物联网、自动驾驶	>1Gbps	高频，大容量，高速率，低延时，广连接，支持 VR/AR、物联网、工业控制等多场景

（一）5G 产业链

5G 产业链包括上游的移动通信基础设施，中游的移动运营商，以及下游的各种终端及应用。

产业链上游为基础设施的建设，即 5G 基建，主要指负责接入网的 5G

基站及其配套设备的建设，包括铁塔、有源天线、射频器件、PCB（印制电路板）/CCL（覆铜箔基材）、芯片、光纤光缆以及光器件等。

产业链中游为移动运营商，包括三大运营商巨头（中国移动、中国电信、中国联通）以及中国广电。

下游应用产业是未来发展的主要环节，首先享受5G红利的是手机、平板电脑等移动终端设备行业。未来5G技术的进一步推广及其与云计算、大数据等技术的结合，将有更多的应用场景应运而生，为人们的工作和生活带来极大的便利。

在5G产业链中，5G芯片是至关重要的一环。该领域的龙头企业有闻泰科技、中兴通讯、紫光国微、兆易创新等。

（二）5G的应用场景

1. 智能制造

智能制造系统是一种由智能机器和人类专家共同组成的人机一体化智能系统。它融合了5G、云计算和AI等技术，通过更加灵活高效的生产系统，能够满足柔性制造的需求，让企业快速应对瞬息万变的市场。例如，北京桩机工厂5G智能制造项目是三一重工携手中国电信、华为联合打造的面向"互联网＋"协同制造的5G虚拟专网建设标杆样板。整个5G全连接工厂目前已经上线了多种场景下的多种5G＋融合创新应用，通过"5G＋云＋AI"，构建可灵活部署、泛在接入、智能分析的全云化、数字化工厂。5G技术将为智能制造带来巨大动能。其中，以"5G＋智能网联AGV"、"5G＋高清视频＋云端AI识别"、"5G＋机器视觉＋工艺联动"，以及"5G＋设备互联及数据采集"四大类业务最具代表性。三一重工通过建设5G全连接工厂来实现智能制造，具有"剪辫子"、去机房化、数据驱动智能应用三大特色，实现了以复杂作业过程智能分析、自动物流、少人化/无人化作业等应用场景为特色的"5G＋工业互联网"制造新模式，制造全过程可追溯，极大地改善了工作环境，提高了生产效率，降低了废品率，降低了人工使用量，实现了能源集中管理。

☞延伸阅读☜

浪潮智能工厂神速复工复产

2020年2月，受新冠疫情影响，浪潮位于济南的服务器智能工厂因为广泛采用云计算、物联网、智能终端等新一代IT技术，仅用了一晚上的时间，就顺利复工，恢复了80%的巅峰产能，这对于传统的制造工厂来说，几乎不可能实现。得益于 5G 技术高速率、低时延等特性，浪潮的智能工厂使用智能化、自动化技术设备替代人力，将用工数量减少了至少一半，生产效率至少提高 2.5 ~ 3 倍，在疫情形势严峻、人员很难到位的情况下实现了神速的复工复产。

资料来源：黄鑫：《浪潮集团做复工复产领头雁》，载于《经济日报》，2020 年 6 月。

2. 工业互联网

工业互联网的本质和核心是通过工业互联网平台把设备、生产线、工厂、供应商、产品和客户紧密地连接融合起来。通过工业互联网，可以帮助制造业拉长产业链，形成跨设备、跨系统、跨厂区、跨地区的互联互通，从而提高效率，推动整个制造服务体系智能化。以海尔为例，海尔与中国移动合作，在山东省青岛市利用 5G 技术实现了精密工业装备的现场辅助装配场景的应用。青岛海尔家电工厂结合海尔卡奥斯工业互联网平台，打造基于 "5G + MEC" 的互联工厂，开展了基于 AR 眼镜的 5G 远程辅助装配，工人通过佩戴 AR 眼镜采集关键工业装备的现场视频，同时从后台系统调取产品安装指导推送至 AR 眼镜，实现了一边查阅操作指导，一边装配的目的。当工人发现无法自行解决问题时，还可以通过 5G 网络联系远程专家，实现实时远程指导。另外，通过将算力部署在 MEC 侧，降低了 AR 眼镜算力要求与眼镜重量，实现了数据的本地计算，保障了视频数据不出园区，这一方面解决了以往 Wi-Fi 连接产生的信号不稳定、晕眩感和 AR 眼镜偏重的困扰，另一方面也节省了维修时间和成本。

3. 无人驾驶

无人驾驶，顾名思义，全靠信息化系统的智能驾驶来掌控车辆。在工业领域、特定园区，5G 无人驾驶已经得到了很多应用。例如，踏歌智行与包头钢铁合作，在白云鄂博矿区投入使用 5G 智慧矿区无人驾驶车。利用 5G 网络，将矿区无人驾驶车采集的位置、车辆环境、车辆工作状态等数据回传到边缘计算和云计算平台，进一步通过 5GV2X 通信系统和远程智能调度监控平台，实现车辆远程操控、车路融合定位、精准停靠、自主避障等功能。

4. 智能医疗

得益于大带宽与低时延，5G 技术在医疗领域也被大量运用。例如，解放军总医院利用 5G 网络和手术机器人实施远程手术。通过 5G 网络实时传送的高清视频画面，位于海南的神经外科专家远程操控手术器械，成功为身处北京的一位患者完成了"脑起搏器"植入手术。

（三）5G 产业发展趋势

根据工信部的数据显示，2021 年全国 5G 基站为 142.5 万个，全年新建 5G 基站超 65 万个。据咨询机构弗若斯特沙利文预测，中国 5G 专网市场的总收益预计将于 2026 年达到 2361 亿元。华为公司战略部总裁在 2020 年中国国际信息通信展览会上表示，2020～2025 年 5G 投资额将达到 1.2 万亿元，带动 10.6 万亿元的经济总产出。

二、大数据中心：算力仓库

在数据经济时代，计算力已经和水、电一样，成为最基本的社会基础设施之一。大数据中心是集中存放计算、存储以及网络设备的场所，是承载计算力的关键基础设施，是支撑数字经济发展的核心。

（一）大数据产业链

大数据中心产业链的上游为基础设施及硬件设备商，中游为数据处理服务及解决方案提供商，下游为数据应用领域；大致可分为数据标准与规范、数据安全、数据采集、数据存储与管理、数据分析与挖掘、数据运维及数据应用几个环节，覆盖了数据从产生到应用的整个生命周期。

在产业链中，大数据标准体系是开展大数据应用的前提条件。若没有统一的标准体系，数据共享、分析、挖掘、决策支持将无从谈起。数据安全是开展大数据应用的前提条件，随着海量数据的不断增加，对数据存储和访问的安全性要求越来越高。此外，在数据传输、信息交互等环节，数据安全也面临重大挑战。大数据产业链中除大数据标准体系、数据安全等前提条件外，数据采集是最重要的环节。大数据采集与存储领域的龙头企业有拓尔思、浪潮信息、同有科技等。

（二）大数据的应用领域

近年来，随着大数据技术的不断提升，其应用的覆盖范围不断扩大，目前已经应用在互联网、金融、交通、电信、健康医疗、政府等领域。

1. 电商行业

电商领域是大数据应用的最广泛的领域之一，比如精准广告推送、个性化推荐。它可以根据消费者的习惯，提前生产物料和进行物流管理，有利于社会的精细化生产。

2. 金融行业

金融领域也是大数据应用的重要领域，比如信用评估，利用客户的行为大数据来综合评估客户的信用。除此之外，金融领域中的风险管理、客户细分、精细化营销也都是大数据应用的典型案例。

3. 交通领域

交通领域应用大数据与我们的日常生活息息相关，比如道路拥堵预测，可以根据司机位置的大数据来准确判断哪里交通拥堵，进而优化出行路线。又比如智能红绿灯、导航最优规划等，这些都是交通领域应用大数据的体现。

4. 电信领域

电信领域也有大数据应用的身影，比如利用电信用户的位置进行电信基站选址优化；舆情监控；客户画像等，这些都是电信领域应用大数据的结果。

5. 安防领域

大数据也可以应用到安防领域，比如犯罪预防，通过对大量犯罪细节的数据进行分析、总结，得出犯罪特征，进而犯罪预防。此外，天网监控等也是大数据应用的具体案例。

6. 医疗领域

医疗领域对大数据的应用主要体现在智慧医疗上，比如通过某种典型病例的大数据，可以得出该病例的最优疗法等。除此之外，医疗领域大数据应用还体现在疾病预防、病源追踪等方面。

7. 政府领域

通过大数据，政府部门可以感知社会的发展变化，从而推动"智慧城市"更加科学化、精准化、合理化，促进资源优化配置，为市民提供更智能、更便捷的公共服务。

（三）大数据产业发展趋势

"十三五"期间，我国大数据产业规模年均复合增长率超过30%，2020年超过1万亿元。从总体看，我国大数据产业逐步形成了以八个国家大数据综合试验区为引领、多区域集聚的良好发展格局，发展水平整体呈现从东南沿海地区向中西部内陆地区梯级下降的特点，东部地区整体领先，中西部追赶势头强劲。

2021年，国务院和工信部分别针对数字经济和大数据产业的发展出台了《"十四五"数字经济发展规划》和《"十四五"大数据产业发展规划》，在政策层面明确了数据是新时代重要的生产要素，是国家基础性战略资源，同时提出以数据流引领技术流、物质流、资金流、人才流，打通生产、分配、流通、消费各环节，促进资源要素的优化配置。《"十四五"大数据产业发展规划》指出，到2025年，我国大数据产业测算规模突破3万亿元，年均复合增长率保持在25%左右，基本形成创新力强、附加值高、自主可控的现代化大数据产业体系。

☞延伸阅读☜

三峡东岳庙绿色零碳数据中心

2022 年 3 月 29 日，历时一年的三峡东岳庙数据中心一期工程正式竣工投产。该工程的投产标志着三峡集团布局大数据产业进入实质性发展阶段，同时也为三峡集团助力地方经济转型升级和高质量创新发展掀开了新的篇章。

总投资 55 亿元的三峡东岳庙数据中心位于湖北省宜昌市三峡坝区右岸，占地面积 10 万平方米，规划建设机柜 26400 个，分三期建设完成。该项目一期建设规模为 4400 个机柜（单机柜功率 6 千瓦），建筑面积 4 万平方米，总投资额 8.45 亿元，包括一栋数据中心机房楼、一栋通信指挥楼和一座 35 千伏变电站。作为国内首个大型绿色零碳数据中心，东岳庙数据中心按照国家 A 级机房标准建设，采用了业界最先进的技术和自主安全可控产品，并将充分利用三峡清洁能源优势和区位优势，落实国家"双碳"战略。此外，三峡集团还将投资 50 亿元建设 HPC 和人工智能算力平台，推进武汉、宜昌两个大型数字产业园早日建成投产，形成两市"前店后厂"数字产业布局新模式，在助力湖北数字产业跨越式发展和经济社会发展全面绿色转型的同时，为长江经济带乃至全国数字经济高质量、可持续发展提供强大的基础设施底座。

资料来源：王荣波：《服务"东数西算"国内首个大型绿色零碳数据中心竣工》，载于《施工企业管理》2022 年第 5 期，第 119 页。

三、人工智能：能与美国竞争的领域

人工智能（Artificial Intelligence）一词诞生于 1956 年的达特茅斯会议，是研究和开发用于模拟、延伸和扩展人的智能的理论、方法、技术及应用系统的一门新的技术科学。人工智能包含的范围很广，由机器学习、计算机视觉等不同领域组成。总的说来，人工智能研究的一个主要目标是使机器能够胜任一些通常需要人类智能才能完成的复杂工作。

（一）人工智能产业链

人工智能产业链可分为基础层、技术层、应用层三个层面。基础层包括 AI 芯片、云计算、传感器、数据类服务、生物识别等技术；技术层包括机器学习、计算机视觉、算法理论、智能语音、自然语言处理；应用层包括机器人、智能医疗、智慧交通、智慧金融、智能家居、智慧教育、可穿戴设备、安防等方面。近年来，人工智能行业引人关注的重点领域有 AI 芯片、自然语言处理、语音识别、机器学习应用、计算机视觉与图像、智能无人机、智能机器人、无人驾驶等。龙头企业有 AI 芯片领域中的寒武纪，语音识别领域中的科大讯飞，提供智能服务的商汤科技、云从科技等。

（二）人工智能的应用领域

1. 人脸识别

人脸识别是基于人的脸部特征信息进行身份识别的一种生物识别技术。人脸识别涉及的技术主要包括计算机视觉、图像处理等。人脸识别技术已广泛应用于多个领域，如金融、司法、公安、边检、航天、电力、教育、医疗等。

2. 机器翻译

机器翻译是利用计算机将一种自然语言转换为另一种自然语言的过程。依托于人工智能，该技术当前在很多语言上的表现已经超过人类。机器翻译技术在促进各国政治、经济、文化交流等方面发挥了重要的作用。例如，我们在阅读英文文献时，可以通过多种翻译软件将外文转化为中文，提高了学习和工作的效率。

3. 声纹识别

声纹识别是一种生物鉴权技术，相较于传统的身份识别方法（如钥匙、证件），声纹识别具有抗遗忘、可远程的鉴权特点，在现有算法优化和随机密码的技术手段下，声纹也能有效防录音、防合成，因此安全性高、响应迅速且识别精准。目前，声纹识别技术有声纹核身、声纹锁和黑名单声纹库等多项应用案例，可广泛应用于金融、安防、智能家居等领域。

4. 智能客服机器人

智能客服机器人是一种利用机器模拟人类行为的人工智能实体形态。它能够实现语音识别和自然语义理解，具有业务推理、话术应答等能力。例如，在电商行业，智能客服机器人可以针对用户的各类简单的、重复性高的售前问题进行解答，还能为用户提供全天候的咨询应答、解决问题的服务，能帮助电商企业减少人工客服成本。

5. 个性化推荐

个性化推荐是一种基于聚类与协同过滤技术的人工智能应用。它建立在海量数据挖掘的基础上，通过分析用户的历史行为建立推荐模型，主动给用户提供匹配他们的需求与兴趣的信息，如商品推荐、新闻推荐等。

6. 医学图像处理

医学图像处理是人工智能在医疗领域的典型应用，其作用原理是利用计算机图像处理技术对核磁共振成像、超声成像等医学影像进行图像分割、特征提取、定量分析和对比分析等，进而完成病灶识别与标注，针对肿瘤放疗环节的影像的靶区自动勾画，以及手术环节的三维影像重建。该应用可以辅助医生对病变体及其他目标区域进行定性甚至定量分析，从而大大提高医疗诊断的准确性和可靠性。

（三）人工智能产业发展趋势

与互联网产业相比，我国人工智能发展期与成熟期来得较晚，但是在资本和社会期望的驱动下，我国人工智能产业发展迅速。自 2015 年开始，我国人工智能市场规模逐年攀升，技术层面也在不断创新。"十四五"规划纲要中对于人工智能产业的发展提出了"质量效益明显提升"以及"产业基础高级化、产业链现代化水平明显提高"等总体目标。围绕总体目标，在突破核心技术、打造数字经济新优势、营造良好数字环境三个方面布局人工智能发展。根据《新一代人工智能发展规划》，到 2025 年，我国人工智能基础理论实现重大突破，部分技术与应用达到世界领先水平，人工智能成为带动我国产业升级和经济转型的主要动力，智能社会建设取得积极进展，人工智能核心产业规模将超过 4000 亿元，带动相关产业规模超过 5 万亿元；到 2030 年，我国人工智能理论、技术与应用总体达到世界领先水平。

☞延伸阅读☜

风从云中来，"AI 四小龙"之一云从科技登陆科创板

2022 年 5 月 27 日，云从科技正式在科创板上市，率先突围，成为"AI 四小龙"中 A 股第一股。

云从科技诞生于 2015 年 3 月，与商汤科技、旷视科技及依图科技并称为"AI 四小龙"。虽然成立的时间较晚，但要论光环与热度，最年轻的云从科技却是最"顶流"的存在。

孵化于中科院重庆研究院的云从科技是一家面向客户提供人机协同操作系统和人工智能解决方案的公司。公司主要业务为通过自主研发的人机协同操作系统，提供信息化、数字化和智能化的人工智能服务。经过多年的耕耘，云从科技在智慧金融、智慧治理、智慧出行、智慧商业四大领域已逐步实现成熟落地应用，其中智慧金融领域公司人机协同操作系统及核心应用已覆盖包括六大国有银行在内超过 100 家银行；智慧治理领域产品及技术已服务于全国 30 个

省级行政区的政法、学校、景区等多类型应用场景；智慧出行领域产品和解决方案已在包括中国十大机场中的九座重要机场在内的上百座民用机场部署上线；智慧商业领域产品和解决方案已辐射汽车展厅、购物中心、品牌门店等众多应用场景，为全球数亿人次带来智慧、便捷和人性化的 AI 体验。目前，云从科技拥有 100 多项人工智能关键核心技术，研发人员占比超过 50%。截至 2021 年 12 月 31 日，云从科技及子公司总共拥有专利 316 项。

据云从科技招股说明书显示，本次上市云从科技拟募资 37.5 亿元，用于人机协同操作系统升级项目、轻舟系统生态建设项目、人工智能解决方案综合服务生态项目及补充流动资金。在未来万亿级别赛道的 AI 战场上，云从科技所掌握的核心技术将成为其护城河，帮助它逐步成为 AI 领域的引领者。

资料来源：云从科技集团股份有限公司招股说明书。

四、工业互联网：智造强国

工业互联网（Industrial Internet）是新一代信息通信技术与工业经济深度融合的新型基础设施、应用模式和工业生态，通过对人、机、物、系统等的全面连接，构建起覆盖全产业链、全价值链的全新制造和服务体系，为工业乃至产业数字化、网络化、智能化发展提供了实现途径，是第四次工业革命的重要基石。

我国最早提出"工业互联网"是 2015 年 7 月发布的《关于积极推进"互联网＋"行动的指导意见》，"以智能工厂为发展方向，开展智能制造试点示范，加快推动云计算、物联网、智能工业机器人、增材制造等技术在生产过程中的应用，推进生产装备智能化升级、工艺流程改造和基础数据共享。"2017 年 11 月，《关于深化"互联网＋先进制造业"发展工业互联网的指导意见》正式作为中国发展工业互联网的纲领性文件。近年来，工业互联网在多个重要场合被提及，并连续两年被写入政府工作报告，被推向了国家战略高度。

（一）工业互联网产业链

工业互联网产业链可分为设备层、网络层、平台层、软件层、应用层和安全体系六大部分构成。其中，设备层包括智能生产设备、生产现状智能终端、嵌入式软件及工业数据中心；网络层包括工厂内部和外部的通信；平台层包括协同研发、协同制造、信息交易和数据集成等工业云平台；软件层包括研发设计、信息管理和生产控制软件，是帮助企业实现数字化价值的核心环节；应用层包括垂直行业应用、流程应用及基于数据分析的应用；而安全体系则是渗透于以上各层当中，是产业的重要支撑保障。

在整个工业互联网体系中，处于产业链重要地位的三个细分领域分别是工业软件、工业云平台及工业大数据。工业软件领域的龙头企业有宝信软件、中控技术、鼎捷软件等；工业云平台领域的龙头企业有浪潮信息、东方国信、用友网络、三一重工等；工业大数据龙头企业有东方国信等。

（二）工业互联网发展趋势

工业互联网是国家制造业强盛的底座。制造业是国民经济的主体，是立国之本、兴国之器、强国之基。工业互联网的发展加速制造业数字化、网络化、智能化升级，对制造业核心竞争力的提升起到重要作用。近年来，对工业互联网的政策定位不断上升，工业互联网的体系建设也不断完善。截至2020年底，我国已有25个省（自治区、直辖市）出台标识解析技术和产业发展扶持政策，开展产业布局。全国有工业互联网标识解析国家顶级节点五个，分别为北京、上海、广州、重庆、武汉，二级节点77个，覆盖22个省级行政区、28个行业。《"十四五"信息化和工业化深度融合发展规划》提出，到2025年，我国工业互联网平台普及率达45%。工信部印发的《"十四五"软件和信息技术服务业发展规划》《"十四五"大数据产业发展规划》等一系列规划也对工业互联网、工业大数据、工业软件等产业未来五年的发展做出明确部署，加大对工业互联网领域政策和资金的支持。据赛迪智库预计，2020~2025年我国工业互联网领域累计投资将达到6500亿元左右。

> **☞典型案例☜**
>
> ### 美的小天鹅数字2.0和工业互联网项目
>
> 洗衣机是白色家电领域的核心产品之一，面对近年来行业增长减缓的局面，美的小天鹅洗衣机打破传统模式，实施数字2.0和工业互联网项目。
>
> 2019年12月，美的与苏宁携手，开启首批定制洗衣机，洗衣机行业正式迈入反向定制新时代。个性化定制洗衣机虽然给了用户更多的想象空间，但对于企业制造而言，无疑是个"颠覆传统"的新挑战。定制化的生产既要求企业从大规模批量制造转向多品种小批量柔性生产，又要求从大批量计划生产、效率最高的模式转向产能精准、计划精细，以快速响应市场。

为此，美的小天鹅洗衣机依托美的工业互联网平台 Midea M. IoT，围绕感知、控制、决策、执行四大关键环节，自下而上形成一个有序的整体，实现产品研发、设计、制造、销售、服务产业价值链全方位的数字化改造和互联互通，快速灵活应对市场需求变化，从精益生产到供给，全面支撑洗衣机产品的创新和制造。

其中，无锡工厂工业互联网项目更是以精益化为基础，通过MES 系统拉动匹配改善，结合仿真工具，实现箱体部分连续流、内筒线全部连续流改善，实现少人化 113 人，工厂面积减少 6525 平方米，通过物流布局调整，物流配送路线缩短 23%。

资料来源：秦丽：《美的工业互联网"软硬结合"最强矩阵走进无锡》，载于《电器》2020 年第 9 期，第 3 页。

五、特高压：能源互联网

通常电压按等级可以分为低压、高压、超高压和特高压。其中，低压一般为 220 伏和 380 伏；高压的电压等级为 10 千伏～220 千伏，城市高压电缆一般是地下传输，野外一般是铁塔传输；超高压的范围为 330 千伏～750 千伏，通常是水力、火力发电等输送的电压；而特高压指的是 ±1000 千伏及以上的交流和 ±800 千伏及以上的直流输电，一般用在西电东输等超远距离输送的电压渠道。

由于我国电力资源与负荷不均，80% 以上的能源资源分布在西部和北部，而 70% 以上的电力消费集中在东部和中部，供需距离相距约 800 千米～3000 千米。我国的西北部地区虽然资源丰富，但经济较为落后，人口也相对更加稀少，产生的电量无法完全消纳，且电力资源不易存储，如果不能输送出去，就会导致资源浪费。但面对这样大规模长距离的输电，如果用超高压等级输送，线路损耗、系统稳定和短路电流问题就会非常严重，而特高压技术能很好地解决这些问题。特高压技术具有远距离、大容量、低损耗和经济性等特点。使用特高压技术的特高压交流线路在输送相同功率的情况下，可将最远送电距离延长 3 倍，输送同样的功率，采用 1000 千伏线路输电与采用 500 千伏的线路相比，可节省 60% 的土地资源。

（一）特高压产业链

特高压相关产业链可以分为上游的电源控制端、中游的特高压传输线路与设备、下游的配电设备。其中，位于产业链中游的特高压线路与设备是特高压建设的主体，可进一步分为交流/直流特高压设备、缆线和铁塔、绝缘器件、智能电网等。高压设备主要用于高压输电场景，可实现高容量、高效率、低损耗的远距离输电，经过电力的不断变换，最终以低压交流电的形式送到用户手中。

特高压输电工程可分为特高压交流和特高压直流。特高压直流的应用场景主要是点对点长距离传输、海底电缆、大电网连接与隔绝等；而特高压交流的应用场景主要是构成交流环网和短距离传输。特高压工程大规模建设，除基础土建外，变电站与换流站是重要组成部分，其中的核心装备是关键。特高压交流中的关键设备主要有交流变压器和GIS；特高压直流中的关键设备主要有换流阀、换流变压器，以及阀控制保护系统等。特高压设备中的龙头企业有国电南瑞（在换流阀、直流控制保护系统等领域优势显著）、许继电气、特变电工等。

（二）特高压行业发展趋势

我国特高压的发展从"白手起家"到走向国际用了20余年的时间。在国际上"无标准、无经验、无设备"的情况下，我国特高压成功实现从"白手起家"到"大国重器"，从"中国创造"到"中国引领"，从"装备中国"到"装备世界"。可以说，建设特高压电网是我国电力发展史上最艰难、最具创新性和挑战性的重大成就，更是中国乃至世界电力行业发展的重要里程碑。2005年以前，我国电力系统对于电网的建设不够重视，往往是哪里缺电就在哪里建电厂，这种就地平衡的电力发展方式造成了我国煤电运力的长期紧张，是导致周期性和季节性缺电的主要原因。2006年，我国的第一条特高压交流试验示范工程开工，为特高压建设按下了加速键。2013年国务院出台大气污染防治行动计划，9条特高压线路获得核准。在这一时期，特高压建设高速发展。2018年，国家能源局印发《关于加快推进一批输变电重点工程规划建设工作的通知》，特高压建设的浪潮再次掀起。截至2020年底，我国已建成"14交16直"、在建"2交3直"共35个特高压工程，在运、在建特高压线路总长度4.8万千米。在碳达峰、碳中和的大背景下，发展特高压不仅能实现全国电力均衡配置，降低输电损耗，而且能节约输电材料成本和用地成本，推动清洁低碳转型。

"十四五"期间，国家电网规划建设特高压工程"24交14直"，涉及线路3万余千米，变电换流容量3.4亿千伏安，总投资3800亿元，相较2020年"十三五"结束时"14交12直"共3.59万千米的规模约翻了一番。

六、新能源充电桩：汽车网联新生态

充电桩是新能源汽车配套基础设施，由桩体、电气模块、计量模块等部分组成，一般具有电能计量、计费、通信、控制等功能。充电桩是新能源汽车的伴生产业，"充电桩+新能源车"可以类比于"加油站+传统燃油车"，在国内新能源汽车发展迅猛的背景下，充电桩产业也进入快速发展期。

（一）充电桩产业链

充电桩产业链上游为充电桩部件与设备制造环节；中游为充电运营环节，包括充电桩和充电站建设和运营服务；产业链下游参与者为充电桩用户，包括新能源汽车整车企业和个人消费。其中，设备零部件生产商（装备端）和充电桩运营商（运营端）是充电桩产业链最主要的环节。

充电桩按接口类型可分为两类：直流充电桩和交流充电桩。直流充电桩，俗称"快充"，其特点是功率高、充电快，但技术复杂且成本高昂，适用于专业化集中运维的场景，如大巴、公交车、出租车等。直流充电桩的输入电压为380伏，充电功率可高达60千瓦。高功率极大地缩短了充电时间，正常情况下，充满电只需20～90分钟。直流充电桩是未来充电桩行业发展的主要细分方向。交流充电桩，俗称"慢充"，其特点是技术成熟、壁垒低、建设成本低，但充电效率较低，适用于公共停车场、大型购物中心和社区车库。

目前，我国电动汽车充电桩中交流充电桩占主要部分。奥特迅、中恒电气分别是直流充电模块和交流充电模块中的龙头企业。

（二）充电桩发展趋势

汽车是我国制造业中规模最大的产业，新能源汽车替代传统燃油车是目前看来确定性极高、市场空间极广的大趋势，也是我国从汽车大国走向汽车强国的必由之路。而充电桩是新能源汽车配套基础设施，推进充电桩建设是落实新能源汽车产业建设的必要条件，若充电桩建设乏力，将成为制约新能源汽车推广的首要问题。

2006年，比亚迪建立了首个电动车充电站；2008年，北京在奥运会期间建设了国内第一个集中式充电站，可满足50辆纯电动大巴车的动力电池充电需求；2009年，上海先行建成商业运营管理的充电站。2014年11月《关于新能源汽车充电设施建设奖励的通知》出台，首次将新能源汽车购置环节与充电设施补贴挂钩，特来电、星星充电等民间资本加入市场。2015年，国家发展改革委、工信部等发布《电动汽车充电基础设施发展指南（2015—2020年）》，提出到2020年车桩比达到1：1的发展目标。至此，大规模的投资建设开启，充电桩行业迎来井喷式发展，各企业跑马圈地，促使2015年充电桩数量翻了7倍。但由于行业扩张太快，建设标准出现了一系列问题，竞争的加剧导致企业差距拉大，行业加速洗牌。2020年3月充电桩被正式纳入新基建，国家重视程度加大，在新一轮政策指导作用下，充电桩发展新通道开启，迎来新机遇。

据中国充电联盟披露，我国充电桩保有量从 2015 年的 6.6 万台增加到 2021 年的 261.7 万台，累计增长超 33 倍；其中，公共桩和私人桩保有量分别为 114.7 万台和 147 万台。据披露，我国新能源汽车保有量从 2015 年的 42 万辆增加到 2021 年的 784 万辆，累计增长超 18 倍。对应车桩比从 2015 年 6.4∶1 下降到 2021 年的 3∶1。虽然充电桩数量增长迅速，但距离车桩比 1∶1 的目标仍有很大缺口。2020 年，发布《新能源汽车产业发展规划（2021—2035 年）》。预计到 2030 年，我国新能源汽车保有量将达 6420 万辆，按照车桩比 1∶1 的建设目标来计算，未来十年我国充电桩建设将存在 6300 万的缺口。据国元证券分析，未来十年我国充电桩市场总投资额将接近万亿元；按照国网电动车及前瞻研究院等机构预测，到 2030 年我国充电桩市场规模将增长 30 倍，充电桩建设成为基础设施建设领域的重点。2022 年，国家发展改革委等 10 部门联合印发《关于进一步提升电动汽车充电基础设施服务保障能力的实施意见》，进一步提升电动汽车充电基础设施服务保障能力，明确到"十四五"期末，我国将形成适度超前、布局均衡、智能高效的充电基础设施体系，能够满足超过 2000 万辆电动汽车充电需求，实现从"跑马圈地"向精细化的运营服务转变，而服务能力将是充电基础设施行业未来竞争的核心。

七、城际高铁和轨道交通：全国高速铁路一张网

城际高速铁路指在人口稠密的都市圈或者城市带（城市群）中，规划和修建的高速铁路客运专线运输系统，主要运营于城市群或城市带，线路总长一般不超过 200 千米，允许列车行驶的最大速度在 250 千米/小时以上。城际轨道交通指以城际运输为主的轨道交通客运系统，相当于低速版的城际高铁。虽然与普通高铁、轨道交通相比，城际高铁和城际轨道交通只多了"城际"两个字，但区别却比较明显。城际高铁距离比普通高铁线路更短，时速更低，但发车频率远远高于普通高铁。此外，城际轨道交通车站比较多，有利于远郊和小城镇居民出行。城际高铁、城际轨道交通能把城市和城市群之间联系起来，使得交通"公交化"，让人们出行更方便快捷。

同样是铁路，为什么城际高速铁路和城际轨道交通被称为新基建呢？城际高铁、城际轨道交通之所以被称为新基建，主要是因为它们吸收融合了我国一系列先进技术。其动力装置，如储能、实时供电、充电的模式，还有轮轨的新材料应用，都包含很多技术创新。另外，列车自动运行和控制系统也利用了信息或自动控制领域的新兴技术。

（一）城际高铁和城际轨道交通产业链

城际高速铁路和城际轨道交通的产业链条非常长。产业链上游主要为设计咨询、原材料，该环节是整个产业链中的重要一环。设计咨询行业主

要包括咨询、规划、勘察与测量、设计，这部分技术相对比较成熟。随着城际高速铁路和城际轨道交通投资增多，设计咨询行业需求增多。产业链中游主要为建筑施工和装备制造。建筑施工涉及工程机械、土建施工、机电安装。装备制造业包括机械设备、电气设备、智能化系统。其中，装备制造业是国家重点支持的产业领域，涵盖的专业和技术产品多。产业下游包括运营维护，产业应用于城轨运营、客货运输行业。随着新线的开通，客流量增加，产业链下游的商业价值不断增加，增值潜力巨大。

在整条产业链中，上游的设计咨询、原材料及中游的装备制造是重点关注领域，龙头企业有东方雨虹、时代新材、三一重工、隧道股份等。

（二）城际高铁和城际轨道交通发展趋势

从 2008 年京津城际铁路开通以来，我国城际高铁、城际轨道交通建设发展迅猛，遍地开花。不过，和全球知名城市群、都市圈相比，我国城际高铁、城际轨道交通还有很大的增长空间。比如，日本东京都市圈有个"二八定律"，就是占总里程 20% 的轨道交通承担了 80% 的交通需求。

2019 年，国务院发布《交通强国建设纲要》，要求到 2035 年，基本形成"全国 123 出行交通圈"（都市区 1 小时通勤、城市群 2 小时通达、全国主要城市 3 小时覆盖）和"全球 123 快货物流圈"（国内 1 天送达、周边国家 2 天送达、全球主要城市 3 天送达）。"十四五"规划纲要提出，要发展壮大城市群和都市圈，推动城市群一体化发展，全面形成"两横三纵"城镇化战略格局。我国共布局了包括京津冀、长三角、珠三角在内的 19 个城市群，城市群内部要实现各种要素的畅通流动，城际铁路不可或缺。加强城际高速铁路和城际轨道交通建设投资，将成为基础设施互联互通，推进城市群和都市圈发展的重要基础。在"十四五"期间，要新增城际铁路和市域（郊）铁路运营里程 3000 千米，按照每公里 1.5 亿元的投资预计，总投资额将达到 4500 亿元。

第七章
战略性新兴产业

战略性新兴产业代表新一轮科技革命和产业变革的方向，是培育发展新动能、获取未来竞争新优势的关键领域。而战略性新兴产业依靠的基础设施建设，需要和政信结合起来。地方政府主导建设，催生了强大的政信融资业务需求。随着改革的深入，与社会资本合作将进一步加深，为民营企业进入基础建设等领域提供通道，民间资本的力量将得到更大限度的释放，市场进行资源配置的效率也将大大提升，随之会产生新的"造富"机会。

总体来看，政信金融作为地方政府合法的融资工具和手段，通过地方政府债券、产业投资基金、资产证券化和 ABS、保理和租赁、定向融资计划等工具所获得的资金，通过财政补贴和地方投融资平台直接或者间接投资，可以投向战略新兴产业等金融服务的基础领域和薄弱环节。"技术进步+资本市场"不仅能够做大做强资本市场，而且能够成为战略新兴产业发展的助推器，促使我国尽快成为创新型国家。借助政府信用从市场进行融资，形成了丰富的政信产品，也为百姓带来了红利。

第一节　战略性新兴产业概述

一、战略性新兴产业的内涵

战略性新兴产业是指那些战略前沿必争、潜在需求旺盛、技术资本双密集、政府市场双驱动、绿色可持续、综合效益好等的产业。战略性新兴产业具有三个明显的特征：一是战略先导性，战略性新兴产业的关键驱动力在于新兴技术的率先试错、持续迭代；二是未来主导性，战略性新兴产业推动并满足消费需求升级，是未来的主导产业；三是生态适配性，战略性新兴产业对自然生态更友好，同时适应并促动社会生态进一步优化。

2020 年，在有关"十四五"规划的建议中，战略性新兴产业发展重点涉及新一代信息技术、生物技术、新能源、新材料、高端装备、新能源汽车、绿色环保以及航空航天、海洋装备等。由此可见，战略性新兴产业处于不断迭代发展之中，其范围也持续有所变动。为更好地分析战略性新兴产业并促进其发展，需要建构起更符合其本质特征的研究框架。

二、战略性新兴产业的作用

第一，新形势下，发展战略性新兴产业首先能够优化国内产业结构，增加有效供给，促进经济发展；第二，战略性新兴产业在自我发展的同时，能为传统产业提供优质的技术保障，加快传统产业升级改造步伐；第三，可以带动相关产业的发展，促进配套产业发展水平的提高；第四，由于创新性强的特点，有利于培育新的商业模式。

（一）战略性

战略性新兴产业代表着新一轮科技革命和产业变革的方向，是形成未来竞争新优势的关键领域。战略性新兴产业肩负着经济稳定增长的重大使命，也是我国参与国际竞争、抢占未来经济制高点的重点领域。在应对新冠疫情的过程中，"云端经济""宅经济"等新业态新模式不断涌现，带动了智能制造、无人配送、在线消费、医疗健康等一大批战略性新兴产业加速崛起。战略性新兴产业成为推动产业转型升级和经济发展的新动能。

"十四五"规划明确提出要发展壮大战略性新兴产业，着眼于抢占未来产业发展先机，培育先导性和支柱性产业，推动战略性新兴产业融合化、集群化、生态化发展，战略性新兴产业增加值占 GDP 比重超过 17%"。这意味着，"十四五"时期我国战略性新兴产业增加值占 GDP 比重将进一步提升，我国战略性新兴产业将迎来更广阔的发展空间。

目前，各地纷纷布局战略性新兴产业。多个省份明确了新兴产业规划和部署，包括重点发展新材料、生物医药等产业，加快培育世界级战略性新兴产业集群，进一步壮大发展新动能，增强产业链供应链自主可控能力等。同时，多路新增资金正加速向新兴产业集结。

（二）引领性

新兴产业，特别是战略性新兴产业，以重大技术突破和发展需求为基础，有巨大的成长潜力，能对经济社会全局及长远发展起到牵引和带动作用。从 2021 年各项数据来看，战略性新兴产业不负众望，牵引和带动作用明显。2021 年，其规模与投资增速等均好于整体工业表现，重点产品和高技术服务业增势显著，作为新动能对整体经济的支撑是强有力的。总体来看，新冠疫情使以新一代信息技术为主导的融合性创新的地位更加凸显，战略性新兴产业以信息技术产业为主导，生命健康产业为先导，绿色产业、高端装备与新材料产业为支柱，新兴服务业为主要场域的基本格局逐渐强化。

2021 年最大的亮点在于绿色产业异军突起。根据中国战略性新兴产业采购经理人指数的监测，新能源、节能环保、新能源汽车等绿色产业在"3060"双碳目标的引导下，表现极为强劲，经营预期、研发活动等创下了历史新高。特别是中医药为全球抗疫提供了"中国方案"，有关的中药材品种出口数量都有不同程度的增加。

第二节　战略新兴产业的九大领域

一、新一代信息技术产业

《国务院关于加快培育和发展战略性新兴产业的决定》中罗列了七大国家战略性新兴产业体系，其中包括新一代信息技术产业。新一代信息技术分为六个方面，分别是下一代通信网络、物联网、三网融合、新型平板显示、高性能集成电路和以云计算为代表的高端软件。

新一代信息技术作为科技创新的重点攻关领域，与各行业各领域的融合深度和广度不断拓展，为实现制造强国和网络强国提供了有力支撑。根据规划，"十四五"时期，我国在云计算、AI、大数据、智能联网汽车、工业互联网等领域达到国际领先水平，引领产业中高端发展，带动经济社会高质量发展。预计到 2025 年，新一代信息技术产业销售收入将达 35 万亿元，信息消费规模将达 9.5 万亿元；建成具有较强核心竞争力的新一代信息技术综合发展体系，与第一产业、第二产业、第三产业的融合程度显著加深，对实体经济的拉动效应显著提升；产业国际影响力进一步增强，在部分领域达到国际领先水平。

"十四五"时期，新一代信息技术的重点发展方向为物联网、通信设备、智能联网汽车（车联网）、天地一体化信息网络、IC、操作系统与工业软件、智能制造核心信息设备。面向 2035 年的重点发展方向为新一代移动通信、下一代网络技术、信息安全、半导体、新型显示、电子元器件、云计算、边缘计算、操作系统与软件、AI、大数据。

☞典型案例☜

中兴通讯做好"数字经济筑路者"

中兴通讯业务覆盖 160 多个国家和地区，服务全球 1/4 以上人口。截至 2021 年 12 月 31 日，中兴通讯拥有全球专利申请量 8.4 万余件，历年全球累计授权专利约 4.2 万件，5G 标准必要专利声明量位居全球第四。人们对中兴已拥有 4572 件芯片申请专利，1990 件授权芯片专利印象深刻，认为这代表了中兴布局源头创新的前瞻眼光。

有了技术创新和研发投入，方能保证核心竞争力，高质量发展才不是无源之水。中兴通讯坚持研发投入充分反映了这一点，其持续强化端到端的全域研发投入，创新相当有"章法"：一方面，在确定性领域持续深耕，进一步提升频谱和光谱的效率，加速网络商用性能优化及自主进化，持续深化芯片、算法和架构的软硬协同优化等；另一方面，在产业数字化拓展等不确定性领域，加强研发能力组件化和服务化，围绕场景和关键业务，快速迭代持续创新。

截至 2022 年，中兴通讯自身的数字化已开展 6 年多，摸索打造出强大的"数字星云"平台，为企业数字化提供崭新利器。其位于南京滨江的 5G 基站生产基地已成为高度智能化、数字化、少人化的智能制造基地，上线 16 大类、60 多项 5G + 工业融合创新应用，被业界誉为开创出"用 5G 制造 5G"的新模式，经济效益和示范带动效益显著。

迈入 2022 年，中兴通讯已深耕信息通信领域 37 年，从一家深圳的通信设备厂商成长为全球通信行业的龙头企业，坚持创新突破，主动拥抱变革，不断拓展数智技术的能力边界和交易边界，不断拓宽数智化的应用场景和想象空间，在持续技术自主创新的基础上自觉承担社会责任，不断发挥科技创新的引领作用、产业链发展的牵引作用、数字化转型的赋能作用，做好"数字经济筑路者"，携手各界践行高质量发展之路。

资料来源：《高质量发展调研行·一线调研｜中兴通讯：中兴不止通讯，更好的中兴，回来了》，载于《深圳特区报》，2002 年 6 月 23 日。

二、生物产业

国务院印发的《生物产业发展规划》强调,生物产业是国家确定的一项战略性新兴产业。近年来,全球范围内生物技术和产业呈现加快发展的态势,主要发达国家和新兴经济体纷纷对发展生物产业做出部署,作为获取未来科技经济竞争优势的一个重要领域。我国推动生物技术研发和产业发展已有30多年的历史。

"十四五"时期,在新药创制领域,形成并壮大从科研到成药的全产业链能力,奠定持续产生新药物和新疗法的基础。围绕构建创新药物研发技术体系的能力目标,以精准药物设计为核心,综合现代生物学、信息技术和材料科学,建立原创新药发现体系;加强基因治疗、细胞治疗、免疫治疗、代谢调控等技术的深度研发与通用化应用。重视出原创新药、出引领技术的阶段性发展目标,尽快推动我国从医药生产大国转为医药创新强国。

"十四五"时期的重点发展方向为疾病预防、早期诊断、治疗技术与药物、康复及再造、中医药、能源生物炼制、化工与材料生物制造、生物反应器及装备技术。到2035年,力争成为世界生物科学技术中心和生物产业创新高地,多个领域涌现出重大原创性的科学成果、国际顶尖的科学人才,成为生物技术高端人才创新创业的重要聚集地。

☞典型案例☜

恒瑞医药构筑强大自主研发能力

医药行业调整已步入深水期,转型调整中的恒瑞医药努力"破局"。在较大的经营压力之下,恒瑞医药持续推进科技创新与国际化的战略未变,在研发方面的投入丝毫不停滞。其中,在研发投入方面,2021年恒瑞医药累计研发投入62.03亿元,同比增长24.34%,研发投入占销售收入比重达到23.95%,创该公司历史新高;2022年一季度,该公司投入研发费用达10.07亿元。恒瑞医药称,在创新药研发上,已基本形成了上市一批、临床一批、开发一批的良性循环,构筑起强大的自主研发能力。

恒瑞医药在未来研发方面的计划将主要体现在三个方面:一是梳理现有的研发管线,抓好重点产品和优势产品;二是产品开发要贯彻落实"新、快、特"三个要求,提升创新能力和核心竞争力,保持企业生命力;三是围绕公司现有产能和销售资源进行研发,盘活和利用好现有资源。

同时，国际化发展是恒瑞医药多年来坚持的一大战略，也是当前需要进一步突破的一大方向。2021 年海外研发投入共计 12.36 亿元，占总体研发投入的比重达到 19.93%。目前，恒瑞医药在美国和欧洲已建立了涵盖医学科学、临床运营、注册、药理、统计、质量管理等多部门在内的完整临床研发队伍，全面启动全球产品开发团队工作模式，以有效提高全球临床试验效率；公司开展了近 20 项国际临床试验，其中国际多中心 Ⅲ 期项目 7 项，并有 10 余项研究处于准备阶段。

资料来源：《以价换量、研发与国际化加码，阵痛期的恒瑞医药努力"破局"》，载于《第一财经资讯》，2022 年 4 月 25 日。

三、新能源产业

当前，我国的能源与环境问题严重，新能源开发利用受到越来越高的关注。作为九大战略性新兴产业之一，新能源产业对于我国的能源安全、环境保护、经济发展和社会服务等方面都有很大意义。

新能源产业对能源格局有以下几个方面的影响：一是促进国家的能源独立；二是使未来能量来源多样化；三是使能源利用更方便。这几个方面的影响相互联系，但又各自有着自己的重点。新能源产业关乎国家能源安全战略，是未来经济增长的重要引擎。如何立足长远，谋划确保能源供应的可持续发展之道，抢占未来科技创新和经济发展的制高点，已成为世界各国重点考虑的战略问题。

☞ 延伸阅读 ☜

宁德时代积极布局海外市场

2017 年，宁德时代的动力电池销量超越了日本巨头松下，这家成立仅六年的公司成为全球电动车装机量第一的供应商。2018 年 6 月，宁德时代在深交所创业板上市，仅用 24 天就成功过会，IPO 募资破 130 亿元，刷新了民营企业 A 股上市的募资纪录。2021 年 5 月底，宁德时代首次突破 1 万亿市值，在 A 股排名第八，超过了中国

银行、中国人寿、中国石油，成为头一个杀入前十的科技公司。在
2021 胡润世界 500 强中，宁德时代以 1.32 万亿元市值位居世界 500
强第 50 名。在宁德时代和比亚迪的身后，更有着一批民族科技企业
蓄势待发，如中芯国际、京东方、TCL 等，准备乘风而起。

2022 年 6 月 23 日，宁德时代发布 CTP3.0 麒麟电池，系统集成
度创全球新高，体积利用率突破 72%，能量密度可达 255 瓦时/千
克，实现整车 1000 千米续航。资料显示，通过全球首创的电芯大面
冷却技术，麒麟电池可支持 5 分钟快速热启动及 10 分钟快充，且在
相同的化学体系、同等电池包尺寸下，麒麟电池包的电量比 4680 系
统提升 13%。该电池将于 2023 年量产上市。

布局海外市场是宁德时代持续发展的必然之举。据高工锂电数
据，2022 年 2 月全球动力电池装机量约 25.77 亿瓦时，同比增长
126%。其中，中国动力电池装机量占全球的 51%。当月全球乘用车
动力电池装机量排名前十的车型中，特斯拉的 Model Y 装机量最多，
达 4.3 亿瓦时，占比 17.6%。报告期内，宁德时代向特斯拉供应锂
离子动力电池的合同履行金额已达 130.39 亿元。

从上游锂矿到下游电池回收，宁德时代对锂电池产业链的布局
愈发完善。2021 年，受下游新能源车需求拉动，宁德时代锂电池材
料销量随之增长，加上主要金属市场价格上涨，公司产品售价随金
属市场价格波动，带动收入增长。据年报披露，宁德时代新增锂电
材料产能，印尼镍铁生产项目投产。

资料来源：胡安墉：《市值蒸发 5600 亿　宁德时代加速"出海"》，
载于《国际金融报》，2022 年 4 月。

四、新材料产业

新材料是指新出现的具有优异性能或特殊功能的材料，或是传统材料
改进后性能明显提高或产生新功能的材料。近年来，各国纷纷出台相关政
策大力支持当地新材料产业的发展。世界材料产业的产值以每年约 30% 的
速度增长，化工新材料、微电子、光电子、新能源成了研究最活跃、发展
最快、最为投资者所看好的新材料领域。材料创新已成为推动人类文明进
步的重要动力之一，也促进了技术的发展和产业的升级。

新材料作为高新技术的基础和先导，应用范围极其广泛。它同信息技
术、生物技术一起，成为 21 世纪最重要和最具发展潜力的领域。一般按应

用领域和当今的研究热点,把新材料分为以下主要领域:电子信息材料、新能源材料、纳米材料、先进复合材料、先进陶瓷材料、生态环境材料、新型功能材料(含高温超导材料、磁性材料、金刚石薄膜、功能高分子材料等)、生物医用材料、高性能结构材料、智能材料、新型建筑及化工新材料等。

☞**典型案例**☜

北方稀土未来投资空间广阔

北方稀土是全球最大的轻稀土产品供应商,作为六大稀土集团之一,稀土指标占比长期保持在50%左右。依托包钢集团资源优势,公司在行业内率先发展成为集稀土冶炼分离、功能材料、应用产品、科研和贸易一体化的集团化上市公司。公司产品包括稀土原料产品、稀土功能材料产品及部分稀土终端应用产品。其中,稀土原料产品包括稀土盐类、稀土氧化物及稀土金属,是下游稀土功能材料及新材料生产加工的主要原料。稀土功能材料产品包括稀土磁性材料、抛光材料、贮氢材料、催化材料,主要用于生产所属产业领域内的应用产品,如磁体、抛光粉(液)、镍氢电池等。稀土终端应用产品包括稀土永磁磁共振仪等。

稀土包括17种元素,稀土功能材料是实施制造强国战略的关键材料之一。我国稀土资源充足,稀土矿储量约占全球总量的37%。我国是稀土矿第一大生产国,占全球总产量的60%。

截至2021年末,根据美国地质调查局(USGS)的数据,中国稀土矿储量为4400万吨,储量位居全球第一,占全球储量的36.7%;除中国外,稀土矿储量较为丰富的国家依次为越南、巴西、俄罗斯以及印度,其2021年稀土矿储量分别为2200万吨、2100万吨、2100万吨、690万吨,占比分别为18%、18%、18%、6%。

永磁材料在稀土消费结构中占比42%,应用领域丰富。在下游应用方面,2021年我国稀土主要应用在永磁材料、冶金/机械、石油石化等领域。其中,永磁材料是稀土下游最大消费板块,2021年在消费结构中占比42%。

在稀土永磁材料中,钕铁硼永磁材料应用最为广泛。目前,我国高度重视节能环保建设,钕铁硼所应用的风电、新能源汽车、永磁工业电机对于节能环保意义重大，未来随下游高速发展，钕铁硼永磁材料需求有望快速提升。

永磁直驱电机是今后风电技术发展方向，未来市场渗透率有望不断提高。目前，全球面临资源压力，为此，我国实行能耗双控政策，提出碳中和、碳达峰目标。稀土永磁电机有助于工业节能，未来发展空间广阔。

资料来源：李子卓：《全球最大轻稀土集团，北方稀土：资源壁垒高筑，稀土寻索北方》，远瞻智库。

五、高端装备制造产业

高端装备制造业本质为设计和生产较为领先的工业装备与机械的高端产业，同传统的装备制造业相比，所生产的产品技术价值高、智能化程度高。它处在整个工业价值链的关键点上，以高科技为引领，是现代产业体系综合竞争力的核心所在，是加快经济社会中工业转化升级的动力。

高端装备制造是制造业的高端领域，主要为航空、航天、船舶、轨道、汽车、电力等重要生产领域提供产品和服务支持。比如，航空航天装备群的批量化制造和工艺开发、轨道交通的成套生产线、汽车产业的模块单元和零部件等，都需要高端装备制造为其提供工业母机。从高端装备制造业发展的历程来看，技术更迭迅速是其重要特点。从 20 世纪 50 年代世界上第一台用语言编程的数控铣床问世，到后来的计算机集成创新和机械自动化创新，再到进入 21 世纪以来的新一轮科技革命和产业变革，每一次科技的重大突破都为高端装备制造业发展注入了强大动力。我国高端装备制造业市场规模在 2024 年预计接近 40 万亿元，具有超大市场规模，同时随着近几年配套产业的完善，产业链较为完善。

☞延伸阅读☜

到 2025 年，我国铁路营业里程达到 16.5 万千米

从北京到张家口，以往坐绿皮车走 1909 年通车的京张铁路路线要 4 个小时，如今 1 个小时就可以到达。在智能服务、智能运维等基础上，奥运版"复兴号"智能动车组在世界上首次实现时速 350 千

米自动驾驶。作为国家《中长期铁路网规划》中"八纵八横"京兰通道的重要组成部分，京张高铁是京津冀协同发展的重要基础工程，是 2022 年北京冬奥会的重要交通保障设施。

如今，智能高铁已经成为构建现代综合交通运输体系的缩影。国务院印发《"十四五"现代综合交通运输体系发展规划》（以下简称《规划》），指出要加快智能技术深度推广应用。坚持创新驱动发展，推动互联网、大数据、人工智能、区块链等新技术与交通行业深度融合，推进先进技术装备应用，构建泛在互联、柔性协同、具有全球竞争力的智能交通系统，加强科技自立自强，夯实创新发展基础，增强综合交通运输发展新动能。《规划》还提出，到 2025 年，铁路营业里程达到 16.5 万千米，其中高铁营业里程达 5 万千米。

资料来源：杜壮：《到 2025 年我国铁路营业里程达到 16.5 万公里》，载于《中国战略新兴产业》，2022 年 4 月。

六、新能源汽车产业

"十四五"规划指出，要突破新能源汽车高安全动力电池、高效驱动电机、高性能动力系统等关键技术。我国已然将新能源汽车发展置于国家发展的重要位置，近年来我国新能源汽车呈现快速发展态势。

新能源汽车百年历程可以大体分为电动汽车诞生、电动汽车重获重视、混合动力等其他车型的发展，以及纯电动车市场化发展四个阶段。（1）第一阶段：电动汽车诞生。1834 年英国人达文波特（Thomas Davenport）发明的第一辆蓄电池汽车是世界上最早的电动汽车。到了 20 世纪初，美国汽车市场上电动汽车、内燃机汽车和蒸汽机汽车各占 1/3 的份额。（2）第二阶段：电动汽车重获重视。进入 20 世纪 60 年代，政府对电动汽车研发增加拨款，各地纷纷建立研发基地，带来了第二轮电动汽车研发高潮的到来。（3）第三阶段：混合动力等其他车型的发展。随着混合动力汽车车型不断增多，产销规模逐渐增大，许多车型表现出了良好的节能与环保性能，这标志着混合动力汽车市场已经成熟。（4）第四阶段：纯电动车市场化发展。1994 年 1 月，当时世界上最好的电动车进入测试阶段。2008 年 11 月，纯电动汽车迎来新的春天，包括欧美国家和中国在内的主要汽车市场国家纷纷将纯电动汽车列为未来发展的主导方向。

☞案例分析☜

比亚迪的崛起之路

2022 年 6 月，比亚迪总市值突破万亿，成功超越大众汽车集团，仅次于特斯拉和丰田汽车，跻身全球车企第三。从刀片电池到 DM-i 超级混动技术，从宣布停产燃油车到市值破万亿，比亚迪凭借领先的技术和扎实稳健的新能源战略，奠定了技术优势和市场领导地位。

目前，国内传统车企主要采用燃油车为主，电动车逐渐加大投入的发展方式；造车新势力则专注于新能源汽车，特别是纯电动车。与它们不同的是，比亚迪用纯电和混动"两条腿"走路，实现了对电动车和燃油车市场"通吃"的目标。

2008 年，当国内只是鼓励车企研发新能源汽车，尚没有明确政策支持的时候，比亚迪就率先推出了全球首款量产的插电式混动汽车比亚迪 F3 DM。也正是在这一年，鲜少触碰科技股的巴菲特为比亚迪破例，收购了其 10% 的股份。

和其他造车企业先找一个专项突破，再慢慢拓展到其他领域的打法不同，比亚迪从一开始就剑走偏锋，选择前期投入最大、周期也最长的"垂直产业链模式"。销量逆势上涨、市场投资信心爆棚，比亚迪的"双赢"也在于它的模式。在销售端，新能源车的产能、技术性能、到货速度都是能直观影响消费者选购的因素。而比亚迪自己就能完成新能源汽车多项重要部件的生产和供给。

据企查查及官方财报资料显示，比亚迪目前兼具新能源汽车、电池、锂矿等上中下游全产业链，同时还具备半导体、储能等业务。

以动力电池为例。2022 年 6 月 10 日，中国汽车动力电池产业创新联盟发布 2022 年度 5 月动力电池月度数据，在电池装车量前 15 名的企业中，宁德时代领跑，比亚迪以 22.01% 占比位居第二。

业内人士指出，比亚迪正是以自有的动力电池生产线作为托底，加大了刀片电池、DM-i 超级混动技术等领域的投入，进一步拉动旗下新能源汽车产能的增长。

同时，比亚迪的销量保障还来源于它的供给多地化。2022 年春季特斯拉超级工厂因疫情停工 20 多天，直至 4 月 19 日才逐步恢复产能。据推算，特斯拉 4 月份损失了 4.8 万辆的产能。与之相对，比亚迪在国内布局了更多生产基地。资料显示，比亚迪在西安、深圳、常州等基地已完成扩产，济南、郑州、合肥、抚州、深汕五个生产基地也将建成并投产。多地供给可以有效减小因疫情等原因造成的工厂产能风险。

资料来源：①威廉：《比亚迪，荣耀与争议的崛起之路》，载于《节点财经》，2021年10月。②蒋凯：《比亚迪：市值万亿背后的隐忧》，载于《财经九号院》，2022年6月。③陈思霖、志刚：《去年销量国内第一、巴菲特陪跑14年一股没卖！细数比亚迪的27年造梦史》，载于《聪明投资者》，2022年4月。

七、绿色环保产业

继2021年12月3日工信部印发《"十四五"工业绿色发展规划》之后，多地结合地方优势，出台了各自的"十四五"工业绿色发展规划，明确工业低碳发展和新兴产业发展的工作目标。《"十四五"工业绿色发展规划》提出，到2025年，碳排放强度持续下降，单位工业增加值二氧化碳排放降低18%；污染物排放强度显著下降，重点行业主要污染物排放强度降低10%，规模以上工业单位增加值能耗降低13.5%；推广万种绿色产品，绿色环保产业产值达到11万亿元。与此同时，我国力争在2030年前实现碳达峰、2060年前实现碳中和的重大战略决策对工业绿色低碳转型提出了新的更高要求。

☞典型案例☜

多地布局绿色环保产业

《河北省"十四五"工业绿色发展规划》，明确了"十四五"期间的主要目标：到2025年，河北省工业产业结构、生产方式绿色转型取得显著成效，绿色低碳工艺技术装备广泛应用，能源资源利用效率大幅提高，绿色制造水平全面提升。"十四五"期间，河北省将对1000家高耗能、高排放企业实施"千企绿色改造"工程，进行重点绿色化改造。届时，河北全省钢铁、水泥、平板玻璃行业重点企业要全部建成省级以上绿色工厂。

工业是广西经济发展的顶梁柱，是推动产业转型升级、迈向中高端的关键。《广西工业和信息化高质量发展"十四五"规划》明确提出,将投资 1300 亿元发展绿色环保产业,培育壮大新一代信息技术、新能源汽车、高端装备制造、生物医药、新材料、绿色环保等新兴产业,推动快成长、上规模,增强工业发展新动能。到 2025 年,全区新兴产业产值达到 7000 亿元左右。

《云南省工业绿色发展"十四五"规划》提出了优化调整工业结构、提升工业能效水平、推动工业低碳发展等八个方面的重点任务,明确工业固体废物综合利用率达到 60%,单位工业增加值用水量下降 15%。重点行业和重点区域绿色制造体系基本建成,绿色能源和绿色制造实现深度融合发展,节能环保装备产业形成规模,新能源装备制造水平显著提升。

资料来源:《多地布局绿色环保产业》,载于中国政府网,2022 年 1 月 27 日。

八、航空航天产业

2016 年以来,我国航天发展进入创新发展"快车道"。"十四五"期间,我国还将启动一批新的航天重大工程,包括探月工程四期、行星探测工程,同时还要论证实施重型运载火箭等一批重大工程,批复以后要接续实施。

一是创新推动重大工程实施。建成中国空间站和高分辨率对地观测系统,实施探月四期、行星探测等新的重大工程,推进重型运载火箭研制,建设近地小行星撞击风险应对体系,培育太阳系边际探测等重点项目,推动运载火箭型谱化发展,持续完善国家空间基础设施,健全空间环境治理体系能力。

二是培育壮大空间应用产业。推动空间应用与数字经济深度融合,丰富应用场景,创新商业模式,深化通信、导航、遥感信息综合应用。

三是统筹布局空间科学探索。体系化推进空间天文、空间物理、月球与行星科学、空间地球科学等重点领域发展,研制空间引力波探测、爱因斯坦探针、先进天基太阳天文台等空间科学卫星,利用空间站、月球与深空探测器等平台,持续开展前沿科学探索和基础研究,催生更多原创性科学成果。

四是营造航天发展良好环境。完善产学研用深度融合的创新体系,强化航天工业基础能力。制定卫星频率轨道资源管理、北斗卫星导航等条例,出台商业航天发展指导意见，促进法治航天建设。构建高水平航天人才队伍，加快打造航天领域世界重要人才中心和创新高地。

五是拓展国际合作深度广度。中国航天积极参与外空全球治理，在近地小天体监测与应对、行星保护、太空交通管理等领域贡献中国方案、中国智慧。启动国际月球科研站建设，落实金砖国家遥感卫星星座合作协定，推广空间信息服务全球应用，在月球探测、空间站、行星探测、北斗导航等领域开展更加广泛、更多方式的国际互利合作。

☞延伸阅读☜

北航团队推出特殊构型垂直起降飞行器

在北航首届前沿论坛上，北京航空航天大学新概念飞行器团队公开了其研制的特殊构型垂直起降飞行器——"灵鹞"。

垂直起降飞行器，尤其是电推进垂直起降飞行器不需要跑道，可以垂直起降，又可以实现高效率巡航飞行，同时具有低成本、低噪声、低排放等特点，十分契合未来飞行器需求，是当前航空领域最火热科研与投资方向，是最强增长点。

在直升机山地救援等救援难度角度的活动中，"灵鹞"可以做到在山坡上关闭发动机，从容装载伤员或卸下救援物资。此外，"灵鹞"较大的机身高度也可以使其方便地以机身半埋状态稳定漂浮于水面，在水上实施垂直起降。这使得"灵鹞"可以被其他船只拖曳航行，随时执行任务。

除了独特的起降优势外，"灵鹞"在商业化之路上也具有极大的潜力。多旋翼之所以比直升机更能打动普通消费者，就在于其结构简单、安全。而从本质上说，"灵鹞"的结构就是一架异型多旋翼，由固定的机架和多个电机–桨系统组成。

资料来源：陈彬：《北航团队推出特殊构型垂直起降飞行器》，载于《中国科学报》，2021年1月。

九、海洋装备产业

"十四五"规划纲要强调要"建设现代海洋产业体系"。围绕海洋工程、海洋资源、海洋环境等领域突破一批关键核心技术。培育壮大海洋工程装备、海洋生物医药产业，推进海水淡化和海洋能规模化利用，提高海洋文化旅游开发水平。优化近海绿色养殖布局，建设海洋牧场，发展可持续远洋渔业。建设一批高质量海洋经济发展示范区和特色化海洋产业集群，全面提高北部、东部、南部三大海洋经济圈发展水平。以沿海经济带为支撑，深化与周边国家涉海合作。

我国目前海洋装备创新发展的条件之好，前所未有。船舶与海洋装备领域高校有40多所，师生数量超过世界所有其他造船国家的总和，世界上一半以上船舶行业人才由中国培养；2019年规模以上企业1213家，海洋装备制造业的规模达到世界第一，基础雄厚。"十四五"期间及未来一个时期，我国海洋装备将迎来高质量发展的新机遇。海洋工程装备是战略性新兴产业的重要领域，自主创新是发展海洋装备的源动力，必须把科技自立自强作为我国海洋装备发展的战略支撑。

☞典型案例☜

南海2000米水下，神兽"海牛"钻出世界纪录

北京时间2021年4月7日23时，一只高7.6米、"腰围"10米、体重12吨的庞大"神兽"悄悄"潜"入了南海2000米的水下。这只"神兽"，正是由湖南科技大学牵头，我国自主研发的"海牛Ⅱ号"海底大孔深保压取芯钻机系统。此次，在南海超2000米深水中，钻机成功下钻231米，不仅填补了我国海底钻深大于100米、具有保压取芯功能的深海海底钻机装备的空白，也刷新了世界深海海底钻机的钻深纪录，标志着我国在这一技术领域已达世界领先水平。

海底钻机是开展海洋地质及环境科学研究、进行海洋矿产资源勘探和海底工程地质勘查所必备的海洋高技术装备。此次，这一重大海洋装备的研制依托我国国家重点研发计划"深海关键技术与装备专项"课题，研制作业水深不少于2000米、钻进深度不低于200米、保压成功率不小于60%的海底大孔深保压取芯钻机系统，并最终形成一整套具有自主知识产权的海底大孔深保压钻探取芯装备技术与成果，为我国海底天然气水合物勘探提供装备技术支撑。

资料来源：俞慧友、唐亚慧：《231米刷新世界纪录的"海牛Ⅱ号"到底有多牛》，载于《科技日报》，2021年4月8日。

第三节　数字经济的未来

2022 年《政府工作报告》明确指出，要"完善数字经济治理，释放数据要素潜力，更好赋能经济发展、丰富人民生活"。《"十四五"数字经济发展规划》提出，推进云网协同和算网融合发展：加快构建算力、算法、数据、应用资源协同的全国一体化大数据中心体系。在京津冀、长三角、粤港澳大湾区、成渝地区双城经济圈、贵州、内蒙古、甘肃、宁夏等地区布局全国一体化算力网络枢纽节点，建设数据中心集群，结合应用、产业等发展需求优化数据中心建设布局。加快实施"东数西算"工程，推进云网协同发展，提升数据中心跨网络、跨地域数据交互能力，加强面向特定场景的边缘计算能力，强化算力统筹和智能调度。

一、云网协同

随着技术的不断成熟以及应用的日渐丰富，今天的云计算正在加速与实体经济融合，成为推进网络强国和制造强国战略的重要推动力。近年来，我国云计算产业飞速发展，增速高于全球平均水平，产业规模不断增大。与此同时，云计算市场的竞争焦点也从公有云市场转向私有云和混合云。而随着云计算在生产和生活中发挥日渐重要的作用，云网融合也成为业界关注的重点。未来，网络和云将进一步融合，网随云变，云随网动。

2022 年，工业和信息化部、国家发展改革委联合印发《关于促进云网融合 加快中小城市信息基础设施建设的通知》，协调汇聚各级政府、各类企业和机构力量，共同推动中小城市宽带网络建设升级和应用基础设施按需部署。在总体目标指导下，围绕网络设施、应用设施、技术创新、融合应用、产业聚集等领域提出了五大任务：一是加快完善中小城市网络基础设施。在中小城市区域内，要有序推进千兆光网部署，完善城区光缆网络，满足云边互联、公众宽带、政企专线等业务承载需要，增强网络设施安全性和可靠性。二是有序布局中小城市应用基础设施。主要是围绕提升中小城市数字服务质量，稳步推进云资源池、边缘云节点、内容分发网络等应用基础设施向中小城市下沉部署；推动地市级中小城市统筹按需开展云资源池建设，合理布局算力服务；鼓励在县城按需探索构建共享型边缘云节点，结合业务需求，推动 CDN 边缘服务节点向中小城市延伸等。三是积极推动中小城市云网技术融合创新。以实现高效算力调度为核心，推动中小城市 IP 城域网与云数据中心网络、中心云与边缘云的深度融合，全面集成云、网、边算力资源。四是大力培育基于云网基础设施的融合应用。鼓励和支持互联网内容和应用服务企业，结合中小城市实际需求，加快研发各类基于云和高带宽的应用产品，丰富应用类型和场景。五是支持数字产业向中小城市聚集。鼓励中小城市结合发展需求和产业特点，构建高速、可靠、安全、弹性的"网络＋平台＋应用"服务体系，强化产业发展和社会治理数字化转型支撑能力。

目前，云网融合有几大场景。一是云专线入云。目前很多中大型企业用户需要将部分 IT 设施上云，这些用户的特点就是企业规模大、IT 信息化水平较高，但是对于安全有比较高的要求。二是云网关的入云。这主要针对的是中小型企业。这些企业的末梢机构需要通过网关访问运营商云服务或者第三方云服务，特点是接入地点比较分散，对安全性有一定要求。三是云间高速，在多个云资源池之间实现数据实时或者定时交互。

随着越来越多的云出现，多云管理也成为业界关注的焦点。相关数据显示，在目前使用云计算的企业中，81% 的企业采用多云的模式，其中有50% 采用混合云，21% 是公有云，11% 是私有云。多云时代的到来使多云管理平台正在成为一种刚需。多云正在改变私有云的服务方式，同时促使公有云厂商更加开放。目前，多云管理平台一般包括四个部分：公有云、混合云、多个混合云、异构环境。

二、算网融合

算网融合是以通信网络设施与异构计算设施融合发展为基石，将数据、计算与网络等多种资源进行统一编排管控，实现网络融合、算力融合、数据融合、运维融合、能力融合以及服务融合的一种新趋势和新业态。从架构上看，算网融合提出了一整套"4＋6"的合作体系，即四大层次，六大融合。其中，四大层次是算网设施、算网平台、算网应用、算网安全。六大融合包括：（1）服务融合：形成连接即服务、算力即服务，以及安全即服务的新型服务模式，提供云、算、网、安一体的融合运营平台，为客户提供一键式电商化服务。客户可以订购云、算力、网络、安全等各种服务，并可以实时了解服务提供进度、服务提供质量等各项内容。（2）能力融合：包含意图感知、数字孪生、敏捷运维、安全交易、故障监控、弹性服务、连接保障以及安全内生等算网平台的能力集，根据用户对服务需求的不同，提供差异化的能力组合。（3）运维融合：通过将所有网络、计算、存储资源进行池化，资源协同编排，与确定性技术、智能运维技术与算力度量技术的创新应用，可以快速集成、统一编排、统一运维，提供融合的、智能化的运维体系。（4）数据融合：算网融合中各种采集数据、配置数据、安全数据、日志数据等集中在数据池中，形成数据中台，充分发挥 AI 能力，基于大数据学习和分析，提供安全、运维等多种智能服务。（5）算力融合：

对 CPU、GPU 等异构算力提供算力管理、算力计算、算力交易以及算力可视等能力，通过算力分配算法、区块链等技术实现泛在算力的灵活应用和交易，满足未来各种业务的算力诉求，将算力相关能力组件嵌入到整体框架中。(6) 网络融合：集成云、网、边、端，形成空天地海一体化融合通信。

目前，算网融合仍然是一个非常前沿的研究领域，还有很多需要应对的挑战。一是产业生态。算网领域涉及互联网、通信、计算等多个领域和专业，产业规模庞大、产业链条复杂。行业亟须融通政产学研用各方力量，凝聚共识，打造一个高效的合作平台。二是产品现状。算网涉及产品数量多、分布广、类型丰富，跨厂商、跨应用、跨地域现象严重，现有的解决方案难以统合这些差异。因此，有必要加快建设统一开放的应用创新平台，在架构、能力、协议等方面加速技术验证节奏。三是标准。尽管国内运营商已经走在前面，发起了一系列的规范化研制工作，但现有的计算领域、行业用户、互联网行业并没有深度参与其中。另外，已有的标准研制的重心仍然在网络计算化方面，对于计算网络化的思考不够全面，行业需要完善的标准体系来支撑。四是商业模式。算网融合涉及应用场景多，场景需求差异巨大，服务来源多样繁杂，因此，如何利用多样化的服务能力满足差异化的应用需求，构建创新的商业模式和部署模式十分重要。

第四节　碳达峰、碳中和与生态环境保护

一、全球气候问题

近 100 多年来，全球平均气温经历了冷—暖—冷—暖两次波动，总体来看呈上升趋势，全球平均地表温度上升了 $0.74\,^{\circ}\mathrm{C}$，20 世纪后半叶北半球平均温度很可能比近 500 年间任何一个 50 年时段的平均温度都高。全球气候变暖的原因有以下两个：一是大气层遭到破坏，严重的污染以及温室效应。大气层和地表这一系统就如同一个巨大的"玻璃温室"，使地表始终维持着一定的温度，产生了适于人类和其他生物生存的环境。在这一系统中，大气既能让太阳辐射透过而达到地面，同时又能阻止地面辐射的散失。我们把大气对地面的这种保护作用称为大气的温室效应，造成温室效应的气体称为温室气体，包括二氧化碳、甲烷、氯氟化碳、臭氧、氮的氧化物和水蒸气等，其中最主要的是二氧化碳。近百年来全球的气候正在逐渐变暖，与此同时，大气中的温室气体的含量也在急剧增加。许多科学家认为，温室气体的大量排放所造成温室效应的加剧可能是全球变暖的基本原因。二

是人口膨胀，超载超量，过度开垦，乱砍滥伐，滥采地下水等。近年来，人口的剧增是导致全球变暖的主要因素之一，同时也严重地威胁着自然生态环境的平衡。这样多的人口，每年仅自身排放的二氧化碳就是一个惊人的数字，其结果将直接导致大气中二氧化碳的含量不断增加，如此形成的二氧化碳"温室效应"将直接影响地球表面的气候。

全球变暖将给地球和人类带来复杂的潜在的影响，既有正面的，也有负面的。例如，随着温度的升高，副极地地区也许将更适合人类居住；在适当的条件下，较高的二氧化碳浓度能够促进光合作用，从而使植物具有更高的固碳速率，导致植物生长的增加，即二氧化碳的增产效应，这是全球变暖的正面影响。但是，与正面影响相比，全球变暖对人类活动的负面影响则更为巨大和深远。

二、碳达峰与产业布置

碳达峰是指某个地区或行业年度二氧化碳排放量达到历史最高值，然后经历平台期进入持续下降的过程，是二氧化碳排放量由增转降的历史拐点，标志着碳排放与经济发展实现脱钩。达峰目标包括达峰年份和峰值。

2021 年，工信部编制并发布了工业领域及钢铁、有色金属、石化化工、建材等重点行业碳达峰实施方案《"十四五"工业绿色发展规划》，明确了工业领域绿色低碳发展的一系列具体目标：到 2025 年，单位工业增加值二氧化碳排放降低 18%，钢铁、有色金属、建材等重点行业碳排放总量控制取得阶段性成果；重点行业主要污染物排放强度降低 10%；规模以上工业单位增加值能耗降低 13.5%；大宗工业固废综合利用率达到 57%，单位工业增加值用水量降低 16%；推广万种绿色产品，绿色环保产业产值达到 11 万亿元。

工业领域是实现碳达峰的重中之重。此前，国务院印发的《2030 年前碳达峰行动方案》要求工业领域加快绿色低碳转型和高质量发展，力争率先实现碳达峰。

（一）四大行业碳达峰路径

实现碳达峰、碳中和是一场广泛而深刻的经济社会变革，对能源结构等提出了新的要求。"十四五"期间，重点行业领域减污降碳、制造业企业绿色转型是大势所趋。为实现碳达峰、碳中和目标，钢铁、电力、石化、煤炭等行业正加速转型。

1. 钢铁行业

钢铁工业是我国国民经济的重要基础产业，是实现绿色低碳发展的重要领域。钢铁行业的碳达峰目标初步定为：2025 年前，钢铁行业实现碳排放达峰；到 2030 年，钢铁行业碳排放量较峰值降低 30%，预计将实现碳减排量 4.2 亿吨。

值得一提的是，5G、工业互联网等数字技术将助力钢铁行业实现碳达峰、碳中和目标。不少钢铁行业上市公司加快布局数字经济，推进绿色智能制造，推动数字赋能钢铁主业转型升级。比如，杭钢股份将培育壮大数字经济产业，投资建设互联网数据中心（IDC）业务，推进数字经济产业运营升级，致力于将杭钢股份打造成为"智能制造 + 数字经济"双主业协同发展的资本平台。

2. 电力行业

我国的电力结构以火电为主，依赖化石能源。根据世界资源研究所（WRI）的数据，我国发电和供热行业所产生的温室气体排放占全国总排放的 41.6%，远高于其他行业，这意味着电力行业实现碳达峰碳中和的难度更大。要破解这一难题，一是要投入大量技术研发费用，从以火电为主转向风电、核电等清洁能源，这对于电力行业来说是一次新的技术革命；二是碳达峰、碳中和将使当前的电力市场格局重新洗牌，行业格局将发生巨大变化；三是碳达峰、碳中和要求组织架构、生产方式都做出相应调整。

2021 年 3 月，国家电网公司发布碳达峰碳中和行动方案，提出以碳达峰为基础前提，碳中和为最终目标，加快推进能源供给多元化、清洁化、低碳化，能源消费高效化、减量化、电气化。预计 2025 年和 2030 年非化石能源占一次能源消费比重将达到约 20% 和 25%，电能占终端能源消费比重将达到 30% 和 35% 以上。

3. 石化行业

石化行业正在努力向绿色低碳转型。2021 年 1 月，17 家石油和化工企业、园区以及中国石油和化学工业联合会联合签署并共同发布了《中国石油和化学工业碳达峰与碳中和宣言》，从推进能源结构清洁低碳化、大力提高能效、提升高端石化产品供给水平、加快部署二氧化碳捕集利用、加大科技研发力度、大幅增加绿色低碳投资强度六个方面提出倡议并做出承诺，助力我国稳步实现碳达峰、碳中和目标任务。

要实现既定的碳减排和碳中和目标，需要加快调整能源结构，严控煤炭等化石能源消费，积极推动清洁能源和可再生能源替代。碳达峰、碳中和目标给石化企业的绿色低碳转型带来较大压力，但在转型过程中也孕育着新的发展机会，包括发展新能源、新材料、新业态的机遇，推动以化石能源主导的能源结构、产业结构和经济结构转向以可再生能源为主导。这一过程驱动行业重构产业链价值链，需要更加依靠技术创新驱动，在实现碳减排目标过程中从根本上改变石化行业的结构形态。

4. 煤炭行业

能源减排以及低碳转型将会对能源结构进行重塑。从短期来看，煤炭行业相对于新能源仍具有明显优势，这也为煤炭行业的发展提供了客观条件；从长期来看，煤炭领域有可能取得颠覆性的技术突破，碳移除与碳交易的发展也有可能为煤炭行业赢得更大发展空间。在碳中和背景下，煤炭行业的发展在于先进技术的突破和多元化转型。

从政策层面来看，2021 年 4 月国家能源局印发《2021 年能源工作指导意见》，提出"2021 年煤炭消费比重下降到 56% 以下，新增电能替代电量 2000 亿千瓦时左右，电能占终端能源消费比重力争达到 28% 左右。深入推进煤炭消费总量控制，加强散煤治理，推动煤炭清洁高效利用。大力推广高效节能技术，支持传统领域节能改造升级，推进节能标准制修订，推动重点领域和新基建领域能效提升。"

（二）提升清洁能源消费比重

能源是经济社会发展的重要物质基础，也是碳排放的最主要来源，但我国处于能源结构偏煤、能源效率偏低的状态。因此，2021 年工信部印发《"十四五"工业绿色发展规划》，提出加快能源消费低碳化转型的重点任务。着力提高能源利用效率，构建清洁高效低碳的工业用能结构，将节能降碳增效作为控制工业领域二氧化碳排放的关键措施，持续提升能源消费低碳化水平。此外，还明确了要提升清洁能源消费比重，鼓励氢能、生物燃料、垃圾衍生燃料等替代能源在钢铁、水泥、化工等行业的应用。严格控制钢铁、煤化工、水泥等主要用煤行业煤炭消费，鼓励有条件的地区新建、改扩建项目实行用煤减量替代。提升工业终端用能电气化水平，在具备条件的行业和地区加快推广应用电窑炉、电锅炉、电动力设备。

三、碳中和与生态环境

碳中和一般是指国家、企业、产品、活动或个人在一定时间内直接或间接产生的二氧化碳或温室气体排放总量，通过植树造林、节能减排等形式，以抵消自身产生的二氧化碳或温室气体排放量，实现正负抵消，达到相对"零排放"。2021 年《政府工作报告》中指出，扎实做好碳达峰、碳中和各项工作，制订 2030 年前碳排放达峰行动方案，优化产业结构和能源结构。

（一）碳中和的商业机会

碳中和对全球来说是一个巨大的挑战，但同时也是一个发展的机会，内含很大的商机。

一是低碳技术的研发将成为热点。一直以来，我们都强调技术创新，但往往是口号居多，企业在没有外在的压力的情况下，没有动力研发或采用新技术，一味追求低成本扩张。而碳中和要求企业用技术创新实现节能减排，如开发使化石能源得到高效清洁利用的技术，用先进节能降耗技术、清洁技术高效化和清洁化地改造传统化石能源等。

二是在传统行业投资萎缩的情况下，新能源投资是一个商机。新能源革命是生态文明建设的基石和内容之一。大力发展新能源产业能奠定绿色经济发展的产业基础，促进产业升级，推动经济社会持续发展。

三是推动绿色交通、绿色消费大发展。交通运输部门是仅次于能源供应部门和工业生产部门的第三大温室气体排放部门，交通的绿色转型是必然的趋势。碳中和有助于加快推广纯电动汽车等新能源汽车，应用智能化、自动化技术和节能减排技术等能为相关部门提供全新的机会。此外，碳中和对人们的日常生活也产生影响，要求全民践行绿色生活，消费方式、出行方式的绿色化将引领产业升级。

四是绿色金融将迎来快速发展期。在实施"碳中和"战略目标下，包括碳金融、绿色信贷、绿色债券在内的绿色金融业务将迎来巨大机遇。金融机构为企业在清洁能源开发利用、节能减排方面提供更多的金融服务，为客户参与碳交易各个环节提供综合服务，为推进国内碳交易市场平台建设研发配套的碳金融产品及服务。

（二）各国和地区的举措

1. 美国

2014 年 11 月，时任美国总统奥巴马在访华期间与中国国家主席习近平共同宣布了限制温室气体的相关协议，承诺在 2025 年前将美国的温室气体排放在 2005 年的基础上减少 26 ~ 28 个百分点。2021 年 4 月，现任美国总统拜登在领导人气候峰会开幕式发言中宣布，将扩大美国政府的减排承诺，即到 2030 年将美国的温室气体排放量较 2005 年减少 50%，到 2050 年实现碳中和目标。

2. 欧盟

2018 年 11 月 28 日，欧盟委员会发布一项长期愿景，目标是到 2050 年实现碳中和，即将净碳排放量降至零。根据欧盟委员会当天发布的新闻公报，这项长期愿景反映了欧盟如何通过投资现实的技术方案、赋予民众权利，以及在金融、科研等关键领域协同行动，引领碳中和发展道路并保证社会转型公平公正。欧盟希望到 2050 年实现碳中和。

3. 北欧

2019 年 11 月，北欧国家芬兰、瑞典、挪威、丹麦和冰岛在芬兰首都赫尔辛基签署一份应对气候变化的联合声明。五国在声明中表示，将合力提高应对气候变化的力度，争取比世界其他国家更快实现碳中和目标。

4. 日本

2021 年 4 月，在领导人气候峰会上，日本首相表示，日本将在 2030 年前将温室气体排放量较 2013 财年的水平降低 46%，远高于之前 26% 的目标，并在 2050 年之前实现碳中和的目标。

5. 巴西

2021 年 4 月，在领导人气候峰会上，巴西总统承诺巴西在 2050 年之前实现碳中和。

6. 加拿大

2021 年 6 月，加拿大政府发表声明，从 2035 年开始只销售零排放汽车和卡车，为此政府将提供一系列的政策、资金以支持相关企业转型，同时还表示将设定 2025 年和 2030 年的中期目标。

7. 瑞士

2021 年 9 月，瑞士决定，该国军队计划在 2050 年达到碳中和。

8. 德国

德国给自己设立的目标则是到 2045 年实现碳中和。2021 年 10 月，德国复兴信贷银行发布的最新的研究结果显示，德国需要投资 5 万亿欧元，才能在 2045 年之前实现碳中和的目标。

9. 俄罗斯

2021 年 11 月，俄罗斯总理批准了《俄罗斯到 2050 年前实现温室气体低排放的社会经济发展战略》。该战略称，俄罗斯将在经济可持续增长的同时实现温室气体低排放，并计划在 2060 年之前实现碳中和。

10. 印度

2021 年 11 月，印度总理莫迪在英国格拉斯哥出席第 26 届联合国气候变化大会（COP26）时表示，印度致力于到 2070 年实现净零排放目标；到 2030 年，印度 50% 的电力将来自可再生能源（2020 年，该国可再生能源约占 38%）。印度对于碳排放问题做出过很多承诺，不过进展不及预期。

☞小贴士☜

从一杯"零碳咖啡"看中国"双碳"行动

在博鳌亚洲论坛 2022 年年会上，与会嘉宾喝上一杯"零碳咖啡"，开始了思想交锋和头脑风暴。

为什么叫'零碳咖啡'？不施洒农药化肥、不使用农用机械，用人工挑豆、用光伏电烘焙，封装材料全部采用生物降解材料……这种咖啡的生产全过程都有碳足迹跟踪，碳排放达到零才能推向市场。

作为国家生态文明试验区，海南近年积极探索绿色低碳发展之路,"绿色办会"是其发展成果的缩影。建筑屋顶铺满光伏板、窗户玻璃"晒太阳"发电、集成系统收集雨水浇灌花草……塔吊林立的海口江东新区施工现场,一批高科技环保设施陆续"上架"。低碳绿色发展,从"一度电"开始。在江东新区的规划里,"近零能耗"的绿色建筑通过清洁能源获得的电能,不仅能满足日常办公、照明等基本用电需求,还将在节假日用电低谷期,将储备电力输送至电网获得收益。到2030年,江东新区将实现碳中和。

被誉为互联网产业"桃源"之地的海南生态软件园2021年收入近2000亿元,如果将电量换算成碳排量,每万元产值碳排放仅两公斤。

海口江东新区、海南生态软件园是海南自贸港建设重点园区,如今这样的园区有11个。在这些园区,环保、节能、低碳、零排放,既是招商引资的"入门槛",也将成为人们工作和生活的"标配件"。

2021年,海南不但超额完成国家下达的碳强度目标,还率先完成全国碳市场第一个履约周期配额清缴工作。海南清洁能源装机比重达70%,高出全国水平23个百分点。2022年第一季度,海南全额消纳的清洁能源,核算减排二氧化碳309.6万吨。

资料来源:柳昌林、陈凯姿:《减碳,从一杯"咖啡"开始》,载于《国际在线》,2022年4月28日。

第八章
新型城镇化与乡村振兴

近年来，地方政府凭借政府信用开展各种形式的政信金融业务，构成了实践中的政信业态。政信金融规模的不断发展和扩张为地方社会经济发展提供了源源不断的资金支持，政信金融也以其融资优势，同国家重要战略与发展方向融合在一起，比如基建、产城融合、乡村振兴、"一带一路"、文化旅游、教育医疗、养老产业等，为相关的项目建设提供资金、智力保障，也为政信金融投资者赢得了可观的投资收益。

根据我国历次中共中央政治局常务委员会会议、全国人民代表大会会议精神，结合我国"十三五"和"十四五"的规划及预测，基建、新基建、新兴产业、新文化、新农村、"一带一路"都是未来国家财政重点支持的方向，也是政信金融的重点投资方向。

第一节　新型城镇化

2022 年 5 月，国务院批复同意《"十四五"新型城镇化实施方案》。该实施方案成为国家面向 2035 年的新一轮新型城镇化顶层设计，提出深入推进以人为核心的新型城镇化战略，持续促进农业转移人口市民化，完善以城市群为主体形态、大中小城市和小城镇协调发展的城镇化格局，推动城市健康宜居安全发展，推进城市治理体系和治理能力现代化，促进城乡融合发展，为全面建设社会主义现代化国家提供强劲动力和坚实支撑。

随着城镇化的深入推广，城镇综合开发类项目的数量和投资规模也在逐步扩大，甚至出现了超越其他领域的发展势头。为突破传统投融资模式的限制，与社会资本合作将成为地方政府进行城镇综合开发类项目的重要选择，也将为投资人带来巨大的财富机遇。

一、地下综合管廊工程

暴雨、地质灾害以及山洪考验着地方市政基础设施。和高楼大厦、立交桥相比，城市排水管网埋在地下，所以很多地方对相关建设不够重视。排水系统滞后成为国内城市建设中一块公认的短板，碰到暴雨灾害天气，这个短板会狠狠"打脸"城市建设和管理。

如今，国家层面有关地下管廊建设的政策不断细化，引入社会资本参与城镇建设日渐被重视。《国家新型城镇化规划（2014—2020 年)》提到，推行城市综合管廊，新建城市主干道路、城市新区、各类园区应实行城市地下管网综合管廊模式。

地下综合管廊工程是衡量城市文明程度的重要标志，是重要的基础设施工程，具有一次性投资大、投资回收期长、公益性和社会效应突出等特点。中央层面出台各项措施，提倡综合管廊建设应优先考虑引入社会资本。目前，许多地方在重大水利工程领域正在探索引入社会资本，并取得了较好的结果，地下管廊建设稳步推进。如今，社会资本逐渐成为政府解决基建施融资的重要途径，相关项目也备受资本青睐。而我国的城镇化建设、城市现代化建设还有很长的路要走，还有很大的市场空间，作为其中不可忽视的地下综合管廊工程，同样也是未来政信投资的一个重要方向。

二、城市轨道交通工程

2001 年，我国轨道交通领域第一个 SPV 公司——北京东直门机场快速轨道有限公司成立，此后社会资本进入城市轨道交通领域经历了开创探索阶段、试点发展阶段和推广发展阶段。在 2003 年以前，我国轨道交通领域引入社会资本处于开创和探索性阶段。从 2003 年开始到 2014 年，我国轨道交通进入试点发展阶段，其中的典型案例有北京市轨道交通 4 号线工程、北京市轨道交通 16 号线工程。从 2014 年至今，我国轨道交通领域引入社会资本已经较为普遍，典型案例有北京新机场线工程、福建地铁 2 号线工程等。

近年来，我国政府加大基础设施建设力度，符合城轨建设要求的地方政府开始筹建轨道交通，我国已成为世界上城市轨道交通发展最快的国家。尤其是进入 2020 年，新冠疫情影响了国内众多行业，经济下行明显，国家重启新基建，城际高速铁路和轨道交通成为新基建七大领域之一，徐州、合肥、深圳等城市多条线路获批，总投资达到数千亿元，是名副其实的政信金矿。

城市轨道交通领域实现了社会资本的有效参与，有利于推动市场合理配置资源，提高资金使用效率，推动投资主体多元化。综合国际国内相关领域的理论和实践研究成果，轨道交通采用政府和社会资本合作模式投资建设运营有良好的效果。

另外，随着我国政府和社会资本合作领域的理论、政策和法律体系的完善，必将为社会资本提供更广阔的发展空间。借助中央加大地方债发行力度的机会，同时这也是推进社会资本参与民生工程项目的重要时机，为大众投资开辟了新的路径。

三、城镇综合开发藏机遇

要实现城镇化，要提升城市的服务功能，就要强化综合交通运输网络支撑，如城市轨道交通建设等；就要加强市政公用设施建设，如城市地下管网综合管廊建设等；就要完善基本公共服务体系，如统筹布局建设学校、医疗卫生机构、文化设施、体育场所等。而这些大规模的基础设置建设毫无疑问将会消耗大量的货币资金。

由政府主导投融资具有短期内资金缺口大、公益性强、现金流有限、需要筹建工程管理团队及专业运营团队等特性，导致项目存在资金缺口、运营能力差等诸多不足。

为克服传统投融资模式的弊端，与社会资本合作成为地方政府进行城镇综合开发类项目的重要选择。一方面，这种模式下的政府付费义务并不计入政府债务；另一方面，城镇综合开发类项目具有公共产品的属性，且具有周期长、投资大的特点，这使政府与社会资本的平等合作与长期运营能够较好契合。采取政府和社会资本合作模式，通过专项债＋社会资本形成结构化融资，对于各方来说都能降低风险，减轻压力。企业负责项目的运作实施，双方共同入股参与土地开发，并按照各自投资股份的比例来分配未来的土地开发收益和投资风险，能大大降低政府的支出压力。

随着城镇化进程的深入推进，城镇综合开发类项目中政府和社会资本合作模式被广泛应用。而社会资本的引入既解决了巨量的资金需求，也为社会资本带来了不菲的收益，同时由于这些项目具有政府信用背书的特殊属性，风险也非常小。

城镇综合开发类项目的数量和投资规模也在逐步扩大，甚至出现了超越其他领域的发展势头。与社会资本合作能够发挥政府独具的政策及行政资源管理优势，同时能发挥市场中企业的灵活性、竞争性、自主性与创新性，有效解决以往在城镇综合开发类项目建设中的资金、人才、资源优化配置等难题。当前，城镇综合开发类项目成为地方政府发展地区经济和优化经济结构的重要抓手。总体来看，社会资本的进入补足了政府主导模式下资金匮乏、管理和运营机制不健全的短板。但相关模式在国内起步时间较晚，仍有许多需要规范的地方。因此，在城镇综合开发领域积极应用政府和社会资本合作模式的同时，要规范和规避其中的弊端，以达到推动绩效最大化的最终目的。

如今，社会资本在城镇化建设中越来越重要。城镇综合开发类项目具有投资金额大、投资周期长和子项目多的特点，存在法律法规、政社关系等亟待厘清的问题。因此，应从确定关系、相互协调、合理分配、健全法律等多个方面着手加以改进。

城镇综合开发类项目在实施过程中涉及项目审批、城镇规划、国土、建设等多个政府部门主管的行政审批事项，当前一些管理规范和做法仅适用于传统建设模式，在社会资本参与城镇化建设过程中，需要相关政府部门协调联动灵活处理。由于城镇综合开发类项目包含了许多子项目，因此要以公共性为原则，准确识别总项目和子项目的范围和内容，以确保城镇综合开发类项目可以推进城镇化和优化经济结构这一目标的实现。

☞典型案例☜

蓟州新城示范小城镇

蓟州作为一个有着5000年历史的名城，历经兴衰。近些年，伴随着城市化建设，蓟州城市建设走上了快车道，蓟州新城示范小城镇项目也如火如荼，成为蓟州城市建设的一大亮点。

蓟州坚持以产兴城、以城促产，规划"一城两园四镇"的发展空间格局，即蓟州新城，京津州河科技产业园、盘山文化产业园，下营、邦均、上仓、马伸桥四个中心镇。作为加快蓟州区农村城市化进程、改善当地人居环境的重大利好工程——天津市蓟州新城示范小城镇项目是根据《国家新型城镇化规划（2014—2020年）》，经天津市发展改革委申报、国家发展改革委审批的全国62个新型城镇化综合试点之一。

蓟州区作为一座正在崛起的生态之城，凭借独特的区位优势，被列为全国生态示范区、全国首家绿色食品示范区、第一批国家新型城镇化综合试点地区。因此，作为蓟州重点项目的新城示范小镇建设项目得到了各方支持，其中包括政府专项债券、信托公司、社会资本等资金支持。蓟州区抢抓京津冀协同发展机遇，利用独特的优势，继续坚持以供给侧结构性改革为主线，做强新兴工业，做精休闲旅游，做大高端服务业。蓟州区新城示范小城镇项目建设规模大、涉及居民广，对当地经济发展和生态环境治理具有重大意义。

资料来源：政信投资集团：《新时代金矿：政信金融投资指南（二）》，经济管理出版社2020年版。

四、文旅特色产业面临巨大机遇

2009 年国家正式将文化产业和旅游业上升为国家战略，文化旅游项目异军突起。2018 年文化旅游部组建，文旅发展迎来新机遇。文化旅游业是朝阳产业，有专家认为，未来十年，我国文旅市场规模预计将达到 30 万亿至 50 万亿元。文旅产业能够有效发挥区域文化及旅游资源优势，随着各界对文旅产业越来越重视，各种利好政策出台，文旅产业面临巨大的机遇。

"绿水青山就是金山银山"，随着乡村振兴战略的实施，国家重点提倡全域旅游、田园综合体、特色小镇建设。文旅产业作为实施乡村振兴战略的重要抓手，能够有效发挥区域文化及旅游资源优势，让区域内的绿水青山成为真正的"金山银山"。随着经济格局的变化，传统房地产公司也纷纷转型，跨界发展多元化模式，大力推动文化旅游地产建设。

文旅产业对传统产业结构转型起到了有力的推动作用，其发展能够有效拉动城市消费市场，完善当地经济布局。在大众旅游时代，全域旅游成为国家战略，旅游业正在向综合目的地统筹发展模式转变，全域旅游已成大势所趋。全域旅游供给多元，优质旅游体验升级，呈现出复合交叉、复合支撑的模式。精品旅游城市、旅游综合体、特色旅游小镇、乡村旅游风光未来将成为旅游目的地的主要卖点。

国家相继出台了一系列支持文件，提倡大力发展具有地方特色的文旅、商旅项目，特色小镇、美丽乡村、全域旅游等成为地方发展旅游产业的新思路、新方向。我国文化旅游业发展迅速，百家争鸣，各地积极创新，依托地方特色打造各类旅游名片，打通了旅游经济全产业链，成为地方新的经济增长点。

拥有优质自然资源、优良硬件的项目并不一定会成为成功的文旅项目。文化旅游是旅游需求不断升级的产物，但在当前环境下，面临着认识误区、管理体制不顺、人才匮乏等问题。那么，一个文旅项目都有哪些需要注意的关键点呢？第一，建立健全机制，理顺各方关系。政府和社会资本成立合资公司，共同进行文旅项目的建设和运营。政府和社会资本各司其职，遵循市场化运作，发挥双方的专业优势。第二，打造专业团队。既可以通过优势手段吸引具有成功运作经验的人才，也可以选派人员外出培训，提升运营团队的专业化水平。第三，增强风险意识。建立科学系统的风险管理体系，对项目全流程进行把控监督，采集项目各个阶段的运行数据，及时发现问题，快速做出反应。第四，创新企业制度。以先进的企业制度推动文化旅游项目开发，破解景区国有资本比重过大的问题，通过市场规律进行资源配置，促进文化旅游项目可持续发展。

☞典型案例☜

贵州惠水好花红景区：布依族的4A景区

"好花红勒，好花红勒，好花开在刺梨蓬。好花开在刺梨上，哪朵向阳哪朵红……"这是一首布依族民歌——《好花红》，内容朴实、曲调优美，在贵州惠水已传唱百余年。

1956年，惠水县的秦跃珍和王琴慧两位歌手在全国第二届民间音乐舞蹈艺术汇演中演唱了《好花红》，受到亿万人的热烈欢迎，后来这首歌成为"布依族会歌"。2002年2月，经省政府批准，《好花红》歌曲发源地贵州惠水县原毛家苑乡更名为"好花红乡"，后又更名为"好花红镇"。在我国，以歌名作为行政区域名称的，仅此一例。惠水县政府还为《好花红》申请办理了版权注册手续，布依人对《好花红》的钟爱，可见一斑。

如今，好花红镇已经建设起国家AAAA级乡村旅游度假区——好花红乡村旅游景区。好花红乡村旅游景区位于惠水县城南17千米的涟江河畔，总面积约5平方千米，有金钱桔园林、布依情博物馆、辉岩大桥、布依长廊、偏坡田、中华第一布依堂屋、千户布依寨、桔乡花海、兰花馆、叶辛书屋、音乐小镇、连心玻璃桥等景点。

旅游度假区项目所在的好花红村是一个以布依族为主的少数民族聚居村落，共14个村民小组、18个自然村寨，其中布依族人口达2867人，占全村总人口的96%。该村有"中国金钱桔之乡""好花红民歌发源地""中华布依第一堂屋"三块金字招牌。

好花红乡村旅游景区是一个集乡村回归游、民族文化游、电子商务游、农耕体验游、康体休闲游、农业观光游"六游"为一体的乡村旅游示范景区。这里是惠水著名的"文化之乡""山歌之乡""金钱桔之乡"，秀丽的山水风光、浓郁的民族风情，奇特的生态环境，厚重的人文景观，让人赞叹。

旅游是惠水的一大支持产业，形成了比较完整的产业链。酒店、交通、景区服务等已经初具规模。其中，好花红乡村旅游景区依托涟江下游自然景观，以布依族古老文化为展示核心，以一年四季各种花卉开放为特色，带动周边旅游业的发展。

为了引入资金对项目进行建设，惠水县国有资本营运有限责任公司与政信投资集团合作，为好花红乡村旅游区的智能停车场、民宿民居建设、河道及河岸景观改造等出资出力。政信投资集团还在这里建设分支机构，为好花红乡村旅游景区提供相关支持。

　　景区的打造、相关的拆迁工作需要大量资金，惠水县城周边九个乡镇，拆迁范围大，拆迁户较多。当地按照人均30万元的标准将资金给到拆迁家庭，当地一个家庭的人口为4~6人。政府给老百姓两种选择：一种是全部拿现金；另一种是一部分拿现金一部分折算成房子。在政信投资集团等金融机构的支持下，惠水的旅游、拆迁工作有条不紊地进行。文化旅游为惠水带来了生机，也为百姓提供了工作和投资的机会。

　　资料来源：政信投资集团：《新时代金矿：政信金融投资指南（二）》，经济管理出版社2020年版。

五、产城融合成为地方发展风口

　　产业是城镇建设的基础，城镇是产业发展的载体。新型城镇化建设离不开基础设施的建设与完善、产业的合理规划与导入。在我国经济转型升级的背景下，产城融合作为一种发展思路，是目前新型城镇化建设的必然选择。在经济转型升级背景下，以工业化推动城镇化成为地方发展的重要抓手。以产促城、以城兴产、产城融合成为我国城镇化布局新战略，有助于促进产业发展与提升城市功能，使之相互协调，既增强产业聚集效应，又推进城市提质扩容。

　　产业园区建设存在各类生产活动，同时承载的功能日益多元化。随着经济发展，我国产业园区转型升级迫在眉睫，集生产与生活于一体的新型园区成为未来经济发展的新诉求。此外，产业是城镇的支撑，没有产业的城镇化是无源之水，缺乏生命力。城镇作为经济、产业、人口的主要载体，将成为我国新时期经济增长的动力源之一。

　　改革开放以来，我国工业化和城市化成绩斐然，然而对产城关系的处理存在诸多不合理，导致产城分离现象严重，降低了工业化与城镇化中的资源配置效率。

　　产城融合的目的在于构筑产业、空间和社会相互支撑的可持续发展机制，打造具有可持续发展能力的新型城镇。在我国经济转型升级的背景下，产城融合是大势所趋，承担着打造城市发展新格局的重要使命。推进产城融合有利于产业转型重构和城镇价值再造。产城融合项目属于典型的城镇综合开发项目，是推进新型城镇化的重要载体。产城融合建设需要基础设施的建设与完善，需要大量的资金投入。那么，产城融合项目的资金问题又该如何解决呢？产城融合的投融资模式主要包括传统的公建公营模式、完全私有化方式和PPP模式。

第一，公建公营模式。由政府主导投融资所产生的政府主导模式具有短期内资金缺口大、公益性强、现金流有限、需要筹建工程管理团队及专业运营团队等特性，导致项目存在资金缺口、运营能力差等诸多不足。

第二，完全私有化模式。由企业运作的产城融合项目，对于规模小的项目或开发可以做到，但针对稍大一点的产城融合项目而言，如果没有政府的支持则很难做到。

第三，相较于前两者，PPP模式无疑能有效解决地方政府在产城融合建设当中遇到的难题，提升项目落地速度和质量。

一是产城融合和PPP全生命周期相融合，通过系统性规划设计和全过程咨询，PPP模式的长期性可保障产城融合战略落地，运营性可保障产城融合建设效果，规模性可保障产城融合一张蓝图绘到底。

二是PPP模式有资源整合功能，有助于克服政府在产城融合项目建设、运营全过程中条块分割和"九龙治水"的弊端。产城融合项目要有产业、城镇、生态的功能，为了完成三大类功能，涉及各个行业部门，在此过程当中难以出现条块结合，各个部门建设步伐肯定是不一样的。但是，PPP模式是由社会资本全权负责，所以在资源整合方面，社会资本会考虑产业功能、城镇功能和生态功能的关系，应做到"齐步走"。

三是PPP模式有融智功能，有助于弥补政府在城镇或社区功能定位、生态建设，特别是产业选择、招商引资等方面的短板。社会资本方前来投资，之后会有各类资源跟上，包括产业资源、企业资源以及人才资源等，虽然是一个主体来做，但是涉及很多的资源。在PPP模式里，社会资本方，尤其是社会资本联合体，可能会带来很多的资源，而这些资源可以移植到产城融合的项目里。

四是PPP模式有融资功能，有助于弥补政府的建设资金缺口。产城融合建设需要基础设施的建设与完善，需要大量的资金投入。为了克服传统投融资模式的限制，与社会资本合作成为地方政府进行城镇综合开发类项目的重要选择。城镇综合开发类项目具有公共产品的属性，且具有周期长、投资大的特点，这也与社会资本的平等合作与长期运营能够较好契合。

总体来看，社会资本的进入补足了政府主导模式下资金匮乏、管理和运营机制不健全的短板，但由于相关模式在国内起步时间较晚，仍有许多需要规范的地方。因此，在城镇综合开发领域积极应用政府和社会资本合作的同时，要规避其中的弊端，以达到推动绩效最大化的最终目的。

☞典型案例☜

濮阳市无水港项目

濮阳市地理位置优越，处于中原经济区、京津冀经济区和山东半岛蓝色经济区的交汇处，是河南省距离港口最近、最便捷的省辖市，也是中原经济区的重要出海通道和对外开放的前沿城市。濮阳市政府深入实施"大枢纽、大物流、大产业、大城市"的城市发展思路，打造濮阳市无水港项目。无水港是在内陆地区建立的具有报关、报验、签发提单等港口服务功能的物流中心，其实质是港口功能在内陆的延伸，以争取广阔的经济腹地和货源。濮阳市是中原经济区出海通道、陆海联运节点城市，与世界135个国家和地区有贸易往来，其中"一带一路"沿线国家和地区51个，努力打造装箱、报关、报检、定船等"一站式"闭环服务平台。目前，濮阳市拥有进出口经营权企业1088家，通过打造无水港，能最大限度降低外贸进出口企业成本，缩短受理业务的时间。同时，无水港能够吸引周边货源，在短时间内形成辐射冀鲁豫三省的区域性物流中心，拉动与港口物流有关的装卸、仓储、包装、运输、港口机械制造等产业的发展，带动本地的贸易、金融、保险、经济、信息、旅游业的发展。

濮阳无水港项目通过与社会资本合作，充分发动了社会力量为濮阳市无水港提供充分的项目咨询、设计支持和资金保障。社会资本通过产城融合模式，积极发挥高校智库作用，利用行业专家资源，着力研究并帮助濮阳市构建配套支持政策体系，为无水港项目的顺利推进创造良好的外部政策条件，并设计了信息化程度较高的服务体系，真正实现便民、利民、惠民。

城市转型，尤其是资源型城市转型，是当前国内众多城市普遍面临的一个难题，而濮阳是成功转型的典型城市。濮阳市是典型的石油类资源型城市，近年随着石油储量的减少及新能源的开发，石油产业的经济支柱作用渐弱，濮阳市面临城市转型需求。无水港项目的发展旨在利用濮阳的区位优势，凝聚物流要素，汇集资源，孵化产业，带动经济转型发展。

依托濮阳市无水港项目，将形成郑州、石家庄、济南等城市经济联动，促进濮阳市化工产业、装备制造产业、食品加工产业、现代家居、羽绒服饰、电子电气及其后续孵化产业与无水港深度融合，以物流提升一二产经济效益，增加三产融合的溢出效益。

资料来源：政信投资集团：《新时代金矿：政信金融投资指南（二）》，经济管理出版社 2020 年版。

六、新产业、新生活、新财富

根据胡润发布的《2019 胡润中国 500 强民营企业》，传统的地产、消费、金融等民营企业正在减少，中国民营企业 500 强中有一半的企业已经是新兴产业，其中涵盖新兴产业的企业达 238 家，占比 47%，以阿里巴巴和腾讯为首。新兴产业涵盖节能环保、新兴信息产业、生物产业、新能源、新能源汽车、高端装备制造业和新材料等。榜单中涉及新兴产业的企业主要集中在先进制造、大健康、传媒和娱乐，以及电子商务等领域，分别有 73 家、66 家、31 家、18 家。新兴产业已经在我国经济中占据重要位置，将为我们的生活带来翻天覆地的变化，并对财富重新洗牌。

随着数字经济的兴起，我们正迎来一个科技创富的新时代。"康波理论"在 60 年的长周期上将经济分为繁荣、衰退、萧条、回升四个阶段，以创新性和颠覆性的技术变革为起点，前 20 年左右是繁荣期，接着进入 5～10 年的衰退期，之后的 10～15 年是萧条期，最后是 10～15 年左右的回升期，孕育下一次重大技术创新的出现。自工业革命以来，全球已经经历了四轮完整的康波周期。如今，经济处于萧条期，未来 5G 将和云计算、大数据、人工智能、区块链等新技术联合起来，共同促进传统产业升级变革。新的时代正在到来！

中国经济学泰斗厉以宁先生曾经说过，"任何国家在经济发展的过程中，都会遇到原有的发展方式逐渐不再适应新形势的问题"。经济继续转型、产业升级是每一个走上工业化道路的国家必须经历的一个阶段。在这个转变中，谁有实力、谁有眼光，谁就将继续走在世界经济的前列。

战略性新兴产业代表新一轮科技革命和产业变革的方向，是培育发展新动能、获取未来竞争新优势的关键领域。而战略性新兴产业依靠的基础设施建设，需要和政信结合起来。在建设类似百鸟河数字小镇这样的项目过程中，地方政府主导建设，催生了强大的政信融资业务需求。随着改革的深入，将与社会资本合作进一步加深，为民营企业进入基础设施建设等领域提供通道，民间资本的力量将得到更大限度的释放，市场进行资源配置的效率也将大大提升，随之将产生新的"造富"机会。

改革开放 40 多年间，我国至少发生过三次财富洗牌，包括 20 世纪 90 年代的"下海潮"诞生了第一批民营企业家；21 世纪初成就了一批资本和房地产大佬；目前，第三次财富洗牌正在发生，是新投资思维对旧思维的一次洗牌。综合各大研究机构分析，在未来全球潜力巨大的新材料、生物制药、新能源、新网络、新文旅、物联网等十大行业，与国有资本、地方政府深度结合是趋势所在。立足新兴产业，立足政信，找准投资高地，才能在财富再分配中成为成功者。

第二节　乡村振兴

在党的十九大报告中，习近平总书记首次提出了"实施乡村振兴战略"。报告指出："农业农村农民问题是关系国计民生的根本性问题，必须始终把解决好'三农'问题作为全党工作重中之重"，并提出要坚持农业农村优先发展，加快推进农业农村现代化。随着国家经济社会改革的深入，"三农"改革正在不断加快，农村的投资价值也不断被挖掘，农村农业正在成为一个更大的投资增长点。

实施乡村振兴战略为新农村建设带来新的机遇，包括精准扶贫带来的投资机遇、乡村振兴中的投资机会、乡村文化旅游的投资机会等。

一、精准扶贫带来投资机遇

近些年，"乡村振兴""脱贫攻坚"等成为高频词汇，政府大力实施乡村振兴战略的态度和决心也体现在各类政策当中。乡村是一个可以大有作为的广阔天地，将迎来难得的发展机遇。脱贫攻坚的力度不断加大，贫困地区基础设施、公共服务得以显著改善。

我国贫困地区的形成有历史原因，也有地理位置偏远等地域原因。但是，贫困地区的"贫"是相对的，面对新的历史机遇，这些贫困地区在目前高度市场化的融资条件下，抓住政策优势，发挥当地特色，整合各方力量，能够实现快速脱贫，走上共同富裕的道路。

未来的投资机遇在于把握政信，深入国家政策重点支持区域，充分运用资源、业务、资金等优势，帮助地方政府打造特色产业生态链，助力贫困地区，振兴国家乡村。

著名经济学家厉以宁认为，现在中国正在发生一件大事，就是人口革命。中国的人口红利并没有消失，而是在升级，依靠的是大家努力奋斗。扶贫要启发劳动者的积极性，让他们自发参与，自主就业和脱贫。而采用政府和社会资本合作的扶贫模式是扶贫的有力保证。

与经济发达地区相比，贫困地区的交通、供水等基础设施是制约经济发展的主要因素。脱贫需要基础设施的支撑，公共工程建设必须配套。针对贫困地区的基础设施建设等"硬件"问题，企业应履行社会责任，积极运用政府和社会资本合作模式，投入贫困地区的基础设施建设，使这些地区尽快富裕起来，为中国消除贫困事业贡献力量。

二、乡村振兴中的投资机会

乡村振兴战略的本质在于增强农村产业基础。乡村振兴战略将成为很长一段时间内我国"三农"工作的总纲领，是推进农业农村现代化建设的总抓手。乡村振兴能够为土地改革、农业规模化经营、基础设施建设、三产融合等领域带来投资机会。

☞典型案例☜

贵州百鸟河数字小镇

贵州百鸟河数字小镇项目基于当地政信优势，以大数据为主，融合了新兴信息产业和先进制造产业的战略性新兴产业项目，通过新的产业规划，为当地带来了新的经济和生活业态，也为当地民众及参与项目建设的社会资本带来了新的财富。

（一）百鸟河数字小镇：社会资本助力产业升级

贵州省自 2013 年扛起"大数据"战略的大旗，走在了全国前列，为大数据国家战略的实施提供了实战案例，其中又以贵阳最为突出。贵阳发展大数据具有天然的优势，大数据已经成为除自然生态、文化旅游之外，贵阳又一张亮丽的名片。

简单来看，贵州发展大数据有四个优势。一是环境优势。山地的气候环境和优良的生态环境为发展大数据基础设施提供了独特的优良环境。二是能源优势。贵州水煤资源丰富，能够为大数据企业提供廉价、稳定的电力资源。三是交通优势。持续优化的交通条件，使贵州经济走廊的地位进一步凸显。四是战略优势。贵州具有西部重要增长极、内陆开放新高地的战略定位优势。

黔南州委、州政府和惠水县委、县政府共同规划建设了一个以"互联网＋大数据应用"为引领的新型产业园——百鸟河数字小镇。该小镇构建以创客村、汇智村等为主体的"一镇七村"产业布局，搭建"互联网＋大数据应用"创业创新平台，建设大数据产业发展基地。

百鸟河数字小镇位于惠水县百鸟河自然风景区内，惠水县城西部，总规划面积 18 平方千米，起步区百鸟河核心区域达 5 平方千米。园区内主要为大数据产业、教育文化产业、健康养老产业、文化旅游产业等新兴产业。百鸟河数字小镇的发展目标是通过 3～5 年的努力，建设一个以生态为基础、以生活为中心、融生产与生活的"三生"数字化小镇，实现产值百亿元，实现人口聚集 3 万～5 万人。

为实现企业聚合和人才聚集，百鸟河数字小镇"双创园"（创意创客空间和青年创新创业园）将企业总部经济作为主要的招商引资对象，创新引进大数据产业集团企业，引领助推大数据产业与大健康、大教育、大扶贫深度融合。重点引进国内外信息产业技术人员到基地创业，引进、培育、扶持一批高新技术企业做大做强，形成特色鲜明、功能完善、实力强大的信息产业园和应用示范区。

如今，百鸟河数字小镇基础设施基本完善，成功引进了百度、印孚瑟斯、联想控股等大批国内和国际著名的大数据企业，产业发展初具规模。"双创园"已签约入驻腾瑞丰、瑞和集团、绿色科技集团、汇付天下贵州总部、联科科技等总部经济和中国网库、家有在线、富美康、上海股交所、华创证券等大数据及关联产业 20 余家。与此同时，大生态、大健康、大教育、大扶贫等理念和产业在这里实现了有机的融合和统一，并有力推动着小镇向国际知名、国内一流的产业小镇、文化小镇、旅游小镇大步迈进。为了使百鸟河数字小镇发展活力进一步增强，当地搭建了贵州惠水百鸟河数字小镇投资开发有限公司平台，以公司为主开展融资、投资、管理等工作，实现市场化经营。多家中央企业、国有企业、上市公司和台资企业参与了小镇的建设，相关的产业也对当地百姓和项目投资人的财富产生了巨大影响。

资料来源：政信投资集团：《新时代金矿：政信金融投资指南（二）》，经济管理出版社 2020 年版。

第三节　教育医疗

一、教育项目：职业教育与 PPP 模式的结合

据人力资源和社会保障部相关数据统计，目前我国劳动市场蓝领人才

数量严重不足，需求量比供应量高出大约 12%。这种情况的出现是长期以来职业教育不受重视，甚至受到歧视而导致的直接后果。

职业教育发展缓慢，目前受到的重视还很不够，直接导致蓝领技术工人的整体素质难以提高，严重影响我国经济的升级转型。要调整经济结构和转变经济发展模式，必须有相应的人才保障。特别是，要发展先进制造业，就必须培养造就一支高级蓝领工人占相当比重的熟练技术工人队伍。

发展职业教育首先需要兴建职业院校，而兴建职业院校，不管是硬件还是软件，都离不开资金的大量投入。从目前的情况来看，这样的资金投入量完全依靠政府部门并不现实，需要利用政信金融模式，引导民间资金共同发展职业教育。可由地方财政部门出资建立一家投资基金，母基金可公开向资本市场筹措资金，并直接投资于职业院校，对于每个投资项目成立独立的子公司，作为学校的控股公司。在控股子公司层面，市场投资方主要以资金入股，而地方政府除了通过投资基金的出资入股之外，还可以采取多种灵活方式折价入股，如土地可以以租赁收益贴现折价入股，而一些高技术类公司（如在线教育类公司）则可技术入股。

利用 PPP 模式建立学校的产权关系严格遵照公司法等法律制度，在控股子公司层面须建立董事会制度，母基金、地方政府、社会资本、地方教育行政部门均派出董事会成员，董事会负责监控资金的流向；投资基金的结余闲置资金可以在金融市场上投资保值，但仅限于大型金融机构发行的固定收益率融资工具，基金所持有的学校股权在经董事会批准之后可以进行一定的抵押和流转，并可以将股权再与相关企业集团进行深度投资合作，亦可以将学校的股权上市流通，而学校教师可以持有认股权证。

职业教育不同于义务教育，可进行较高程度的市场化运作。采用 PPP 模式，引入社会资本，可实现集约化办校，提高政府资金的使用效率。学校可紧跟市场步伐，以社会需求为导向培养蓝领工人，可以显著提高学生就业率，使学生的学费物有所值。同时，社会资本本身也会获得稳定的经济收益。

☞延伸阅读☜

厉以宁的教育扶贫

位于贵州西北部的毕节是川、滇、黔三省的交通要冲，北接四川、西邻云南，东与贵阳接壤，南与六盘水、安顺相连。20 世纪 80 年代中期，毕节经济贫困、生态恶化、人口压力大。在某种意义上，毕节是贵州乃至中国西部地区的一个缩影。当时，在处于悬崖上的村庄，孩子们上学有的要爬六小时山路，要溜到云南再回贵州，才能到达学校。百姓的生活、上学、就业的问题十分突出。

1988年6月，毕节被国家确立为"开发扶贫、生态建设"试验区。2003年，北京大学光华管理学院名誉院长、时任全国政协经济委员会副主任厉以宁教授接任专家顾问组组长，成为第四届毕节试验区专家顾问组组长，并表示要尽全力为毕节人民服务。

厉以宁教授是这么说的，也是这么做的。自从成为毕节试验区专家顾问组组长以后，他每年都会多次前往毕节调研，每一次走不同的线路，考察不同的企业与村庄，即使在自己80多岁高龄的时候，他仍旧是不辞辛劳，深入考察毕节的一山一水。在和老百姓接触的过程中，厉以宁发现了一个问题。他提到一个贫困村，有人给这个村捐赠了一批山羊，希望村民能好好养羊，让羊生小羊，最终靠养羊致富。可第二年去一看，羊被人们吃光了。

厉以宁表示，一些地方自然条件差，如果扶贫资金用不好，对当地帮助并不大。扶贫过程中不能只给东西，一定要教会他们本领，知道怎么用，也就是要授人以渔。而授人以渔，教育是重要途径，一定要重视教育。教育扶贫工作一定要做好的，因为教育扶贫影响到将来就业问题。未来真正的希望在于年轻人。这些人通过接受培训，学习知识，有了各种专长。他们不一定务农，也可以做工，开小店等。

在这种理念的指导下，厉以宁深入贵州的教育事业。贵州毕节原来有一个毕节学院，学生毕业后因为专业不对口，很难找到工作。后来，毕节学院更名为贵州工程应用技术学院，并根据社会需求重新调整了教学专业，通过与企业合办专业的方式，为企业输送人才，就业率一下提高到98%。

资料来源：政信投资集团：《新时代金矿：政信金融投资指南（二）》，经济管理出版社2020年版。

二、"医养结合＋PPP"模式或开启百万亿级养老服务市场

伴随我国逐渐迈入老龄化社会，医疗和养老产业需求快速释放，医养结合将成为破解老龄化问题的重要路径，在挖掘百万亿级养老服务市场方面，"医养＋PPP"模式前景尤其广阔。

老龄化的不断加剧孕育出了"银发经济",将为养老产业带来长期的投资机会,甚至可能蕴藏百万亿级的消费潜力。我国养老产业处于启蒙期,涉及领域较广,有待开发空间较大,部分领域也已初见规模,预计2050年市场潜在规模将达到100万亿元左右。

医养服务的PPP规制,即瞄准大众医疗以及中低收入群体,制定与经济水平相适应的增长指数,把重资产、基本医疗、低收入项目交由公立单位建设运营,轻资产、特许医疗、高收入项目则以民营为主。

近年来,养老领域PPP呈现需求快速增长、多由政府发起、项目投资金额较小、民企参与占绝大多数等特点。在医疗服务领域开展PPP模式非常复杂,这源于医疗服务行为的复杂性,医疗机构医疗人员管理的复杂性。医养服务业的核心是医疗和养老的结合,只有两者更好地结合,部门之间更好地配合,才能产生更大的效益。

三、利用好政信金融模式投入教育医疗

目前,地方自主的融资主要体现为城投平台的融资,通过市场化融资来筹集资金和缓解财力不足的问题。而城投平台的债务压力也很大,为了减轻地方政府和城投公司的压力,需要合理分配事权和财权。

首先,减少地方政府的事权,增加地方税收来源。近些年,地方政府财政收入占全国财政收入的比重约为50%,而在支出方面,地方占比高达80%。中央政府需要更多承担具有全局协调性以及较大外部性的事权,如养老、教育等,还需要对税收体系进行完善,适当提高地方的共享税分享比例,增加地方主体税收来源。

其次,需要地方政府减少资本性支出,更多地将其交给私营部门,降低地方政府在基建等资本性支出方面的事权。这就要求打破市场准入壁垒,打破"卷帘门""玻璃门",引导民营资本进入基础设施、公共服务领域。对于公共服务市场,建议地方政府应当打造服务型政府,退出"竞争性领域",把更多的投资建设功能赋予私营部门。

最后,通过政府与社会资本合作为主要模式的政信金融合作,在基础设施建设领域发力。基础设施REITs有利于化解地方政府债务风险、盘活基础设施存量资产,因此需要加快推进基础设施REITs相关工作,引入社会资本。此外,还要创新财税政策支持方式,引导社会资本参与新基建等重大项目建设,并出台政策对社会资本进入医疗、教育领域给予支持。

政信金融作为重要的金融细分领域,能够帮助化解地方政府债务风险,提高经济的弹性和韧性。同时,为了更好引入社会资本,还需要加快推进地方政府债务信息公开,利用更多社会力量来释放和化解风险,构建完善的风险管理体系,并加大对高风险地区的约束和惩罚力度,提高社会资本

参与地方项目的信心。

☞**典型案例**✎

北京新世纪儿童医院

在我国，公立医院拥有强势垄断地位，许多民营医院在起步之初及发展的各个阶段都需要与公立医院寻求各种各样的公私合作，PPP模式在该领域有天然市场。针对公立医院的PPP模式各种各样，有独家服务合同、承包科室、特许经营、委托运营、混合所有制合资运营等。北京新世纪儿童医院与北京儿童医院的PPP合作是其中较为典型的医疗领域公私合作案例。

2006年，新世纪儿童医院和北京儿童医院首次建立合作关系。当时，北京儿童医院是亚洲最大的儿童医院，人满为患，也无法满足高端需求的病人。基于此，新世纪儿童医院与北京儿童医院充分利用各自的优势进行了PPP模式的合作探索。北京儿童医院有医生、有技术，而新世纪儿童医院可嫁接国际先进的管理经验。虽然用企业管理理念来运营医院的提法现在已比较常见，但在当时这仍处于探索和实践阶段。根据双方合作模式，北京儿童医院向新世纪儿童医院派驻一些基础的医生和护士，但大部分医护人员需要新世纪儿童医院从社会上招聘。

新世纪儿童医院在设立之初没有采购大型检查设备，而是和北京儿童医院共享。依照企业运行模式的数据分析，诸如MR、CT这种大型设备，只有5%的非常复杂的疾病病人才会用到，因此，在建院之初，新世纪儿童医院认为没有必要在利用率低的大型设备上投入过大。这样，可以降低医院运营成本，建立一个好的价格体系以服务患者。因此，采取了与北京儿童医院共享的形式：新世纪儿童医院购买北京儿童医院的大型设备服务。

在医院管理上，基本由新世纪儿童医院自主管理，北京儿童医院几乎不参与。作为新世纪儿童医院对北京儿童医院的支持，新世纪儿童医院凭借其国际资源，为北京儿童医院的医生、护士和临床人员提供国外学习管理经验的机会，将他们送出去学习一些国际先进的服务理念。

从合作效果来看，目前北京新世纪儿童医院已经成为我国首家依照国际医疗标准建立运营的儿童专科医院，拥有国际顶尖的医疗专家和护理团队，为 0～18 岁的新生儿、婴幼儿、学龄儿童及青少年提供现代化、全方位、高品质的综合医疗服务。

资料来源：辛红、王广英：《从新世纪儿童医院探析中国民营医院成长》，载于《健康界》，2015 年 4 月。

第四节　养老产业

一、养老产业必将成为下一个风口

人口老龄化的高峰即将到来，养老问题已经越来越受到社会各界的关注。预计到 2050 年前后，我国老年人口将接近 5 亿人。而与此同时，我国养老产业面临许多困境。

第一，养老产业盈利模式不明确。我国的养老产业目前还没有找到好的盈利模式，专业养老机构、连锁养老机构比较欠缺。资金是逐利的，如果产业没有利润，就很难吸引足够的资金投入。一方面，企业要迎难而上，加强专业性，通过提供性价比较高的基础服务来获取利润；另一方面，可以依托社区建设各类养老居住产品，与医疗机构结合、与教育机构结合，建设旅游和商业地产等，通过模式创新来增强盈利能力。

第二，养老产业还处于起步阶段，创新还不够。政府需要加大对养老产业的政策支持，推动互联网时代养老、科技养老。可以打造具有购物、旅游、娱乐、网络、医疗等众多功能的养老平台机构，为老人的生活提供便利。与此同时，专门的老年人用品市场还有很大的空缺，需要增加相关产品的研发和生产。我国养老市场需求庞大，未来高品质、更方便的养老服务具有更大的机遇。

第三，支撑养老的"钱袋子"不足。"钱袋子"是养老的最大问题，当前我国的养老基金历史欠账多，运营能力也比较差，需要更专业的机构和技术来打理百姓的养老金，增强盈利能力。与此同时，政府投入需要增加，推动以国企养老，加快国有股权划转社保基金。养老问题已经越来越受到人们的重视，相信未来政府会出台更多措施来引导产业发展，相关的资金投入会越来越多。

第四，老年人精神层面的需求得不到满足。在这方面，需要加大"文化养老"投入。人口老龄化带来整个社会的改变，老人有精神、体育、文化、休闲、娱乐等多方面的需求，要实现老年人"快乐养老"，需要打造更适合老人的街道或社区的文化站点，利用学校、文化场馆、公共休闲广场等资源，建立文化服务场所，打造"社区大学""老年大学"的服务模式。

2050 年前后，每三人中就会有一位老人，养老产业必定会成为下一个风口。在明确我国养老市场存在庞大需求的同时，各个企业要加快布局，促进行业尽快成熟起来，发现养老市场的金矿。

二、公共领域投入不足为社会资本带来机遇

近年来，政府和社会资本合作项目快速发展，随着项目大量落地实施，也暴露出很多问题，亟须走上规范发展的道路，弥补行业发展的不足，以利于更多社会资本深入地方建设。

无论是医疗领域的 PPP 项目，还是养老领域的 PPP 项目，虽有社会资本方参与该类型项目，但在实务操作层面仍面临诸多问题。首先，最大的难题在于兼顾项目公益性与社会资本合理收益的问题，即医疗养老类的项目遵循"保本微利"原则与社会资金逐利性不易协调，项目很难实现"互利共赢"局面。其次，已有的该类项目并未进行严格的 PPP 模式论证，其中的重要环节（如财政承受能力论证和物有所值评价）并未开展，而地方政府购买服务的能力有限，无法在真正意义上实现 PPP 项目的物有所值。最后，社会资本方参与该类项目的合作内容有限，无法延伸至既有产业链（如事业编制、医生资源等），这在医疗 PPP 项目中表现更为明显。

目前，在个人消费品领域，存在着产能全面过剩的状态，但公共消费品领域面临的状况却完全相反，存在严重的供给不足。空气污染、交通拥堵、就医难、上学贵、入托难、进养老院难等问题给广大居民带来很大烦恼。公共产品，包括公共服务供给不足的主要原因在于长期以来公共产品主要依靠财政投资，但地方财力有限，投入不足，导致供给不足。通过政府和社会资本合作模式，财政资金对社会资本形成鼓励和诱导，能够有效地把社会资金引导到公共产品的投资上来。

通过政府和社会资本合作，把相应应该做的事交给企业，能够有效弥补公共产品供给短板。在当前需求不足、投资增速下降的情况下，启动公共产品投资，对拉动经济增长具有重要意义。在环保、医疗、教育、养老、交通、信息、文化等领域，都存在大量民众渴望解决的问题。许多地方政府也有为群众做实事、做好事的愿望，但是苦于没有资金。如果恰当利用政府和社会资本合作模式，政府和民众的愿望就都能实现，社会大量闲置的资金也能找到投资出路，避免对股市、房市形成冲击。

但是，目前社会资本对与政府合作存在很大芥蒂，社会资本关心的是营利性而不是公益性，与政府项目的公益性目的存在冲突。另外，双方合

作项目一般周期较长，社会资本担心退出机制不灵活会影响资本使用效率。此外，社会资本还比较担心政府的诚信风险。要增加对社会资本的吸引力，就必须规范化政府和社会资本合作，在法律层面给予社会资本与地方政府平等的地位，在融资渠道方面对社会资本给予帮助。

针对地方政府债务管理、政府和社会资本合作规范发展管理，国家出台了一系列政策，也做出过专门部署。总体来看，要推动公共服务领域供给侧结构性改革，引入市场的机制和资源，提升管理能力，促进公共服务提质增效。

要做好政府和社会资本合作模式规范发展，只有真正做到规范的政府和社会资本合作项目，才能够为发展注入持久的动力和活力。这需要在风险共担、利益共享、预算管理、绩效管理、信息公开等方面不折不扣地执行有关规定，坚持做规范的政府和社会资本合作项目。第一，应完善法规政策体系，加强顶层设计，完善要素市场化定价机制。第二，规范管理，严格风险控制。完善风险分担机制，防止风险不合理转移。第三，全面实施绩效管理，提高经济运行质量。完善按效付费机制，优化全生命周期一体化管理。第四，营造公平有序的环境，提高社会资本参与度。要清理废除妨碍统一市场和公平竞争的各种规定和做法，加快市场透明度建设，提高市场整体运行效率。

☞ **经典案例** ☜

北京"泰康之家·燕园"

随着"大资管"时代的到来，保险业正逐步放开手脚，国内主要寿险公司已迈开投资养老地产的步伐，意欲在庞大的市场中分得一杯羹。其中，泰康保险目前在全国已布局八个医养实体项目，总投资额达到 203 亿元，包括都市医养社区、度假特色社区、联盟养老社区，项目有北京"泰康之家·燕园"、上海"泰康之家·申园"、成都"泰康之家·蜀园"、三亚"泰康之家·三亚海棠湾度假村"、苏州阳澄半岛"泰康之家·吴园"等。

"泰康之家·燕园"是泰康全国养老战略布局第一个建成运营的标杆项目，位于北京昌平新城核心区域，总建筑面积约 31 万平方米，总投资约 54 亿元，能容纳约 3000 户居民入住。这是引入国际 CCRC 养老模式，配备专业康复医院和养老照护专业设备，可供独立生活老人及需要不同程度专业养老照护服务的老人长期居住的大型综合高端医养社区，是我国首家获得 LEED 金级认证的险资投资养老社区。社区包括自理型、协助自理型、专业护理型、记忆障碍型等不同类型的养老公寓。此外，智慧医养在"泰康之家·燕园"三期得到更充分的应用，利用物联网、大数据、人工智能等高科技手段来实现居民安全健康快乐，提升运营效率的目标。

运营情况：2015 年 6 月 26 日开园试运营独立生活区，入住率达到了 99.7%，2017 年实现盈亏平衡，2018 年开始盈利。

模式特点：国际养老＋长线保险资金＋重资产投资模式。

盈利模式：采用客户会员制模式，客户会员无年龄限制。客户可通过缴纳入门费、购买养老金保险等形式获得入住资格，入门费的收取标准为 20 万元/户，"泰康乐享新生活养老年金保险（分红型）"保费 200 万元起。

特色项目：（1）专业养老照护服务。根据身体情况，养老社区客户被分为六个等级，包括活跃老者、独立老者、协助生活、专业护理、记忆障碍、临终关怀。（2）医养结合。配有二级康复医院——泰康燕园康复医院，可为社区老人及周边居民提供慢病预防、治疗康复、长期护理、慢病管理、临终关怀的全过程医疗护理服务；对外，与北京三甲医院建立绿色通道，社区签约 999 急救车驻场，可及时响应紧急医疗救治需求。

保险资金追求安全性，具有期限长、规模大的特点，比较适合包括养老地产在内的基础设施投资。保险业和政信项目天然契合，但由于险资对项目的担保和增信要求较高，完全符合要求的项目数量也有限。优质的政信类项目，保险公司可以直接投资。

资料来源：①李佳：《打造养老社区智慧医养项目 泰康之家·燕园三期东区封顶》，载于《北京青年报》，2021 年 12 月。②刘牧樵：《解读"泰康之家"保险养老模式》，载于《健康界》，2017 年 8 月。

下篇：政信行业实务

　　中国式现代化是中国共产党领导的社会主义现代化，既有各国现代化的共同特征，更有基于自己国情的中国特色。中国式现代化是人口规模巨大的现代化，是全体人民共同富裕的现代化，是物质文明和精神文明相协调的现代化，是人与自然和谐共生的现代化，是走和平发展道路的现代化。

　　中国式现代化面临着中美关系演变、俄乌地区冲突和新冠疫情延续等不利因素影响，内外部环境严峻和复杂。而政信行业将发挥其重要的作用，不仅能够支撑战略性新兴产业锻长补短、强链延链，还能够支持国家稳就业、稳物价、稳增长，促进共同富裕和2035年社会主义现代化目标的顺利实现。

　　对于政信规划师来说，政信实务不仅包括区域经济产业规划、项目投融资策划、项目可行性研究立项、工程建设项目咨询，还包括园区投资开发策划、产业招商运营策划、城投公司改革与发展创新、相关法律法规政策等政信项目全周期、全方位和全要素内容。

第九章
区域经济发展规划

区域经济产业规划是产业经济的区域应用，是区域产业未来发展的蓝图。产业规划对一个国家产业的发展、产业结构的调整与升级，以及各行业、各部门、各地区产业的协调发展都具有一定的指导作用。

第一节　区域经济社会发展规划

一、区域发展优势分析

区域优势是指，某一个区域在其经济发展过程中，在自然、经济、技术、管理和社会诸因素中的某一项或几项具有的特殊有利条件，从而使该区域更富有竞争力，具有更高的资源利用效率，区域的总体效率保持在较高水平。而区域优势存在的前提是区域差异。

（一）自然优势

自然优势主要指自然条件和自然资源方面的优势。对于农业、采掘业、资源指向型加工业、交通运输业和旅游业的发展而言，自然条件和自然资源往往具有决定性的影响。因此，区域的自然条件和自然资源优势又可进一步细分为农业资源优势、工业资源优势、旅游资源优势、运输业发展条件优势等。

（二）人文优势

除了人口要素外，人文资源在地区发展中所起的作用一般不如经济资源那么直接与明显，然而其影响却无处不在，而且波及深远。我国江浙地区的发达程度全国领先，其重要原因之一就是这些地区在人文资源方面享有明显的优势。区域人文资源的优势与劣势主要表现在两个方面。一是人口资源，包括人口的数量、素质和分布。人既是生产者，又是消费者，人口数量决定了一个地区的劳动力供应能力和消费市场容量。就我国而言，由于大部分省份人口密集，因而人口资源的优劣势主要取决于人口素质。

在一定程度上，人口素质已经成为制约许多省份经济社会发展的限制性因素。二是历史基础与文化传统。任何地区的发展总是从特定的时空背景出发，并基于过去发展的结果（既有的社会基础设施和文化传统等人文资源），因此形成了发展市场经济的优势或劣势。

（三）经济优势

经济优势主要包括：（1）资本优势。区域的资本优劣势主要体现在资本的规模、结构、集聚能力和再生产能力等方面。（2）产业优势。区域有无产业优势，主要取决于区域产业的竞争能力和产业结构的转换能力的强弱。（3）产品优势。如果一个区域的高精尖新产品比重越大，质量档次越高，利润水平越好，市场覆盖面越广，则该地区的经济越发达，经济实力和竞争力也越强。（4）规模优势。衡量区域的规模优势，主要是分析区域大规模生产的能力，因为大规模生产能取得较高的劳动生产率，降低生产成本，即取得分散的小规模生产所无法比拟的规模经济效益。但不能单纯以规模大小来评价规模结构是否合理，而应从现有规模结构是否充分反映地区经济各部门的技术经济特征，因而能否充分地利用资源来判断其是否具有优势。（5）基础设施优势。基础设施部门一方面是地区经济分工的结果，另一方面对地区经济分工和发展起着重要的保障作用。衡量不同地区基础设施的优劣，主要看基础设施能否适应并保障地区经济分工的需要。（6）市场优势。区域的市场状况主要包括市场体系（商品市场与要素市场）构成、内贸市场与外贸市场比例、市场份额分配（区外产品在区内的市场份额和区内产品在区外的市场份额）、市场价格体系、市场需求构成等。一个地区的市场体系越完善，其自然增长能力也就越强；区际贸易、外贸进出口比重越大，获得区际分工和国际分工的收益也越多；市场占有份额越大，其生产发展前景越好；价格体系越有利，该地区在国民收入区际分配中的地位也越有利。（7）企业组织结构优势。企业组织结构主要指各种产权组织、经营组织和专业化分工协作形式等方面的构成。不同组织形式的企业在经营机制、动力机制、经营效果以及适应市场变化的灵活性等方面有着很大差异。对这种差异进行分析以评价各地区企业组织结构的优势和劣势，可以更全面地理解地区优势，有利于做出合理的组织结构对策。（8）经济效益优势。评价地区经济效益是否具有优势，可以从不同侧面进行，采用不同的指标，其中主要的经济效益指标包括考察要素使用效率的全要素生产率、资金产出率、全员劳动生产率；考察地区总体效益水平的地区生产总值、人均收入等。要全面评价地区经济效益的优势，需要多指标多侧面有机结合，或通过一套指标体系进行系统全面的定量分析。

（四）技术优势

与其他经济要素不同，经济发展中的技术要素没有自身独立的存在形式，而必须依附于其他要素而存在并发挥作用，但这并不妨碍越来越多的人把它作为独立的要素而予以高度重视。分析区域的技术优劣势主要从三个方面进行：一是衡量地区各种生产投入与经济管理方式的技术水平，如劳动力、企业家、生产工艺装备、原材料构成、劳动组织形式和管理方法等；二是评价地区技术创新能力，包括科研与技术开发实力、技术引进与消化、技术成果的应用与扩散等；三是考察技术市场的发育程度，如市场规模、市场组织等。综合以上三个方面，可以从总体上对地区综合科技实力做出评价。

（五）政策优势

地区政策不仅包括各地区自身的政策，还包括中央与地方、地方与地方的关系。因此，可以从两个方面衡量地区政策优势和劣势：一是对各地区在国家政策中的相对地位进行比较；二是对不同地区的自主发展政策进行比较。区域的政策优势主要包括享受国家倾斜政策的优势、国家政策的地区效应优势和地区自主发展政策优势。

必须指出的是，低层次的区域竞争优势是一种低成本竞争优势，高层次的区域竞争优势则是一种产品差异型竞争优势。低成本竞争优势的来源通常有以下几方面：特殊的资源优势（较低的劳动力和原材料成本），其他竞争者使用较低的成本也能够取得的生产技术和生产方法，发展规模经济等。而产品差异型竞争优势则建立在通过对设备、技术、管理和营销等方面持续的投资和创新而创造更能符合客户需求的差异型产品上。

二、城市战略定位和五年规划

城市定位是城市发展和竞争战略的核心。科学和鲜明的城市定位可以正确指导政府活动、引导企业或居民活动、吸引外部资源和要素，最大限度地聚集资源，最优化地配置资源，最有效地转化资源，最有效地制定战略，最大化地占领目标市场，从而最有力地提升城市竞争力。否则，城市定位不准，就会迷失方向，丢掉特色，丧失自身的竞争力。

（一）城市定位的内容

城市定位的内容也是多方面的，包括性质定位、功能定位和产业定位。其中，性质定位是灵魂，功能定位是核心，产业定位是基础。因此，性质定位是最重要的，性质决定功能，功能引领产业并决定城市规划、城市建设和城市发展。找准城市性质，就是找准城市的本质性特征（见表9-1）。

1. 性质定位

城市在一定地区、国家甚至更大范围内的政治、经济与社会发展中所处的地位和所担负的主要职能。例如，成都市提出要建设"世界现代田园城市"，既很好地反映了成都市的本质性特征，也代表了当代城市发展的方向和理想模式。

2. 功能定位

城市在一定地域内的经济、社会发展中所发挥的作用和承担的分工。例如，北京市的四大中心职能：政治中心、文化中心、国际交往中心、科技创新中心。

3. 产业定位

产业定位是城市定位的核心内容之一，是关系城市发展成败的主体内容，必须在充分考虑资源、资金、技术、人才、市场等因素的基础上，对城市主导产业、辅助产业和潜力产业进行确定和筛选。例如，上海市的产业定位是：三大产业及六大重大产业体系。其中，三大产业指集成电路、生物医药、人工智能；六大重点产业指新能源汽车、高端装备、航空航天、信息通信、新材料、新兴数字产业。

表 9 - 1　　　　　　国内部分主要城市性质、职能和产业定位比较

城市	性质定位	职能定位	产业定位
北京	首都，是全国政治中心、文化中心、国际交往中心、科技创新中心	政治中心、文化中心、国际交往中心、科技创新中心	国家服务业扩大开放综合示范区、北京自由贸易试验区、全球数字经济标杆城市
上海	直辖市，长江三角洲世界级城市群的核心城市，国际经济、金融、贸易、航运、科技创新中心和文化大都市，国家历史文化名城，并将建设成为卓越的全球城市、具有世界影响力的社会主义现代化国际大都市	国际经济、金融、贸易、航运、科技创新中心	三大产业（集成电路、生物医药、人工智能），以及六大重点产业（新能源汽车、高端装备、航空航天、信息通信、新材料、新兴数字产业）
广州	广东省省会，国家历史文化名城，国家中心城市和综合性门户城市，粤港澳大湾区区域发展核心引擎，国际商贸中心、综合交通枢纽、科技教育文化中心，着力建设国际大都市	综合性门户城市、国际商贸中心、综合交通枢纽、科技教育文化中心	三大支柱产业：汽车产业、电子产业和石化产业；八大战略性新兴产业：新一代信息技术产业、生物医药与健康产业、智能与新能源汽车产业、智能装备与机器人产业、新材料与精细化工产业、新能源和节能环保产业、轨道交通产业以及数字创意产业；五大未来产业：天然气水合物产业、区块链产业、量子科技产业、太赫兹产业和纳米科技产业

续表

城市	性质定位	职能定位	产业定位
深圳	卓越的国家经济特区、中国特色社会主义先行示范区、国家对外开放枢纽门户、粤港澳大湾区核心引擎、国际科技创新中心、全球海洋中心城市	国家经济特区、国际科技创新中心、全球海洋中心城市	战略新兴产业和未来产业、全球服务经济中心、全球数字先锋城市
重庆	国际门户枢纽、中西部国际交往中心、国家（西部）科技创新中心、国家重要先进制造业中心、西部金融中心、长江经济带绿色发展示范区	国际门户枢纽、国家（西部）科技创新中心、国家重要先进制造业中心、西部金融中心、长江经济带绿色发展示范区	加快制造业高质量发展，实施战略性新兴产业集群发展、支柱产业提质、产业基础再造和产业链供应链提升三大工程；同时，推动数字经济和实体经济深度融合，优化完善"芯屏器核网"全产业链、"云联数算用"全要素群、"住业游乐购"全场景集，促进智能产业、智能制造、智能化应用协同发展
成都	建设全国重要的经济中心、全国重要的科技中心、全国重要的金融中心、全国重要的文创中心、全国重要的对外交往中心、国际性综合交通通信枢纽	全国重要的科技中心、全国重要的金融中心、全国重要的文创中心、全国重要的对外交往中心、国际性综合交通通信枢纽	"5+5+1"：电子信息、装备制造、医药健康、新型材料、绿色食品五大重点产业，会展经济、金融服务业、现代物流业、文旅产业、生活服务业五大重点领域，发展新经济培育新动能产业体系
杭州	浙江省省会、长江三角洲区域中心城市、国家历史文化名城、国家中心城市和国家综合性科学中心、全国数字经济第一城、国际文化旅游休闲中心、世界一流的社会主义现代化国际大都市	国家中心城市和国家综合性科学中心、全国数字经济第一城、国际文化旅游休闲中心	"5+3"重点产业：推动文化、旅游休闲、金融服务、生命健康、高端装备制造五大支柱产业高质量发展；推进数字经济再聚焦，重点发展人工智能、云计算大数据、信息软件三大先导产业
武汉	国家中心城市、长江经济带核心城市和国际化大都市、全国经济中心、国家科技创新中心、国家商贸物流中心、国际交往中心和区域金融中心、世界滨水文化名城	国家中心城市、全国经济中心、国家科技创新中心、国家商贸物流中心、国际交往中心和区域金融中心	"九大支柱产业"："光芯屏端网"新一代信息技术、汽车制造和服务、大健康和生物技术、高端装备制造、智能建造、商贸物流、现代金融、绿色环保、文化旅游；"六大新兴产业"：网络安全、航空航天、空天信息、人工智能、数字创意、氢能；"五大未来产业"：电磁能、量子科技、超级计算、脑科学和类脑科学、深地深海深空

资料来源：作者根据各地总体规划和"十四五"规划整理。

（二）城市定位的原则

1. 独特性原则

城市定位应该有鲜明的个性，要尽可能与其他城市区别开来。城市的个性是不可接近、难以模仿和超越的。实际上，特色就是个性，就是独具一格。城市特色是城市内在素质的外部表现，是地域的分野、文化的积淀。城市定位的个性可以从历史文脉、名胜古迹、革命传统、自然资源、地理区位、交通状况、产业结构，以及自然景观、生态环境、建筑风格等诸多方面去发掘培育，讲究创意和标新立异。比如，我国有很多城市都在定位旅游城市、金融城市等，这样的城市定位注重产业功能，但忽略了城市本质特性，显然没有太大的个性吸引力。而有些城市则充分利用个性化的定位原则，塑造了自己的独特定位，如丽江定位为"香格里拉大旅游圈的门户，世界精品体验旅游名城——东方体验之都"，是城市个性化定位中比较典型的成功案例。因此，只有坚持差异化的原则，塑造城市独有的定位和独特的形象，才能吸引城市目标消费者的关注，并使其产生对城市定位的品牌联想。

2. 美誉性原则

城市定位的美誉性、生动性越强，就越易进入人们的视野、印入人们的头脑，越能增强城市的凝聚力、吸引力和辐射力。例如，"桂林山水甲天下"，这是桂林独有的城市品牌定位，既突出了桂林的城市特色，又增强了城市的美誉度。城市品牌的美誉性是一个积累的过程，建立城市品牌并不是一个广告、一次公关活动就可以解决问题，只有内外兼修，方能为自己赢得美誉度并得到世人的认同。

3. 连续性原则

科学的城市定位一旦确定，就必须在较长的一段时间内保持不变，并坚定不移地去贯彻、宣传和实施，不能因为城市管理者、城市管理体制的变化而中断。摇摆不定的城市定位会影响城市营销战略，使城市营销人员、宣传媒体无所适从，也会使城市产品的潜在顾客迷惑不解。摇摆不定的城市定位表明城市没有真正找到自己的灵魂和核心价值，没有把握住自身的本质特征。

（三）五年发展规划

我国国民经济和社会发展五年规划纲要（简称"五年规划"），是我国国民经济计划的重要部分，主要是对国家重大建设项目、生产力分布和国民经济重要比例关系等做出规划，为国民经济发展远景规定目标和方向。

制定和实施国民经济和社会发展五年规划，引领经济社会发展，是中国共产党治国理政的一种重要方式，是中国特色社会主义发展模式的重要体现。从1953年开始，我国已经编制实施了13个五年规划，对我国举世罕见的经济快速发展奇迹和社会长期稳定奇迹发挥了卓有成效的作用。

1. "十四五"规划

2021年3月公布的《中华人民共和国国民经济和社会发展第十四个五年规划和2035年远景目标纲要》指出，"十四五"时期是我国全面建成小康社会、实现第一个百年奋斗目标之后，乘势而上开启全面建设社会主义现代化国家新征程、向第二个百年奋斗目标进军的第一个五年，我国将进入新发展阶段。"十四五"规划的核心要义是"三新"，即立足新发展阶段，贯彻新发展理念，构建新发展格局。

（1）2035年远景目标。展望2035年，我国将基本实现社会主义现代化。经济实力、科技实力、综合国力将大幅跃升，经济总量和城乡居民人均收入将再迈上新的大台阶，关键核心技术实现重大突破，进入创新型国家前列。基本实现新型工业化、信息化、城镇化、农业现代化，建成现代化经济体系。基本实现国家治理体系和治理能力现代化，人民平等参与、平等发展权利得到充分保障，基本建成法治国家、法治政府、法治社会。建成文化强国、教育强国、人才强国、体育强国、健康中国，国民素质和社会文明程度达到新高度，国家文化软实力显著增强。广泛形成绿色生产生活方式，碳排放达峰后稳中有降，生态环境根本好转，美丽中国建设目标基本实现。形成对外开放新格局，参与国际经济合作和竞争新优势明显增强。人均国内生产总值达到中等发达国家水平，中等收入群体显著扩大，基本公共服务实现均等化，城乡区域发展差距和居民生活水平差距显著缩小。平安中国建设达到更高水平，基本实现国防和军队现代化。人民生活更加美好，人的全面发展、全体人民共同富裕取得更为明显的实质性进展。

（2）"十四五"时期经济社会发展主要目标。

第一，经济发展取得新成效。国内生产总值年均增长保持在合理区间、各年度视情提出，全员劳动生产率增长高于国内生产总值增长，国内市场更加强大，经济结构更加优化，创新能力显著提升，全社会研发经费投入年均增长7%以上、力争投入强度高于"十三五"时期实际，产业基础高级化、产业链现代化水平明显提高，农业基础更加稳固，城乡区域发展协调性明显增强，常住人口城镇化率提高到65%，现代化经济体系建设取得重大进展。

第二，改革开放迈出新步伐。社会主义市场经济体制更加完善，高标准市场体系基本建成，市场主体更加充满活力，产权制度改革和要素市场化配置改革取得重大进展，公平竞争制度更加健全，更高水平开放型经济新体制基本形成。

第三，社会文明程度得到新提高。社会主义核心价值观深入人心，人民思想道德素质、科学文化素质和身心健康素质明显提高，公共文化服务体系和文化产业体系更加健全，人民精神文化生活日益丰富，中华文化影响力进一步提升，中华民族凝聚力进一步增强。

第四，生态文明建设实现新进步。国土空间开发保护格局得到优化，生产生活方式绿色转型成效显著，能源资源配置更加合理、利用效率大幅提高，单位国内生产总值能源消耗和二氧化碳排放分别降低13.5%、18%，主要污染物排放总量持续减少，森林覆盖率提高到24.1%，生态环境持续改善，生态安全屏障更加牢固，城乡人居环境明显改善。

第五，民生福祉达到新水平。实现更加充分更高质量就业，城镇调查失业率控制在5.5%以内，居民人均可支配收入增长与国内生产总值增长基本同步，分配结构明显改善，基本公共服务均等化水平明显提高，全民受教育程度不断提升，劳动年龄人口平均受教育年限提高到11.3年，多层次社会保障体系更加健全，基本养老保险参保率提高到95%，卫生健康体系更加完善，人均预期寿命提高1岁，脱贫攻坚成果巩固拓展，乡村振兴战略全面推进，全体人民共同富裕迈出坚实步伐。

第六，国家治理效能得到新提升。社会主义民主法治更加健全，社会公平正义进一步彰显，国家行政体系更加完善，政府作用更好发挥，行政效率和公信力显著提升，社会治理特别是基层治理水平明显提高，防范化解重大风险体制机制不断健全，突发公共事件应急处置能力显著增强，自然灾害防御水平明显提升，发展安全保障更加有力，国防和军队现代化迈出重大步伐。

2. 各地的五年规划

除了国家层面的五年规划，各省份及下辖市、县都会编制当地的国民经济和社会发展五年规划，作为当地的发展战略。以北京市为例，北京市提出"十四五"时期六大重要战略目标：首都功能明显提升、京津冀协同发展水平明显提升、经济发展质量效益明显提升、生态文明明显提升、民生福祉明显提升，以及首都治理体系和治理能力现代化水平明显提升。具体如下：

第一，首都功能明显提升。中央政务活动服务保障能力明显增强。全国文化中心地位更加彰显。国际交往环境及配套服务能力全面提升。国际科技创新中心基本形成。成功举办北京2022年冬奥会和冬残奥会，国际影响力进一步扩大。

第二，京津冀协同发展水平明显提升。疏解非首都功能取得更大成效，城市副中心框架基本成型。"轨道上的京津冀"畅通便捷，生态环境联防联控联治机制更加完善，区域创新链、产业链、供应链布局取得突破性进展，推动以首都为核心的世界级城市群主干构架基本形成。

第三，经济发展质量效益明显提升。具有首都特点的现代化经济体系基本形成，劳动生产率和地均产出率持续提高，全员劳动生产率达到 35 万元/人，人均地区生产总值达到 21 万元。数字经济成为发展新动能，战略新兴产业、未来产业持续壮大，服务业优势进一步巩固，形成需求牵引供给、供给创造需求的更高水平动态平衡。城乡区域发展更加均衡。重要领域和关键环节改革取得更大突破，开放型经济发展迈上新台阶。

第四，生态文明明显提升。绿色发展理念深入人心，绿色生产生活方式普遍推广，垃圾分类成为全市人民自觉行动。能源资源利用效率大幅提高，单位地区生产总值能耗、水耗持续下降，生产生活用水总量控制在 30 亿立方米以内。碳排放稳中有降，碳中和迈出坚实步伐，为应对气候变化做出北京示范。主要污染物排放总量持续削减，基本消除重污染天气，消除劣 V 类水体，森林覆盖率达到 45%，平原地区森林覆盖率达到 32%，绿色北京建设取得重大进展。

第五，民生福祉明显提升。实现更加充分更高质量就业，城镇调查失业率控制在 5% 以内，居民人均可支配收入增长与经济增长基本同步，劳动报酬提高与劳动生产率提高基本同步，分配结构明显改善，中等收入群体持续扩大。健康北京建设全面推进，公共卫生应急管理体系建设取得重大进展。教育、社保、住房、养老、文化、体育等公共服务体系更加健全，基本公共服务均等化水平走在全国前列。

第六，首都治理体系和治理能力现代化水平明显提升。城市治理各领域基础性制度体系基本形成。基层治理水平大幅提升，社会治理总体效能持续增强，市民素质和城市文明程度明显提高。平安北京建设深入推进，防范化解重大风险体制机制不断健全，突发公共事件应急能力显著增强，城市韧性全面提升，发展安全保障更加有力。

三、城市战略发展路径

城市战略是关于现代城市发展目标和实现目标的方针、政策、途径、措施和步骤的高度概括，是城市管理中具有全局性、方向性的根本大计，对城市发展具有方向性、长远性、总体性的指导作用，是城市各项工作的指南和纲领。

战略路径即实现战略的路径选择。在很多情况下，如果仅有一个终极的战略方向，哪怕它是正确的，也会显得有些遥远。在战略方向之外，给出战略路径，分出阶段来，再定义各阶段的战略分目标，会更具有现实可操作性。

以成都市为例，《成都市远景发展战略规划研究》提出建设国家中心城市、美丽宜居公园城市、国际门户枢纽城市、世界文化名城，迈向可持续发展的世界城市。对标世界城市，彰显现代化新天府蕴含的成都价值，将总目标深化为泛欧泛亚的繁荣城市、诗意栖居的天府之国、绿色低碳的生态城市三个子目标。为了实现世界城市这个战略目标，应积极践行新发展理念，实施繁荣、幸福、可持续三大战略路径。

一是通过繁荣路径提升成都的竞争力，实现泛欧泛亚的繁荣城市目标。成都应按照推动经济高质量发展的重大要求，坚持"更全面、更深入、更务实"的新开放观，把发展动力从虹吸区域转变到建立紧密的地域合作体系和开放的全球链接网络上，从嵌入发展转变到建立强大的内生创新能力上，推动本地企业走向世界舞台。具体策略包括构建内生创新体系，链接全球网络，构筑区域市场共生体系，培育国际重要的经济、创新、文化中心功能四个方面。

二是通过幸福路径提升成都人民获得感，实现诗意栖居的天府之国目标。成都应牢固树立以人民为中心的发展思想，延续城乡和谐、诗意栖居的生活模式，让所有生活在其中的人都深感幸福、平等；应实现公共服务设施充足多样供给、均衡毛细布局，建设包容开放、全龄友好、可持续的共享城市；应延续慢生活的模式，建设出行舒适、尺度适宜、具有归属感的慢行城市。具体策略包括以"设施精准化"调整人口布局结构，以"城乡均衡化"丰富生活场所，以"布局毛细化"调整城市尺度，以"出行舒适化"优化交通体验，以"用地开发适宜化"优化城市形态五个方面。

三是通过可持续路径提升成都生态环境品质，实现绿色低碳的生态城市目标。成都应坚持绿色发展、生态优先，率先在世界范围内重塑中国城市建设范本，争当绿色集约理念的践行者、舒适安全生活环境的缔造者、生态友好建设模式的创造者，成为一座道法自然的有机城市、通透呼吸的绿色城市、水润清透的海绵城市。具体策略包括定线、引风、理水三个方面。

第二节 区域产业规划

一、产业定位

城市产业定位是一个城市参与区域专业化分工和协作的前提，是一个城市生存和发展的经济基础，是差异化战略的一个重要维度。

产业定位决定着城市发展的活力和效益。城市产业应当与城市的发展方向一致，应该体现城市现有的资源优势、区位优势和产业导向优势，符合国家扶持政策的导向，并能够融入世界产业链，创造产业的世界性价值。城市产业定位不能局限在传统的工业生产领域范围内，要把高新技术产业、都市型产业、知识型产业、创意型产业等都考虑在内。

(一) 基于资源优势的产业定位

矿产、森林、草原等自然资源，以及人力、信息、资金等社会资源构成了一个地区的资源禀赋，工业园区要充分发挥本地区的资源优势，以科学发展观为指导，以有效利用为前提，进行产业定位。例如，北京、上海、深圳等东部发达城市，其社会资源优势突出，拥有丰富的人力资源、海量的信息资源、雄厚的金融基础，适合发展第三产业、创意产业、高新技术产业等都市经济和楼宇经济。比如北京总部基地，率先提出了企业总部的概念，充分利用北京的地缘政治优势，吸引了大批企业总部的入驻。与此相反，中西部地区往往拥有丰富的自然资源，适合发展自然资源导向型产业。

(二) 基于区位优势的产业定位

一个地区的区位优势主要由自然资源、劳动力、工业聚集、地理位置、交通等因素决定。发展资源型产业需要良好的先天条件，但并不是所有的地区都拥有丰富的自然资源。大多数工业园区要依靠其他方面的区位优势来发展经济。

比如，河北省白沟镇成为国内知名的箱包城，原因就是白沟镇处于北京、天津、保定的三角腹地的区位优势，可以积极融入京津冀环渤海经济圈，确立了以箱包为主导产业，先后建立了箱包交易城、服装城、五金皮革城、小商品城、五金机电灯饰建材城、国际箱包城、服饰辅料城、汽配汽贸城、饮品食品药品保健品城等现代化商品城，逐渐形成了"以商强镇""兴工强镇""品牌立镇"的发展战略。

(三) 基于产业基础的产业定位

依据产业基础的产业定位是工业园区产业定位的主要方式，在原有产业的基础上，发展壮大相关产业，针对原有产业进行产业招商，并围绕产业链进行上下游配套产业的招商，形成产业集聚。

比如，重庆市永川区凤凰湖工业园区经过多年的发展，已经形成机械制造和电子信息产业基础，拥有众多龙头企业，为形成机械制造和电子信息产业集聚区创造了条件。凤凰湖工业园区摒弃基础薄弱的产业，抓大放小，将产业定位为机械制造和电子信息产业，在原有产业的基础上，打造机械制造和电子信息两大产业集聚区。

(四) 基于区域分工协作的产业定位

随着区域经济的不断发展，区域分工协作也在不断地加深，要求区域城市间加强联合，加强分工协作，相互协调发展。我国已经形成了京津冀经济圈、长江三角洲经济圈和珠江三角洲经济圈，以及正在形成和发展的以重庆和成都为中心的西南经济圈、以武汉为中心的中部经济圈和容纳东北诸多城市的东北经济圈。在这些经济圈中，中心城市具有很强的带动作用和集聚效应，围绕中心城市形成的卫星城要依据中心城市的主导产业，积极发展配套产业，与中心城市分工协作，协同发展。

比如，兰西（兰州—西宁）城市群是胡焕庸线以西唯一一个跨省区城市群，是中国—中亚—西亚经济走廊的重要支撑，区域内各类矿产资源和能源资源富集，人口经济密度高于周边地区，是西北发展条件较好、发展潜力较大的地区。兰州、西宁两市在巩固和提升各自产业优势的同时，加强同类产业及相关产业间横向与纵向的分工和协同，构建高效益配套产业体系，推动工业产业形成错位分工、融合互动、相互支撑的分工协同格局。需要加强两市国家和省级产业基地的优化整合与合作，通过共建重大创新平台、联合实施重大产业创新工程，强化关键技术的联合研发和成果应用，围绕区域特色资源开发转化和产业转移承接，建立两市产业和科技对接体系，共同打造国家重要的有色金属、新材料、新能源、重要的光伏光热设备制造集群与产业基地，以及国家重要的生物医药产业集群与产业基地。

（五）基于产业升级的产业定位

工业园区经过一定的发展阶段之后，需要调整产业机构，提档升级，以便促进工业园区的可持续发展。尤其是"十四五"期间，在保增长的大前提下，产业结构调整和所谓的产业转移如一针兴奋剂，几乎让所有的地方政府和各地的工业园都激动无比。例如，环渤海、长三角、珠三角等东部发达地区的工业园区正在逐渐将传统高能耗、低产值、劳动力密集型产业转移出去，逐渐将创意产业、楼宇经济和都市经济作为下一阶段的产业定位，进行产业结构调整，在有限的土地资源上发展楼宇经济和都市经济，提高单位面积的产值，提升产业机构，促进园区的可持续性发展。

例如，上海静安区市北高新区从 1992 年烟囱林立、浓烟滚滚的彭浦老工业区，到 2012 年集聚 1700 多家高端服务型企业的高新技术总部经济园，再到 2018 年形成了以大数据产业为核心的全产业链总部经济功能区，以及相配套的综合服务功能区和生活配套功能区，完美实现了产业与城市同步升级，成为静安区的一张耀眼名片，也成为上海"创新驱动、转型发展"的成功典型。从 2012 年至今，市北高新区紧密对接国家战略，大力实施优势产业聚焦战略，重点发展大数据及相关产业，重点打造细分领域的领军企业，营造园区内大数据完成产业链。至今，市北高新区围绕大数据产业重点打造总部经济功能区、综合服务功能区、生活配套功能区三大功能片区。在功能上，导入了完善的文化、教育、商业、运动等配套服务，成功地将人、城市及产业完美融合。大数据知名企业云集，其中包括浪潮集团、鹏博士、上海数据港。据统计，入驻园区的大数据和云计算企业已经超过了 150 家。多年来，市北高新区在综合指数勇夺全市 5 平方公里以下开发区中的"冠军"，单位土地税收产出强度和利润产出强度位列全市开发区第二，已成为上海"创新驱动、转型发展"的示范窗口和静安闪亮的名片。

（六）基于产业转移的产业定位

我国面临着新一轮的产业转移，土地资源和劳动力资源丰富的地区纷纷将承接产业转移作为招商引资的重要方向。因此，有些地区与发达地区合作，有针对性地进行产业转移承接，其产业定位也主要基于产业转移。区域产业转移主要有两种：一是"由高向低转"，即将北京、上海等大城市计划转移的产业作为园区的主导产业；二是"由低向高转"，如果园区所在城市能级较高，可利用大城市的"虹吸效应"，吸附周边行政级别较低的市、县、区中尚未形成结构优势，且有发展潜力的产业。

例如，江苏省常州市凭借区位、交通和产业优势，以"四个基地"精准对接上海产业转移。在中国制造的发展史中，上海是一个永远绕不开的重要起点，"上海制造"作为全国改革开放排头兵，总是给国人带来惊喜，带动着长三角一体化进程和长江经济带的协同发展。常州对接上海产业转移主要从先进制造业配套基地、科技成果转化基地、休闲旅游基地和优质农副产品供应基地四个基地展开。一是先进制造业配套基地。上海的先进制造业实力很强，在集成电路、人工智能、生物医药、航空航天、智能制造、数字经济等领域领跑全国，常州应主动接受辐射，做好为上海相关产业的配套工作。二是科技成果转化基地。充分用好上海的科教优势，大力推进协同创新，吸引更多科技成果来实现转化、更多人才来创新创业、更多要素来集聚。三是休闲旅游基地。常州正在打造旅游明星城市，凭借创新精神，持之以恒、追求卓越的工匠精神和争当一流、敢为人先的进取精神，恐龙城、天目湖、古淹城、大佛塔、嬉戏谷、盐湖城、古运河等一批重量级旅游产品在华东地区乃至全国已具有影响力。四是优质农副产品供应基地。常州的花卉苗木、瓜果湖鲜等声名远播，深受上海人喜爱，是未来上海优质农副产品的一大供应基地。

二、产业体系和布局

城市产业体系包括主导产业、辅助产业和基础产业。其中，主导产业具有以下的特征：主导产业所生产的产品主要是供应城市以外的地区；在城市经济中占有较大比重，能在一定程度上支配城市经济的发展；是新兴的产业部门，能广泛吸收新技术，并促进新技术发展，在一定时期内能维持较高的增长率（根据罗斯托的观点，主导产业是指能够依靠科技进步或创新获得新的生产函数，能够通过快于其他产品的"不合比例增长"的作用有效地带动其他相关产业快速发展的产业或产业群）；与其他产业部门有较高的关联度。

　　例如，上海迈向社会主义现代化国际大都市的产业选择。根据上海建设具有世界影响力的社会主义现代化国际大都市的愿景目标，以及前述上海自身的产业发展基础与要素资源条件，未来上海应建立起与城市功能紧密联系的功能性产业，在功能性产业内部，具体应构建起三类"亚部门"。

　　一是核心产业。主要包括服务于全球科技创新中心功能的高端制造业，如智能制造（应用机器人、3D打印和数字制造等智能制造技术）、数字化定制制造（个性化、多样化、小批量制造）、软性制造（服务型制造）、绿色制造（新能源汽车、节能环保产业等）、高技术制造（生物医药、航天航空、高端装备等），等等；服务于全球科技创新中心、资本与财富管理中心，与知识、技术的生产、传播和使用密切相关的研发设计、创意咨询、工程技术、知识产权，以及金融保险、信息通信服务、创业孵化等以专业化高级要素为核心的高端服务业；突出科技创新领域在全球范围策源力的"融合经济"，如3D打印、物联技术、云计算、页岩气技术、储能技术、机器人等新技术，制造业与服务业相融合、"互联网＋"等跨界融合下的智慧物流、数字医疗、远程教育等新产业，互联网金融、网络视听等新业态，个性化定制、"O2O"等新模式，以及智能汽车、无人飞机、机器人、可穿戴设备、智能手机等新产品。这类产业直接承担了城市的核心功能。

　　二是衍生产业。主要包括服务于全球资源配置中心、信息、贸易与航运中心的平台型产业，如全球资本交易与流通配置、全球科技创新服务、全球信息知识交换服务、全球物流配置服务等，以更好地服务于前述的核心实体经济。这类产业是核心产业的一个必需的辅助系统。

　　三是基础产业。主要包括服务于全球文化融汇中心的文化创意产业，如影视、动漫、数字出版等；服务于国际交往中心的商务服务业、会展业等；服务于环境友好、资源节约、宜居包容、健康安全、可持续发展的高品质城市的低碳产业，如智能电网等新能源与新材料支撑产业，以及有机、生态、观光等都市型农业；高端消费性产业，如教育、体育赛事、体育竞技、健身休闲等体育产业、医疗卫生健康业等。这类产业是城市基本功能发挥作用所必需的，有助于提升市民的认同感与幸福感。

三、重大项目体系

　　重大项目（或称重点项目、重点工程等）一般来说是指，与国家或者区域重大战略、重大规划、重大政策紧密衔接，投资规模较大，建设周期较长，且对调结构、稳投资、促增长具有重要作用的工程项目。

　　从国家"十四五"规划来看，重大工程项目的方向发生转变，不仅体现了高质量发展的新理念，也指明了我国在科技创新、产业体系、基础设施等方面的发展目标。首先，在科技创新方面，更加注重重大科技创新平台、科技基础设施的作用。"十三五"规划中提出了"科技创新2030"重大项目，包含重大科技项目六项、重大工程九项，均包含具体的项目方向和内容。而在"十四五"规划中，在科技创新方面提出了战略导向型、应用支撑型、前瞻引领型、民生改善型四类国家重大科技基础设施项目，并且指出要"适度超前布局国家重大科技基础设施，提高共享水平和使用效率"，更加注重基础研究，以及创新平台对于科技发展的引领作用。其次，在产业体系方面，更加强调数字经济产业及其应用。与"十三五"规划相比，"十四五"规划对于高端装备、新材料、新能源汽车等战略性新兴产业的重大项目变动不大，但"数字化"这一范围更广、更深的概念取代了"信息化"。具体来看，更加强调发展以云计算、大数据、物联网、人工智能等为代表的数字经济产业，并推动这些产业应用到交通、能源、医疗、教育等具体场景之中，可以将其视作"互联网+"行动的升级版。最后，在基础设施方面，与"十三五"规划相比，"十四五"规划对于基础设施及相应重大项目的发展方向、定位、目标均有较大改变。"十三五"规划对于基础设施的规划是"拓展基础设施建设空间，加快完善安全高效、智能绿色、互联互通的现代基础设施网络，更好发挥对经济社会发展的支撑引领作用"。而在"十四五"规划中，相应表述变为"统筹推进传统基础设施和新型基础设施建设，打造系统完备、高效实用、智能绿色、安全可靠的现代化基础设施体系"。从发展方向上看，"十四五"规划将新型基础设施项目与传统基础设施项目并列，首次将其作为交通、能源、水利三大传统领域之外的基础设施"第四极"；从定位上看，"十四五"规划淡化了基础设施对于经济发展的支撑引领作用，更加注重基础设施的"系统完备"；从目标上看，"十四五"规划中都市圈轨道交通、高速公路、现代化机场、能源等几项关键的传统基础设施指标较"十三五"规划均持平或有所下降。

从各省份及下辖市、县的重大项目体系看，依据不同的区位优势、产业基础、发展阶段等要素考量，重大项目体系可谓八仙过海、各显神通。例如：2018年6月山东省泰安市政府下发《泰安市新旧动能转换重大工程实施规划》，确定了泰安市新旧动能转换十大支撑产业，即新一代信息技术、高端装备和智能制造、新材料、新能源和节能环保、医养健康五大新兴产业，以及现代高效农业、高端化工、纺织服装、现代物流、文化旅游五大优势产业。同时，将现代金融产业列入"10+1"产业发展规划重点扶持（见图9-1）。

该规划指出，泰安市将以泰安高新区、泰山经济开发区、岱岳经济开发区、新泰经济开发区、肥城经济开发区、宁阳经济开发区、东平经济开发区为重点区域，聚集优势要素，强化制度创新，形成"一城引领、两市突破、两县提升"的新旧动能转换总体格局。同时，依据该规划，明确新

五大新兴产业	五大优势产业	一个重点扶持产业
新一代信息技术 高端装备和智能 制造 新材料 新能源和节能环保 医养健康	现代高效农业 高端化工 纺织服装 现代物流 文化旅游	现代金融

图 9-1 泰安市"10+1"产业体系

旧动能转换重大工程时间表、路线图、责任状,确保实施有抓手、有载体、有成效,顺利实现各项目标任务。将以"四新""四化"项目为重点,谋划一批带动作用大、技术含量高、市场效益好的重大项目,建立全市重大项目库,引领示范全市新旧动能转换。此外,把加快新旧动能转换重大工程推进工作纳入全市经济社会发展综合考核,考核结果作为各级领导干部选拔任用、考核监督的重要依据。明确了抓好 85 个省级重点项目(省重大实施类项目 27 个、省新旧动能转换优选项目 24 个、省"双招双引"签约项目 8 个、省补短板项目 26 个)建设,完成投资 159 亿元。抓好 674 个市县两级重点项目谋划储备、建设推进。研究落实 2022 年"要素跟着项目走"的具体措施,探索市场化交易等调节手段,制定差别化政策,提高要素配置效率,推动资源要素向优势产业、优质项目集聚。

第三节 与产业规划相匹配的城乡建设规划、国土空间规划

一、与产业规划相匹配的城乡建设规划

(一)城乡建设规划

根据《城乡规划法》,城乡规划是以促进城乡经济社会全面协调可持续发展为根本任务、促进土地科学使用为基础、促进人居环境根本改善为目的,涵盖城乡居民点的空间布局规划。根据《城市规划编制办法》,城市规划是政府调控城市空间资源、指导城乡发展与建设、维护社会公平、保障公共安全和公众利益的重要公共政策之一。按行政层级,分为国家级规划、省(区、市)级规划、市县级规划;按对象和功能类别,分为总体规划、专项规划、区域规划。国家总体规划、省(区、市)级总体规划和区域规划的规划期一般为 5 年,可以展望到 10 年以上。市县级总体规划和各类专

项规划的规划期可根据需要确定。

首先是总体规划。总体规划是国民经济和社会发展的战略性、纲领性、综合性规划，是编制本级和下级专项规划、区域规划以及制定有关政策和年度计划的依据，其他规划要符合总体规划的要求。其次是专项规划。专项规划是以国民经济和社会发展特定领域为对象编制的规划，是总体规划在特定领域的细化，也是政府指导该领域发展以及审批、核准重大项目，安排政府投资和财政支出预算，制定特定领域相关政策的依据。再次是区域规划。区域规划是以跨行政区的特定区域国民经济和社会发展为对象编制的规划，是总体规划在特定区域的细化和落实。跨省（区、市）的区域规划是编制区域内省（区、市）级总体规划、专项规划的依据。

另外，还有城乡规划，包括城镇体系规划、城市规划、镇规划、乡规划和村庄规划。城市规划、镇规划分为总体规划和详细规划。详细规划分为控制性详细规划和修建性详细规划。一是规划纲要。城市规划纲要的任务是研究确定总体规划的重大原则问题，结合国民经济长远规划、国土规划、区域规划，根据当地自然、历史、现状情况，确定城市地域发展的战略部署。城市规划纲要经所在城市人民政府研究决定后，作为编制城市规划的依据，主要内容如下：（1）论证城市发展的技术经济依据和发展条件；（2）拟定城市经济社会发展目标；（3）论证城市在区域中的战略地位，原则确定市域城镇布局；（4）论证并原则确定城市性质、规模、总体布局和发展方向。城市规划纲要的成果以文字为主，辅以必要的城市发展示意性图纸。二是总体规划。城市总体规划的任务是根据城市规划纲要，综合研究和确定城市性质、规模、容量和发展形态，统筹安排城乡各项建设用地，合理配置城市各项基础工程设施，并保证城市每个阶段的发展目标、发展途径、发展程序的优化和布局结构的科学性，引导城市合理发展。总体规划的期限一般为 20 年，但应同时对城市远景发展进程及方向做出轮廓性的规划安排，对某些必须考虑的更长远的工程项目应有更长远的规划安排。近期规划是总体规划的一个组成部分，应对城市近期内发展布局和主要建设项目做出安排。三是详细规划。详细规划的任务是以总体规划为依据，详细规定建设用地的各项控制指标和规划管理要求，或直接对建设项目做出具体的安排和规划设计。在城市规划区内，应根据旧区改建和新区开发的需要，编制控制性详细规划，作为城市规划管理和综合开发、土地有偿使用的依据。

（二）产业规划引导城市规划思维和实施

1. 产业创新引导城市规划思维模式转变

在创新导向和空间紧约束双重影响下，产业空间拓展、集聚和融合都在发生显著的变化，由重点产业指引向研发、创业和竞争引导转变，对城市空间布局、功能组织和服务支撑系统提出了更高的要求，和城市系统的依存关系愈发紧密。由于产业规划对市场的把握更加敏锐，反映出来的空间需求导向也更趋于合理，有利于引导城市规划重点从土地供给、要素支撑逐步转向产城融合、以人为本，从单一的物质空间规划逐步向产业、空间、服务一体化的新型规划模式转变。

2. 产业效能推动空间资源配置模式优化

存量规划的基础是如何将现有的资源转移给能为城市做出最大贡献的使用者，这当中产业规划的最大意义就在于帮助识别、确定乃至培育那些"贡献最大者"，即基于空间紧约束的条件，通过对未来产业发展更敏锐的预判，以综合效能作为评价标准，找到那些更具竞争力和成长力的产业，通过向城市规划反馈，明确引导资源要素的差异化供给，进而提高城市规划在空间资源配置上的科学性。

3. 产业项目促进城市规划实施机制改进

空间规划如果缺乏产业实体支撑，就会出现弹性过大、缺少实效性等问题，而结合产业项目实施计划做出的空间安排可大大减少规划的盲目性或随意性，在整体上约束空间布局与产业导向的偏离，保障空间供给与实际项目更紧密衔接，提高政府规划管理工作的效能，对规划实施机制进行有效的改进和完善。

二、与产业规划相匹配的国土空间规划

（一）国土空间规划

国土空间规划是对一定区域国土空间开发保护在空间和时间上做出的安排，是国家空间发展的指南、可持续发展的空间蓝图，是各类开发保护建设活动的基本依据。

国土空间规划体系具有"五级三类四体系"的特点。依规划层级分为"五级"，即国家级、省级、市级、县级和乡镇级；依规划内容分为"三类"，即总体规划、详细规划和相关专项规划；依规划管理运行体系，分为编制审批、实施监督、法规政策、技术标准四个子体系。

国土空间规划的核心是要统筹划定"三区三线"（生态空间、农业空间、城镇空间以及生态保护红线、永久基本农田、城镇开发边界），强化底线约束，为可持续发展预留空间。

国土空间规划的工作任务包括：一是支撑国家主体功能区和"三条控制线"调整，优化国土空间开发保护格局；二是参与全国和重点区域（流域）国土空间规划和专项规划编制，为省级以下国土空间规划编制提供技术指导与服务；三是开展能源资源安全、水平衡、防灾减灾、土壤安全、气候变化、城市地下空间、清洁能源、战略性矿产等影响国土空间开发与

保护的重大问题研究；四是探索不同空间区域"双评价"方法，开展不同层级"双评价"；五是推动开展大中型城市地下空间调查、评价、开发利用，为地下空间规划编制及统筹地上地下空间开发提供基础支撑；六是建立资源环境承载能力监测预警体系，支撑规划实施全过程监督。

建立国土空间规划体系并监督实施，将主体功能区规划、土地利用规划、城乡规划等空间规划融合为统一的国土空间规划，实现"多规合一"，强化国土空间规划对各专项规划的指导约束作用，是党中央、国务院做出的重大部署。

（二）产业规划促进国土空间开发格局优化

产业规划承担推进区域协调发展、促进国土空间开发格局优化、助力高质量发展的作用，市县国土空间规划在编制过程中要充分考虑承担起产业对接和联动开发作用。

产业是支撑城乡发展的驱动力，也是国土空间规划的重要出发点、支撑点和着力点。面对"要素市场化配置"的改革任务，地方政府要想在新一轮国土空间规划实现资源优化配置、保障空间高质量发展，必须围绕人（社会属性）、地（空间属性）、产（经济属性）三大核心问题，达到有效引导产业空间形成与集聚、科学合理配置产业空间、高效利用国土资源的目的，以发挥产业规划对国土空间规划有效支撑与联动开发作用。

1. 以产业差别化选择推动国土资源高效配置

国土资源是一个国家及居民赖以生存的物质基础，产业发展受制于国土资源"瓶颈"，而合理的产业发展有利于资源利用效率的提高。依靠传统的土地、政策、劳动力等生产要素驱动经济发展的动力逐渐减弱，集中体现在资源环境约束不断加大，东南沿海地区挑战更为严峻。因此，依托国土资源的种类、数量及质量，顺应地方发展规律，差别化制定产业发展结构及规模的指引方案，将有利于推进国土资源高效配置。

2. 以产业协同发展助推区域与城乡协调发展

区域协调发展是新时代国家重大战略之一，也是国土空间规划编制的重要内容。本轮国土空间规划涉及多部门、多主体，必须着力于多维度的全方位协同，坚持部门合作、上下联动，而构建协同发展的现代产业体系，对助推区域与城乡协调发展具有重要战略意义。因此，本次市县国土空间规划应关注区域、市县域及乡村的产业协同关系。

3. 以产业空间格局规划促进国土开发格局完善

国土空间格局是资源和其他经济要素在空间上配置的结果，是统筹"山水林田湖草"等保护类要素分布，考虑城乡、产业、交通等发展类要素布局，共同构筑形成的全域性国土开发与保护格局。其中，产业空间格局纵向关联国土空间规划各环节、横向协调国土空间开发格局各要素，是促进形成功能清晰、分工合理、各具特色、协调联动的国土开发格局的重要内容。在区域层面，通过产业格局优化促进国土空间开发格局优化。在城区层面，通过产业格局规划重塑指引城市发展方向。

4. 以产业用地布局优化助力国土空间高质量发展

本轮国土空间规划突出以战略性"底线思维"为基础，坚持质效导向，转变空间发展模式。而优化产业用地布局有助于促进和引导产业转型升级，提高单位面积土地投入和产出水平，从而提升土地利用质量效益。（1）以产业高质量发展要求，匹配国土空间规划底线管控。（2）以差别化要素配置需求，进行产业用地分级分类管控。（3）以集约高效需求，鼓励产业用地混合利用，建立存量、低效用地的治理和退出机制。

三、城市更新与旧城改造

城市更新与旧城改造是城市发展规划中的一体两面，既相似又不同。在城市化发展到一定阶段后，城市空间和城市质量升级方面需要力推旧城改造，虽然城市更新与旧城改造各有侧重，分别适用于不同的旧城改造情况，但是在城市发展改造过程中，两种模式是相辅相成的，共同促进城市健康科学地向前推进。

（一）旧城改造

旧城改造是针对城区道路、路网、水电、通信等，局部或整体地、有步骤地改造和更新老城市的全部物质生活环境，并根本改善其消防、出行、生产、劳动、生活、服务和休息等条件。

旧城改造的目的是通过综合整治、土地置换以及疏散旧城部分行政功能等多种手段，全面改善旧城区面貌，提高旧城区综合效益，提升旧城区的社会和文化活力，将旧城区改造成为布局合理、特色突出、商业发达、生态宜居、配套齐全的城区。

旧城改造主要包括：更新或完善城市道路系统；更新或调整城市工业布局；改善城市环境，通过采取综合的相互联系的措施来净化大气和水体，减轻噪声污染，绿化并整顿开阔空间的利用状况等；改善城市居住环境并组织大规模的公共服务设施建设，把旧街坊改造成完整的居住区；改造城市规划结构，在其行政界线范围内实行合理的用地分区和城市用地的规划分区。

旧城改造的模式包括：第一，全盘改造，以新换旧，包括改变城市的宏观布局与城市风格。这接近于建一座新城，唯一不同的是建新城市是全面铺开，而旧城改造是分局部完成的。第二，保留旧城不动，仅进行局部维护与整修。选择附近区域建立辅城或卫星城，以完善旧城的现代功能和维持城市的运转。第三，不发展模式。维持旧城原样不变，只做局部维修。

第四，保留旧城形式与精髓，更换外表的材质，把破旧的"旧城"变为全新的"旧城"。

（二）城市更新

城市更新是指，由符合规定的主体对特定城市建成区（包括旧工业区、旧商业区、旧住宅区、城中村及旧屋村等）内具有基础设施需要完善、环境恶劣或现有土地用途、建筑物使用功能明显不符合社会经济发展要求等情形之一的区域，根据城市规划或规定程序进行综合整治、功能改变或拆除重建的活动。

城市更新目的是为了长期提升一个地区（包括经济、物质、社会、环境等多方面），进一步完善城市功能、优化产业结构、改善人居环境，推进土地、能源、资源的节约集约利用，促进经济和社会可持续发展，所采取的方式是综合的、整体的方法。

城市更新主要包括：对客观存在的实体（如建筑物等）硬件进行改造；对各种生态环境、空间环境、文化环境、视觉环境、游憩环境等进行改造与延续，包括邻里的社会网络结构、心理定势、情感依恋等软件的延续与更新。

城市更新的模式包括：第一，政府主导型。由政府直接组织，掌握控制权，负责规划，提供政策指引，由政府建设部门与承担更新任务的国有企业签订土地开发合同。第二，政府主导下的开发商参与型。市区两级政府共同做好居民的搬迁安置，进行总体规划、土地开发和市政设施建设，然后实行土地招拍挂，由开发商组织进行设计、建造和运营。第三，开发商主导型。政府通过出让用地红线，由开发商按规划要求负责项目的拆迁、安置、建设的一种商业行为，是一种完全市场化的模式。

四、用地指标的占补平衡及补充耕地

从宏观层面来讲，新增建设用地指标并不代表建设用地比例的"净"增加，这是因为在确保18亿亩耕地红线不变的前提下，我国实施严格的占补平衡制度，即新增建设用地占用耕地的，必须要补充相应面积与质量的耕地。

（一）占补平衡制度

《土地管理法》第三十条规定，国家实行占用耕地补偿制度。非农业建设经批准占用耕地的，按照"占多少，垦多少"的原则，由占用耕地的单位负责开垦与所占用耕地的数量和质量相当的耕地；没有条件开垦或者开垦的耕地不符合要求的，应当按照省（区、市）的规定缴纳耕地开垦费，专款用于开垦新的耕地。

在占补平衡具体操作中，我国在县（市、区）层面建立了指标储备库，实行分类管理、分别使用和指标核销。县（市、区）在申报建设占用耕地时，按照占补平衡的要求，应从本县（市、区）储备库的补充耕地指标中进行核销。

那么，补充耕地从哪里来呢？根据国家有关文件，补充耕地可以通过土地整理、复垦、开发等方式来获得，亦可通过城乡建设用地增减挂钩、历史遗留工矿废弃地复垦（新增耕地节余部分）等作为补充耕地的途径。

补充耕地完成占补平衡是落实新增建设用地指标的必要条件。新增建设占用耕地应在项目所在地范围内补充相应数量和质量的耕地，补充耕地的能力与未来下达的新增建设用地计划指标相挂钩。

（二）补充耕地指标的流转

根据 2017 年《中共中央 国务院关于加强耕地保护和改进占补平衡的意见》，我国补充耕地任务，以县域自行平衡为主、省域内调剂为辅、国家适度统筹为补充。也就是说，耕地占补平衡以县域自行平衡为主，因省域内耕地后备资源分布不均，确实难以在县域内进行自我平衡的，以县级政府为主体跨县域有偿调剂补充耕地指标。

2018 年，国务院办公厅印发《跨省域补充耕地国家统筹管理办法》，规定耕地后备资源严重匮乏的直辖市，由于城市发展和基础设施建设等占用耕地、新开垦耕地不足以补充所占耕地，或者资源环境条件严重约束、补充耕地能力严重不足的省，由于实施重大建设项目造成补充耕地缺口的，可申请国家统筹补充。

补充耕地指标有偿流转的政策，对耕地后备资源充足的落后地区而言，可以通过土地整治增加耕地，获得的补充耕地指标可向省内经济发达地区进行有偿调剂，从而获得补充耕地指标的调剂收益。有些省份，比如安徽、湖北、江苏、广西等还出台了细化的具体操作规定。根据这些规定，补充耕地指标的有偿流转通常采用网上公开竞价的方式进行，参与主体主要是各地县（市、区）政府。江苏省南京市出台的相关政策甚至将参与主体扩大到了企业。

从长期趋势来看，随着耕地后备资源的复垦，新增建设用地指标及补充耕地指标越来越紧缺将呈常态化，土地节约集约利用是重要导向。未来对建设用地的需求将主要转向存量低效用地的再开发利用。比如，在城市化冲击下出现的大量低效甚至闲置的农村集体存量建设用地，以及随着自然资源枯竭和产业结构升级改造而出现的大量废弃工矿用地等。为此，我国还先后出台了城乡建设用地增减挂钩试点及历史遗留废弃工矿用地复垦利用试点制度。

第十章
项目投融资策划

投融资是一个硬币的两面。一方面，企业因为拥有某种资源而谋求其增值、使自己获利的欲求——投资需求；另一方面，企业因为缺少某种资源而谋求获取后使自己获利的欲求——融资需求。融资策划和投资策划是一组在逻辑上和目的上互生互逆的，在商性思维过程中相辅相成的概念与行为，不能孤立看待。

第一节　项目投资价值评估

一、项目市场环境分析

市场分析是对市场规模、位置、性质、特点、市场容量及吸引范围等调查资料进行的经济分析。环境和竞品的关联产生了"差异"区别，环境和用户的关联产生了"空间"区别，用户和竞品的关联产生了"体验"区别。

项目市场环境分析主要包括整体行业分析、细分市场分析、用户研究、市场机会分析和市场发展预测。

（一）整体行业分析

行业分析指对宏观环境、微观环境、行业产业链和价值链、行业生命周期等因素进行分析。

1. 宏观环境分析

宏观环境分析的对象是间接影响与制约企业营销活动的社会因素，如经济因素、政治因素、人口因素、政策法规与利率、税制因素。具体而言，包括人口环境（主要是市场容量问题）、经济环境（消费水平标准问题）、自然环境（如针对季节性产品有直接性的伤害）、技术环境（同类产品技术状态自我产品的优劣势）、政治和法律环境（国家对其产品市场的态度）、社会文化环境（地方人文风俗人情）。

2. 微观环境分析

微观环境分析的对象是企业经营具体业务活动中的直接影响因素，包括服务供应者、各个环节的生产者、顾客、竞争对手和社会公众等因素。具体而言，有企业（本企业的市场状态）、市场营销渠道（渠道优劣势问题、市场份额问题）、市场基础（品牌影响、渠道占有率）、竞争者（对手的强弱能力）、公众（地方人对品牌的认知度）。

3. 行业产业链和价值链

产业链就是将一个行业里负责不同工作的部分聚合在一起，目的是为了理解其中各个环节参与者之间的联系、结构和价值。传统方式的产业链分析非常复杂，涉及供需、价值、空间等，而一般的行业分析只要把握准产业链的上中下游就可以。

对于价值链，要找出链条中不同部分的价值体现，其在很多时候和产业链是重合的。而且，在分析产业链的过程中，可以基本了解到关于价值链的信息点。商业上的价值链分析主要把握利润价值和重要性。

4. 行业生命周期

行业生命周期分为初创期、成长期、成熟期、衰退期。其中，初创期主要是解决用户认知的问题，重点在于传播；成长期主要解决用户转化的问题，重点在于运营；成熟期主要解决用户留存的问题，重点在于品牌建设；衰退期主要解决产品转型和创新的问题。企业在不同周期需要实行新的策略。

（二）细分市场分析

细分市场分析需要秉持两大原则：足够大且有利可图、通过自身经营可高效触达。每个行业细分领域都要按照行业数据中提到的宏观、微观和行业进行分析，另外还包括细分市场特点、市场和产品所处的生命周期、行业的主要竞争因素。

（三）用户研究

用户研究需要明确以下问题：目标用户是谁；目标用户群体特质；用户使用场景中有哪些需求；场景中的问题和痛点；针对这些痛点，用户目前的解决方案；现有解决方案有什么问题；有没有更好的方案；在众多需求中，应着重解决用户的哪方面的需求与期望。

（四）市场机会分析

市场机会分析包括采用颠覆式方法，将原先需求满足中的一个环节改写，借鉴国外或其他行业的经验，使用场景重构，利用线下衍生需求做突破口。

（五）市场预测—发展趋势

市场预测包括行业发展方向、市场发展方向、产品研发方向。

二、项目市场需求预测

项目市场预测是在项目市场调查的基础上，运用科学的预测方法，对项目产品未来市场供求、竞争、价格的变动态势和变动趋向做出预计和推断，为合理确定项目投资方向和投资规模提供依据。市场需求预测是在营销调研的基础上，运用科学的理论和方法，对未来一定时期的市场需求量及影响需求诸多因素进行分析研究，寻找市场需求发展变化的规律，为营销管理人员提供未来市场需求的预测性信息。

项目市场需求预测方法众多，例如：

（1）购买者意向调查法。多用于工业用品和耐用消费品，适宜作短期预测。

（2）综合销售人员意见法。分别收集销售人员对预测指标估计的最大值、最可能值、最低值及其发生的概率，集中所有参与预测者的意见，整理出最终预测值的方法。

（3）专家意见法小组讨论法，又称为单独预测集中法、德尔菲法。

（4）市场试验法。多用于投资大、风险高和有新奇特色产品的预测。

（5）时间序列分析法。将某种经济统计指标的数值，按时间先后顺序排列形成序列，再将此序列数值的变化加以延伸，进行推算，预测未来发展趋势。例如，产品销售的时间序列（Y），其变化趋势主要是受四种因素的影响：趋势（T）、周期（C）、季节（S）、不确定因素（E）。

（6）直线趋势法。运用最小平方法，以直线斜率表示增长趋势的外推预测方法。公式为：$Y = a + bX$。其中，a 为直线在 Y 轴上的截距；b 为直线斜率；Y 为预测目标值；X 为时间。

在已知 n 个观察值（x_i，y_i）的情况下（$i = 1, 2, \cdots, n$），可求出参数 a、b，然后建立直线趋势方程进行预测。

（7）统计需求分析法。统计需求分析是运用一整套统计学方法，发现影响企业销售的最重要的实际因素及其影响力大小的方法。

三、项目内部竞争力分析

美国著名管理学者哈默尔和普拉哈拉德的核心竞争力（Core Competence）模型是一个著名的企业战略模型，其战略流程的出发点是企业的核心力量。随着世界的发展变化、竞争加剧、产品生命周期缩短，以及全球经济一体化，企业的成功不再归功于短暂的或偶然的产品开发或灵机一动的市场战略，而是企业核心竞争力的外在表现。按照他们给出的定义，核心竞争力是能使公司为客户带来特殊利益的一种独有技能或技术。

企业核心竞争力的识别标准有四个。一是价值性。这种能力首先能很好地实现顾客所看重的价值，如能显著地降低成本，提高产品质量，提高服务效率，增加顾客的效用，从而给企业带来竞争优势。二是稀缺性。这种能力必须是稀缺的，只有少数的企业拥有。三是不可替代性。它在为顾客创造价值的过程中具有不可替代的作用，竞争对手无法通过其他能力来替代。四是难以模仿性。核心竞争力还必须是企业所特有的，并且是竞争对手难以模仿的。也就是说，它不像材料、机器设备那样能在市场上购买到，而是难以转移或复制的。这种难以模仿的能力能为企业带来超过平均水平的利润。

核心竞争力的构建是通过不断持续提高和强化来实现的，它应该成为企业的战略核心。从战略层面来讲，它的目标就是帮助企业在设计、发展某一独特的产品功能上实现全球领导地位。企业高管在战略业务单元（SBU）的帮助下，一旦识别出所有的核心竞争力，就必须要求企业的项目、人员都必须紧紧围绕这些竞争核心。而企业的审计人员的职责就是要清楚围绕企业竞争核心的人员配置、数量以及质量。肩负企业核心竞争力的人员应该被经常组织到一起，分享交流思想、经验。

企业内部属性的竞争力是企业参与市场竞争的相对静态的内在力量，包括资源力（power of sources）、决策力（power of decision-making），执行力（power of executing）、整合力（power of integrating）。其中，资源力是指企业所拥有的自然资源、资金资源、政府资源、人力资源的多寡与程度；决策力是指企业的领导人、中高层管理者在日常企业管理中做出重大决策时的速度与效度；执行力是指企业管理机构信息传达的通畅程度与决策执行的有效程度；整合力是指企业在建立其整体形象、整合其各种资源方面的能力。项目竞争力分析如表 10 - 1 所示。

表 10 - 1 　　　　　　　　　　　　项目竞争力分析

价值项目	高价值企业特征
大行业小公司	行业空间大，集中度可能较高，在规模方面还有 10 倍以上的空间
低边际成本	营业规模扩大不需要大量的资本性支出，不需要难以持续的特定自然资源、人力资源
高客户粘度	客户不易更换产品或者没有选择其产品的倾向性
弱周期性	与宏观经济波动性较低
强竞争优势	对新进入者具有较高的业务壁垒，整个行业的门槛能够持续提高，其竞争优势不容易被快速颠覆
R 特征	净资产收益率（ROE）提升还有较大空间，成熟期 ROE 绝对水平较高
N 特征	业务的持续发展空间和竞争优势的牢靠性都能维持较长时间
g 特征	净资产还有广阔非增长空间

四、项目未来收益分析

预期收益也称为期望收益，是指如果没有意外事件发生时，根据已知信息预测所能得到的收益。通常，未来的资产收益是不确定的。不确定的收益可以用多种可能的取值及其对应的概率来表示，这两者的加权平均即数学期望值，就是资产的预期收益。对于无风险收益率，一般是以政府长期债券的年利率为基础。

在衡量市场风险和收益模型中，使用最久，也是至今为大多数公司采用的是资本资产假定模型（CAPM），其假设是尽管分散投资对于降低公司的特有风险有好处，但大部分投资者仍然将他们的资产集中在有限的几项资产上。

评估企业预期收益通常分三步来进行：第一，对企业收益状况和趋势进行基本判断，确定主要影响因素；第二，预估预期收益，研究发生作用的各主要因素在发展变化；第三，中长期趋势预测，主要考虑影响中长期稳定收益的各种因素。

（一）收益预期的基础

技术资产评估所依据的预期收益既不是收益现状，也不是转让后的实际收益，而是由技术资产现状所决定的、预期在未来正常经营中的可产生的收益。其包含三层含义：对收益的预期必须以现实的情况为出发点；对于影响技术资产收益的新的发生因素不得纳入预期收益；按技术资产最佳利用的现实可能途径来预期收益。

（二）决定企业收益的主要因素

决定企业收益的主要因素包括产品的需求因素（如果产品需求量大，生产所需要的电力、设备、运输、资金等可否满足）；新产品的开发能力，职工队伍的素质；产品的经营、销售能力；政府、行业的各项政策，以及社会状况等。

（三）近期收益预测方法

1. 综合调整法

综合调整法是以企业收益现状为基础，考虑现有资产所决定的未来变化因素的预期影响，对收益进行调整以确定近期收益的方法。其公式为：

$$预期年收益 = 当前正常年收益额 + \sum Y_i - \sum Z_j$$

其中，Y_i 为预期各有利因素增加收益额，Z_j 为预期各不利因素减少收益额。

该方法直接根据各种预期发生的因素进行计算，比较客观，但也容易遗漏重要因素或出现重复交叉。可对其进行进一步改进，具体方法为设计收益预测表，按收益预测表的主要项目，逐项分析预期年度内可能出现的变化因素；评估各变动因素对收益的影响；汇总分析预期年度收益总体变动。

2. 产品周期法

产品周期法是根据企业主导产品寿命周期的特点，评估企业收益增减变化趋势的方法。应用该方法预测企业收益，一般是为了预期获得产品高额盈利的持续时间，这主要适用三种情况：（1）企业产品单一且为高利产品；（2）企业拥有专利或专有技术，在未来将为企业带来超额利润；（3）企业处于垄断地位，可获高额利润。

应用该方法必须首先掌握大量产品周期统计资料，建立周期模型；其次分析企业产品销售的历史、当前情况，以判断企业产品所处周期阶段；最后再参照类似产品寿命周期曲线，推测企业产品的寿命周期，并据此估算产量和收益的增减变动情况。

3. 时间趋势法

时间趋势法是根据过去几年企业收益的增长变化总趋势，预计未来一定期限各年度收益的方法，即将影响收益变动的各种因素均看作是时间因素。

具体步骤为：（1）整理最近几年企业收益增减变化的系统材料；（2）对按时间序列整理的各项指标进行图示分析，模拟合适的数学模型；（3）利用数学模型预期未来几年的相应指标值；（4）对各项指标值之间的关系进行综合分析，并参照各项预期发生的重要因素，对其值进行修改。

五、项目投资价值评估

项目投资价值评估主要针对未来情况，是对未来经济与效益的预期，包含方方面面的预测。其要求待评估的项目或资产具备三个条件：按原来的用途可以继续使用下去；项目的功能或资产的性能仍能发挥作用；项目或资产所提供的服务正在且可以继续满足某种经济需要。

项目的投资方向。一个好的项目必须做到四个"符合"和三个"有利于"，即符合相关方针政策和国民经济的战略部署，符合项目所属行业的发展要求和方向，符合项目实施地区的经济发展特点和总体规划，立项的所有手续要符合有关项目管理的规定；项目的建设要有利于项目实施地区、所在行业乃至宏观经济结构的调整，要有利于开发利用新的科学技术和新的产品，要有利于扩大对外贸易和出口创汇。

（一）基建和新基建项目的价值评估

通常，企业进行项目投资价值评估和撰写投资价值分析报告采用三种方法。

1. 现金流贴现 (Discounted Cash Flow, DCF) 方法

在公司理财领域，DCF 项目投资价值评估方法长期以来一直是评价战略性投资的主导的方法。尽管这一方法现在受到越来越多的批评，但 80% 以上的大公司仍旧把 DCF 方法当作投资决策首选的工具来使用，这可能是由于它使用起来比较简单，而且在直观上比较吸引人的缘故。

净现值指未来资金（现金）流入（收入）现值与未来资金（现金）流出（支出）现值的差额，是项目评估中净现值法的基本指标。未来的资金流入与资金流出均按预计折现率各个时期的现值系数换算为现值后，再确定其净现值。这种预计折现率是按企业的最低的投资收益率来确定的，是企业投资可以接受的最低界限。其计算公式如下：

$$NPV = \sum (CI - CO)(1 + i)^{-t}$$

其中，CI 为年收益，CO 为年支出，i 为基准收益率。

净现值法的经济含义是：NPV = 0，项目的收益率刚好达到 i_0；NPV < 0，项目的收益率达不到 i_0；NPV > 0，项目的收益率大于 i_0，具有数值等于 NPV 的超额收益现值。

例如，项目 1 和项目 2 的投资净现值计算如表 10 - 2 所示。

表 10 - 2　　　　　　　　　　　净现值计算

折现率	10%					
项目 1	第 1 年	第 2 年	第 3 年	第 4 年	第 5 年	合计
收益	0	2000	3000	4000	5000	14000
成本	5000	1000	1000	1000	1000	9000
现金流	− 5000	1000	2000	3000	4000	5000
投资净现值 NPV	2316					
项目 2	第 1 年	第 2 年	第 3 年	第 4 年	第 5 年	合计
收益	1000	2000	4000	4000	4000	15000
成本	2000	2000	2000	2000	2000	10000
现金流	− 1000	0	2000	2000	2000	5000
投资净现值 NPV	3201					

在只有一个备选方案的采纳与否决决策中，净现值为正者则采纳，净现值为负者不采纳。在有多个备选方案的互斥选择决策中，应选用净现值是正值中的最大者。

2. 决策树 (Decision Tree Analysis, DTA) 方法

DTA 项目投资价值评估方法是一种引用一系列连续决策和随机事件来

模拟投资决策的方法，它的特点是考虑了相机决策和不确定性。简而言之，DTA 方法是通过细分决策来获取灵活性。投资决策的风险以随机事件出现的不同概率来刻画。具体步骤如下：

第一步，画决策树。决策树是以图形形式反映决策者对于某个决策问题的未来发展状况及其结果所做的预测，如图 10-1 所示。

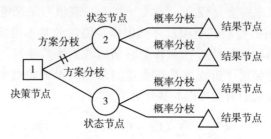

图 10-1　决策树结构

第二步，计算各状态节点的期望值，并做出决策。

例：为了适应市场的需要，某地提出了扩大电视机生产的两个方案。第一个方案是建设大工厂，第二个方案是建设小工厂。建设大工厂需要投资 600 万元，可使用 10 年。建设小工厂投资 280 万元，如销路好，3 年后扩建，扩建需要投资 400 万元，可使用 7 年，每年赢利 190 万元。可用决策树法计算各节点的期望值，以选出合理的决策方案，如图 10-2 所示。

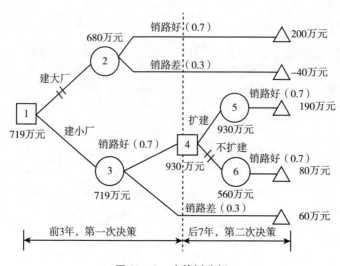

图 10-2　决策树分析

节点②：$0.7 \times 200 \times 10 + 0.3 \times (-40) \times 10 - 600$（投资）$= 680$（万元）

节点⑤：$1.0 \times 190 \times 7 - 400 = 930$（万元）

节点⑥：$1.0 \times 80 \times 7 = 560$（万元）

比较决策点④的情况可以看到，由于节点⑤（930万元）与节点⑥（560万元）相比，节点⑤的期望利润值较大，因此应采用扩建的方案，而舍弃不扩建的方案。

把节点⑤的930万元移到节点④来，可计算出节点③的期望利润值。

节点③：$0.7 \times 80 \times 3 + 0.7 \times 930 + 0.3 \times 60 \times (3 + 7) - 280 = 719$（万元）

最后，比较决策节点①的情况。由于节点③（719万元）与节点②（680万元）相比，节点③的期望利润值较大，因此取节点③而舍节点②。相比之下，建设大工厂的方案不是最优方案，合理的策略应采用前3年建小工厂，如销路好，后7年进行扩建的方案。

3. 实物期权（real options analysis，ROA）方法

实物期权是在金融期权基础上发展起来的。金融期权是允许持有者在到期日或者在此之前购买或出售某种金融资产的权利，而实物期权是对实物投资的选择权，即投资者可以在未来某个时点采取或不采取某项行动的权利。一个投资方案其产生的现金流量所创造的利润来自目前所拥有资产的使用，以及对未来投资机会的选择。

实物期权分析框架包括四个步骤。第一步，不考虑投资决策的灵活性，计算项目基本现值，作为实物期权定价的基础。第二步，建立事件树，模拟不确定性。主要是考虑影响项目收益波动的不确定因素，并以明确的价值、风险中性概率等参数表示出项目价值的变化。第三步，识别可以取得的各种灵活性，并以此建立事件树的节点（决策节点），将事件树转换成决策树。需要注意的是，每个节点都可能有多种灵活性来源，但对这些来源要有明确的优先顺序。第四步，用二叉树期权定价模型（通常是风险中性概率定价法）评估包含投资决策灵活性的项目价值。

例：A公司准备研发一具有专利权的新项目，所需投资（x）为800万元，如果市场稳定，开发顺利，1年后预计可获利（Su）1200万元；如果市场前景较差，开发效果不佳，1年后预计可获利（Sd）300万元。假设市场前景好坏的概率均为0.5，因研发新项目风险较高，取贴现率0.25，则按照传统财务管理的净现值法计算该项目价值现值为：$S = \dfrac{Su \times 0.5 + Sd \times 0.5}{1 + 25\%} = \dfrac{1200 \times 0.5 + 300 \times 0.5}{1 + 25\%} = 600$（万元），则净现值 $NPV = S - x = 600 - 800 = -200$（万元）。按照净现值法判断，$NPV < 0$，显然此项目不能实施。

推迟期权价值计算。考虑资金的时间价值，1年后该项目的投资价值为：$x1 = x \times (1 + r) = 800 \times (1 + 0.05) = 840$（万元）。

相对应，如果项目价值上涨，则1年后上涨的期权价值为：$fu = \max(Su -$

x1,0) = max(1200 - 840,0) = 360（万元）。

同样地，如果下跌，则 1 年后下跌的期权价值为：fd = max(Sd - x1,0) = max(300 - 840,0) = 0（万元）。

由已知数据，计算价值上涨的概率：p：$p = \dfrac{e^{rl} - d}{u - d} = \dfrac{e^{0.05} - 0.5}{2 - 0.5} \approx 0.37$，则下降的概率 1 - P = 1 - 0.37 = 0.63。

将上述数据代入推导单步二叉树公式，可得推迟 1 年后该项目的人力资源期权价值为：

$$f = e^{-rl}[pf_u + (1 - p)f_d] = e^{-0.05}[0.37 \times 360 + 0.93 \times 0] \approx 127 \text{（万元）}$$

公式计算出的推迟期权价值由两部分组成，即该项目净现值 NPV 和推迟决策权的期权价值 OP，则可推出推迟决策权的价值为：

OP = f - NPV = 127 - (- 200) = 327（万元）

一般认为，传统的价值评估方法（如 DCF 法、DTA 方法），用于高度不确定的投资项目（如研发项目或创业投资项目）会失效，因为前者不能获取灵活性价值，后者不能确定合适的折现率。所以提倡用 ROA 方法，ROA 方法具有处理不确定性和评价灵活性的优点，并且不必考虑折现率问题，因为 ROA 方法中使用的波动率参数综合了所有的风险因素，在计算时只需要用无风险利率。因此，采用 ROA 方法进行项目投资价值评估将大大提高准确度。

（二）战略新兴产业项目价值评估

1. 市盈率（PE）

市盈率（PE）= 股价每股收益 = 市值 ÷ 利润。也就是投资需要多少年才能够收回成本。

例：小王投资 200 万元开设一家酒店，扣除所有经营成本及税费，每月利润 2 万元，每年利润 24 万元。请问小王需要多长时间才能全部收回成本？

来计算一下：回收成本的时间等于投入的资金 200 万元除以每年盈利 24 万元，等于 8.3 年。那么，小王这家酒店的市盈率就是 8.3。

对于市盈率大于 0 的情况，理论上数值越小越好，代表投资收回成本的时间越短，该公司的利润就越高。市盈率主要跟公司的利润挂钩，所以市盈率只适合盈利稳定的公司。而盈利稳定的公司一般是各行各业的龙头、白马蓝筹股和弱周期行业公司等。

2. 市净率（PB）

市净率（PB）= 每股价格 ÷ 每股净资产 = 总市值 ÷ 净资产。也就是买到一个单位的净资产需要付出多少价格成本。通过这个公式，我们可以得出市净率是通过净资产来估算该公司价值的。

在市净率 > 0 的情况下，市净率越低，表示可以花更少的钱买一个单位净资产。所以，在市净率＞0的情况下，市净率越小越好。我们经常听到的"破净股"就是指每股价格小于净资产，也就是市净率为0～1的股票。不过，破净股看起来是比较占便宜，但是到底能不能值得买，一定要仔细分析公司的基本面，因为很多垃圾股票的价格比净资产低。而好股票只有在出现一些特殊情况时才会出现股价比净资产低的情况，所以投资的时候一定要擦亮眼睛。

市净率主要是适合强周期行业和公司，不适合轻资产或者无形资产占比较重的公司进行估值。对于强周期行业和公司，利润容易受外界环境影响，但是这类型公司的净资产在一般情况下变化不会太大，比较稳定，所以在净资产比较稳定的情况下，我们可以通过股票价格来判断市净率（PB）的情况。

3. 市销率（PS）

市销率（PS）＝每股价格÷每股销售额＝总市值÷销售额。从公式中我们可以得出，市销率是基于公司销售额而出现的估值法。它建立的理论是：即使亏损公司的净利润是负的，但是公司到底是因为不赚钱而变负，还是因为快速扩张发展而变负，我们可以通过它的销售额来判断。

销售额越大，营业收入就越高，在股票总市值一定的情况下，市销率（PS）的倍数就越小。我们可以用市销率来衡量处于快速发展期企业的销售情况，所以一般市销率适用于成长性行业和公司估值。

4. 净资产收益率（ROE）

净资产收益率（ROE）＝权益净利润÷权益净资产＝PB÷PE。也就是投入1元钱净资产有多少净利润产出。

ROE是巴菲特最喜欢的估值指标之一，反映了公司的赚钱能力。ROE越高越好，不同行业ROE趋于相似走势，短期ROE会波动，长期来看均值回归。

综上所述，四种价值评估方法各有千秋，其比较如表10-3所示。

表10-3　　　　　　　　　　　　四种价值评估方法比较

方法	适用	不适用	缺点
市盈率（PE）	周期性较弱的企业、一般制造业、服务业	亏损公司、周期性公司	（1）无法区分经营性资产和非经营性资产创造的盈利 （2）无法反映企业运用财务杠杆的水平 （3）每股收益容易受操纵
市净率（PB）	周期性公司、重组型公司	重置成本变动较大的公司、固定资产较少的服务业	当公司出现再融资或者股份回购时，会改变公司的净资产，使历史比较失去意义

续表

方法	适用	不适用	缺点
市销率 （PS）	销售和利润率较为稳定的公司	销售不稳定的公司	股价考虑了负债融资对公司盈利能力和风险的影响，而收入则没有考虑负债的成本和费用
净资产收益率 （ROE）	稳定盈利的成熟公司	高杠杆高负债行业	（1）具有滞后性，没有前瞻性，对一些新经济产业也不适合 （2）没有考虑现金流和财务杠杆因素

第二节　项目投资模式设计

一、直接投资

直接投资是指投资者直接投资项目，形成实物资产或者购买现有企业的投资。通过直接投资，投资者便可以拥有全部或一定数量的企业资产及经营的所有权，直接进行或参与投资的经营管理。直接投资包括对现金、厂房、机械设备、交通工具、通信、土地或土地使用权等各种有形资产的投资和对专利、商标、咨询服务等无形资产的投资。

直接投资的方式包括：（1）投资者开办独资企业，直接开店等，并且独自经营；（2）与当地企业合作开办合资企业或合作企业，从而取得各种直接经营企业的权利，并派人员进行管理或参与管理；（3）投资者参加资本，不参与经营，必要时可派人员任顾问或指导；（4）投资者在股票市场上买入现有企业一定数量的股票，通过股权获得全部或相当部分的经营权，从而达到收购该企业的目的。

二、并购投资

并购一般包括兼并和收购，是指一国企业为了某种目的，通过法律程序取得东道国某企业的所有资产或足以行使经营控股权的股份，从而获得企业的经营控制权。

并购投资方式是指投资公司通过对业已存在的目标公司实行股权并购或者资产并购，使投资公司成为目标公司的控股股东或者接管目标公司的资产和业务，进而取代目标公司的市场地位的投资行为。

并购投资的直接目的是通过交易控制目标公司或者目标公司的业务，为整合目标公司和目标公司的业务创造条件，进而扩大投资公司及业务的规模，取得市场竞争的优势和规模效应。与新建投资相比，并购投资更具有交易的属性和本质，因此其中的法务工作更多、更重，风险也更大。

（一）并购投资的优势

无论是股权并购方式还是资产并购方式，并购投资方式与新设资方式相比有如下优点：

一是可以大大缩短项目的建设周期或投资周期，从而迅速地进入目标市场。

二是并购形成的规模效应能够带来资源的充分利用和整合，从而降低总成本。

三是可以获得被并购企业的人力资源、管理资源、技术资源等，有助于企业整体竞争力的根本提高。

四是转化竞争对手，减弱竞争强度，更利于投资公司取得规模效应。在新设投资的情况下，原有的市场竞争主体依然存在，投资公司的加入只能使同行业的竞争者增加，市场竞争强度更高，经营者的销售费用增加，并购投资利润减少。而在并购投资的情况下，投资公司通过并购投资控制了原来的竞争对手或者取代了原来竞争对手的市场地位，并购投资原来的竞争对手现在成为竞争的盟友，势必减少同行业的竞争主体，减弱相关市场的竞争强度，使投资公司更容易操控市场，取得规模效应。这是并购投资的最大优点，因此，对竞争对手的并购是最好的并购。

（二）并购投资的方式

一是用现金购买资产，指并购公司使用现款购买目标公司绝大部分资产或全部资产，以实现对目标公司的控制。

二是用现金购买股票，指并购公司以现金购买目标公司的大部分或全部股票，以实现对目标公司的控制。

三是以股票购买资产，指并购公司向目标公司发行并购公司自己的股票以交换目标公司的大部分或全部资产。

四是用股票交换股票，又称"换股"。一般是并购公司直接向目标公司的股东发行股票以交换目标公司的大部分或全部股票，通常需要达到控股的股数。通过这种形式并购，目标公司往往会成为并购公司的子公司。

五是债权转股权方式，即债权转股权式企业并购，是指最大债权人在企业无力归还债务时，将债权转为投资，从而取得企业的控制权。我国金融资产管理公司控制的企业大部分为债转股而来，资产管理公司进行阶段性持股，并最终将持有的股权转让变现。

六是间接控股，主要是战略投资者通过直接并购上市公司的第一大股东来间接地获得上市公司的控制权。

七是承债式并购，指并购企业以全部承担目标企业债权债务的方式获得目标企业控制权。此类目标企业多为资不抵债，并购企业收购后，注入流动资产或优质资产，使企业扭亏为盈。

八是无偿划拨，指地方政府或主管部门作为国有股的持股单位，直接将国有股在国有投资主体之间进行划拨的行为。这有助于减少国有企业内部竞争，形成具有国际竞争力的大公司、大集团。其带有极强的政府色彩，如一汽并购金杯的国家股。

（三）吸收合并

吸收合并是指，两个或两个以上的公司合并后，其中一个公司吸收其他公司而继续存在，而剩余公司主体资格同时消灭的公司合并。合并方（或购买方）通过企业合并取得被合并方（或被购买方）的全部净资产，合并后注销被合并方（或被购买方）的法人资格，被合并方（或被购买方）原持有的资产和负债在合并后成为合并方（或购买方）的资产和负债。

吸收合并可以通过以下两种方式进行：一是吸收方以资金购买被吸收方的全部资产或股份，被吸收方以所得货币资金付给原有公司股东，被吸收方公司股东因此失去其股东资格；二是吸收方发行新股以换取被吸收方的全部资产或股份，被吸收公司的股东获得存续公司（吸收方）的股份，从而成为存续公司的股东。存续的公司仍保持原有的公司名称，并对被吸收公司全部资产和负债概括承受。

从法律形式上讲，吸收合并可表现为"甲公司＋乙公司＝甲公司"。也就是，经过合并，甲公司作为实施合并的企业仍具有法人地位，但乙公司作为被并企业已丧失法人地位，成为甲公司的一部分，即甲公司兼并了乙公司。合并时，如果甲公司采用现金或其他资产支付方式进行合并，乙公司的原所有者无权参与甲公司的经营管理，也无权分享合并后甲公司实现的税后利润。但如果甲公司以发行股票的方式实施合并，则乙公司原所有者成为合并后甲公司的股东，可继续参与对合并后甲公司的管理，并分享其所实现的税后利润，但一般对合并后的甲公司无控制权。

（四）新设合并

新设合并是指两个或两个以上的公司合并后，成立一个新的公司，参与合并的原有各公司均归于消灭的公司合并。新设合并可以通过以下两种方式进行：一是由新设公司以资金购买部分参与合并公司的资产或股份，该部分参与合并公司的股东丧失其股东资格，剩余股东持有新设公司发行的股份，成为新设公司的股东；二是新设公司发行新股，消失各公司的股份可以全部转化为新公司的股份，成为新设公司的股东。

从法律形式上讲，新设合并表现为"甲公司＋乙公司＝丙公司"。丙公司是新设立的法人企业，甲公司和乙公司则丧失其法人资格。如果丙公司以支付现金或其他资产的方式合并甲公司和乙公司，则甲公司和乙公司的原所有者无权参与丙公司的经营管理，也无权分享丙公司实现的税后利润。但如果丙公司采取向甲公司和乙公司发行股票以换取原甲公司和乙公司股票并将其注销的方式，则甲公司和乙公司原股东成为丙公司的股东，这些股东与丙公司存在投资与被投资的关系，且可以参与丙公司的管理，分享其实现的税后利润，但一般已丧失对原企业的控制权。1996 年上海著名的两家证券公司申银和万国组成申银万国证券公司，就属典型的新设合并。

（五）控股合并

控股合并是指一家企业购入或取得了另一家企业有投票表决权的股份，并已达到可以控制被合并企业财务和经营政策的持股比例。通过合并，原有各家公司依然保留法人资格。例如，A 公司购入 B 公司有投票表决权股份的 60%，控制了 B 公司的生产经营权，以及财务与经营决策权，则 A 公司成为控股公司即母公司，B 公司成为 A 公司的附属公司（即子公司），但 B 公司仍保留法人资格。这种情况下，A 公司要编制合并会计报表。

按控股方式，控股公司分为纯粹控股公司和混合控股公司。纯粹控股公司不直接从事生产经营业务，只是凭借持有其他公司的股份，进行资本营运。混合控股公司除通过控股进行资本营运外，也从事一些生产经营业务。通常，某一机构持有股份达到 50% 以上，或足以控制该股份公司的经营活动。

三、BOT 投资模式

（一）BOT 的概念

BOT 是英文 Build-Operate-Transfer 的缩写，通常直译为"建设—经营—转让"。BOT 实质上是基础设施投资、建设和经营的一种方式，以政府和私人机构之间达成协议为前提，由政府向私人机构颁布特许，允许其在一定时期内筹集资金建设某一基础设施并管理和经营该设施及其相应的产品与服务。

BOT 模式具有以下优点：（1）降低政府的财政负担；（2）政府可以避免大量的项目风险；（3）组织机构简单，政府部门和私人企业之间协调容易；（4）政府和私人企业之间的利益纠纷少，项目回报率明确，严格按照中标价实施；（5）有利于提高项目的运作效率；（6）BOT 项目通常由外国的公司来承包，这样会给项目所在国带来先进的技术和管理经验，即给本国的承包商带来较多的发展机会，也会促进国际经济的融合。

BOT 模式具有以下缺点：（1）公共部门和私营企业往往都需要经过一个长期的调查了解，以及谈判和磋商过程，以至项目前期过长，使投标费用过高；（2）投资方和贷款人风险过大，没有退路，使融资举步维艰；（3）参与项目各方存在某些利益冲突，对融资造成障碍；（4）机制不灵活，降低私营企业引进先进技术和管理经验积极性；（5）在特许期内，政府对项目减弱，甚至失去控制权。

20 世纪 80 年代以来，BOT 投资方式在世界范围内逐步得到广泛使用。例如，横穿英吉利海峡的海底隧道、澳大利亚悉尼的港口隧道工程等都是采用了 BOT 投资方式。在亚洲各国，BOT 投资方式更是方兴未艾，土耳其、新加坡、马来西亚、菲律宾、巴基斯坦、泰国、越南等都有不少 BOT 项目，作为吸引外资、改善基础设施、提高经济实力、应对新的世界经济挑战的一种战略选择。

（二）BOT 模式的参与者

1. 项目发起人

作为项目发起人，首先应作为股东，分担一定的项目开发费用。在 BOT 项目方案确定时，就应明确债务和股本的比例，项目发起人应做出一定的股本承诺。同时，应在特许协议中列出专门的备用资金条款，当建设资金不足时，由股东们自己垫付不足资金，以避免项目建设中途停工或工期延误。项目发起人拥有股东大会的投票权，以及特许协议中列出的资产转让条款所表明的权力，即当政府有意转让资产时，股东拥有除债权人之外的第二优先权，从而保证项目公司不被他人控制，保护项目发起人的利益。

2. 产品购买商或接受服务者

在项目规划阶段，项目发起人或项目公司就应与产品购买商签订长期的产品购买合同。产品购买商必须有长期的盈利历史和良好的信誉保证，并且其购买产品的期限至少与 BOT 项目的贷款期限相同，产品的价格也应保证使项目公司足以回收股本、支付贷款本息和股息，并有利润可赚。

3. 债权人

债权人应提供项目公司所需的所有贷款，并按照协议规定的时间和方式支付。当政府计划转让资产或进行资产抵押时，债权人拥有获取资产和抵押权的第一优先权；项目公司若想举新债必须征得债权人的同意；债权人应获得合理的利息。

4. 建筑发起人

BOT 项目的建筑发起人必须拥有很强的建设队伍和先进的技术，并按照协议规定的期限完成建设任务。为了充分保证建设进度，要求总发起人必须具有较好的工作业绩，并应有强有力的担保人提供担保。项目建设竣工后要进行验收和性能测试，以检测建设是否满足设计指标。一旦总发起人因自身原因未按照合同规定期限完成任务，或者完成任务未能通过竣工验收，项目公司将予以罚款。

5. 保险公司

保险公司的责任是对项目中各个角色不愿承担的风险进行保险，包括建筑商风险、业务中断风险、整体责任风险、政治风险，等等。由于这些风险不可预见性很强，造成的损失巨大，所以对保险商的财力、信用要求很高，一般的中小保险公司没有能力承做此类保险。

6. 供应商

供应商负责供应项目公司所需的设备、燃料、原材料等。由于在特许期限内，对于燃料（原料）的需求是长期的和稳定的，供应商必须具有良好的信誉和较强而稳定的盈利能力，能提供至少不短于还贷期的一段时间内的原料，同时供应价格应在供应协议中明确注明，并由政府和金融机构对供应商进行担保。

7. 运营商

运营商负责项目建成后的运营管理。为保持项目运营管理的连续性，项目公司与运营商应签订长期合同，期限至少应等于还款期。运营商必须是 BOT 项目的专长者，既有较强的管理技术和管理水平，也有此类项目较丰富的管理经验。在运营运程中，项目公司每年都应对项目的运营成本进行预算，列出成本计划，限制运营商的总成本支出。对于成本超支或效益提高的情况，应有相应的罚款和奖励制度。

8. 政府

政府是 BOT 项目成功与否的最关键角色之一，政府对于 BOT 的态度以及在 BOT 项目实施过程中给予的支持将直接影响项目的成败。

（三）实施 BOT 的步骤

首先，项目发起方成立项目专设公司（项目公司），专设公司同东道国政府或有关政府部门达成项目特许协议。其次，项目公司与建设承包商签署建设合同，并得到建筑商和设备供应商的保险公司的担保。专设公司与项目运营承包商签署项目经营协议。再次，项目公司与商业银行签订贷款协议或与出口信贷银行签订买方信贷协议。最后，进入经营阶段后，项目公司把项目收入转移给一个担保信托。担保信托再把这部分收入用于偿还银行贷款。

四、PPP 模式

PPP 是英文 Private-Public-Partnership 的缩写，也就是人们常说的公私伙伴关系。它是指公共部门为提供某种公共物品或公共服务，以特许经营权协议为基础而建立起来的一种长期合作关系。这种伙伴关系通常需要通过正式的协议来明确双方的权利和义务，以确保项目的顺利完成。在这种关系下，公共部门与私营部门发挥各自的优势来提供公共服务，共同分担风险、分享收益。

PPP 模式实质是政府通过给予私营企业长期的特许经营权和收益权，将市场中的竞争机制引入基础设施建设中，以期达到更有效地提供公共服务的目的。PPP 代表的是一个完整的项目融资概念。政府并不是把所有项目的责任全部转移给私营企业，而是由参与合作的各方共同承担责任和融资风险。政府的公共部门与私人参与者以特许经营协议为基础进行合作，与以往私人企业参与公共基础设施建设的方式不同，它们的合作始于项目的确认和可行性研究阶段，并贯穿项目的整个过程。

（一）PPP 模式的分类

PPP 模式是一个非常宽泛的概念，有广义和狭义之分。广义的 PPP 模式包含项目融资中所有公共部门和私营部门之间的合作模式。无论在项目何种阶段，无论以何种形式，只要存在公共部门和私营部门的合作，我们都可以说是广义的 PPP 模式。广义 PPP 模式可以分为外包、特许经营和私有化三大类（见图 10-3）。

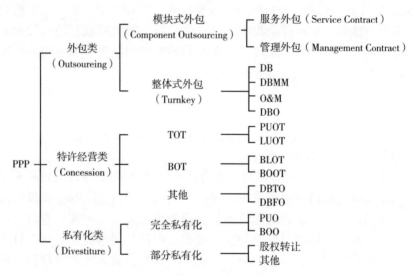

图 10-3　广义 PPP 模式分类

1. 外包类

一般是由政府投资，私营部门承包整个项目中的一项或几项职能，如只负责工程建设，或者受政府之托代为管理维护设施或提供部分公共服务，并通过政府付费实现收益。在外包类 PPP 项目中，私营部门承担的风险相对较小。

2. 特许经营类

对于这类 PPP 项目，需要私人参与部分或全部投资，并通过一定的合作机制与公共部门分担项目风险、共享项目收益。根据项目的实际收益情况，公共部门可能会向特许经营公司收取一定的特许经营费或给予一定补偿，这就需要公共部门协调好私营部门的利润和项目的公益性两者之间的平衡关系。因此，政府相关部门的管理水平对于此类项目运作是否成功有很大关系。通过建立有效的监管机制，特许经营类项目能充分发挥公共部门与私营部门各自的优势。项目的资产最终归公共部门保留，因此一般存在使用权和所有权的移交过程，即合同结束后要求私营部门将项目的使用权或所有权移交给公共部门。

3. 私有化类

对于这类 PPP 项目，需要私营部门负责项目的全部投资，在政府的监管下，通过向用户收费收回投资实现利润。由于私有化类 PPP 项目的所有权永久归私人拥有，并且不具备有限追索的特性，因此私营部门在这类 PPP 项目中承担的风险最大。

（二）PPP 模式的特征

1. 项目为主体

PPP 项目主要根据项目的预期收益、资产以及政府扶持措施的力度来安排融资，其贷款的数量、融资成本的高低以及融资结构的设计都与项目的现金流量和资产价值直接联系在一起，因此 PPP 项目的融资是以项目为主体的融资活动。

2. 有限追索贷款

传统融资模式实行的是根据借款人自身资信情况确定的完全追索贷款，而 PPP 项目融资实行的是有限追索贷款，即贷款人可以在贷款的某个特定阶段对项目借款人实行追索，或在一个规定范围内对公私合作双方进行追索。除此之外，项目出现任何问题，贷款人均不能追索到项目借款人除该项目资产、现金流量以及政府所承诺义务之外的任何形式的资产。

3. 合理分配投资风险

PPP 模式可以尽早地确定哪些基础设施项目能够进行项目融资，并且可以在项目的初始阶段就较合理地分配项目整个生命周期中的风险，而且风险将通过项目评估时的定价而变得清晰。

4. 资产负债表之外的融资

PPP 项目的融资是一种资产负债表之外的融资。根据有限追索原则，项目投资人承担的是有限责任，因而通过对项目投资结构和融资结构的设计，可以帮助投资者将贷款安排为一种非公司负债型融资，使融资成为一种不需要进入项目投资者资产负债表的贷款形式。

5. 灵活的信用结构

PPP 项目具有灵活的信用结构，可以将贷款的信用支撑分配到与项目有关的各个方面，提高项目的债务承受能力，减少贷款人对投资者资信和其他资产的依赖程度。

（三）PPP 模式的运作思路

PPP 模式的目标有两种：一是低层次目标，指特定项目的短期目标；二是高层次目标，指引入私营部门参与基础设施建设的综合长期合作的目标。项目机构目标层次如表 10 - 4 所示。

表 10 - 4 　　　　　　　　　　　项目机构目标分解

层次目标	机构之间		机构内部
	公共部门	私营部门	
低层次目标	增加或提高基层设施水平	获取项目的有效回报	分配责任和收益
高层次目标	资金的有效利用	增加市场份额和占有量	有效服务设施的供给

PPP 模式的机构层次就像金字塔一样，金字塔顶部是项目所在国的政府，是引入私营部门参与基础设施建设项目的有关政策的制定者。项目所在国政府对基础设施建设项目有一个完整的政策框架、目标和实施策略，对项目的建设和运营过程的参与各方进行指导和约束。金字塔中部是项目所在国政府有关机构，负责对政府政策指导方针进行解释和运用，形成具体的项目目标。处于金字塔的底部是项目私人参与者，通过与项目所在国政府的有关部门签署一个长期的协议或合同，协调本机构的目标、项目所在国政府的政策目标和项目所在国政府有关机构的具体目标之间的关系，尽可能使参与各方在项目进行中达到预定的目标。

这种模式的一个最显著的特点就是项目所在国政府或者所属机构与项目的投资者和经营者之间的相互协调及其在项目建设中发挥的作用。PPP 模式是一个完整的项目融资概念，但并不是对项目融资的彻底更改，而是对项目生命周过程中的组织机构设置提出了一个新的模型。它是政府、营利性企业和非营利性企业基于某个项目而形成以"双赢"或"多赢"为理念的相互合作形式，参与各方可以达到与预期单独行动相比更为有利的结果，其运作思路如图 10 - 4 所示。

参与各方虽然没有达到自身理想的最大利益，但总收益却是最大的，实现了帕累托效应，即社会效益最大化，这显然更符合公共基础设施建设的宗旨。

推广运用政府和社会资本合作（PPP）模式，是党中央、国务院做出的一项重要决策部署，是在公共服务领域实现国家治理体系和治理能力现代化的一项重要举措。党的十八大以来，我国全力推进 PPP 改革创新，通过放宽准入、打破垄断、引进竞争、鼓励创新、坚持绩效导向，推动公共服务供给质量变革、效率变革、动力变革，不断增强人民群众的获得感、幸福感、安全感。

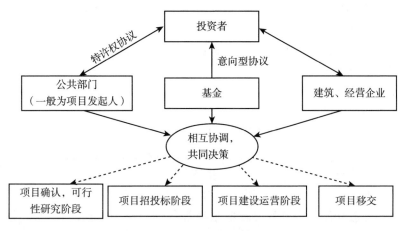

图 10-4 PPP 模式运作思路

目前，我国已成为全球最大的区域 PPP 市场。根据财政部 PPP 中心数据，截至 2022 年 8 月，全国 PPP 综合信息平台管理库累计入库项目 10306 个，投资额 16.4 万亿元，覆盖 19 个行业，其中签约落地项目 8374 个，投资额 13.6 万亿元。从项目整体增长趋势来看，我国 PPP 项目整体增长放缓，市场发展渐趋稳定，进入消化存量阶段。

五、REITs 投资模式

REITs 是英文 Real Estate Investment Trusts 的缩写，即不动产投资信托基金。从逻辑上，可以把 REITs 理解为基金，它是一种金融工具，通过发行收益凭证、汇集投资者资金，交给专业的投资机构进行不动产的投资经营管理，并及时将投资收益分配给投资者。不动产主要指两种类型的资产：一种是商业写字楼、零售物业、酒店、公寓等持有型房地产；另一种是传统及新型的基础设施。其中，传统基础设施包括机场、港口、收费公路、水电气热、污染治理等；新型基础设施则包括 5G 基站、数据中心等和信息产业相关的基础设施。REITs 所投资不动产有个共同的特点，那就是能够产生长期、稳定的现金流。

（一）REITs 的特征

公开募集基础设施证券投资基金采用"公募基金 + 基础设施资产支持证券"的产品结构，基金管理人与基础设施资产支持证券管理人存在实际控制关系或受同一控制人控制。此外，基础设施基金需要同时符合下列特征：一是 80% 以上基金资产投资于基础设施资产支持证券，并持有其全部份额；基金通过基础设施资产支持证券持有基础设施项目公司全部股权。二是基金通过资产支持证券和项目公司等特殊目的载体取得基础设施项目完全所有权或经营权利。三是基金管理人主动运营管理基础设施项目，以获取基础设施项目租金、收费等稳定现金流为主要目的。四是采取封闭式运作，收益分配比例不低于合并后基金年度可供分配金额的90%。

（二）REITs 的作用

任何一种金融工具都可以从两个角度来进行讨论：一个是资金的需求端，典型的主体就是企业；另一个是资金的供给端，即投资者。从企业的角度来看，REITs 主要是通过盘活企业存量资产，提升资产周转率，支持后续的规模化开发，形成良性的投融资闭环；为企业提供战略转型的新选项，改变传统企业自建、自持不动产的重资产运营模式，使企业向专业化的服务企业发展。从投资者的角度来看，REITs 以其优秀的长期表现、抗通胀特性、风险分散功能、高分红、收益平稳等特性，成为提高居民财产性收入的重要金融资产类型。

REITs 的理论实质在于通过证券设计的方式，将由不动产产生的、大规模的、长期的、稳定的现金流在资本市场证券化，连接资金的供给方和需求方，从而实现资源整合与配置。

（三）基础设施 REITs 的重要意义

目前，我国房地产的存量规模大，而在基础设施领域，我国在能源、交通、水利、环保、农林重大市政工程方面进行了大量的建设。总体上，我国的基础设施处于存量和增量并重的时期。从表象上分析，企业缺乏盘活资产的工具，而对于投资者来说，缺乏低门槛的、流动性的不动产的投资工具。从深层次分析，在原有的投融资体系下，无论是基础设施还是持有型房地产，都缺乏有效的市场化的定价机制。因此，从中长期来看，原有的投资模式已经难以持续，难以适应我国经济的发展。2020 年 4 月，证监会、国家发展改革委联合发布《关于推进基础设施领域不动产投资信托基金（REITs）试点相关工作的通知》，并出台配套指引。这标志着我国基础设施领域公募 REITs 试点正式起步。

1. 有利于为基础设施项目提供有效的权益型融资工具

"融资难、融资贵"是实体经济面临的一个普遍性问题，具体到基础设施领域，最难的是资本金的筹措。总体上看，基础设施项目投资规模比较大、回报相对低，对资本金需求非常大。一方面，基础设施项目需要大量权益性资金充当资本金；另一方面，又面临着权益性融资只占百分比个位数的融资结构，这为基础设施项目资本金的筹措造成了比较大的难题。近几年，受新冠疫情影响，很多地方财政压力较大、企业效益欠佳，基础设施项目资本金筹措更加困难。REITs 是一种权益型融资工具，能够把存量的基础设施资产盘活，有助于解决基础设施项目资本金筹措这一难题。

2. 有利于提高基础设施企业再投资能力

以基础设施建设运营为主要业务的企业目前都面临着一个共性问题：投资了大量项目，资产总量很大，资产负债率也很高，高负债率限制了企业再投资能力和进一步发展。而发行基础设施 REITs，有利于基础设施企业解决这一问题。

3. 有利于广泛吸引各类社会资本参与基础设施建设

发行基础设施 REITs 是在基础设施领域打通"投资—运营—退出—再投资"的完整链条，形成投融资闭环。基础设施 REITs 提供规范化、标准化的基础设施投资退出渠道，将大大增强基础设施资产的流动性和市场估值，这对民间投资而言具有极大的吸引力。由于许多基础设施投资项目规模大、回收周期长、投资门槛非常高，原来老百姓很难直接参与，而推出 REITs 这种产品，老百姓也可以像购买股票一样购买 REITs 份额，参与基础设施投资，分享投资收益，这有利于促进广大人民群众共享改革发展成果，贯彻创新、协调、绿色、开放、共享的新发展理念。

4. 有利于提高基础设施运营管理效率

基础设施运营管理效率不高，运营管理方式比较粗放，是基础设施领域较为普遍的问题。而采用 REITs 模式，则有利于提高基础设施管理效率。

六、EOD 模式

EOD 是英文 Ecology-Oriented Development 的缩写，即生态环境导向的开发。这是一种创新性的项目组织实施模式，是以生态文明思想为引领，以可持续发展为目标，以生态保护和环境治理为基础，以特色产业运营为支撑，以区域综合开发为载体，采取产业链延伸、联合经营、组合开发等方式，推动公益性较强、收益性差的生态环境治理项目与收益较好的关联产业有效融合，统筹推进，一体化实施，将生态环境治理带来的经济价值内部化的项目组织实施方式（见图 10-5）。

EOD 模式将生态引领贯穿于规划、建设、运营的全过程，从生态环境、产业结构、基础设施、城市布局等方面综合考虑，按照项目进度大概可以分为三个阶段。第一阶段，重构生态网络。通过环境治理、生态系统修复、生态网络构建，为城市发展创造良好的生态基底，带动土地增值。第二阶段，城市环境的整体提升。通过完善公共设施、交通能力、城市布局优化、特色塑造等提升城市整体环境质量，为后续产业运营提供优质的条件。第三阶段，资源导入，激活经济。通过产业导入、人才引进等手段，激活经济，使整体溢价增值，包括税收、自然资本等。

（一）EOD 模式的优势

在严管政府债务的大背景下，EOD 模式依托其以下优势，在未来将成

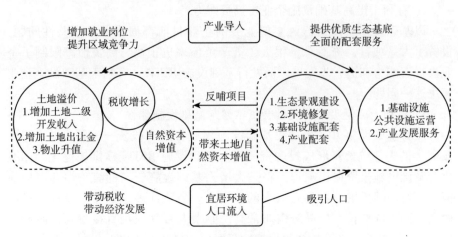

图 10 – 5   EOD 模式示意图

为主流的片区开发模式。

一是项目总体打包。EOD 模式最大的优势在于支持项目总体进行打包开发,打包范围非常广,不论是已建、在建还是未建项目,不管是公益、准公益性还是经营性项目,又或者一二三产项目,都可以进行总体打包,拼盘开发。

二是多元资金拼盘。从资金渠道来看,PPP、社会资本、中央预算内补助等均可用于 EOD 项目开发,更值得关注的事,不足部分可以由政策性银行解决。

三是项目融资优势。EOD 模式相较于其他的项目贷款,其融资优势非常显著:贷款利率低,可享受政策性银行贷款和行业贴息;贷款周期可长达 30 年;融资金额大,可高达几十亿元。

四是落地高效快速。EOD 模式试点项目前期申报时间短,落地快,从项目包装到入库审批,再到融资落地,平均周期约 6 个月。

五是助力片区开发。由传统的"平台融资 + 土地财政"模式转向"EOD + 片区开发"模式,筹划得当可形成内循环,规避政府信用背书和还款承诺。

(二) EOD 模式的实施路径

1. 明确生态治理的目标

EOD 模式是为了解决当前生态环境问题,需要开展科学全面的项目前期谋划。结合具体的区域特征和治理需求,对实施紧迫性强、生态环境效益高,以及对关联产业有较强价值溢出的项目进行有针对性的项目谋划和顶层设计,确定合理的项目实施边界和目标要求,明确项目的建设内容、技术路线、投资估算等。其中,生态环境治理项目主要涉及区域流域综合整治、废弃矿山修复等生态修复与保护等公益性较强、收益性较差的治理项目。

2. 识别关联产业

在充分考虑生态环境治理项目的外部经济性和环境质量改善后提升价值的外溢流向的基础上，明确与生态治理项目相关联的产业开发项目。产业开发项目应充分结合当地的实际情况，可以通过利用土地发展生态农业、文化旅游、康养、乡村振兴、特色地产、"光伏 +"和生物质能利用等清洁能源项目，也可以采用出售未来产业的开发或经营权的方式，比如基础设施的特许经营权、矿产等资源的开采权等。结合项目的收益水平等进行综合测算，确定产业开发项目的边界范围和建设内容。

3. 分析一体化实施可行性

在确定了生态环境治理项目和产业开发项目后，要对两者一体化实施的可行性进行分析。从项目的区域特征、实施主体、技术路线、投资估算、相关政策、实施期限等方面综合分析其可行性，整体测算项目的成本和收益，在保障社会资本投资收益的前提下，尽可能地实现项目的成本收益平衡，最大限度减少政府投入。在两个项目均可行的前提下，进行 EOD 项目统筹设计。

4. 建立内部反哺机制

生态环境治理项目和关联产业开发项目一体化实施后，在收益方面，既要考虑产业开发项目自身的盈利能力，也要考虑到生态环境治理成效带来的外部经济效益；在成本方面，既要考虑产业开发所需的成本，也要考虑生态环境治理的成本。在保证合理利润的基础上，尽可能地实现成本收益平衡。当项目的收益难以覆盖成本时，政府可以使用中央和省级专项资金、政府专项债、国际金融贷款、政府投资基金投资、政府和社会资本合作（PPP）出资等政府资金进行支持。其中，可申请专项资金的项目领域有水污染防治、土壤污染防治、农村环境治理等；可申请专项债的项目领域有污水处理设施与管网建设、垃圾处理与环卫处置建设等。

5. 因地制宜推进项目实施

生态环境治理和关联产业类型多样，不同的融合发展路径与操作方式存在较大的差异。我们应因地制宜，选择最合适的当地区域的 EOD 项目。将选择好的 EOD 项目依据实际需求选择分别立项整体实施或整体立项。最后，要加强对项目的监管，确保整个 EOD 项目的规范实施。

2021 年，财政部发布《重点生态保护修复治理资金管理办法》，提出用于山水林田湖草沙冰一体化保护和修复工程的奖补采取项目法分配，工程总投资 10 亿~20 亿元的项目奖补 5 亿元，20 亿~50 亿元的项目奖补 10 亿元，50 亿元以上的项目奖补 20 亿元。不仅是政府补贴，银行也为 EOD 模式项目提供了大额中长期资金融资服务，截至 2021 年底，国开行对首批试点项目累计授信额度约 520 亿元，2022 年批复了第二批项目。由此，EOD 模式进入政府主推发展阶段。随着国家对 EOD 模式相关支持政策的明确，相信 EOD 模式将会成为实现环境治理、乡村振兴的重要模式。

第三节　项目融资策划

一、项目融资分析因素

（一）当地经济发展状况

从经济维度来看，包括规模指标、结构指标。其中，结构指标包括第二、第三产业增加值占 GDP 的比重；外贸依存度，即对外贸易与 GDP 的比值；工业产业集中度；产业结构偏离度；衡量经济效率的指标，为就业比重与产值比重之差。

从财政维度来看，包括规模指标、结构指标。其中，结构指标包括财政收入的稳定性，通过税收占一般公共预算收入的比重衡量，占比越高，稳定性越高；财政收支的平衡性，也称财政自给率，是指地方财政一般预算收入与地方财政一般预算支出的比值；支出刚性，通过刚性支出占一般公共预算支出的比重衡量；财政收入对上级转移收入的依赖性，用转移收入占一般公共预算收入和转移收入之和的比重衡量。

从金融维度来看，首先，土地出让金是政府性基金收入的重要组成部分，对于地方政府财政实力具有重要的影响。其次，在金融方面，我们总结了三个主要特征。一是存贷款规模与经济正相关。二是非正式渠道融资风险较高，主要原因有两点：（1）委托贷款利率高于正常银行贷款，对于借方的现金流要求较高；（2）贷方自身的问题容易引起贷款合同提前终止，并最终导致借方财务状况恶化。三是经济欠发达地区，特别是内蒙古、山西、黑龙江，这些区域受到经济下行、产能过剩等压力的双重甚至多重挤压，企业现金流较差，不良贷款扩张速度较快。

2022 年上半年 GDP 百强城市大洗牌（见表 10-5），北京首次登上中国经济第一城宝座，重庆再次逆袭广州，荣登经济第四城。同时，省会城市大洗牌，主要集中在中东部省会城市。郑州不仅反超长沙，还超越无锡；济南、福州反超合肥；石家庄反超沈阳、长春；太原超越哈尔滨。其中，福州、石家庄是上升位次最大的两个省会城市，而长春由于疫情影响下降 3个位次。三四线城市排名上升最快，宁德、榆林、包头三城市排名上升均超双位数，其中宁德成为最大黑马，上升 16 个位次，而其在 2021 年上半年还未进入百强名单（排在第 102 位）。宁德经济能够一骑绝尘，在于宁德时代这个巨无霸的新能源企业。宁德时代的动力电池市场占有率连续五年全球第一，新能源科技的消费类电池市场占有率连续十年全球第一。

表 10－5　　　　　　　　2022 年上半年 GDP 百强城市

排名	城市	GDP（亿元）	较上年同期增量（亿元）	排名	城市	GDP（亿元）	较上年同期增量（亿元）
1	北京	19352.20	124.20	29	昆明	3769.65	149.28
2	上海	19349.31	－753.22	30	温州	3746.00	102.00
3	深圳	15016.91	692.44	31	徐州	3719.06	111.67
4	重庆	13511.64	608.23	32	厦门	3663.20	263.35
5	广州	13433.80	331.91	33	潍坊	3523.00	253.71
6	苏州	11132.00	447.34	34	石家庄	3511.00	346.90
7	成都	9965.55	362.83	35	沈阳	3460.90	157.30
8	杭州	9003.00	357.00	36	南昌	3409.50	253.75
9	武汉	8904.10	652.60	37	绍兴	3360.00	171.00
10	南京	7879.40	256.63	38	扬州	3239.37	174.59
11	天津	7620.58	311.33	39	盐城	3229.80	184.20
12	宁波	7260.30	619.70	40	嘉兴	3085.73	143.73
13	青岛	7070.35	531.14	41	长春	3073.83	－361.68
14	郑州	6740.05	425.19	42	泰州	3028.63	168.59
15	无锡	6714.75	215.54	43	榆林	2969.84	757.08
16	长沙	6711.29	345.53	44	洛阳	2915.56	244.36
17	佛山	5747.79	273.67	45	台州	2797.00	74.00
18	南通	5663.60	180.43	46	临沂	2747.40	194.50
19	泉州	5637.87	275.16	47	金华	2641.00	135.00
20	济南	5481.30	282.55	48	漳州	2618.60	195.74
21	福州	5442.68	431.59	49	南宁	2611.80	22.15
22	合肥	5430.40	226.94	50	济宁	2580.37	200.71
23	西安	5359.60	259.98	51	襄阳	2560.92	183.34
24	东莞	5178.20	178.09	52	鄂尔多斯	2550.10	510.21
25	烟台	4349.91	431.53	53	太原	2524.00	342.19
26	常州	4264.60	175.05	54	镇江	2475.65	85.76
27	唐山	4105.50	300.10	55	惠州	2407.19	180.61
28	大连	3905.70	273.30	56	宜昌	2362.00	195.39

排名	城市	GDP（亿元）	较上年同期增量（亿元）	排名	城市	GDP（亿元）	较上年同期增量（亿元）
57	哈尔滨	2316.60	45.40	79	滁州	1795.70	131.00
58	淮安	2272.70	98.24	80	周口	1788.88	78.43
59	贵阳	2240.99	198.84	81	湖州	1783.70	70.70
60	芜湖	2220.30	182.15	82	宿迁	1749.49	96.40
61	南阳	2209.43	145.87	83	东营	1741.80	124.35
62	淄博	2199.31	195.39	84	连云港	1737.66	20.84
63	遵义	2181.03	209.28	85	江门	1737.52	80.95
64	赣州	2112.80	146.04	86	宁德	1718.10	250.90
65	岳阳	2111.18	131.10	87	株洲	1710.50	105.99
66	沧州	2106.80	114.60	88	湛江	1705.83	85.42
67	乌鲁木齐	2103.70	163.83	89	中山	1697.99	46.79
68	邯郸	2102.40	111.60	90	新乡	1666.29	128.38
69	菏泽	2063.42	136.21	91	呼和浩特	1664.00	124.96
70	常德	1959.00	73.70	92	曲靖	1651.14	153.41
71	九江	1926.50	145.94	93	商丘	1641.87	160.43
72	许昌	1907.89	88.49	94	威海	1630.42	114.40
73	珠海	1906.78	65.31	95	宜春	1629.20	112.11
74	衡阳	1906.00	103.28	96	兰州	1716.81	88.42
75	包头	1887.20	260.20	97	绵阳	1617.20	71.03
76	保定	1822.90	87.30	98	龙岩	1613.80	124.71
77	茂名	1817.86	157.24	99	驻马店	1604.96	/
78	德州	1804.00	140.73	100	泰安	1592.40	117.90

资料来源：作者根据各地统计局公布的数据整理。

（二）当地财政和债务情况

截至 2022 年 4 月 4 日，全国 293 个地级市披露了较完整的 2021 年财政数据。以此为基础，全国地级市财政实力情况如下：2021 年，受经济企稳和工业品价格上涨带动，全国地级市一般公共预算收入实现恢复性增长，财政自给率明显回升，268 个地级市一般公共预算收入同比大幅增长 10.6%，一般公共预算支出同比微降 0.5%，总体财政自给率由 2020 年的 48.3% 大幅上升至 53.7%，结束了 2018～2020 年连续下行的趋势。2021年，财政自给率上升的城市达到 255 个，占比 95.1%。在财政自给率改善的同时，财政收入的质量也有所提升，税收占比微升，土地财政依赖度降低，268 个地级市一般预算收入税收占比中位为 70.0%，环比上升 0.4 个百分点；受土地市场下行影响，土地财政依赖度中位回落 1.4 个百分点至 48.2%。

分地区来看，（1）华北地区财政自给率居全国中上水平，其中内蒙古相对偏弱且区域分化较为显著。华北区域自给率较高的城市有晋城、太原、廊坊、唐山、鄂尔多斯等。（2）东北地区：黑龙江和吉林的财政自给率偏低，辽宁尚可。2021 年，黑龙江、吉林、辽宁财政自给率分别为 25.5%、31.0%、46.9%，分别排名全国第 24 位、第 22 位、第 8 位。东北地区自给率较高的城市集中在辽宁，包括大连、沈阳、盘锦等。（3）华东地区财政实力整体较强，其中江浙闽鲁处于领先地位。2021 年，浙江、江苏、福建、山东、安徽财政自给率排名全国前十，其中杭州、苏州、南京、常州、宁波、无锡自给率遥遥领先，超 85%；江浙地级市一般预算收入税收占比也在全国明显领先。（4）中南地区的情况分化，其中广东财政自给领先。广东 2021 年财政自给率达 77.4%，居全国第一，河南和"两湖"处全国中游，广西处下游。财政自给率较高的城市有深圳、东莞、佛山、武汉、长沙、郑州等，均超 70%。（5）西南地区财政自给率整体处于全国中下游水平，省会城市较强。四川、贵州、云南 2021 年财政自给率分别为 42.6%、35.2%、34.3%，分别居全国第 13 位、第 18 位、第 19 位。该地区省会城市实力领先，贵阳、成都、昆明自给率均在 60% 以上，而毕节、铜仁、巴中、昭通、普洱等其他城市的财政自给率偏低。（6）西北地区财政实力偏弱，其中甘肃、青海的自给率低。宁夏、新疆、甘肃、青海 2021 年财政自给率分别为 32.2%、30.0%、24.9%、17.7%，居全国后列。整体而言，多数西北城市财政自给率在全国中等水平之下。

衡量政府债务风险程度，通常使用两个指标。一是负债率，即期末政府债务余额与 GDP 之比。这一指标一方面能衡量经济规模对债务的承担能力，另一方面也可反映每一单位政府债务产生的 GDP。就显性债务来说，2021 年我国地方政府债务规模为 30.47 万亿元，控制在全国人大批准的限额（33.28 万亿元）之内，其中一般债务限额 151089.22 亿元，专项债务限额 181685.08 亿元。政府债券 303078 亿元，非政府债券形式存量政府债务 1622 亿元。二是债务率，即期末政府债务余额与政府综合财力之比，衡量政府所掌握的财力对债务的承担水平。国际货币基金组织（IMF）曾经提出 90% ~150% 的安全参考指标，即要使政府财政可持续，此指标最好控制在 90% 范围内，最多不能超过 150%（也有 120% 的主张）。2022 年初财政部副部长许宏才在国务院例行政策吹风会上表示，2020 年地方政府债务率是 93.6%，总体来说不高。

（三）当地营商环境

营商环境是指市场主体在准入、生产经营、退出等过程中涉及的政务环境、市场环境、法治环境、人文环境等有关外部因素和条件的总和。2019年10月国务院总理李克强签署国务院令，公布《优化营商环境条例》，自2020年1月1日起施行。

营商环境包括影响企业活动的社会要素、经济要素、政治要素和法律要素等方面，是一项涉及经济社会改革和对外开放众多领域的系统工程。一个地区营商环境的优劣直接影响着招商引资的多寡，同时也直接影响着区域内的经营企业，最终对经济发展状况、财税收入、社会就业情况等产生重要影响。良好的营商环境是一个国家或地区经济软实力的重要体现，是一个国家或地区提高综合竞争力的重要方面。

1. 新加坡：法治优先模式

新加坡的法规体系较为完善，拥有健全和公正的司法审判系统，为知识产权保护、吸引人才、劳动者权利保护、鼓励移民等提供了有力的制度保障。通过健全公正的司法审判系统、完善企业纠纷解决渠道推动市场秩序的完善。其《竞争法案》通过禁止某些约束市场竞争的商业行为来促进健康的市场竞争行为。同时，新加坡具有世界上最好的知识产权保护体系，相关主要法律有《专利法案》《商标法案》《注册商标设计法》和《版权法》。

2. 中国香港：国际化优先模式

中国香港优质的营商环境得益于高度的开放。政治文化交流、经贸投资往来和城市管理水平方面的国际化高标准，扎堆的各国领事馆、便捷的国际航线与航班，与国际接轨的高等教育体系和良好国际语言环境、便捷舒适的公交服务等，使香港成为高水平的国际化政治文化交流中心。国际金融服务的便利化、简单低税制和国际性的金融人才的聚集推动了香港现代金融服务业繁荣。此外，高标准的城市规划、市政建设、交通管理、公共服务等让香港成为便捷、宜居的国际现代都市。

3. 中国深圳：效率优先模式

"时间就是金钱，效率就是生命"，深圳着力打造高效的便利营商环境。通过整合内部资源，优化业务流程，简化审批程序，深圳实现了审批环节做"减法"、审批效率做"加法"。各单位充分利用大厅集中办理行政审批业务的平台优势，根据窗口业务特点，打破部门边界，加强单位间横向业务协同，建立多层次横向联动机制，促成审批业务无缝衔接，提升一体化程度。前海e站通服务中心率先在全国应用"互联网＋政务服务"的理念，前海局法定机构实行服务人员企业化运营管理机制，成为深圳重效率、重法治、重服务的重要体现。

4. 中国天津：便利优先模式

天津滨海新区以贸易自由、投资便利、金融服务完善、高端产业聚集、法制运行规范、监管透明高效、辐射带动效应明显等为内容核心和总方向，探索投资便利和贸易便利的措施。通过成立行政审批局和综合执法局，幅度减少、取消审批事项，加快推动政府职能转变，促进政务服务便利化；通过扩大服务业和先进制造业对民营资本和外资的开放领域，对于外商投资率先实行准入前国民待遇加负面清单的管理模式；创造条件推动人民币资本项目可兑换、利率市场化、人民币跨境使用、外汇管理体制等方面创新，加快金融领域改革创新；依托"一线放开"实现通关便利化。

（四）当地平台公司实力

平台公司的综合实力并不仅仅指其资产情况，还包括平台公司的级别、股东和负责人协调财政资金的能力。可通过股东结构、资产结构、主营业务、金融机构负债情况等要素判断城投公司的综合情况。

1. 平台公司的股东结构

平台公司的股东结构基本决定了该平台公司的级别，是省级、省会城市级、地市级、区级还是县级。级别越高，其再融资能力越强，协调财政资金还款的能力也越强。通常，政府直接作为出资人的平台公司属于当地重要的平台公司，实力较强，还款也会比较有保障。自 2011 年银监会对地方融资平台实行名单制管理之后，将相当一部分平台公司纳入《地方政府融资平台全口径融资统计表》，要求各银行业金融机构每季度填报更新。对于向统计表中的平台公司发放贷款、提供融资的行为，原银监会设置了较多的合规要求，包括现金流、资产负债率、贷款投向、项目资本金等。

2. 平台公司的资产结构

一般在资产负债表里需要关注的科目有货币资金、存货（土地、开发成本）、无形资产（土地使用权有时候挂在这里）、应收账款（这个是确认基础债权的佐证，即政府欠款是否真实存在）、短期借款、长期借款等。

土地资产一般是平台公司的主要资产。在分析土地资产时，需要特别注意平台公司是通过什么方式获得土地，是出让还是划拨？有无合法程序？如果是出让地，是否经过招拍挂？是否签署土地出让合同并缴纳土地出让金？是否有相应的收据？这些都是信托项目人员在进行尽职调查时应该注意的。如果是划拨地，有无相关政府部门的批复文件？划拨土地指定用途是什么？从严格意义来说，未经法定程序而注入平台公司的土地都不能算是平台公司的资产，平台公司对其也没有完全的处置权，政府可以随时以程序瑕疵为由收回。

应收账款也是平台公司占比比较多的一部分资产。平台公司一般承担了当地基础设施建设任务，与政府之间存在大量的应收账款。在进行尽职调查时需要关注应收账款形成的原因，有无相关协议、政府批复支持，付款条件，以及项目存续期间的付款金额和时间节点，以判断该部分资产是否真实合法，是否存在其他瑕疵。

3. 平台公司的负债与再融资能力

一般来说，负债以中长期（发债、银行贷款）为主的最好，说明短期偿债压力不大。融资能力主要是用现金流量表中的筹资活动产生的现金流入来统计每年的融资额度和融资能力，以此作为假设来推断未来一定期限内融资方的再融资能力。此外，还应考虑其经营活动产生的净现金流入是否能覆盖到期的债务和日常支出。

4. 平台公司的资信级别

从成立开始，平台公司一般是依靠银行贷款进行间接融资，但随着发展，这往往不能够满足其资金的需求。这时，就需要充分利用府专项债券、企业债券、公司债券、中期票据、信托计划、保险资金、产业基金、资产证券化、新型股权融资等多种方式融资，扩大直接融资比重。这就需要实现平台公司 AA 及以上评级。2021 年，银保监会、中国人民银行联合发布《关于规范现金管理类理财产品管理有关事项的通知》，规定现金管理类产品不得投资 AA + 以下的债券，于是 AA 评级的平台公司在资本市场吸引力日趋下降。未来平台公司还得继续拓展市场化业务，持续注入资产资源，争取在评级方面有所突破，达到 AA + ，乃至 AAA。

二、基建和新基建项目融资策划

（一）融资渠道分析

融资渠道是指协助企业的资金来源，主要包括内源融资和外源融资两个渠道，其中内源融资主要是指企业的自有资金和在生产经营过程中的资金积累部分；协助企业融资即企业的外部资金来源部分，主要包括直接融资和间接融资两种方式。直接融资与间接融资的区别主要在于是否存在融资中介。间接融资是指企业通过银行或非银行金融机构渠道获取融资。而直接融资即企业直接从市场或投资方获取资金。

从筹集资金的来源角度看，筹资渠道可以分为企业的内部渠道和外部渠道。

1. 内部筹资渠道

企业内部筹资渠道是指从企业内部开辟资金来源，主要有三个方面：企业自有资金、企业应付税利和利息、企业未使用或未分配的专项基金。通常，在企业并购中，企业都尽可能选择这一渠道，因为这种方式保密性好，企业不必向外支付借款成本，因而风险很小，但资金来源数额与企业利润有关。

2. 外部筹资渠道

外部筹资渠道是指企业从外部所开辟的资金来源，主要包括专业银行信贷资金、非银行金融机构资金、其他企业资金、民间资金和外资。从企业外部筹资具有速度快、弹性大、资金量大的优点。外部筹资可以分为两类：债务性融资和权益性融资。前者包括银行贷款、发行债券和应付票据、应付账款等，后者主要指股票融资。

（1）基金组织。明股实债，就是投资方以入股的方式对项目进行投资，但实际并不参与项目的管理，到了一定的时间就从项目撤股。这种方式多为国外基金所采用。缺点是操作周期较长，而且要改变公司的股东结构，甚至要改变公司的性质。国外基金比较多，所以以这种方式投资的话，国内公司的性质就要改为中外合资。

（2）银行承兑。投资方将一定的金额（比如1亿元）打到项目方的公司账户上，然后当即要求银行开具1亿元的银行承兑。这种融资的方式对投资方非常有利，因为投资方可以拿这1亿元的银行承兑到其他地方的银行再贴1亿元。

（3）直存款。这是最难操作的融资方式。由投资方到项目方指定银行开一个账户，将指定金额存进自己的账户，然后跟银行签订一个协议，承诺该笔钱在规定的时间内不挪用。银行根据其金额给项目方小于或等于同等金额的贷款。

（4）银行信用证。对于全球性的商业银行（如花旗等）开出的同意给企业融资的银行信用证，可视同企业账户上已有同等金额的存款。但由于很多企业用这个银行信用证进行圈钱，所以国家对相关政策进行调整，国内的企业很难再用这种办法进行融资，只有国外独资和中外合资的企业才可以。因此，国内企业想要用这种方法进行融资的话，首先必须改变企业的性质。

（5）委托贷款。所谓委托贷款，就是投资方在银行为项目方设立一个专款账户，然后把钱打到专款账户里面，委托银行放款给项目方。这是比较好操作的一种融资形式，通常对项目的审查不是很严格，要求银行做出向项目方负责每年代收利息和追还本金的承诺书。当然，不还本的只需要承诺每年代收利息。个人委托贷款业务吸引人的地方在于银行这一专业金融机构的信誉——从表面看来，人们是通过银行将资金贷给企业，但实际上是将资金投向了银行的信用。这个信誉包含银行能够帮助委托人选择到好的投贷对象，控制风险；无论是委托人还是贷款人，都能够在银行获得专业的金融服务；当贷款发生风险时，银行有能力帮助客户解决问题，降低风险。

（6）直通款。所谓直通款，就是直接投资。这对项目的审查很严格，往往要求抵押固定资产或银行担保。此外，利息也相对较高，且多为短期。

（7）对冲资金。市面上有一种不还本不付息的委托贷款，这就是典型的对冲资金。

（8）贷款担保。市面上有不少投资担保公司，只需要付高出银行利息，就可以拿到急需的资金。

（9）发行公司债券。公司债券是企业为筹措长期资金而向一般大众举借款项，承诺于指定到期日向债权人无条件支付票面金额，并于固定期间按期依据约定利率支付利息。

（二）融资方式设计

1. 产品支付

产品支付是针对项目贷款的还款方式而言的，是在项目投产后直接用项目产品来还本付息，而不以项目产品的销售收入来偿还债务的一种融资租赁形式。在贷款得到偿还以前，贷款方拥有项目的部分或全部产品，借款人在清偿债务时把贷款方的贷款看作这些产品销售收入折现后的净值。产品支付这种形式在美国的石油、天然气和采矿项目融资中应用得最为普遍。其特点是用来清偿债务本息的唯一来源是项目的产品；贷款的偿还期应该短于项目有效生产期；贷款方对项目经营费用不承担直接责任。

2. 融资租赁

融资租赁是一种特殊的债务融资方式。项目建设中如需要资金购买某设备，可以向某金融机构申请融资租赁。由该金融机构购入此设备，租借给项目建设单位，建设单位分期付给金融机构租借该设备的租金。融资租赁在资产抵押性融资中用得很普遍，特别是购买飞机和轮船的融资，以及筹建大型电力项目也可采用融资租赁。

3. BOT 融资

BOT 融资方式是私营企业参与基础设施建设，向社会提供公共服务的一种方式。以 BOT 方式融资的优越性主要有以下几个方面：第一，减少项目对政府财政预算的影响，使政府能在自有资金不足的情况下，仍能上马一些基建项目。政府可以集中资源，对那些不被投资者看好但又对地方政府有重大战略意义的项目进行投资。BOT 融资不构成政府外债，可以提高政府的信用，政府也不必为偿还债务而苦恼。第二，引入私营企业，可以极大提高项目的效率、建设质量并加快项目建设进度。同时，政府也将全部项目风险转移给了私营部门发起人。第三，吸引外国投资并引进国外的先进技术和管理方法，对地方的经济发展会产生积极的影响。BOT 投资方式主要用于建设收费公路、发电厂、铁路、废水处理设施和城市地铁等基础设施建设。

4. TOT 融资

TOT 即"移交—经营—移交"，指政府与投资者签订特许经营协议，把已经投产运行的可收益公共设施项目移交给民间投资者经营，凭借该设施在未来若干年内的收益，一次性地从投资者手中融得一笔资金，用于建设新的基础设施项目；特许经营期满后，投资者再把该设施无偿移交给政府管理。TOT 模式与 BOT 模式有明显的区别，它不需要直接由投资者投资建设基础设施，因此避开了基础设施建设过程中产生的大量风险和矛盾，比较容易使政府与投资者达成一致。TOT 模式主要适用于交通基础设施的建设。

5. PPP 融资模式

PPP 模式是公共基础设施的一种项目融资模式。在该模式下，鼓励私营企业与政府进行合作，参与公共基础设施建设。从公共事业的需求出发，利用民间资源的产业化优势，通过政府与私营企业合作，共同开发和投资建设，并维护运营公共事业。通过这种合作形式，合作各方可以达到与预期单独行动相比更为有利的结果。合作各方参与某个项目时，政府并不是把项目的责任全部转移给私营企业，而是由参与合作的各方共同承担责任和融资风险。

6. PFI 融资模式

PFI 的根本在于政府从私人那里购买服务，目前这种方式多用于社会福利性质的建设项目。这种方式多被那些硬件基础设施相对已经较为完善的发达国家采用。比较而言，发展中国家由于经济水平的限制，将更多的资源投入到了能直接或间接产生经济效益的地方，而这些基础设施在国民生产中的重要性很难使政府放弃其最终所有权。PFI 项目在发达国家的应用领域有一定的侧重，以日本和英国为例，从数量上看，日本的侧重领域由高到低为社会福利、环境保护和基础设施，英国则为社会福利、基础设施和环境保护。从资金投入上看，日本在基础设施、社会福利、环境保护三个领域的规模与英国相比要小得多。当前，在英国，PFI 项目非常多样，最大型的项目来自国防部，如空对空加油罐计划、军事飞行培训计划、机场服务支持等。更多的典型项目是相对小额的设施建设，如教育或民用建筑物、警察局、医院、能源管理或公路照明，较大一点的包括公路、监狱等。

（三）融资成本控制

1. 还款方式

工程项目贷款还款方式应根据贷款资金的不同来源所要求的还款条件来确定。

（1）国外（含境外）借款的还款方式。按照国际惯例，债权人一般对贷款本息的偿还期限有明确的规定，要求借款方在规定期限内按照规定的数量还清全部贷款的本金和利息。因此，需要按照协议的要求计算出在规定期内每年需要归还的本息总额。

（2）国内借款的还款方式。目前，虽然借贷双方在有关的借贷合同中规定了还款期限，但在实际操作过程中，主要还是根据技术方案的还款资金来源情况进行测算。一般情况下，按照先贷先还、后贷后还、利息高的先还、利息低的后还的顺序归还国内借款。

2. 常见的三种还款方式

（1）等额本息法。等额本息贷款采用复合利率计算。在每期还款结算时，剩余本金所产生的利息要和剩余的本金（贷款余额）一起被计息，也就是说，未付的利息也要计息。在国外，这是公认的、适合放贷人利益的贷款方式。

等额本息计算公式如下：

$$每月还款金额 = \frac{贷款本金 \times 月利率 \times (月利率 + 1)^{还款月数}}{(1 + 月利率)^{还款月数} - 1}$$

$$月利率 = 年利率 \div 12$$

$$每月偿还利息 = 剩余本金 \times 月利率$$

$$每月偿还本金 = 每月还款金额 - 每月偿还利息$$

（2）等额本金法。等额本金贷款采用简单利率方式计算利息。在每期还款结算时，只对剩余的本金（贷款余额）计息，也就是说，未支付的贷款利息不与未支付的贷款余额一起计算利息，而只有本金才计算利息。

等额本金计算公式如下：

$$每月还款金额 = \left(\frac{贷款本金}{还款月数}\right) + (贷款本金 - 已归还本金累计额) \times 月利率$$

$$月利率 = 年利率 \div 12$$

$$每月偿还利息 = (贷款本金 - 已归还本金累计额) \times 月利率$$

$$每月偿还本金 = 贷款本金/还款月数$$

例：张三贷款 30 万元，20 年还清，贷款年利率 4.65%，分别用等额本金和等额本息两种还款方式计算，结果如下：

还款方式	首月还款（元）	每月递减（元）	利息总额（元）
等额本金	2412.50	4.84	140081.25
等额本息	1922.32	0.00	161357.93

可见，采用等额本金方式还款要比等额本息方式还款节省利息 21276.68 元。

（3）最大偿还能力法。就项目自身收益而言，可用于偿还建设期贷款本金的资金来源包括回收的折旧、摊销和未分配利润。按照项目最大偿还能力还款，也就是将项目回收的所有折旧和摊销资金，以及税后利润均优先用于还款。

① 最大偿还能力（可用于还本的资金）。

=净利润＋折旧＋摊销

=税前利润－所得税＋折旧＋摊销

=营业收入－总成本费用－增值税附加＋补贴－所得税＋折旧＋摊销

=营业收入－经营成本－利息－增值税附加＋补贴－所得税

② 最大偿还能力（可用于还本付息的资金）。

=净利润＋折旧＋摊销＋利息

=税前利润－所得税＋折旧＋摊销＋利息

=营业收入－总成本费用－增值税附加＋补贴－所得税＋折旧＋摊销＋利息

=营业收入－经营成本－增值税附加＋补贴－所得税

例：企业销售收入 100 万元，经营成本 40 万元，折旧摊销 30 万元，利息支出 10 万元，税金 10 万元。那么，

利润总额＝100 － 40 － 30 － 10 － 10 ＝10（万元）

所得税＝利润总额×所得税税率＝10×25％＝2.5（万元）

净利润＝10 － 2.5 ＝7.5（万元）

实际上，对于企业来说：现金流入为 100 万元。现金流出包括经营成本 40 万元、利息支出 10 万元，税金 10 万元、所得税 2.5 万元，合计 62.5 万元。净现金流量：100 － 62.5 ＝37.5（万元）。

可以用于偿还贷款的是净现金流量，这个净现金流量＝净利润（7.5 万元）＋折旧摊销（30 万元）。所以，从这个角度来说，折旧和摊销可以用来偿还贷款本金。

（四）融资方案比选

融资方案研究是可行性研究阶段的重要工作之一。一个好的建设项目方案需要一个好的融资方案配合实施，落实可靠的资金来源是项目成功的关键。项目资金由权益资金和债务资金构成，其来源有多种渠道，筹措方式应根据项目具体情况来选择。项目的融资方案研究的任务，一是调查项目的融资环境、融资形式、融资结构、融资成本、融资风险，拟定出一套或几套可行的融资方案；二是经过比选优化，推荐资金来源可靠、资金结构合理、融资成本低、融资风险小的方案。

三、新兴产业项目融资策划

（一）商业模式设计

商业模式是一个企业满足消费者需求的系统，这个系统组织管理企业

的各种资源（资金、原材料、人力资源、作业方式、销售方式、信息、品牌和知识产权、企业所处的环境、创新力，又称输入变量），形成能够提供消费者无法自力而必须购买的产品和服务（输出变量），因而具有自己能复制且别人不能复制，或者自己在复制中占据市场优势地位的特性。

商业模式是企业经营过程中以盈利为目的，运营自身产品与服务的体系。企业商业模式是由公司操盘者、决策层基于所在行业的环境、产品的功能优势、自身的资源能力这三大因素设定的适合公司长期发展的模式。

1. 商业模式的内容

商业模式设计包括价值定位、运营模式、业务模式、盈利模式、风险模式、成功要素。

（1）价值定位。价值定位是指描述产业价值链，识别产业价值增值环节，确定经营领域。识别利润点和利润控制区，设计整体价值链。

（2）运营模式。一是组织的核心流程，如营销、生产、客户服务等价值增值流程。二是策略支持，如人力资源、资产管理、财务管理等。

（3）业务模式。公司稳定经营的发展，包括业务拓展方向、客户、地域，以及资源的积累和分配等。

（4）盈利模式。为公司创造稳定且持续现金流、利润。要根据其收入类别、在总收入中所占比重、取得时间及变动趋势分析来判断。

（5）风险控制。财务风险和非财务风险（政策风险、竞争风险、管理风险、资源风险等）分析及规避。

（6）成功要素。公司要赢得市场竞争，必须要做好的事项与必须要掌控的资源。要围绕企业自身的核心能力进行评估分析。

以制造业为例，商业模式涉及供应商、制造商、经销商、终端商以及消费者等综合性利益，因此商业模式是多赢价值体系下，主导企业的一种战略性构思。

公司需要根据自身所在的行业特性、资源能力来选择适合自身发展的模式，如①直营，制造商直接面向终端商的渠道销售；②经销，借助经销商的渠道仓储拓展市场；③联营，与经销商共同出资联营联销；④仓储，直接将产品销售配送至消费者；⑤专卖，设立专卖店推广品牌产品；⑥复合，则是对前面五种商业模式的组合。

2. 成功商业模式的标准

成功的商业模式具备以下标准：

（1）定位要准。清楚地定义目标客户的问题和痛点，并通过对行业环境的梳理，制定企业产品发展战略，规划产品或服务。为这个市场提供满足顾客需要的、有价值且独有的产品，让顾客愿意为此付费。

（2）目标市场要大。目标市场是创业公司打算通过营销来吸引的客户群，并向他们出售产品或服务。要寻找一个快速、大规模、持续增长的市场，这是确定是否为优秀市场定位的一个关键标准。

（3）盈利模式要好。如何赚钱的？如何定价？收入现金流是否会满足所有的花费？包括日常开支和售后支持费用，以及是否有很好的回报？盈利模式的设计可以从以下几个方面思考：①产品或服务本身的收益；②提高产品附加值，形成新的利润；③围绕产品客户，设计新产品，形成新的利润；④给资金加速，挖掘沉淀利润；⑤流程优化，剔除无效流程，创造利润。

（4）难以模仿。好的商业模式一定要和自身独有的优势紧密结合，企业通过确立自己的特色，提供独特的价值来提高行业的进入门槛，并且要考虑到后进者的壁垒，以不容易被人赶超。

（5）风险要低。要综合评估可能面临的各种风险。优秀的商业模式应当具有发展成为龙头和链主的最大可能性，而不是在开始发展时就受制于人。评估风险的最终目标是要识别出所有可能的风险、制定相应的应对策略，使得风险都能够可控和被管理。

（二）市场竞争策略

市场竞争策略是企业为适应市场竞争环境的不断变化而制定实施的夺取或者保持市场领先地位或竞争优势的策略。企业在市场上的竞争地位决定其可能采取的竞争策略。企业在特定市场的竞争地位大致可分为市场领先者、市场挑战者、市场追随者和市场补缺者四类。

1. 市场领先者的竞争策略

市场领先者为了保持自己在市场上的领先地位和既得利益，可能采取扩大市场需求、维持市场份额或提高市场占有率等竞争策略。为扩大市场需求，采取发现新用户、开辟新用途、增加使用量、提高使用频率等策略。为保护市场份额，采取创新发展、筑垒防御、直接反击等策略。

2. 市场挑战者的竞争策略

市场挑战者是指那些在市场上居于次要地位的企业，它们不甘目前的地位，通过与市场领先者或其他竞争对手进行竞争来提高自己的市场份额和市场竞争地位，甚至取代市场领先者的地位。它们采取的策略有价格竞争、产品竞争、服务竞争、渠道竞争等。

3. 市场追随者的竞争策略

市场领先者与市场挑战者的角逐往往是两败俱伤，因此其他竞争者通常不敢贸然向市场领先者直接发起挑战，更多的还是选择市场追随者的竞争策略。它们的策略有仿效跟随、差距跟随、选择跟随等。

4. 市场补缺者的竞争策略

几乎所有的行业都有大量中小企业，这些中小企业盯住大企业忽略的市场空缺，通过专业化营销，集中自己的资源优势来满足这部分市场的需求。它们的策略有市场专门化、顾客专门化、产品专门化等。

（三）市场竞争方式

1. 以新取胜

企业追随名牌产品，生产种类繁多的同类产品（仿新）以进行竞争，或者依据市场的需要开发新技术、研制新工艺、发展新产品（创新）以提高市场竞争力，这是企业掌握竞争主动权的关键。

2. 以优取胜

企业向市场提供优质产品和优质服务，把提高和保证产品质量、创立名牌作为竞争的主要策略，这是企业巩固竞争优势地位的关键。

3. 以廉取胜

物美价廉和低档廉价是企业夺取竞争优势的手段。

4. 以快取胜

在市场竞争中，许多企业都在争新、争优、争廉，但是只有快新、快优、快廉才能赢得市场竞争的主动性，否则就会丧失时机，陷入被动局面。这些市场竞争策略可以概括为"人无我有，人有我优，人优我廉，步步抢先"。

（四）核心团队

企业经营发展的最终目的都离不开做大、做强、做久。要达到这三个目的，需要一个有很强支撑力的团队。现代企业的竞争其实就是企业团队之间的竞争，核心团队就是一个企业最重要的枢纽。

优秀的企业家都知道，其实经营企业就是"做人"，企业家要留住团队优秀核心成员，应该从"人性沟通"和"构建人心工程"两个方面入手，因为人性沟通的出发点就是人性的关怀。企业家与管理者要做到让你的核心团队成员从思想上认同你的企业经营理念，在情感上能够接受公司，从而就会在行为上跟公司保持高度一致。

1. 核心团队的组建

（1）尽量选择相互之间熟悉的团队成员。如果创业团队成员之间非常熟悉，那么每个创业团队成员都能清楚地认识到自己的长处和短处，同时对其他成员的性格和能力有清晰的了解，避免因彼此不熟悉而产生各种矛盾和纠纷，从而迅速提高团队的向心力和凝聚力。

特别要提醒的是，很多创业者选择自己的伴侣、同学、朋友、校友组建团队，但矛盾很快就产生了。原因在于，这些人是创业者身边的"熟人"，但不是经过项目合作检验的合作伙伴，双方并没有真正经历过压力测试的磨合期，却容易因为误会而结合，因为了解而分道扬镳。

（2）尽量选择能力互补的团队成员。只有能力互补，才能够整体发挥实力，才能够成为优秀的团队。一般来说，一个优秀的创业团队应该包括以下几类人：①能在关键时刻做出最终决定的人。这个人往往是团队的核心和项目的创始人，能够决定项目未来的发展方向。团队中只有一个这样的人。②市场拓展能力强的人。这样的人可以接触客户，开拓企业的生存空间。③执行力强的人。这样的人可以快速完成特定任务。产品研发、客户服务、后台都需要这样的人才。创业初期，团队中的一些人要懂得必要的金融、法律、审计等专业知识，但可以考虑外包以节省这方面的成本。

另外还要提醒一点，除了能力互补，性格互补也很重要。创业团队需要能力强的人，但往往能力越强的人越有个性，也越容易产生冲突。创业团队里面应该有一位能够使团队产生化学反应、缓解冲突的成员，这样的人好比黏合剂，能让团队内部保持和谐的气氛。

（3）尽量选择资源丰富的团队成员。每个团队成员都或多或少地拥有一定的社会资源，这些资源都可以成为创业的资本。在创业初期，怎样打开市场是最大的难题，这时就要依靠创业团队成员的现有资源了。因此，在选择团队成员时，可以充分考虑其所拥有的社会资源。这里的社会资源可以是客户资源、资金资源、供应链资源、市场资源、政府资源等。

（4）尽量选择工作主动的团队成员。创业往往需要合伙人，而不是员工。合伙人具有做事主动、自发和能够主动承担责任的特点，但不是一个人变成合伙人就会自动具备这样的素质，这样的素质更多的是一个人平时积累的工作习惯，通过一个人的日常言行就能体现出来。

寻找团队成员，不一定要找到"最牛"的人一起创业，完全可以先找几个"还凑合的人"把活干起来再说，后面再慢慢调整。在一个快速成长的企业，企业团队和员工自身也会获得极大的发展。那些当初你"看不上"的人，也许会让你大吃一惊。

2. 核心团队实力的展示

（1）团队核心成员的学习背景。核心团队一般有 2~8 人，展示出来的内容包括职位及其负责的业务，选填成员跟随公司的时间和最高学历，重点是任职经历、成员与项目匹配的个人行业经验和优势。

（2）能力与技术。展示内容包括职位、跟随公司的时间、个人行业经验和劣势、曾任职经历和受教育水平等。

（3）运营或管理方面的经验。应重点展示个人的经验，且其应当与公司方向和重点相匹配。

（4）成功经历。介绍自己团队成功的事例和经历。

（五）融资的财务计划

1. 投资分析

（1）股本结构与规模、资金来源与运用、投资收益与风险分析。（2）附件：投资净现值、投资回收期、内部报酬率、项目敏感性分析、盈亏平衡分析（含保本点分析）、投资回报。

2. 财务分析（主要是财务报表）

（1）会计报表及附表：主要财务假设、收益表、现金流量表、资产负债表；（2）会计报表分析：比率及趋势分析、预计销售趋势分析、风险假定与分析；（3）财务附表：第一年收益表、第二年收益表、成本费用表、资产负债表（第一年季报）、资产负债表（第二年季报）、现金流量表（第一年季报）、现金流量表（第二年季报）。

第四节　项目投融资风险分析和应对

一、项目投融资风险分析

融资风险分析是项目风险分析中非常重要的组成部分，并与项目其他方面的风险分析紧密相关。融资风险分析的基本步骤包括识别融资风险因素、估计融资风险程度、提出融资风险对策。项目的融资风险分析主要包括资金运用风险、项目控制风险、资金供应风险、资金追加风险、利率及汇率风险。

（一）资金运用风险

资金运用风险主要是项目运用所筹资金投资失败所带来的风险。项目投资的失败和融资活动有关，但不一定就是融资活动所导致的。项目投资活动的很多方面都可能导致投资失败。投资失败产生的损失往往可以利用融资活动，全部或部分地转移给资金提供者，即出资人。

在制订融资方案时，需要详细分析项目的整体风险情况，评估项目投资失败的可能性，进而考虑融资过程中的风险对策和措施。如果风险较大，可以通过股权融资等方式让更多的出资人来共同承担风险，或利用项目融资模式限定筹资人或项目发起人的风险承受程度。

融资风险与出资风险既相互联系，又相互区别，二者最主要的区别是看待风险的角度不同。从筹资人角度看融资风险，从出资人角度看出资风险。如果出资人承受的风险大，就会要求筹资人承担比较高的融资成本；出资人承受的风险较小，筹资人承担的融资成本也相应较低。

（二）项目控制风险

融资带来的项目控制风险主要表现在经过融资活动后，筹资人有可能会失去对项目的某些控制权（项目的收益权、管理权、经营权等）。采用涉及项目控制权的资本金融资方式，在获得资金的同时，筹资人会相应地失去一定的项目控制权，也可能会丧失项目的部分预期收益。若这种收益高于以其他融资方式获得资金的机会成本，就视为筹资人的一种损失。但是，筹资人在丧失这种机会收益的同时，也向股权投资人转嫁了未来这部分投资失败的风险。因此，不同方面的融资风险和风险对策之间存在相互关联性，筹资人需要综合权衡以定取舍。如果未来投资的风险很大，筹资人就可以较多地运用股权融资等方式筹措资金，转移风险；如果未来投资的风险较小，筹资人就应尽量使用不涉及项目控制权的融资方式（如银行借款等）债务融资方式。

（三）资金供应风险

资金供应风险是指，融资方案在实施过程中可能会出现资金不到位，导致建设工期拖长，工程造价升高，原定投资效益目标难以实现的风险。可能出现资金供应风险的情况有已承诺出资的投资者中途变故，不能兑现承诺；原定发行股票和债券计划不能落实；既有法人融资项目由于企业经营状况恶化，无力按原定计划出资；其他资金不能按建设进度足额及时到位的情况。

预定的投资人或贷款人没有实现预定计划或承诺从而使融资计划失败，是产生资金供应风险的重要原因。为了避免上述情况出现，在项目融资方案的设计中应当对预定的出资人的出资能力进行调查分析。影响出资人出资能力变化的因素有出资人自身的经营风险和财务能力，出资人公司的经营和投资策略的变化，出资人所在国家的法律、政治、经济环境的变化，世界经济状况、金融市场行情的变化。

考虑到出资人的出资风险，在选择项目的股本投资人及贷款人时，应当选择资金实力强、既往信用好、风险承受能力大、所在国政治及经济稳定的出资人。

（四）资金追加风险

项目的资金追加风险是指项目实施过程中会出现许多变化，包括设计变更、技术变更甚至失败、市场变化、某些预定的出资人变更、投资超支等，导致项目的融资方案变更，因此项目需要具备足够的追加资金能力。为规避这方面的风险，一方面，要加强项目前期的分析论证及科学合理的规划，加强对项目实施过程的管理和监控；另一方面，项目需要具备足够的再融资能力。再融资能力体现为出现融资缺口时应有及时取得补充融资的计划及能力。通常可以通过下列三种方式提高项目的再融资能力：一是融资方案设计中应考虑备用融资方案；二是融资方案设计时要考虑在项目实施过程中追加取得新的融资渠道和融资方式；三是项目的融资计划与投资支出计划应当平衡，必要时留有一定富余量。

备用融资方案主要包括项目公司股东的追加投资承诺；贷款银团的追

加贷款承诺；贷款承诺高于项目计划使用资金数额，以取得备用的贷款承诺。

（五）利率风险

利率风险是指因市场利率变动而给项目融资带来一定损失的风险，主要表现为市场利率的非预期性波动而给项目资金成本所带来的影响。银行根据贷款利率是否随市场利率变动，可分为浮动利率和固定利率。浮动利率贷款项目资金成本随未来利率变动，当利率上升时，项目资本成本增大，从而给借款较多的项目造成较大困难，表现为项目融资风险中主要是由利率变动引起项目债务利息负担增加而造成的损失。固定利率下，若未来市场利率下降，项目资金成本不能相应下降，相对资金成本将增加。因此，无论选用浮动利率还是固定利率，都存在利率风险。利率的选取应从更有利于降低项目总体风险的角度来考虑。

在项目融资中，降低利率风险最主要的是采取利率互换的方式。互换就是用项目的全部或部分现金流量交换与项目无关的另一组现金流量。利率互换在项目融资中很有价值，因为多数银团在安排长期项目贷款时只是愿意考虑浮动利率的贷款公式，使项目承担较大的利率波动风险。作为项目投资者，如果根据项目现金流量的性质，将部分或全部的浮动利率贷款转换成固定利率贷款，在一定程度上可以减少利率风险对项目的影响。

（六）汇率风险

汇率风险是指，项目因汇率变动而遭受损失或预期收益难以实现的可能性。项目使用某种外汇借款，未来汇率的变动将使项目的资金成本发生变动，从而产生汇率风险。为了防范汇率风险，对于未来有外汇收入的项目，可以根据项目未来的收入币种选择借款外汇和还款外汇币种，也可以采用汇率封顶和货币利率转换的方法降低汇率风险。其中，汇率封顶，即在正式签署贷款合同或提取贷款前，项目公司与债权人协商约定一个固定的汇率最高值，还款时债务人以不超过已协商约定的汇率最高值进行换汇还款。货币利率转换是指，为降低借款成本或避免将来还款的汇价和利率风险，而将一种货币的债务转换为另一种货币的债务。

二、项目投资风险应对策略

（一）减轻风险

减轻风险主要是为了降低风险发生的可能性或减少后果带来的不利影响。具体如何减轻风险，需要根据已知风险、可预测风险和不可预测风险进行区别对待。

（二）预防风险

预防策略需要在项目的组织结构上下功夫，合理地设计项目组织形式能有效预防风险。项目发起单位如果在财力、经验、技术、管理、人才或其他资源方面无力完成项目，可以同其他单位组成合营体，预防自身不能克服的风险。

（三）转移风险

转移风险又叫合伙分担风险，其目的不是降低风险发生的概率和不利后果带来的影响，而是借用合同或协议，在发生风险事故时把一部分损失转移到项目以外的第三方身上。使用这种策略所付出的代价大小取决于风险大小，当项目的资源有限，不能实施减轻或预防策略，或风险发生频率不高，但潜在的损失或危害很大时，可使用该策略。

（四）自留风险

有时，可以自愿接受风险事件的不利后果，可以是主动的，也可以是被动的。由于在风险管理规划阶段已经对一些风险有了准备，所以当发生风险事件时马上执行应急计划，视为主动接受；被动接受风险是指，当风险事件造成的损失数额不大，不影响项目大局时，把损失列为项目中的一种费用。自留风险是最省事的风险规避方法，在很多情况下成本也是最低的，当采取其他方法规避项目风险的成本超过风险事件造成的损失时，可采取自留风险的方法。

（五）后备措施

有些项目风险需要事先制定后备措施，一旦项目实际进展情况与计划不同，就动用后备措施。一般来说，后备措施有费用、进度和技术三种。应急费用是一笔事先准备好的资金，用于补偿差错、疏漏及其他不确定性对项目估计精确性的影响；进度后备措施是对项目进度方面的不确定因素制定的紧凑进度计划；技术后备措施专门用于应对项目的技术风险。

（六）回避风险

回避风险是指，当项目风险潜在的威胁出现的可能性太大，不利后果太严重，又没有其他可用的方案时，主动放弃项目或改变项目目标与行动方案，人为回避风险的一种策略。如果通过风险评价发现项目实施面临巨大的威胁，项目管理团队又没有别的办法控制风险，这时就要考虑放弃项目的实施，避免出现更大的损失。不过，在采取回避策略之前，必须对风险有充分的认识，对威胁出现的可能性和后果的严重性有足够的把握。采取回避策略，最好在项目活动尚未实施时进行，放弃或改变正在进行的项目，一般都要付出不菲的代价。

三、项目融资风险应对策略

(一) 金融环境风险应对

针对利率风险，应对策略包括固定利率的贷款担保；理想的多种货币组合方式；同银团及其他金融机构密切合作；运用封顶、利率区间、保底等套期保值技术，以减少利率变化的影响；寻求东道国政府的利率保证。

针对金融风险中的汇率风险，应对策略包括运用掉期等衍生工具；同东道国或者结算银行签订远期兑换合同，事先把汇率锁定在一个双方都可以接受的价位上；外汇风险均担。

(二) 法律风险及政治风险应对

一是要注意所在国家或者地区法律、政策稳定性风险。一些项目常常因为国家取消了曾经给予的税收优惠或者改变税率、税种、征税方法，给项目融资带来许多不确定性因素。所以，项目开始前就要考虑对项目实施中的关键问题（如外汇、通货膨胀、税率等），及早做出安排，尽可能争取到政府相应的法律保障和政府担保等。二是进行纯商业性质的保险和政府机构的保险。由于项目融资面临的风险较多，加之一些突发性事件很难预见，项目公司所面临的政治风险、政府主权风险和信用风险很难评估。一般通过向国际保险担保机构、有关国家及其保险公司、出口信贷机构、多边投资担保机构等投保来规避、转移全部或者部分风险。三是股权安排。项目如果能够吸引主要金融机构参与，如世界银行集团的国际金融公司、地区发展银行等，就能减少政治风险的不利影响。四是债权安排。引入多边机构参与项目贷款也是减低国有化等国家风险的一种有效方法。

(三) 风险管理的主要措施

第一，做好项目评估和风险分析工作。项目的评估和风险分析是项目融资的重要基础工作。项目公司在介入项目融资之前，一定要做好调查研究和项目评估工作，包括当地的投资环境、政府信用、当地在建或者拟建项目的运作及规划情况，探索风险事件的来源所在，分析发生的可能性，判断后果的严重程度。第二，做好风险监控工作。通过对风险全过程的监视和控制，从而保证风险管理能够达到预期的目标。风险监控应当围绕项目融资风险的基本问题，制定科学的风险监控手段和系统的管理方法，建立有效的风险预警系统，做好应急计划，实施高效的项目融资风险监控。第三，注重风险分担。项目融资风险规避的措施之一就是将风险分到项目的各有关方面，避免集中在项目投资者或者贷款人一方。风险分担并不是将所有的风险平均分给参与各方，而是采用"将某类风险的全部都分给最适合承担的一方"的原则。第四，加强对项目风险管理人员的培训，提高风险管理水平。企业要培养一批熟悉金融知识、具备融资经验和技巧、掌握先进风险管理手段的专业人员；引进先进的风险管理技术和手段，建立融资风险管理信息系统、风险评估系统、风险对策系统，使项目融资风险管理工作逐步趋于规范化、科学化，提高风险管理工作的效率和质量。第五，确保项目融资法律机构严谨无误。通过一系列法律文件，将项目参与者在融资结构中的地位、所拥有的权利、所承担的责任和义务确定下来，准确反映各方的诉求，这样就能减少不必要的风险影响。

第十一章

项目可行性研究和立项

可行性研究是对拟投资项目进行多方面的调查研究和综合论证，为投资决策提供科学依据，从而保证所投资项目在技术上先进可靠，经济上合理有利，操作上合法可行。

可行性研究是政府投资项目审批决策的依据，是企业项目使用政府投资补助、贷款贴息等编制资金申请报告的依据，可作为筹措资金和申请贷款的依据、编制初步设计文件和建设方案的依据，是作为向地方政府建设、规划、环保等部门申请办理建设许可手续的依据。

第一节 项目可行性研究的因素

对项目进行可行性分析，详细的编制参考依据主要包括：（1）国家有关的发展规划、计划文件，包括对该行业的鼓励、特许、限制、禁止等有关规定；（2）项目主管部门对项目建设要请示的批复；（3）项目审批文件；（4）项目承办单位委托进行详细可行性分析的合同或协议；（5）企业的初步选择报告；（6）主要工艺和装置的技术资料；（7）拟建地区的环境现状资料；（8）项目承办单位与有关方面签订的协议，如投资、原料供应、建设用地、运输等方面的初步协议；（9）国家和地区关于工业建设的法令、法规，如"三废"排放标准、土地法规、劳动保护条例等；（10）相关国家经济法规、规定，如中外合资企业法、税收、外资、贷款等规定，以及国家关于建设方面的标准、规范、定额资料等。

在项目可行性研究报告编制过程中，尤其是在对项目进行财务、经济评价时，还需要参考如下相关文件：《会计法》（2000年1月1日起实施）；《企业会计准则》（2007年1月1日起实施）；《企业所得税法实施条例》（2008年1月1日起实施）；《增值税暂行条例实施细则》（2009年1月1日起实施）；《建设项目经济评价方法与参数（第三版）》（国家发展改革委

2006年审核批准施行）；以及项目必须遵守的国内外其他工商税务法律文件等。

一、投资必要性、技术可行性

（一）投资必要性

社会总投资由政府投资和非政府投资两大部分构成。政府投资是指政府为了实现其职能，满足社会公共需要，实现经济和社会发展战略，投入资金用以转化为实物资产的行为和过程。政府投资是国家宏观经济调控的必要手段，在社会投资和资源配置中起重要宏观导向作用。政府投资可以弥补市场失灵，协调全社会的重大投资比例关系，进而推动经济发展和结构优化。政府投资作用和意义一般表现在以下几个方面：

第一，均衡社会投资，政府发挥宏观调控作用。在市场经济条件下，尽管政府投资量不占据主要地位，但对社会投资总量的均衡能起到调节作用。当社会投资量呈扩张势头、通货膨胀趋势严重时，政府投资主体通过减少投资量，缓解投资膨胀。当经济不景气、社会投资低迷时，政府投资主体采取增加投资量的途径，扩大社会需求，推动经济发展。

第二，政府投资对调节投资结构、引导社会投资方向起着重要作用。国家在经济发展的不同时期需要制定不同的产业政策，确定产业发展次序。投资的基本方向是国家产业政策规定优先发展的产业，特别是国民经济薄弱环节，对社会效益大而经济效益并不显著的产业，应予以重点扶持，这有利于优化投资结构，协调投资比例关系。在市场经济条件下，政府已不是唯一的投资主体，即使是国家需要重点扶持的基础设施及其他重要产业，也需要鼓励社会投资的介入。但政府投资起到了一种先导和示范作用，它通过运用直接投资和间接投资手段，如投资补贴、投资抵免、投资贷款贴息等，引导全社会投资更多地投入国家鼓励发展的产业和领域。

第三，为社会民间投资创造良好的投资环境。判断投资的环境好坏，很重要的一个方面是公用设施和社会基础设施完善与否。公用设施和社会基础设施及软环境建设，有相当一部分无法实现商品化经营或商品化程度很低，即不能实现投资经济活动投入产出的良性循环，因此这方面的投资是政府投资主体的义务和责任，是政府投资的重点。

第四，支持地区内国家重点项目建设。政府投资从资金、移民搬迁、劳动力供给等方面为重点项目的建设提供保障，承担区域内公益性项目投资，集中力量投资于基础项目和支柱产业的项目，同时通过各项政策和经济手段，推动资产的重组，进行存量调整。此外，推进现代企业制度建设，使企业成为投资的基本主体。

（二）技术可行性

技术可行性，主要是从项目实施的技术角度，合理设计技术方案并进行比选和评价。各行业不同项目技术可行性的研究内容及深度差别很大。对于工业项目，可行性研究的技术论证应达到能够比较明确地提出设备清单的深度；对于各种非工业项目，技术方案的论证也应达到工程方案初步设计的深度，以便与国际惯例接轨。技术可行性分析要素如下：

第一，竞争对手功能比较。研究同行业有多少类似产品，有哪些功能，以及功能的异同点。通过竞品分析，可以了解对方技术特点、产品特点、发展空间、市场行情、用户喜爱程度及我们的突破点等信息。

第二，技术风险及规避方法。对可能使用到的技术进行全面分析，判断技术上是否有解决不了的问题，如果有，应如何规避。

第三，易用性及用户使用门槛。这主要包括产品的易用性，用户群体分析，产品是否会有使用难度。

第四，产品环境依赖性。产品是否依赖于第三方平台、环境，如有的App 的使用要求必须满足特定的系统；有的平台规定只适配某一类浏览器；有的产品使用前必须插入 U 盾，等等。

二、财务可行性、组织可行性

财务可行性评价是在国家现行财税制度和价格体系的条件下，从项目财务角度分析、计算项目的财务盈利能力和清偿能力，据以判别项目的财务可行性。

组织可行性是指制订合理的项目实施进度计划、设计合理的组织机构、选择经验丰富的管理人员、建立良好的协作关系、制订合适的培训计划等，以保证项目顺利执行。

三、经济可行性、社会可行性

经济可行性是指研究开发的成本和效益，判断系统运行得到的效益是否能高于系统开发的成本，以及能否在规定的时间内收回开发的成本。

广义的社会可行性分道德、法律、社会三个方面。一是道德方面。产品是否符合道德标准，符合大众审美，如不能传播一些充满社会负能量的产品。二是法律方面。产品不能触犯法律，否则产品不会走远，如一些赌博产品、黄色网站等。三是社会方面。产品一定是要能解决某类社会存在的问题，并能带来社会价值。关注社会影响力，即通过产品的推广，产品将会给公司带来哪些社会效益，增加多少社会影响力。此外，还要关注自有资源，即规划产品时会具备哪些优势，通过这些资源在市场环境下能带来多少效益。

四、风险因素和对策

风险因素及对策主要对项目的市场风险、技术风险、财务风险、组织风险、法律风险、经济及社会风险等风险因素进行评价，制定规避风险的对策，为项目全过程的风险管理提供依据。

第二节　可行性研究主要内容

一、项目背景和发展概况

项目背景主要包括：项目的提出原因、项目环境背景、项目优势分析（资源、技术、人才、管理等方面）、项目运作的可行性、项目的独特与创新分析等方面内容。

项目概述是指，在介绍或论述某个项目时，首先综合性地简要介绍项目的基本情况。比如，对于一个招商项目，其概况比一般项目概况的内容更全面，包括项目建设内容、建设规模、投资总额、市场前景、经济效益、社会效益、地理位置、交通条件、气候环境、人文环境、优惠政策等。

二、市场分析与建设规模

（一）市场分析

市场分析是对市场供需变化的各种因素及其动态、趋势的分析。分析过程如下：收集有关资料和数据，采用适当的方法分析研究、探索市场变化规律，了解消费者对产品品种、规格、质量、性能、价格的意见和要求，了解市场对某种产品的需求量和销售趋势，了解产品的市场占有率和竞争单位的市场占有情况，了解社会商品购买力和社会商品可供量的变化，并从中判明商品供需平衡的不同情况（平衡或供大于需，或需大于供），为企业生产经营决策——合理安排生产、进行市场竞争，以及客观管理决策——正确调节市场，平衡产销，发展经济提供重要依据。

（二）建设规模

建设规模亦称投资规模，是国家为形成新的固定资产而花费的资金总额，指设计任务书和设计文件规定的全部设计能力或效益，如工业企业的全部生产能力、铁路和公路的总长度等。1981 年 3 月，国务院发布了《关于加强基本建设计划管理、控制基本建设规模的若干规定》，其主要内容是：（1）凡属基本建设，不管其资金来源如何，都要按隶属关系，由各级计委综合平衡后，在核定的基本建设规模之内，纳入各级基本建设计划；

（2）全国建设总规模由国务院确定。各省（区、市）的建设规模，由各省（区、市）根据各自财力平衡的可能拟订并报送国家计委，由国家计委审核后报国务院批准。

三、建设条件与项目选址

（一）项目建设条件

项目建设条件指拟建项目的建设施工条件和生产经营条件。工业项目的建设条件一般包括：（1）资源条件，主要指为项目生产经营长期提供的矿产资源和农业资源；（2）原材料供应条件，指施工所需建筑材料和生产经营所需各种材料的供应条件；（3）燃料、动力供应条件，指项目建设和生产经营的燃料与动力的设施条件；（4）交通运输条件，指保证生产经营所需的厂内、厂外运输条件；（5）工程地质和水文地质条件，指所在地的地质构造、地层的稳定性，地貌、地下水类型及其形成、分布与运动规律，主要含水层的物理、化学性质等条件；（6）"三废"治理条件，投产后"三废"对环境的影响程度及其治理措施条件；（7）协作配套条件；（8）厂址选择条件，包括项目建厂地区选择和项目具体厂址选择。

（二）项目建设选址

建设项目选址是执行城市规划的关键所在，直接关系到城市的性质、规模、布局和城市规划的实施，同时也关系到建设项目实施顺利与否，是一个十分重要的环节。

第一，建设项目的基本情况：主要是建设项目名称、性质、用地与建设规模，供水与能源的需求量与运输量，以及废水、废气、废渣的排放方式和排放量。

第二，建设项目规划选址的主要依据：（1）经批准的项目建议书；（2）建设项目与城市规划布局的协调；（3）建设项目与城市交通、通信、能源、市政、防灾规划的衔接与协调，采取的运输方式；（4）建设项目配套的生活设施与城市生活居住及公共设施规划的衔接与协调；（5）建设项目对于城市环境可能造成的污染影响，以及与城市环境保护规划和风景名胜、文物古迹保护规划的协调。

第三，建设项目选址、用地范围和具体规划要求。

四、技术方案

技术方案是为研究解决各类技术问题，有针对性、系统性地提出方法、应对措施及相关对策。内容可包括科研方案、计划方案、规划方案、建设方案、设计方案、施工方案、施工组织设计、投标流程中的技术标文件、大型吊装作业的吊装作业方案、生产方案、管理方案、技术措施、技术路线、技术改革方案，等等。

五、环境保护与劳动安全

《建设项目环境保护管理条例》（1998 年 11 月 29 日国务院令第 253 号发布，根据 2017 年 7 月 16 日《国务院关于修改〈建设项目环境保护管理条例〉的决定》修订）是为防止建设项目产生新的污染、破坏生态环境而制定的。

修订后的条例取消了建设项目竣工环境保护验收行政许可，同时对加强建设项目事中事后监管提出了更高要求。

一是加强了对建设单位落实建设项目环境保护的要求。修订后的条例细化了建设项目初步设计、施工建设和资金保障等方面的要求，规定建设单位将环境保护设施建设纳入施工合同，保证环境保护设施建设进度和资金，并在项目建设过程中同时组织实施环境影响报告书（表）及其审批决定中提出的环境保护对策措施。对比修订前的条款，修订后的条例在落实建设项目环境保护要求方面对建设单位提出了更加明确的要求。

二是组织建设项目环境保护设施验收的责任回归到建设单位。修订后的条例虽然取消了验收行政许可，但保留了验收环节，要求编制环境影响报告书（表）的建设项目竣工后，建设单位按照国务院环境保护部门规定的标准和程序，对配套建设的环境保护设施进行验收，编制验收报告。修订后的条例将过去由环境保护部门组织验收的方式调整为由建设单位自行组织环境保护设施验收，彻底理顺了责任关系：环境保护设施的有效运行是建设单位自己的事，环境保护部门不再为其背书，环境保护部门与建设项目及其建设单位是监管和被监管的关系，监管中发现的问题由建设单位承担责任。

三是更加突出环境保护部门的监管责任。修订后的条例明确取消了验收行政许可，同时规定环境保护部门应当对建设项目环境保护设施设计、施工、验收、投入生产或者使用情况，以及有关环境影响评价文件确定的其他环境保护措施的落实情况进行监督检查。这意味着环境保护部门要调整建设项目的监管策略，从过去采取验收行政许可这种一次性的监管方式调整为对建设项目从设计到施工，再到投产使用的全过程监管方式，提升建设项目事中事后监管效力。

四是强化了信息公开和诚信管理的要求。修订后的条例规定，除按照国家规定需要保密的情形外，建设单位应依法向社会公开验收报告。环境保护部门应将建设项目有关环境违法信息记入社会诚信档案，及时向社会公开违法者名单。上述要求反映了当前创新环境治理模式的新思维。从我国的国家治理体系发展来看，当前应立足于"政府—市场—社会"三分结构，理顺各治理主体之间与内部的权责关系，形成企业守法、政府监管、社会监督的共治局面。对建设单位信息公开和信守承诺的要求，畅通了社会监督的渠道，使得建设单位从"要我守法"变成"我要守法"，促进了建设项目环境保护主体责任的有效落实。

五是规定了开展环境影响后评价的要求。修订后的条例第十九条第二款规定了开展环境影响后评价的要求。这将有力促进《建设项目环境影响后评价管理办法（试行）》的实施。对于水利、水电、采掘、港口、铁路行业中实际环境影响程度和范围较大且主要环境影响在项目建成运行一定时期后逐步显现的建设项目，冶金、石化和化工行业中有重大环境风险、建设地点敏感且持续排放重金属或者持久性有机污染物的建设项目，开展环境影响后评价是强化事中事后监管的重要途径，将有力推动建设项目环境保护持续改进，提高环境影响评价制度的有效性。

在项目建设中，必须贯彻执行国家有关环境保护、能源节约和职业安全方面的法律法规，对项目可能造成周边环境影响或劳动者健康和安全的因素，必须在可行性研究阶段进行论证分析，提出防治措施并对其进行评价，推荐技术可行、经济，且布局合理，对环境有害影响较小的最佳方案。按照国家现行规定，凡对环境有影响的建设项目都必须执行环境影响报告书的审批制度，同时可行性研究报告中要有对环境保护和劳动安全的专门论述。

六、企业组织与员工定员

企业定员，亦称劳动定员或人员编制，是在一定的生产技术组织条件下，为保证企业生产经营活动正常进行，按一定素质要求，对企业配备各类人员所预先规定的限额。

人力资源作为生产力的基本要素，是任何劳动组织从事经济活动赖以进行的必要条件。劳动组织从设计组建时起，就要考虑需要多少人，各种人应具备什么样的条件，如何将这些人合理组合起来，既能满足生产和工作的需要，又使每个人都能发挥其应有的作用。这就需要制定企业的用人标准，即需要加强企业定编、定岗、定员、定额工作，促进企业劳动组织的科学化。

劳动定员是以企业劳动组织常年性生产、工作岗位为对象，即凡是企业进行正常生产经营所需要的各类人员，都应包括在定员的范围之内，具体包括从事各类活动的一般员工，以及各类初、中级经营管理人员、专业技术人员，乃至高层领导者。定员范围与用工形式无关，其员工人数应根据企业生产经营活动特点和实际来确定。

七、项目实施进度安排

项目进度计划是在拟定年度或实施阶段完成投资的基础上，根据相应的工程量和工期要求，对各项工作的起止时间、相互衔接协调关系所制订的计划，同时对完成各项工作所需的时间、劳力、材料、设备的供应做出具体安排，最后制订出项目的进度计划。项目进度安排是指，根据项目活动定义、项目活动顺序、各项活动估计时间和所需资源进行分析，制订项目的起止日期和项目活动具体时间安排的工作。其主要目的是控制和节约项目的时间，保证项目在规定的时间内能够完成。

八、投资估算与资金筹措

（一）投资估算

投资估算是可行性研究报告的核心内容之一。投资估算是在对项目的建设规模、产品方案、技术方案、设备方案、场（厂）址方案和工程建设方案及项目进度计划等进行研究并基本确定的基础上，对建设项目总投资及各分项投资数额进行估算。投资估算根据项目具体情况和资料掌握程度，可以采用不同的估算方法。

投资费用就是固定资本与净周转资金的合计。固定资本是建设和装备一个投资项目所需的资金。除了固定投资外，固定资本还包括开发前的所有投资费用，如筹建开办费、项目可行性研究和其他咨询费、开发建设期间贷款利息、开发人员培训费以及试运转费用等。周转资金（或称流动资金）则相当于全部或部分经营该项目所需的资金。在项目评价阶段，计算周转资金需要量很重要，应使它保持在一个合理的、必要的水平上。净周转资金则是流动资产减去短期负债。流动资产包括应收账款、存货（配件、辅助材料、供应品、包装材料、备件及小工具等），以及在制品、成品和现金。短期负债主要包括应付账款（贷方）等。

在不同的研究设计阶段，投资估算的精确性不同。一般可根据毛估和粗估的情况，来否定或初步肯定一个项目，其估计的精度一般为 $\pm 30\%$ 。初步项目可行性研究要求估计精度为 $\pm 20\%$ ，项目可行性研究要求估计精度为 $\pm 10\%$ ，设计开发时则要达到 $\pm 5\%$ 。

（二）资金筹措

为一个项目调拨资金，这不仅对任何投资决定，而且对项目拟定和投资前分析而言都是基本先决条件。如果一项项目可行性研究没有这样的合理保证的支持，那么这项研究就没有多大用处。大多数情况是，在进行项目可行性研究之前就应该对项目筹资的可能性做出初步估计。因此，说明实际或可能的资金来源，包括自有资金、各种贷款及其偿还条件，是项目可行性研究最为基本和最为关键的内容。

　　大型投资项目，除了自筹资金外，通常还需要一定数量的贷款。两者各占多少，要有适当的比例，因为贷款要付息，自筹资金要分红。自筹资金比例大，则盈利用来分红的就多；反之，贷款比例大，则利息负债就多。一般认为自筹、贷款各半稳妥。自筹不足时可以多贷，这个限额通常是为50% ~ 80%；相反，当资金雄厚时，可以少贷。贷款基本上分为两种：(1) 长期贷款。从国际金融组织，比如世界银行或某个国家银行财团获得。与设备制造商联系起来，又分为供方贷款和买方贷款。工业发达国家之间出于输出设备的竞争，这种贷款的条件比较优惠，利率也较低。(2) 短期贷款。由商业银行信贷，通常作为企业的流动资金来源。这种贷款的利率按国际金融市场牌价，高于长期贷款利率。而贷款和偿还问题，应与银行和财团商讨，并在项目可行性研究中拟定。

　　资金筹措包括权益资金和债务资金筹措。在可行性研究阶段，建设单位或投资主体应与咨询单位一起，在建设方案研究的同时进行融资方案的研究。项目决策时，应有明确的资金来源渠道，做到权益资金来源可靠，债务资金来源应有债权人的承诺。对于融资数额较大的建设项目，应做专门的融资方案研究报告，作为可行性研究报告的附件。

　　(三) 财务报表

　　为了估计一个新建或扩建项目的资金需要，要编制一套财务报表。财务报表关系到管理决策，所以在对一个公司的财务状况分析中，必须注重所用的表格形式。只有当财务报表有标准的项目和格式，才能进行有意义的对比和分析，所以财务报表的格式不应随意改变。

　　项目可行性研究中的财务报表，其主要目的是向投资者系统说明项目编制，以及随之而来的财务分析，因此财务报表包括：

　　(1) 现金流动表。仅仅找到资金来源是不够的，还必须使资金流入（资金和销售收益）在时间上与投资支出、开发成本和其他开支的流出配合一致。因此，就必须编制一个表明资金流入和流出的现金流动表，这种现金的流动表在项目的投资时期是相当重要的。

　　(2) 净收入报表。该报表是用来计算整个项目期间每一阶段的项目净收入或亏损的。它与现金流动表不同，因为收益是和在所涉及阶段中获得该收益所需的成本相联系的。为了使例子简化，配件、在制品和最终产品库存的变化都假定为零。

　　(3) 预计资产负债表。资产负债表主要反映项目整个使用期间某些阶段的总的财务情况，包括现金结存和其他流动资产、固定资产，以及为企业顺利经营所需的自有资本、借贷资本和短期负债。

九、财务效益、经济与社会效益评价

建设项目经济评价包括财务评价和国民经济评价。财务评价是在国家现行政策财税制度和价格体系的条件下，计算项目范围内的效益和费用，分析项目的盈利能力、清偿能力，以考察项目在财务上的可行性。国民经济评价是在合理配置国家资源的前提下，从国家的整体角度分析计算项目对国民经济的净贡献，以考察项目的经济合理性。一般来讲，财务评价和国民经济评价结论都可行的项目才可以通过。通常情况下，绝大多数项目（特别是中小型项目）由于其建设对国民经济的影响很小，又不是利用国际金融组织贷款和某些政府贷款等资金来源进行建设，往往不需要进行国民经济评价。建设项目的经济评价以动态分析为主，静态分析为辅。

（一）财务盈利能力分析

财务盈利能力分析主要是考察投资的盈利水平，用以下指标表示。

1. 财务内部收益率

财务内部收益率（FIRR）是指，项目在整个计算期内（包括建设期和生产经营期），各年净现金流量现值累计等于零时的折现率。它反映项目所占用资金的盈利率，是考察项目盈利能力的主要动态指标。其表达式为：

$$\sum_{t=1}^{n} (CI - CO)_t (1 + FIRR)^{-t} = 0$$

式中，CI 为现金流入量，CO 为现金流出量，$(CI - CO)_t$ 为第 t 年的净现金流量，n 为计算期。

财务内部收益率可根据财务现金流量中净现金流量，用试差法计算求得。在财务评价中，将求出的全部投资或自有资金（投资者的实际出资）的财务内部收益率（FIRR）与行业的基准收益率或设定的折现率（i）进行比较，当 FIRR > i 时，即认为其盈利能力已满足最低要求，在财务是可以考虑接受的。

2. 投资回收期

投资回收期（payback period）是指，以项目的净收益抵偿全部投资（固定资产投资和流动资金）所需要的时间。它是考察项目在财务上的投资回收能力的主要静态指标。投资回收期（以年表示）一般从建设开始年算起，如果从投产年算起时，应予以注明。

投资回收期可根据财务现金流量表（全部投资）中累计净现金流量计算求得。详细计算公式为：

投资回收期(Pt) =（累计净现金流量开始出现正值年数 -1）

    +（上年累计净现金流量的绝对值

    ÷当年净现金流量）

在财务评价中，将求出的投资回收期（Pt）与行业的基准投资回收期（Pc）进行比较，当 Pt≤Pc 时，表明项目投资能在规定的时间内收回。

3. 财务净现值

财务净现值（FNPV）是指，按行业的基准收益率或设定的折现率，将项目计算期内各年净现金流量折现到建设期初的现值之和。它是考察项目在计算期内盈利能力的动态评价指标，其表达式为：

$$FNPV = \sum_{t=1}^{n} (CI - CO)_t (1 + i_c)^{-t}$$

式中，CI 为现金流入量；CO 为现金流出量；i_c 为基准收益率；n 为计算期。

财务净现值可根据财务现金流量表计算求得。财务净现值大于或等于零的项目是可以考虑接受的。当 FNPV > 0 时，说明该技术方案能得到超额收益现值，该技术方案可行；当 FNPV = 0 时，说明该技术方案满足基准收益率要求的盈利水平，该技术方案可行；当 FNPV < 0 时，说明该技术方案不满足基准收益率，该技术方案财务上不可行。

4. 投资利润率

投资利润率（ROI）是指项目达到设计生产能力后的一个正常生产年份的年利润总额与总项目投资的比率。它是考察项目单位投资盈利能力的静态指标。对于生产期内各年的利润总额变化幅度较大的项目，应计算生产期年平均利润总额与项目总投资比率。其计算式为：

总投资利润率（ROI）= 息税前利润（EBIT）÷ 总投资（TI）× 100%

其中，年利润总额 = 年产品销售营业收入 – 年产品销售税金及附加一年总成本费用；年产品销售税金及附加 = 年产品税 + 年增值税 + 年营业税 + 年资源税 + 年城市维护建设税 + 年教育费附加；项目总投资 = 固定资产投资 + 投资方向调节税 + 建设期利息 + 流动资金。

投资利润率可根据损益表中的有关数据计算求得。在财务评价表中，将投资利润率与行业平均投资利润率进行对比，以辨别项目单位投资盈利能力是否达到本行业的平均水平。

5. 投资利税率

其计算式为：

投资利税率 = 年利税总额或平均利税总额 ÷ 总投资 × 100%

其中，年利税总额 = 年销售收入 – 年总成本费用。

投资利税率可用损益表中的有关数据计算求得。在财务评价中，将投资利税率与行业平均投资利税率进行对比，以判别单位投资对国家累计的贡献水平是否达到本行业的平均水平。

6. 资本金利润率

资本金利润率是指项目达到设计生产能力后的一个正常生产年份的年利润总额或项目生产期内的年平均利润总额与资本金的比率。它反映投入项目的资本金的盈利能力。

其计算公式为：

$$资本金利润率 = 利润总额 \div 资本金总额 \times 100\%$$

另外，会计期间内若资本金发生变动，则公式中的"资本金总额"要用平均数，其计算公式为：

$$资本金平均余额 = （期初资本金余额 + 期末资本金余额）\div 2$$

这一比率越高，说明企业资本金的利用效果越好，企业资本金盈利能力越强；反之，则说明资本金的利用效果不佳，企业资本金盈利能力越弱。

（二）项目清偿能力分析

项目清偿能力分析主要是考察计算期内各年的财务状况及偿债能力，用以下指标表示：

（1）资产负债率。资产负债率是反映项目各年所面临的财务风险程度及偿还能力的指标。

（2）借款偿还期。固定资产投资国内借款偿还期是指，在国家财政规定及项目具体财务条件下，以项目投产后可用于还款的资金偿还固定资产投资国内借款本金和建设期利息（不包括已用自有资金支付的建设期利息）所需要的时间。其表达式为：

$$借款偿还期 = （借款偿还开始出现盈余年份 - 1） + （盈余当年应偿还借款额 \div 盈余当年可用于还款的余额）$$

（3）流动比率。流动比率是反映项目各年偿付流动负债能力的指标。

（4）速动比率。速动比率是反映项目快速偿还流动负债能力的指标。

（三）财务评价基本报表

财务评价基本报表包括现金流量表、损益表、资金来源与运用表、资产负债表及外汇平衡表。

（四）社会效益和社会影响分析

在可行性研究中，除了对以上各指标进行计算和分析以外，还应对项目的社会效益和社会影响进行分析，也就是对不能定量的效益影响进行定性描述。

十、可行性研究结论与建议

根据前面的研究分析结果，对项目在技术上、经济上进行全面的评价，对建设方案进行总结，提出结论性意见和建议。主要内容包括：（1）对推荐的拟建方案建设条件、产品方案、工艺技术、经济效益、社会效益、环境影响的结论性意见；（2）对主要的对比方案进行说明；（3）对可行性研究中尚未解决的主要问题提出解决办法和建议；（4）对应修改的主要问题进行说明，提出修改意见；（5）对不可行的项目，提出不可行的主要问题及处理意见；（6）可行性研究中主要争议问题的结论。

十一、附件和附图

凡属于项目可行性研究范围，但在研究报告以外单独成册的文件，均需要列为可行性研究报告的附件，所列附件应注明名称、日期、编号。

一是附件。一般来说，附件包括：（1）项目建议书（初步可行性报告）；（2）项目立项批文；（3）厂址选择报告书；（4）资源勘探报告；（5）贷款意向书；（6）环境影响报告；（7）需单独进行可行性研究的单项或配套工程的可行性研究报告；（8）需要的市场预测报告；（9）引进技术项目的考察报告；（10）引进外资的各类协议文件；（11）其他主要对比方案说明；（12）其他。

二是附图。附图通常包括：（1）厂址地形或位置图（设有等高线）；（2）总平面布置方案图（设有标高）；（3）工艺流程图；（4）主要车间布置方案简图；（5）其他。

第三节 可行性研究批复和核准

一、政府项目可行性研究审批申请材料

政府项目可行性研究审批申请材料包括：

（1）建设项目所在地区所属各部门或计划单列单位的报批函或请示；

（2）项目建议书的批复（发展改革委）；

（3）规划部门出具的规划设计方案审查意见（资源规划局审批）；

（4）国土资源部门出具的项目用地预审意见（国土资源局）；

（5）环境保护部门的环境影响评价意见（环境保护局）；

（6）对交通产生较大影响的项目，提供交通部门出具的交通影响评价意见（交通局审批）；

（7）政府投资以外的资金筹措平衡方案说明材料；

（8）按国家规定内容和要求编制的可行性研究报告；

（9）配套资金已落实的证明；

（10）国家和本市规定的其他申请材料。

二、政府项目审批条件

政府项目审批条件包括：

（1）取得项目建议书批复，并提供符合国家规定内容和要求的可行性研究报告；

（2）取得规划部门出具的规划设计方案审查批准意见；

（3）政府投资以外的资金筹措平衡方案成熟；

（4）配套资金已落实；

（5）重大政府投资项目通过专家评估；

（6）需要征地的项目初步完成征地、拆迁安置方案；

（7）国家和本市规定的其他审批条件。

第四节 项目申请报告及核准

一、项目申请报告

《国务院关于投资体制改革的决定》规定，对于企业不使用政府投资建设的项目，一律不再实行审批制，区别不同情况实行核准制和备案制。其中，政府仅对重大项目和限制类项目（可参见《政府核准的投资项目目录》）从维护社会公共利益角度进行核准，其他项目无论规模大小，均改为备案制。备案制的具体实施办法由省级人民政府自行制定。

项目申请报告是指，企业投资建设应报政府核准的项目时，为获得项目核准机关对拟建项目的行政许可，按核准要求报送的项目论证报告。编写项目申请报告时，应根据政府公共管理的要求，对拟建项目从规划布局、资源利用、征地移民、生态环境、经济和社会影响等方面进行综合论证，为有关部门对企业投资项目进行核准提供依据。至于项目的市场前景、经济效益、资金来源、产品技术方案等内容，不必在项目申请报告中进行详细分析和论证。

项目申请报告主要用于如下用途：（1）民营企业投资项目，属于重大项目和限制类项目的，需要编写项目申请报告，重大项目和限制类项目由各省（区、市）政府在《政府核准的投资项目目录》中列出范围；（2）外商投资企业项目需要编写项目申请报告；（3）境外投资项目需要编写项目申请报告。

项目申请报告与可行性研究报告在分析论证的角度、包含的内容和发挥的作用等方面有很大区别。可行性研究报告主要是从微观角度对项目本身的可行性进行分析论证，侧重于项目的内部条件和技术分析，包括市场前景是否看好、投资回报是否理想、技术方案是否合理和先进、资金来源是否落实、项目建设和运行的外部配套条件是否有保障等主要内容，主要作用是帮助投资者进行正确的投资决策，选择科学合理的建设实施方案。项目申请报告主要是从宏观角度对项目的外部性影响进行论证，侧重于经济和社会分析，主要包括拟建项目的基本情况和该项目的外部影响，如该项目对国家经济安全、地区重大布局、资源开发利用、生态环境保护、防止行业垄断和保护公共利益等方面造成哪些有利或不利的影响。项目申请报告是政府对项目进行审查，以决定是否允许其投资建设的重要依据。

二、政府进行核准的范围

根据国家发展改革委有关规定，以下领域的项目须向各级发展改革委提交项目申请报告，并由政府进行核准。

（一）农林水利

（1）农业：涉及开荒的项目由省级政府投资主管部门核准；（2）水库：国际河流和跨省（区、市）河流上的水库项目由国务院投资主管部门核准，其余项目由地方政府投资主管部门核准；（3）其他水事工程：须中央政府协调的国际河流、涉及跨省（区、市）水资源配置调整的项目由国务院投资主管部门核准，其余项目由地方政府投资主管部门核准。

（二）能源

1. 电力

（1）水电站：在主要河流上建设的项目和总装机容量25万千瓦及以上项目由国务院投资主管部门核准，其余项目由地方政府投资主管部门核准；（2）抽水蓄能电站：由国务院投资主管部门核准；（3）火电站：由国务院投资主管部门核准；（4）热电站：燃煤项目由国务院投资主管部门核准，其余项目由地方政府投资主管部门核准；（5）风电站：总装机容量5万千瓦及以上项目由国务院投资主管部门核准，其余项目由地方政府投资主管部门核准；（6）核电站：由国务院核准；（7）电网工程：330千伏及以上电压等级的电网工程由国务院投资主管部门核准，其余项目由地方政府投资主管部门核准。

2. 煤炭

（1）煤矿：国家规划矿区内的煤炭开发项目由国务院投资主管部门核准，其余一般煤炭开发项目由地方政府投资主管部门核准；（2）煤炭液化：年产50万吨及以上项目由国务院投资主管部门核准，其他项目由地方政府投资主管部门核准。

3. 石油、天然气

（1）原油：年产 100 万吨及以上的新油田开发项目由国务院投资主管部门核准，其他项目由具有石油开采权的企业自行决定，报国务院投资主管部门备案；（2）天然气：年产 20 亿立方米及以上新气田开发项目由国务院投资主管部门核准，其他项目由具有天然气开采权的企业自行决定，报国务院投资主管部门备案；（3）液化石油气接收、存储设施（不含油气田、炼油厂的配套项目）：由省级政府投资主管部门核准；（4）进口液化天然气接收、储运设施，由国务院投资主管部门核准；（5）国家原油存储设施：由国务院投资主管部门核准；（6）输油管网（不含油田集输管网）：跨省（区、市）干线管网项目由国务院投资主管部门核准；（7）输气管网（不含油气田集输管网）：跨省（区、市）或年输气能力 5 亿立方米及以上项目由国务院投资主管部门核准，其余项目由省级政府投资主管部门核准。

（三）交通运输

1. 铁道

新建（含增建）铁路：跨省（区、市）或 100 千米及以上项目由国务院投资主管部门核准，其余项目按隶属关系分别由国务院行业主管部门或省级政府投资主管部门核准；

2. 公路

（1）公路：国道主干线、西部开发公路干线、国家高速公路网、跨省（区、市）的项目由国务院投资主管部门核准，其余项目由地方政府投资主管部门核准；（2）独立公路桥梁、隧道：跨境、跨海湾、跨大江大河（通航段）的项目由国务院投资主管部门核准，其余项目由地方政府投资主管部门核准。

3. 水运

（1）煤炭、矿石、油气专用泊位：新建港区和年吞吐能力 200 万吨及以上项目由国务院投资主管部门核准，其余项目由省级政府投资主管部门核准；（2）集装箱专用码头：由国务院投资主管部门核准；（3）内河航运：千吨级以上通航建筑物项目由国务院投资主管部门核准，其余项目由地方政府投资主管部门核准。

4. 民航

（1）新建机场：由国务院核准；（2）扩建机场：总投资 10 亿元及以上项目由国务院投资主管部门核准，其余项目按隶属关系由国务院行业主管部门或地方政府投资主管部门核准；（3）扩建军民合用机场：由国务院投资主管部门会同军队有关部门核准。

（四）信息产业

（1）电信：国内干线传输网（含广播电视网）、国际电信传输电路、国际关口站、专用电信网的国际通信设施及其他涉及信息安全的电信基础设施项目由国务院投资主管部门核准；（2）邮政：国际关口站及其他涉及信息安全的邮政基础设施项目由国务院投资主管部门核准；（3）电子信息产品制造：卫星电视接收机及关键件、国家特殊规定的移动通信系统及终端等生产项目由国务院投资主管部门核准。

（五）机械制造

（1）汽车：按照国务院批准的专项规定执行；（2）船舶：新建 10 万吨级以上造船设施（船台、船坞）和民用船舶中、低速柴油机生产项目由国务院投资主管部门核准；（3）城市轨道交通：城市轨道交通车辆、信号系统和牵引传动控制系统制造项目由国务院投资主管部门核准。

（六）轻工烟草

（1）纸浆：年产 10 万吨及以上纸浆项目由国务院投资主管部门核准，年产 3 万、4 万吨（含）～10 万吨（不含）纸浆项目由省级政府投资主管部门核准，其他纸浆项目禁止建设；（2）变性燃料乙醇：由国务院投资主管部门核准；（3）聚酯：日产 300 吨及以上项目由国务院投资主管部门核准；（4）制盐：由国务院投资主管部门核准；（5）糖：日处理糖料 1500 吨及以上项目由省级政府投资主管部门核准，其他糖料项目禁止建设；（6）烟草：卷烟、烟用二醋酸纤维素及丝束项目由国务院投资主管部门核准。

（七）原材料

（1）钢铁：已探明工业储量 5000 万吨及以上规模的铁矿开发项目和新增生产能力的炼铁、炼钢、轧钢项目由国务院投资主管部门核准，其他铁矿开发项目由省级政府投资主管部门核准；（2）有色：新增生产能力的电解铝项目、新建氧化铝项目和总投资 5 亿元及以上的矿山开发项目由国务院投资主管部门核准，其他矿山开发项目由省级政府投资主管部门核准；（3）石化：新建炼油及扩建一次炼油项目、新建乙烯及改扩建新增能力超过年产 20 万吨乙烯项目，由国务院投资主管部门核准；（4）化工原料：新建 pta、px、mdi、tdi 项目，以及 pta、px 改造能力超过年产 10 万吨的项目，由国务院投资主管部门核准；（5）化肥：年产 50 万吨及以上钾矿肥项目由国务院投资主管部门核准，其他磷、钾矿肥项目由地方政府投资主管部门核准；（6）水泥：除禁止类项目外，由省级政府投资主管部门核准；（7）稀土：矿山开发、冶炼分离和总投资 1 亿元及以上稀土深加工项目由国务院投资主管部门核准，其余稀土深加工项目由省级政府投资主管部门核准；（8）黄金：日采选矿石 500 吨及以上的项目由国务院投资主管部门核准，其他采选矿项目由省级政府投资主管部门核准。

第十二章
工程建设项目咨询

工程咨询是运用多学科知识和经验、现代科学技术和管理办法，遵循独立、科学、公正的原则，为政府部门和投资者对经济建设和工程项目的投资决策与实施提供咨询服务，以提高宏观和微观的经济效益。在项目建设中，工程咨询是投资和工程建设最重要的环节。

第一节　五方主体和全过程工程咨询

依据《建筑工程五方责任主体项目负责人质量终身责任追究暂行办法》，建筑工程五方责任主体是指承担建筑工程项目建设的建设单位项目负责人、勘察单位项目负责人、设计单位项目负责人、施工单位项目经理、监理单位总监理工程师。建筑工程开工建设前，建设、勘察、设计、施工、监理单位法定代表人应当签署授权书，明确本单位项目负责人。

建筑工程五方责任主体项目负责人质量终身责任是指，参与新建、扩建、改建的建筑工程项目负责人按照国家法律法规和有关规定，在工程设计使用年限内对工程质量承担相应责任。

一、五方责任主体分析

（一）建设单位的质量责任和义务

建设单位项目负责人对工程质量承担全面责任，不得违法发包、肢解发包，不得以任何理由要求勘察、设计、施工、监理单位违反法律法规和工程建设标准，降低工程质量，对其违法违规或不当行为造成工程质量事故或质量问题应当承担责任。其责任和义务具体包括：（1）建设单位应当将工程发包给具有相应资质等级的单位，并不得将建设工程肢解发包。（2）建设单位应当依法对工程建设项目的勘察、设计、施工、监理，以及与工程建设有关的重要设备、材料等的采购进行招标。（3）建设单位必须向有关的勘察、设计、施工、工程监理等单位提供与建设工程有关的原始资料。原始资料必须真实、准确、齐全。（4）建设工程发包单位不得迫使承包方以低于成本的价格竞标，不得任意压缩合理工期，不得明示或者暗示设计单位或者施工单位违反工程建设强制性标准，降低建设工程质量。（5）建设单位应当将施工图设计文件报县级以上人民政府建设行政主管部门或者其他有关部门审查。施工图设计文件未经审查批准的，不得使用。（6）实行监理的建设工程，建设单位应当委托具有相应资质等级的工程监理单位进行监理。（7）建设单位在领取施工许可证或者开工报告前，应当按照国家有关规定办理工程质量监督手续。（8）按照合同约定，由建设单位采购建筑材料、建筑构配件和设备的，建设单位应当保证建筑材料、建筑构配件和设备符合设计文件和合同要求。建设单位不得明示或者暗示施工单位使用不合格的建筑材料、建筑构配件和设备。（9）涉及建筑主体和承重结构变动的装修工程，建设单位应当在施工前委托原设计单位或者具有相应资质等级的设计单位提出设计方案；没有设计方案的，不得施工。房屋建筑使用者在装修过程中不得擅自变动房屋建筑主体和承重结构。（10）建设单位收到建设工程竣工报告后，应当组织设计、施工、工程监理等有关单位进行竣工验收。建设工程经验收合格的，方可交付使用。（11）建设单位应当严格按照国家有关档案管理的规定，及时收集、整理建设项目各环节的文件资料，建立、健全建设项目档案，并在建设工程竣工验收后，及时向建设行政主管部门或者其他有关部门移交建设项目档案。

（二）勘察设计单位的质量责任和义务

勘察、设计单位项目负责人应当保证勘察设计文件符合法律法规和工程建设强制性标准的要求，对因勘察、设计导致的工程质量事故或质量问题承担责任。其责任和义务具体包括：（1）从事建设工程勘察、设计的单位应当依法取得相应等级的资质证书，在其资质等级许可的范围内承揽工程，并不得转包或者违法分包所承揽的工程。（2）勘察、设计单位必须按照工程建设强制性标准进行勘察、设计，并对其勘察、设计的质量负责。注册建筑师、注册结构工程师等注册执业人员应当在设计文件上签字，对设计文件负责。（3）勘察单位提供的地质、测量、水文等勘察成果必须真实、准确。（4）设计单位应当根据勘察成果文件进行建设工程设计。设计文件应当符合国家规定的设计深度要求，注明工程合理使用年限。（5）设计单位在设计文件中选用的建筑材料、建筑构配件和设备应当注明规格、型号、性能等技术指标，其质量要求必须符合国家规定的标准。除有特殊要求的建筑材料、专用设备、工艺生产线等外，设计单位不得指定生产厂、供应商。（6）设计单位应当就审查合格的施工图设计文件向施工单位做出详细说明。（7）设计单位应当参与建设工程质量事故分析，并对因设计造成的质量事故，提出相应的技术处理方案。

（三）施工单位的质量责任和义务

施工单位项目经理应当按照经审查合格的施工图设计文件和施工技术标准进行施工，对因施工导致的工程质量事故或质量问题承担责任。其责任和义务具体包括：（1）施工单位应当依法取得相应等级的资质证书，在其资质等级许可的范围内承揽工程，并不得转包或者违法分包工程。（2）施工单位对建设工程的施工质量负责。施工单位应当建立质量责任制，确定工程项目的项目经理、技术负责人和施工管理负责人。建设工程实行总承包的，总承包单位应当对全部建设工程质量负责；建设工程勘察、设计、施工、设备采购的一项或者多项实行总承包的，总承包单位应当对其承包的建设工程或者采购的设备的质量负责。（3）总承包单位依法将建设工程分包给其他单位的，分包单位应当按照分包合同的约定对其分包工程的质量向总承包单位负责，总承包单位与分包单位对分包工程的质量承担连带责任。（4）施工单位必须按照工程设计图纸和施工技术标准施工，不得擅自修改工程设计，不得偷工减料。施工单位在施工过程中发现设计文件和图纸有差错的，应当及时提出意见和建议。（5）施工单位必须按照工程设计要求、施工技术标准和合同约定，对建筑材料、建筑构配件、设备和商品混凝土进行检验，检验应当有书面记录和专人签字；未经检验或者检验不合格的，不得使用。（6）施工单位必须建立、健全施工质量的检验制度，严格工序管理，做好隐蔽工程的质量检查和记录。隐蔽工程在隐蔽前，施工单位应当通知建设单位和建设工程质量监督机构。（7）施工人员对涉及结构安全的试块、试件以及有关材料，应当在建设单位或者工程监理单位监督下现场取样，并送具有相应资质等级的质量检测单位进行检测。（8）施工单位对施工中出现质量问题的建设工程或者竣工验收不合格的建设工程，应当负责返修。（9）施工单位应当建立、健全教育培训制度，加强对职工的教育培训；未经教育培训或者考核不合格的人员，不得上岗作业。

（四）监理单位的质量责任和义务

监理单位总监理工程师应当按照法律法规、有关技术标准、设计文件和工程承包合同进行监理，对施工质量承担监理责任。其责任和义务具体包括：（1）工程监理单位应当依法取得相应等级的资质证书，在其资质等级许可的范围内承担工程监理业务，并不得转让工程监理业务。（2）工程监理单位与被监理工程的施工承包单位以及建筑材料、建筑构配件和设备供应单位有隶属关系或者其他利害关系的，不得承担该项建设工程的监理业务。（3）工程监理单位应当依照法律、法规以及有关技术标准、设计文件和建设工程承包合同，代表建设单位对施工质量实施监理，并对施工质量承担监理责任。（4）工程监理单位应当选派具备相应资格的总监理工程师和监理工程师进驻施工现场。未经监理工程师签字，建筑材料、建筑构配件和设备不得在工程上使用或者安装，施工单位不得进行下一道工序的施工。未经总监理工程师签字，建设单位不拨付工程款，不进行竣工验收。（5）监理工程师应当按照工程监理规范的要求，采取旁站、巡视和平行检验等形式，对建设工程实施监理。

二、全过程工程咨询

2018 年 3 月 15 日住建部发布《关于征求推进全过程工程咨询服务发展的指导意见（征求意见稿）和建设工程咨询服务合同示范文本（征求意见稿）意见的函》，首次对我国建设项目的"全过程工程咨询"提出了概念性的解释。全过程工程咨询服务是指对建设项目全生命周期提供组织、管理、经济和技术等各有关方面的工程咨询服务，包括项目的全过程管理以及投资咨询、勘察、设计、造价咨询、招标代理、监理、运行维护咨询等工程建设项目各阶段专业咨询服务。该模式以市场需求为导向、可满足建设单位多样化、新型咨询服务需求，是一种创新咨询服务组织实施方式。第一，贯穿项目实施全过程。围绕项目全生命周期持续提供咨询服务，可打破项目各阶段的界面，彼此相互渗透，实现工程项目咨询的整体性、连续性和灵活性，发挥出"1 + 1 > 2"的效果。第二，资源及专业集成化。整合投资咨询、招标代理、勘察、设计、监理、造价、项目管理等业务资源和专业能力，实现项目组织、管理、经济、技术等全方位一体化，打破专业、组织界面做到无缝链接又能有机运行。该模式下，不同专业的咨询工程师组建团队由总咨询工程师统筹安排，分工协作，极大提高了服务质量和目标，有利于项目建设单位目标分解及目标成本的管控。第三，可采用多种组合方案。国家鼓励开展跨阶段咨询服务组合或同一阶段内不同类型咨询服务组合，发展多种形式的全过程工程咨询服务模式，同时也可以采用多种组织模式，为项目提供局部或整体多种解决方案，增强工程建设过程的协同性。

项目全过程咨询主体关系，以及项目全过程咨询服务内容分别如图 12 - 1 和表 12 - 1 所示。

（一）全过程工程咨询的特点

一是集成化。全过程工程咨询将碎片化的投资咨询、勘察设计、造价咨询、招标代理、工程监理和项目管理等专项咨询进行有机整合，从而实现设计、施工、运营维护的集成，人员与团队的集成，知识、技术与管理的集成。

二是强调智力服务。工程咨询单位要运用工程技术、经济学、管理学、法学等多学科的知识和经验，为业主方提供智力服务。特别是在项目决策

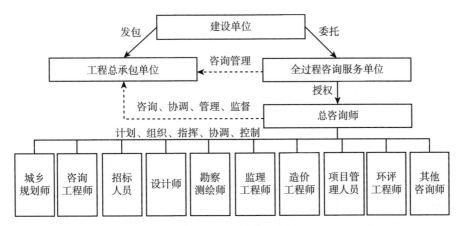

图 12 – 1　项目全过程咨询主体关系

表 12 – 1　　　　　　　　　　　　　项目全过程咨询服务内容

服务范围	全过程工程咨询服务内容
项目策划	（1）项目建议书；（2）可行性研究报告（项目申请报告）；（3）资金申请报告；（4）环境影响评价；（5）社会稳定风险评估；（6）职业健康风险评估；（7）交通评估；（8）节能评估
工程设计	（1）按照总体进度计划完成合格的设计产品内容包括：土建设计（建筑、结构）、机电设计（给水排水、电气、暖通）、智能化设计、景观设计、内装设计、幕墙设计、变配电设计、燃气设计、人防设计、泛光照明；根据项目需要的其他专项设计，如交通评估、厨房设计、标识系统等 （2）工程设计团队按照总体进度计划完成合格的设计产品，并在策划、报批、设计、施工、验收等工程建设的各个环节提供全过程、全方位的设计咨询服务，如参与规划、提出策划、完成设计、辅助招标、监督施工、指导运维、辅助拆除
工程监理	（1）编制监理规划及监理实施细则；（2）工程监理实施过程中对工程质量、造价、进度/控制；（3）工程监理实施过程中对工程变更、索赔及施工合同争议的处理；（4）监理文件资料管理；（5）设备采购与设备监造；（6）按建设工程监理规范要求的服务范围执行；（7）履行建设工程安全生产管理法定职责，对工程建设相关方进行协调的相关工作内容
招标代理	（1）招标项目资料收集；（2）招标方案编制；（3）投标单位的资格预审；（4）招标文件的编制、发售、澄清或者修改，组织现场踏勘、收取招标保证金；（5）接收投标文件、组织开标、组织评标相关评标工作；（6）履行中标公示、公布中标结果；（7）合同管理审核；（8）采购管理
造价咨询	（1）投资估算的编制与审核；（2）经济评价的编制与审核；（3）设计概算的编制、审核与调整；（4）施工图预算的编制与审核；（5）工程量清单的编制与审核；（6）最高投标限价的编制与审核；（7）工程计量支付的确定，审核工程款支付申请，提出资金使用计划建议；（8）施工过程的工程变更、工程签证和工程索赔的处理；（9）工程结算的编制与审核；（10）工程竣工决算的编制与审核；（11）全过程工程造价管理咨询；（12）工程造价鉴定；（13）方案比选、限额设计、优化设计的造价咨询；（14）合同管理咨询；（15）建设项目后评价；（16）工程造价信息咨询服务；（17）其他合同约定的工程造价咨询工作

服务范围	全过程工程咨询服务内容
项目管理	（1）项目报批管理；（2）合同管理；（3）设计管理；（4）进度管理；（5）质量管理；（6）安全生产管理；（7）资源管理；（8）信息与知识管理；（9）收尾管理
其他服务	如：规划咨询、投资咨询、BIM 咨询、绿建咨询、工程勘察、工程检测、海绵城市设计、地质灾害危险性评估、当地政府报批报建所需要的咨询服务等涉及组织、管理、经济和技术等有关方面的工程咨询服务

阶段，业主方需要借助工程咨询单位的经验与智慧，为项目进行准确定位、建设内容策划及可行性研究。

三是覆盖范围广。全过程工程咨询可涉及项目决策、设计准备、勘察设计、施工准备、施工、竣工验收、运营维护等项目生命周期的各个阶段，包括组织、管理、经济和技术等各有关方面的工程咨询服务。

（二）全过程工程咨询的优势

一是在咨询团队内部建立具有系统性和一致性的组织体系与工作流程，保证组织体系与工作体系的完整性。

二是改变传统咨询模式中各专业咨询碎片化的缺点；能够减少工作界面，提高工作效率和服务质量；能够让工程咨询单位真正实现为项目增值。

三是将项目决策阶段建设的初衷及相关管理意图最大限度地贯彻执行下去，实现决策阶段与实施阶段的无缝衔接。

四是改变传统咨询模式下专项咨询单位之间对于工作失误的互相推诿甚至索赔，将咨询责任归由全过程工程咨询团队承担，减少以往传统模式下协作单位之间的冲突。

五是加大工程项目各参与单位之间的互动与协作，增加项目参与单位，特别是各专项咨询单位之间的互信，为改善建筑行业的合作氛围、提高整个行业的信任度提供有利的条件。

三、BIM + 全过程工程咨询

建筑信息模型（Building Information Modeling，BIM）是建筑学、工程学及土木工程的新工具。建筑信息模型或建筑资讯模型一词由 Autodesk 所创，用来形容那些以三维图形为主、物件导向、建筑学有关的电脑辅助设计。当初，这个概念是由莱瑟林（Jerry Laiserin）把 Autodesk、奔特力系统软件公司、Graphisoft 所提供的技术向公众推广。

BIM 技术作为创新技术，符合建筑产业数字化的趋势和要求。在工程建设中，全过程工程咨询经由工程的紧凑连接和集中管理，有效改变了工程管理的模式，大大提升了工程效率和效益。全过程工程咨询在管理方面常常存在管理过于集中的问题，再加上管理内容多、范围广，极易出现管理失误的现象，人力投入多、管理成本过高。而 BIM 技术作为一种新的技术手段，在全过程工程咨询中的应用可以改变传统管理模式的限制，经由建筑信息化模型的构建，使其在帮助专业人员咨询决策的过程中充分发挥辅助决策技术和工具的优势，保障决策的科学性，最大程度降低工程咨询决策风险，提高工程咨询价值和效益。因此，BIM 技术在全过程咨询方面的技术优势突出，工程企业可以根据工程咨询的结果进行有效的人力和物力分配，促进工程项目的高效、有序实施。

在全过程工程咨询中，项目负责人需要对项目各个阶段进行统筹管理和合理把控。随着项目不断进行，信息量会越来越大，进而会导致项目整个过程中信息沟通与工作协调难度加大。各参与方的工作人员利用 BIM 模型可在短时间对自己工作取得直观了解，另外借助 BIM 技术的 3D 模型储存整体工程有效信息，保障了信息的准确性与可靠性。让各参与方在统一工作平台中协同工作，可以清楚看到现阶段或各专业的工作进展和工作成果。利用 BIM 技术使建筑项目信息统一化、具体化，加强了对建筑物全生命周期信息数据管理控制，提高了项目咨询服务一体化的服务效率，能全方位提升建筑工作质量。项目各参与方在 BIM 模型中的集成工作将给建筑行业的一体化管理带来全面的转变。

在 BIM 应用过程中，数据的使用效率越来越高。不同于传统设计的数据信息依附于 2D 图纸，提取使用较为烦琐，现阶段的 BIM 设计中，依附于 3D 模型的数据信息可通过不同软件接口转化为设计师需要的信息形式并使用。各专业的工程信息可随时随地传输，工作人员办公更具效率，项目整体性更强。三维协同设计将各专业设计统一到 BIM 管理平台上实时进行交互，各专业模型相互参照关联，真正做到各专业并行协同设计。相比传统的上下工序、专业之间的串行设计，大大提高了设计的效率和质量。利用 BIM 模型的三维可视化特点，通过多视角观察和虚拟漫游手段，进而完成错误排查和设计优化的工作。

BIM 技术在全过程工程咨询中的运用可以从四个阶段来看：

一是设计咨询阶段。整个建筑工程项目的实施过程中，设计阶段是重要的阶段，此阶段的最终目的是要根据工程的总体规划要求来确定最佳的设计方案。在确定设计方案的过程中，需要综合考虑经济性、技术性等方面的因素。BIM 技术虽然在我国已经发展多年，但依旧不成熟，尤其是在设计咨询阶段，BIM 技术还有着广阔的发展空间。设计阶段的工作将直接影响后续的招投标和施工阶段的工作开展，而在设计阶段应用 BIM 技术可以有效发挥 BIM 技术的信息集成优势。

二是招投标咨询阶段。建筑工程的招投标工作是设计和施工阶段的过渡阶段，在全过程工程咨询中，招投标咨询工作也尤为重要。基于招投标工作的特殊性，在此阶段存在诸多风险，经由科学的招投标咨询工作，可以有效进行各类风险的识别与预防。BIM 技术在招投标咨询阶段同样具有一定的技术优势，在开展此阶段的咨询工作时，其具体应用表现在以下几个方面：（1）在建立专门的三维模型以后，利用该模型来开展工程量计算将更为精准和高效，所列出的工程量清单更为详细，也就可以辅助工程造价管理，减少招投标阶段的各类风险；（2）经由 BIM 技术的招投标咨询工作使预先得出的拦标价数额范围有所减小，避免了传统招投标工作中由于漏算、错算等给建设单位和咨询企业造成的巨大经济损失或者风险；（3）BIM 技术的模拟施工特点使在招投标阶段就可以对前期的设计方案加以全面模拟，在模拟的过程中也就可以获得详细的采购清单，保障招投标工作与总体施工进度计划的一致性。

三是施工咨询阶段。在工程全生命周期内，施工阶段涉及的工程要素是最多的，利用 BIM 技术的优势也是最为突出的。在施工咨询阶段，通过应用 BIM 技术，可以帮助施工企业在对外招标中获得更大的中标概率，这主要是由于 BIM 技术的工程量复核、成本优化都更为便捷，完全可以满足工程现代化下的管理需求。得益于 BIM 技术的各方面优势，我国的很多地区都陆续出台了鼓励 BIM 技术的政策，以湖南为例，明确提出了利用 BIM 技术的施工企业在同等条件下更具优势。在施工准备阶段，BIM 技术可以帮助施工企业开展碰撞检查，通过这一检查来发现建筑工程中的管线冲突问题，做好风险识别和控制，这种前期的碰撞检查对于减少施工中的工程变更非常有效。在 BIM 技术支持下的施工作业，可以依据工程进度计划与目标，进行人力、材料等资源的网络分析优化，最大限度保障各种资源的合理配置，经由现场的科学布置，能大大提升空间资源利用率，在施工现场开展更为安全、文明的施工作业。

四是运维管理咨询阶段。运维管理咨询同样属于全过程工程咨询的重点工作，在运维阶段应用 BIM 技术有着非常高的标准和要求，尤其是对于商业类地产而言，BIM 技术更是可以大大提高运维阶段工程咨询工作的有效性。比如，物联网技术与 BIM 技术结合起来以后，建筑工程的运维管理发生了明显的变化，能推进智能化大数据运营共享平台的建设，解决传统运维管理模式下所存在的诸多问题。以某特大型建筑为例，该建筑高 632 米，总体建筑面积达到了 57.41 万平方米，在该建筑投入使用以后引入了 BIM 技术来进行全生命周期管理，尤其是在运维管理阶段，通过 BIM 信息模型的构建，分别形成了综合集成管理系统、设施设备管理系统、物业管理系统等多个子系统，实现了建筑运维管理的动态化。

第二节　工程建设模式设计

一、DB 模式和 DBB 模式

DB 是英文 Design-Build 的缩写，DB 模式即设计—建造模式。在项目原则确定后，业主只选定唯一的实体负责项目的设计与施工，设计—建造承包商不但对设计阶段的成本负责，而且可用竞争性招标的方式选择分包商或使用本公司的专业人员自行完成工程，包括设计和施工等。在这种模式下，业主首先选择一家专业咨询机构代替业主研究、拟定拟建项目的基本要求，授权一个具有足够专业知识和管理能力的人作为业主代表，与设计—建造承包商联系。

DBB 是英文 Design-Bid-Build 的缩写，DBB 模式即设计—招标—建造模式。该管理模式在国际上最为普遍，世界银行、亚洲开发银行贷款项目，以及以国际咨询工程师联合会（FIDIC）合同条件为依据的项目均采用这种模式。其最突出的特点是强调工程项目的实施必须按照设计—招标—建造的顺序进行，只有一个阶段结束后，另一个阶段才能开始。该模式的优点是通用性强，可自由选择咨询、设计、监理方，各方均熟悉并使用标准的合同文本，有利于合同管理、风险管理和减少投资；缺点是工程项目要经过规划、设计、施工三个环节之后才移交给业主，项目周期长，此外业主管理费用较高，前期投入大，并且在变更时容易引起较多索赔。

二、CM 模式和 PMC 模式

CM 是英文 Construction-Management 的缩写，CM 模式即建设—管理模式，又称阶段发包模式，就是在采用快速路径法进行施工时，从开始阶段就雇用具有施工经验的 CM 单位参与到建设工程实施过程中来，以便为设计人员提供施工方面的建议且随后负责管理施工过程。这种模式改变了过去那种设计完成后才进行招标的传统模式，采取分阶段发包，由业主、CM 单位和设计单位组成一个联合小组，共同负责组织和管理工程的规划、设计和施工，其中 CM 单位负责工程的监督、协调及管理工作，在施工阶段定期与承包商会晤，对成本、质量和进度进行监督，并预测和监控成本和进度的变化。CM 模式于 20 世纪 60 年代发源于美国，并于 80 年代后在国外广泛流行。它的最大优点就是可以缩短工程从规划、设计到竣工的周期，节约建设投资，减少投资风险，较早地取得收益。

PMC 是英文 Project Management Contractor 的缩写，PMC 模式即项目承

包模式，就是业主聘请专业的项目管理公司，代表业主对工程项目的组织实施进行全过程或若干阶段的管理和服务。由于 PMC 承包商在项目的设计、采购、施工、调试等阶段的参与程度和职责范围不同，因此 PMC 模式具有较大的灵活性。总体而言，PMC 模式有三种基本应用模式：（1）业主选择设计单位、施工承包商、供货商，并与之签订设计合同、施工合同和供货合同，委托 PMC 承包商进行工程项目管理；（2）业主与 PMC 承包商签订项目管理合同，业主通过指定或招标方式选择设计单位、施工承包商、供货商（或其中的部分），但不签合同，由 PMC 承包商与之分别签订设计合同、施工合同和供货合同；（3）业主与 PMC 承包商签订项目管理合同，由 PMC 承包商自主选择施工承包商和供货商并签订施工合同和供货合同，但不负责设计工作。

三、合伙模式

合伙（Partnering）模式，是在充分考虑建设各方利益的基础上确定建设工程共同目标的一种工程项目管理模式。它一般要求业主与参建各方在相互信任、资源共享的基础上达成一种短期或长期的协议，通过建立工作小组相互合作，及时沟通以避免争议和诉讼的产生，共同解决建设工程实施过程中出现的问题，共同分担工程风险和有关费用，以保证参与各方目标和利益的实现。合伙协议并不仅仅是业主与施工单位双方之间的协议，而需要建设工程参与各方共同签署，包括业主、总包商、分包商、设计单位、咨询单位、主要的材料设备供应单位等。合伙协议一般都是围绕建设工程的三大目标以及工程变更管理、争议和索赔管理、安全管理、信息沟通和管理、公共关系等问题做出相应的规定。

四、EPC 模式

EPC 是英文 Engineering Procurement Construction 的缩写，EPC 模式即工程总承包模式，是指公司受业主委托，按照合同约定对工程建设项目的设计、采购、施工、试运行等实行全过程或若干阶段的承包。通常，公司在总价合同条件下，对其所承包工程的质量、安全、费用和进度负责。

在国家发展改革委联合住房和城乡建设部共同印发的《房屋建筑和市政基础设施项目工程总承包管理办法》，以及《关于推进全过程工程咨询服务发展的指导意见》等政策文件和相关指导意见下，国有企业和政府投资项目原则上需要配备由工程总承包项目经理和工程总承包项目管理师作为总负责人的工程总承包管理团队，进行工程总承包工程建设实施，并配备以全过程工程项目管理师和全过程工程咨询项目经理（全过程工程总咨询师）作为总咨询师的全过程工程咨询服务团队，为业主和工程总承包项目提供各阶段咨询和项目全过程管理服务。

在 EPC 模式中，工程（engineering）不仅包括具体的设计工作，而且可能包括整个建设工程内容的总体策划，以及整个建设工程实施组织管理的策划和具体工作；采购（procurement）也不是一般意义上的建筑设备材料采购，需要进一步囊括专业设备、材料的采购；建设（construction）应译为其内容包括施工、安装、试测、技术培训等，并且要达到全部正常且都达标，接手就可正常使用的要求。因此交付前应做无负荷试运行，还包括带负荷联动试运行、试生产直至达产达标、正常生产为止。其涉及领域有能源（传统电力、清洁能源等）、交通（铁路、公路等）、建筑等。

具体来说，业主将工程的设计、采购、施工全部委托给一家工程总承包商，总承包商对工程的安全、质量、进度和成本全面负责；总承包商可将设计、采购和建筑工作的一部分分包给分包商，转包合同由总承包商与分包商签订；承包商对工程项目所承担的责任由总承包商向业主负责；业主对工程总承包项目实行整体性、原则、目标协调和控制，具体实施工作不多；业主按合同约定支付合同价款，承包商按合同规定完成工程，最后双方按合同约定进行验收和结算（见图 12 - 2）。

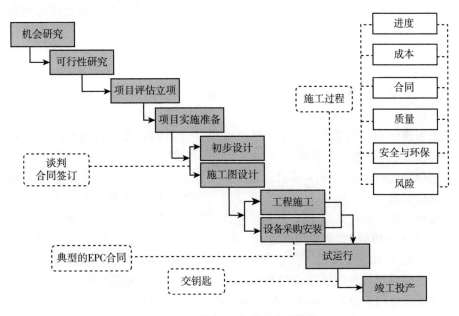

图 12 - 2　EPC 承包模式建设流程

（一）EPC 模式的优势

较传统承包模式而言，EPC 总承包模式具有以下三个方面的优势：

一是强调和充分发挥设计在整个工程建设过程中的主导作用，有利于工程项目建设整体方案的不断优化。

二是有效克服设计、采购、施工相互制约和相互脱节的矛盾，有利于设计、采购、施工各阶段工作的合理衔接，有效地实现建设项目的进度、成本和质量控制符合建设工程承包合同约定，确保获得较好的投资效益。

三是建设工程质量责任主体明确，有利于追究工程质量责任和确定工程质量责任的承担人。

（二）EPC 模式的基本特征

基于 EPC 总承包模式较传统的建设工程承包模式所具有的前述优势，其基本特征可以总结为以下几点：

第一，在 EPC 总承包模式下，发包人（业主）不应该过于严格地控制总承包人，而应该给总承包人在建设工程项目建设中较大的工作自由，如发包人（业主）不应该审核大部分的施工图纸，不应该检查每一个施工工序。发包人（业主）需要做的是了解工程进度、了解工程质量是否达到合同要求，建设结果是否能够最终满足合同规定的建设工程的功能标准。

第二，发包人（业主）对 EPC 总承包项目的管理一般采取两种方式：过程控制模式和事后监督模式。

所谓过程控制模式是指，发包人（业主）聘请监理工程师监督总承包商设计、采购、施工的各个环节，并签发支付证书。发包（业主）通过监理工程师各个环节的监督，介入对项目实施过程的管理。FIDIC 编制的《生产设备和设计—施工合同条件（1999 年第一版）》即是采用该种模式。

所谓事后监督模式是指，发包人（业主）一般不介入对项目实施过程的管理，但在竣工验收环节较为严格，通过严格的竣工验收，对项目实施总过程进行事后监督。FIDIC 编制的《设计、采购、施工合同条件（1999年第一版）》即是采用该种模式。

第三，EPC 总承包项目的总承包人对建设工程的设计、采购、施工整个过程负总责，对建设工程的质量及建设工程的所有专业分包人履约行为负总责，即总承包人是 EPC 总承包项目的第一责任人。

（三）EPC 模式的常见形式

在 EPC 总承包模式下，总承包商对整个建设项目负责，但这并不意味着总承包商须亲自完成整个建设工程项目。除法律明确规定应当由总承包商必须完成的工作外，其余工作总承包商则可以采取专业分包的方式进行。在实践中，总承包商往往会根据其丰富的项目管理经验，以及工程项目的不同规模、类型和业主要求，将设备采购（制造）、施工及安装等工作采用分包的形式分包给专业分包商。所以，在 EPC 总承包模式下，其合同结构形式通常表现为以下几种形式：交钥匙总承包、设计—采购总承包（E－P）、采购—施工总承包（P－C）、设计—施工总承包（E－C）、建设—转让

（C－T）。其中最为常见的是交钥匙总承包、设计—施工总承包和建设—转让这三种形式。

交钥匙总承包是指，设计、采购、施工总承包，总承包商最终向业主提交一个满足使用功能、具备使用条件的工程项目。这是典型的 EPC 总承包模式。

设计—施工总承包是指，工程总承包企业按照合同约定，承担工程项目设计和施工，并对承包工程的质量、安全、工期、造价全面负责。在该种模式下，建设工程涉及的建筑材料、建筑设备等采购工作由发包人（业主）来完成。

建设—转让总承包是指，有投融资能力的工程总承包商受业主委托，按照合同约定对工程项目的勘察、设计、采购、施工、试运行实现全过程总承包；同时，工程总承包商自行承担工程的全部投资，在工程竣工验收合格并交付使用后，业主向工程总承包商支付总承包价。

（四）EPC 模式中实施阶段的工程造价控制

EPC 模式中，工程造价的合理确定与有效控制十分重要。

在项目实施阶段，总承包单位应派驻有经验的造价工程师到施工现场进行费用控制，根据初步设计概算对各专业进行分解，制定各部分控制目标。通常，施工图设计与初步设计在一些材料设备的选用上可能还有些出入，造价工程师应该及早发现并解决，通过设计修改，把造价控制在概算范围内。具体措施包括：

第一，通过招标投标确定施工单位。项目招标投标制度是总承包单位控制工程造价的有效手段，通过招标投标可以提高项目的经济效益，保证建设工程的质量，缩短建设投资的回报周期。总承包单位可以充分利用招标投标这一有效手段进行工程造价控制。

第二，通过有效的合同管理控制造价。施工合同是施工阶段造价控制的依据。采用合同评审制度，可使总承包单位各个部门明确责任，签订严密的施工承包合同，可合理地将总承包风险转移，同时在施工中加强合同管理，以保证合同造价的合理性、合法性，减少履行合同中甲乙双方的纠纷，维护合同双方利益，有效地控制工程造价。FIDIC 合同条款具有一定的科学性、合理性、公平性，是合同管理和控制造价的有利工具，可供借鉴参考。

第三，严格控制设计变更和现场签证。通常，由于设计图纸有遗漏和现场情况的千变万化，设计变更和现场签证是不可避免的。总承包单位通过严格设计变更签证审批程序，加强对设计变更工程量及内容的审核监督，改变过去先施工后结算的程序，由造价工程师先确认变更价格后再施工，这样才能在施工过程中对合同价的变化做到心中有数。在施工过程中，造价工程师应深入现场，对照图纸察看施工情况，了解收集工程有关情况，及时掌握施工动态，不断调整控制目标，为最终的工程总结算提供依据，做好必要的准备工作。如果是业主原因造成的设计变更，还应该及时向业主提出索赔。

由于设备、材料费在整个项目造价中所占的比重很大，做好采购工作对降低整个工程项目的造价具有重要作用。材料设备采购控制是 EPC 项目成败的重要因素之一。不仅要对货物本身的价格进行选择，还要综合分析一系列与价格有关的其他方面问题，如根据市场价格浮动的趋势和工程项目施工计划，选择合适的进货时间和批量；根据周转资金的有效利用和汇率、利率等情况，选择合理的付款方式和付款货币；根据对供货厂商的资金和信誉的调查，选择可靠的供货厂商。总之，要千方百计化解风险，减少损失，增加效益，以降低整个工程项目的造价。

第四，EPC 项目竣工阶段的造价控制。项目完工后，总承包单位及时编制竣工结算，报业主批准。同时，在审核分包结算时，坚持按合同办事，对工程预算外的费用严格控制。对于未按图纸要求完成的工作量及未按规定执行的施工签证，一律核减费用；凡合同条款明确包含的费用、属于风险费包含的费用、未按合同条款履行的违约等，一律核减费用，严格把好审核关。此外，收集、积累工程造价资料，为下一次投标报价做好准备。每完成一个项目，都要对该项目进行分析比较，分析设计概算与施工图预算在工程量上的差别。

五、FEPC 模式

FEPC 模式即融资总承包模式，也就是在原来的 EPC 模式中增加了融资。采用融资总承包模式的工程方需要为业主方解决一部分的资金问题。除此之外，只有解决了融资问题之后，工程方才可以开始建造施工。

根据资金来源，FEPC 模式可划分为"F + EPC"和"F/EPC"，前者指的是金融机构和社会资本投入为主，与 EPC 总承包方结合；后者则指 EPC 总承包方自有资金投入，与设计、采购、施工等结合。

（一）FEPC 模式的常见形式

FEPC 模式在实际操作中有如下三种形式：

一是股权型。项目 EPC 承包方与项目业主共同出资成立合资公司，合资公司在 EPC 承包方的协助下，通过股权出让、股东远期回购、股东提供各类增信等方式筹措项目建设资金，用于支付 EPC 工程总承包费用。资金来源集中在证券发债、银行贷款、信托方面，通过证券资管、信托计划等，设立 SPV 主体等方式注资，以业主方信用为支持。

二是债权型。项目 EPC 承包方以自身信用向金融机构申请融资，通过委托贷款、信托贷款或者借款等方式向项目业主提供建设资金，由项目业主用于支付 EPC 工程总承包费用。资金来源于承包方自身银行贷款、证券发债等，以承包方信用为支持。

三是延付型。项目 EPC 承包方先行融资建设，EPC 工程总承包费用在建设期间支付一部分，剩余部分由项目业主延期支付，在延期支付阶段，项目业主方可通自平衡投入、财政预算或者多种金融工具融资来解决，以业主方信用或者"业主方 + 承包方"综合信用为支持。

比如，某高新区安置房项目由某建筑工程公司采用 FEPC 模式建设，其运作模式为：（1）项目所在市国资委授权 A 产投公司作为项目招标人及业主方，以公开招标方式确定项目"投资人 + 设计及施工总承包人"；（2）B 建筑工程公司及其战略合作金融机构参与项目投标，中标后与 A 产投公司按照一定的股权比例（具体由双方协商）组建项目公司；（3）项目公司与 B 建筑工程公司签订 EPC 合同，B 建筑工程公司充分运用设计、建造优势，优选项目团队，确保优质履约；（4）A 产投公司需要为受让 B 建筑工程公司联合体的股权本息，落实主体信用评级为 AA + 的实力企业做有效担保；（5）合作期为 3 年，合作期结束后，A 产投公司一次性受让 B 建筑工程公司在项目公司的股权，股权转让价格以出资原值和评估值两者的较高值为准，并按约定的资金成本向 B 建筑工程公司支付投资收益，如图 12 - 3 所示。

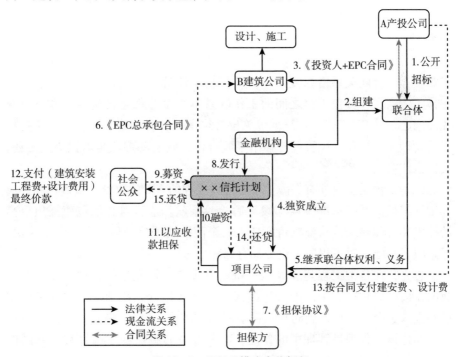

图 12 - 3　FEPC 模式合作框架

需要指出的是，在公益性项目中，由于没有经营性收入，项目投资是单纯依靠政府财政性资金来偿还的，因此会被认定为政府投资项目。此类项目如有融资、垫资、延期支付，其付款资金来源为政府财政，会被认定为政府隐性债务，属于违规情形。但是，在准公益项目中，如果经营性收益不足以覆盖投资成本，而刚巧加上政府给予的投资补助和基建奖励能够覆盖掉融资部分，那也会被认定为政府的隐性债务。

（二）FEPC 模式的优势

目前，大部分 EPC 工程项目聚焦于地方政府基础设施、生态环保等，地方政府或指定平台公司作为业主，金融机构和总承包企业（建筑类中央企业、国有企业和有实力的民营企业）组成联合体，共同参与招投标、EPC 及资金管理等。金融机构涵盖银行、证券、信托、基金及融资租赁等多类业态，通过提供贷款、发债、信托、票据、保理、供应链金融等多种方式，满足项目前期资本金、建设资金、筹措还款等方面所需。FEPC 模式具有以下优势：

一是业主可以大幅节省人力、物力资源。FEPC 管理模式的特点是业主参与整体管理的具体工作很少；业主把整体项目的资金、设计、施工、采购等交给金融机构和总承包企业全面实施，业主仅负责项目整体规划、目标性、原则性的管理和控制；对工程项目行使决策权和督导监督。所以，对于地方政府平台公司类业主而言，可大幅节省人力、物力资源。

二是责任主体更加明确。对于一般的业务分包工程而言，启动资金筹措难度大、合同关系错综复杂、质量责任不明确、工期计划不统一、责任主体不清晰、各分包工程之间的工作联系不衔接等都是普遍存在和不可避免的问题。FEPC 模式下，总承包单位必须承担所有的连带责任，业主把项目的管理风险和成本风险都转移给了联合体，其主要责任是承担资金偿还，责任主体明确、清晰。

三是工程质量更加有保障。对于建设工程的 FEPC 项目，质量控制还应详细约定最低性能标准条款和竣工后检验条款。这将对总承包商提出更高的技术和管理要求，从金融角度切入，全面推动项目开展，完善资金供给，保障项目实施，对工程质量也更加有保障。

总之，在各类工程建设领域，EPC 模式是比较先进的管理模式，也是我国积极提倡和极力推广的管理模式。随着基建行业特别是建设施工单位已经进入了微利时代，利润和生存空间越来越小，FEPC 模式将进一步发挥 EPC 在建设工程项目管理中的作用，不断改进和解决在实施过程中暴露的问题，促使工程管理更加科学化、更加完善。

第三节　工程建设风险分析和应对

一、工程建设风险分析

工程建设从筹划、设计、建造到竣工后投入使用，存在着诸多风险，任何一方或环节出问题，都有可能影响整个工程建设的顺利进行。

这些风险主要包括：

（1）建筑风险。由于设计失误、施工不善、材料缺陷、施工人员伤亡、第三者财产损毁或人身伤亡、自然灾害等人为或自然的原因，对工程成本、工期、质量等造成不利影响的风险。

（2）市场风险。建筑市场是一个竞争激烈的市场，业主有可能选择不到一个适当或有能力的承包商，而承包商也会面临接不到工程或无法按时收到工程款的风险。

（3）信用风险。例如，业主是否能按期支付工程款，承包商是否能依照合同按质如期完工等，均是未知数。

（4）环境风险。工程本身需要占用一定的土地，有些项目（如电站、大坝等）还对周边环境有特定的要求。对于这些项目的建设，其材料选用、车辆运输等都会对环境产生不利的影响。

（5）政治风险。稳定的政治环境将对工程建设产生有利的影响；反之，则会给各方带来顾虑或阻力，加大工程建设的风险。

（6）法律风险。一个国家颁布或修订的建设、外汇、税收、公司制度等方面的法律、法规，将直接影响工程建设各方的权利和义务，进而影响其根本利益。在涉外工程的合同中，一般都有"法律变更"或"新法适用"相关条款。

二、工程建设风险应对策略

第一，前期对建筑工程风险的管理。当我们在筹划项目和设计时候，就一定要对项目的市场风险、行业风险以及政策的变更风险有所了解，要具备应对风险时候良好的对策。

第二，对合同的风险管理。要明确合同里的规则。建筑工程的合同是建筑工程项目遇到风险时的证据，也是合法项目的法律文件，所以作为项目的管理者，就必须要具备一定的风险常识，对风险进行分析以及管理。任何项目都必须建立在法律允许的基础上，因而作为项目的决策者，就必须要有一定的法律基础，通过法律手段来维护自己的合法权益。

第三，加强对现场的管理现场管理是每个施工企业所要防范风险的一个重点。企业要对这方面有足够的重视，在人员的配置上要选择可靠的、做实事的人，只有这样的人才能在建筑工程过程中进行监督及管理。施工企业应对每一个需要注意的地方都严加重视，对工程的质量严格把关，这样才能保证工期按照预定的时间顺利完成，防止因为离职、机械设备调遣以及停工和材料的积压等问题，对建筑工程造成其他不必要的风险。

第四，在建筑工程顺利完成以后，验收过程也要严格对待。在建筑工程中竣工时，要对项目工程进行合格检验，确保整个建筑的安全性。工程验收流程一定要具备规范性，才能分析企业项目的成本，以及投资和利润。近年来，因为企业以及顾客对建筑工程的风险重视度不断提高，使我国的风险管理也上升了一个层次，但与发达国家相比，我们的风险管理技术仍不够完善，还需要进一步提高。所以，我们应该借鉴国外先进的成功经验，根据我国经济体制，研究出一套适合我国国情的风险管理体系。

（1）风险回避。当遇到下列情形时，应考虑风险回避的策略：①风险事件发生概率很大且后果损失也很大的项目；②发生损失的概率并不大，但当风险点事件发生后产生的损失是灾难性的、无法弥补的。

（2）风险自留。①风险自留与其他风险对策的根本区别在于，它不改变项目风险的客观性质，即不改变项目风险的发生概率和项目风险潜在损失的严重性。②风险自留分为非计划性风险自留和计划性风险自留。导致非计划性风险自留的主要原因有缺乏风险意识、风险识别失误、风险分析与评价失误、风险决策延误、风险决策实施延误等。

（3）风险控制。风险控制工作可分为预防损失和减少损失两种，因此风险控制方案应当是两种措施的有机结合。

（4）风险转移。①非保险转移，又称合同转移。项目风险最常见的非保险转移有三种情况：业主将合同责任和风险转移给对方当事人；承包商进行项目分包；第三方担保，如承包商履约担保。②保险转移，通常直接称为工程保险，但保险并不能转移工程项目的所有风险。

第十三章
园区投资开发策划

企业集中成为产业集群，产业聚集成为产业链、生态圈和产业园区。园区投资开发是实现区域经济社会发展规划目标，以及将产业定位、布局和重大项目落地的重要环节。

园区投资开发需要选择合适的园区投资开发模式、开发运营模式和建立适配的运营管理体系。

第一节　园区投资开发模式

经过 40 多年的发展，各级地方政府因地制宜，根据国家引导和市场需求情况，积极探索，大胆实践，已经形成多种较为成熟的开发模式。从市场开发主体角度来看，我国产业园区开发模式可分为政府主导的开发模式、企业主导的开发模式、政企联动的开发模式和综合型开发模式四大类。

一、政府主导的开发模式

这是目前我国各级地方政府最常使用的产业园区开发模式。一般采取由政府派出机构的管委会或由政府出资设立开发公司来主导园区的开发并负责园区管理，园区管控者既是管理者又是开发商。在地方政府主导下，做出园区规划并组成开发机构，通过制定相关产业支持政策、税收优惠条件，营造园区与其他产业地产项目所具备的独特优势，然后通过招商引资、土地出让等方式引进符合相关条件的产业发展项目。

例如，长沙经济技术开发区成立于 1992 年，2000 年升级为国家级经开区，是湖南省首家国家级经开区。园区位于长株潭自主创新示范区和长沙东部开放型经济走廊，经过 28 年的发展沉淀，形成了工程机械、汽车及零部件、电子信息等"两主一特"产业格局，工程机械、汽车及零部件产业均为千亿产业。截至目前，园区共有规模以上工业企业 237 家，年产值亿元以上企业 96 家，10 亿元以上企业 18 家，100 亿元以上企业 5 家，1000 亿元以上企业 1 家，世界 500 强投资企业 34 家。2019 年，实现规模工业总产值 2426 亿元，规模工业增加值 577 亿元，工商税收 155.5 亿元。园区在商务部 2019 年国家级经开区综合发展水平考核中位列第 17 位，在 21 世纪经济研究院发布的《2019 年全国经开区营商环境指数报告》中位居全国第八、中部第一，已成为中部地区工业发展的核心增长极和重要驱动力。

在这种模式下，资金主要来源于财政预算资金、政府举债以及开发公司的融资，社会资本仅负责项目建设。典型的实施模式有政府购买服务、EPC、EPC＋运维和施工总承包。这种开发模式的优势是可以利用政府权威协调各种社会资源和关系，有利于争取到各种优惠政策，在招商引资中有利于消除投资商的顾虑，而资金来源于财政资金，可以让园区开发迅速启动，弥补开发初期资金不足及不易吸收社会资本的问题；缺点是易存在"小政府、大社会"的弊端，政府容易为了政绩，不顾经济效益，盲目大干快上，而财政资金的有限性也易导致园区开发进程受阻。

二、企业主导的开发模式

这种模式一般由一家企业负责园区的综合管理与开发。最典型的一个案例是招商局集团开发的深圳蛇口工业区。通常，由某个产业领域具有强大综合实力的企业营建一个相对独立的产业园区；在自身企业入驻且占主导的前提下，借助企业在产业中强大的凝聚力与号召力，通过土地出让、项目租售等方式引进其他同类企业聚集，实现整个产业链的打造及完善主体企业引导模式。按照主导企业的类别，可分为产业企业主导模式，如上海石化工业园区、联想集团的大庆科技城等；地产企业主导模式，如金融街园中园、绿地集团滨湖国际总部产业园等。按照出资企业的性质划分，可分为国有企业主导模式，如招商局集团的深圳蛇口工业区；民营企业主导模式，如深圳的天安数码城民营科技园；外资企业主导模式，如上海的漕河泾微电子高技术开发区；联合企业主导模式，如浦东金桥出口加工区等。

在这种模式下，项目资金主要来源于企业，将政府投资项目转变为企业投资项目，或使用财政资金的企业投资项目。典型的实施模式有 F＋EPC、政府授权、股权合作和产业招商。这种模式的优势是完全按照市场经济规律运作，资金由社会资本投入，市场敏感度高、运作效率较高，但也存在开发企业过于考虑经济效益而忽视社会效益，开发企业承担部分社会管理职能，导致负担过重的情况，对开发企业的资金实力、运作能力要求很高。

三、政企联动的开发模式

政企合作开发模式介于前两种模式之间，政府负责研究制定产业政策、产业规划、发展战略、促进产业结构优化等，企业负责实施园区项目的具体设计、建设、运营等，政府和企业在责权利及风险上按约定的规则进行分担。这种模式充分发挥了政府和社会资本各自的资源与创新优势，兼顾了经济与社会的全面发展，实现了优势互补。典型的实施模式有 PPP 模式、特许经营模式等，典型案例有华夏幸福与河北固安县政府以 PPP 模式开发的固安新兴产业示范区。

近年来，随着中央连续出台去杠杆相关政策，严控地方政府负债，地方政府融资渠道收窄，传统的由政府主导的园区开发模式面临严峻挑战。在这种情况下，政府转而寻求社会资本参与园区开发过程，PPP 模式得到大力发展。在 PPP 模式下，项目融资由社会资本与政府方出资代表成立的合资公司负责，政府每年根据绩效考核结果付费。这种模式既提高了融资效率，减轻了财政负担，同时由于社会资本的参与和绩效考核的监督评价机制，还提高了产业园区的建设管理水平，有利于实现公共产品和服务的多元化供应，推进供给侧结构性改革。

四、综合型开发模式

综合型开发模式是指产业园区开发模式、主体企业引导模式和产业地产商模式混合运用的开发模式。在这种模式下，政府提供土地、税收等优惠政策，并成立管委会负责行政管理事务，地产商投资开发建设并提供相应的园区服务，龙头企业入驻发挥产业号召力，多方合力推进产业园区开发和经营。

城市与产业相伴而生、共同发展，城市与产业"双向融合"的实质就是"平衡"。产城融合是建设以生态环境为依托、以现代产业体系为驱动、生产性和生活性服务融合、多元功能复合共生的新型城区。产城融合是产业和城市融合发展，要坚持"以城带产、以产兴城，产城融合"的发展原则，对老城区的功能加以完善，进而带动当地经济发展。"产"指产业集聚、产业文化，包括工业和服务业；"城"指城市功能集聚，包括生产功能、服务功能、管理功能、协调功能、集散功能、创新功能；产城融合必须以产业促进人口集聚和城市转型，以城市实现"人"的城镇化，使人、产、城三者之间和谐共生，逐步达到城镇化的新阶段。产城融合应该是城市与园区互动融合、园区内部生产与生活功能融合、人与环境的融合；产城融合发展是产业、城镇、企业、人四者之间依靠土地和交通等基本要素而形成的相互作用的区域创新网络系统。

该模式既能充分发挥政府的指导性，同时也能发挥市场的灵活性，权责明确，有利于引入多元投资主体实施综合性、大规模成片开发项目。但是，该模式对政企关系协调要求非常高，如果关系处理不当，很容易造成产业园区发展停滞。

第二节　园区开发运营模式

一般而言，产业园核心开发盈利模式分为六类：传统地产开发模式、产业综合开发模式、专业服务运营模式、"产业＋投资"运作模式、"并购＋退出"运作模式、产业运营服务模式。

一、传统地产开发模式

传统地产开发模式是指，开发商以二级开发为主，建设标准化或定制化的园区物业，以租赁、出售或合资等方式进行经营和管理，最后获取开发利润的模式。从本质上讲，传统地产开发模式与住宅开发并无太大差别，因此成为众多资本进入产业地产主要选择的商业模式。

此类运作模式的典型代表为联东 U 谷。联东 U 谷专注园区产业运营、服务中小制造企业，以产业综合体和总部基地为主，涵盖独栋办公、研发中试、标准厂房等产品形态。这些物业产品小而精，更多的是为中小企业量身定制，具有较高的实用性。其已在全国 40 多个城市投资运营产业园区超过 210 个，引进制造业企业和科技型企业超过 11000 家。

二、产业综合开发模式

产业综合开发模式是指，开发商除一二级开发外，更多为政府提供产业规划、服务与导入等方面的服务。在规定的合作年限内，开发商负责园区的土地平整、道路管廊等基础设施建设工作，学校、医院、文化、体育公共设施建设及运营管理工作，产业规划、项目招商、宣传推广等产业发展服务工作，空间规划、建筑设计、物业管理、公共项目维护等基础性服务工作等。与此同时，开发商以园区内新产生收入的地方政府留成部分的一定比例作为投资回报，如新产生的土地出让金、税后、非税收入及专项资金等。合作期限结束后，开发商将园区的基础设施、公共设施产权及经营权无条件移交给地方政府。

此类运作模式的典型代表为华夏幸福。在产业新城开发与运营中，华夏幸福充分发挥产业平台的优势，整合各方产业资源，对接地方政府，除了一二级开发外，为政府提供产业规划、服务与导入方面的服务。通过一系列的操作，从前期开发及后续运营的方面受益，成功把短期的一次性房地产开发转变成为长期且可持续的园区运营。

三、专业服务运营模式

专业服务运营模式是指，开发商除一二级开发外，提供更完善的规划、招商、物业、企业外包等专业增值服务。开发商向园区服务运营商转型，从开发到运营、从增量到存量、从载体到服务，通过提供人才、金融、技术、信息、市场、商务、政策等增值性服务，建立产业配套服务体系，打造以企业为核心的良好产业生态环境。

此类运作模式的典型代表为亿达中国。亿达中国已从初级阶段的租售服务发展到行政服务的阶段，再从 BOT 模式的定制阶段发展到全产业链的整合服务，直至今天的保姆式服务，成功将园区开发和运营职能剥离，进而更专注以招商运营、物业管理、增值服务等轻资产运营的专业服务模式。亿达中国深耕大连、武汉，重点布局京津冀、长三角、大湾区、中西部及其他经济活跃区，先后开发和运营了 40 多个商务园项目，积累了丰富的商务园区开发运营和服务管理经验，形成了独特的商业模式和产业优势。亿达中国于 2014 年在香港联交所主板上市。

四、"产业 + 投资"运作模式

"产业 + 投资"运作模式是指，开发商除一二级开发外，同时还对园区内企业进行投资入股的业务模式。开发商不仅将资金投向产业地产，一般还会参与募集成立产业园投资基金，同时将资金投向具有市场前景的创新企业。这种方式有利于吸引大批创新企业入驻产业园，而同时股权投资也能在未来实现资本增值。

此类运作模式的典型代表为张江高科。张江高科提出以"科技投行"为战略发展方向，着力打造新型产业地产营运商、面向未来高科技产业整合商和科技金融集成服务商的"新三商"战略。张江高科大力推动产业投资，重点实现从天使、VC、PE 到并购的全阶段投资布局，针对不同企业在不同时期的融资需求，公司以直接投资、参股基金投资、管理基金投资等多种方式精准投资。2018 年张江高科营业收入达 11.48 亿元，其中投资收入贡献率接近 40%，利润贡献率超过 50%，强化了投资在营收和利润贡献中的重要地位。

五、"并购 + 退出"运作模式

"并购 + 退出"运作模式是指，先收购被低估的核心物业资产，然后进行运营管理提升，实现物业资产升值，随后通过出售、ABS、REITs 等多种模式实现退出。投资方一般通过基金募集资金，然后收购物业，改善运营管理，当物业能产生稳定的现金流时，通过出售、ABS、REITs 等方式进行资本化运作，实现退出，完成一轮资本循环而进入下一轮投资。新加坡凯德集团正是如此，构建了一个以基金实现投资而通过 REITs 价值变现的稳定收益模式。

此类运作模式的典型代表为黑石集团。黑石集团是全世界最大的独立另类资产管理机构之一，旗下的房地产基金成立于 1992 年，经过 20 多年的发展，已经成为世界最大的房地产私募股权公司。黑石房地产投资基金的核心投资理念是买入、修复、卖出，也就是先收购有潜力、被低估的核心物业资产；然后迅速解决其所面临核心问题，改善管理水平，提升运营能力，实现物业资产升值；而一旦问题解决，黑石会在最佳时机套现，将其出售给保险公司、REITs 公司或主权基金等长期投资人。在英国伦敦奇斯威克园区的操作中，黑石集团于 2011 年初以 4.8 亿英镑将其买下，经过"买入—修复—卖出"后，于 2014 年 1 月以 8 亿英镑卖给中投公司，净赚了52% 的收益。

六、产业运营服务模式

产业运营服务模式是指，运营方因具有大量产业资源，结合地方政府招商引资需求，进行创业空间或产业基地的建设和运营管理的模式。这一模式比较适合投资机构和产业集团。投资机构的主业是投资，对某些产业有着深入研究，同时每年都会投资一定数量的企业，还有机会接触到大量优质企业，而这些产业资源正好可以满足地方政府强烈的招商引资核心诉求。

常规模式是，地方政府以低价或免费给予运营方一定空间的物业，运营方以加速器、孵化器或众创空间等名义来寻找企业入驻，而企业入驻缴纳的租金则全部由运营方享有。

拓展模式是，运营方以产业基地或创新基地等名义直接进行产业园的开发、建设和运营，包含产业园规划建设、企业招商入驻、专业运营服务等业务环节。

此类运作模式的典型代表为力合科创。力合科创集团重点布局高新科技领域，投资覆盖了天使、VC、PE、定增、并购等全阶段，在国内重点城市建立了 8 个创新基地、15 个孵化器，与研究院共同在北美、欧洲等地建立了六大海外创新中心。经过 20 余年的发展，力合科创集团累计孵化服务企业 2500 多家，培育上市公司 22 家、新三板挂牌企业 50 多家，以及众多明星科技项目。2018 年，力合科创最核心的园区载体销售收入达到了 5.12亿元，占当年营业收入的 56.33%。2019 年 10 月，上市公司通产丽星全资收购力合科创过会，力合科创作价 55 亿元装入上市公司，成功实现了自身的资本化运作。

第三节　园区运营管理

一、园区招商流程

良好的营商环境既是一个地方吸引企业、吸引投资、吸引人才的重要砝码，也是经济社会高质量发展的重要支撑，所以优化园区的营商环境尤为重要。如果想加快招商的速度，需要做好产业园的招商内容以及方式，如招商线索获取是否及时、园区的区域位置及产业定位、园区匹配的招商政策及红利、园区提供的配套产业及企业服务措施等。

在政策环境方面，政策是产业招商的关键一环，也是目标企业关注的要素之一，优惠的土地、税收政策能吸引大量企业关注。此外，还有产业环境及资源环境的优化，打造产业集聚性，充分发挥产业协同效应。在园区的管理或者服务方面，要进一步强化客户思维、服务意识，坚持以企业为中心、以企业需求为导向，集聚更多优质资源，主动为企业排忧解难。实际的招商工作中往往存在入驻企业五花八门、产业链中下游缺失、无法形成产业间的集群效应等负面问题，这些弊端将直接影响到区域单位土地创造的价值及后续产业布局的调整难度。系统、专业的产业规划可以带来清晰的产业定位、完善的产业链条与配套设施、明确的企业选择标准，最终实现科学指导区域招商工作、定位目标企业、打造区域特色、提升区域吸引力。

产业园区兴衰的关键点之一就是招商，企业入驻是推动产业园区发展的重点，因此招商也就成为产业园区的重点之一。目前主流的产业园区招商方式有产业链招商、中介招商、会招商、投资招商、顾问招商、以商招商、商会招商等。

（一）招商的目的及定位

产业园区招商的目的是吸引投资者，所以产业园区的招商目标就是要让企业知道园区，找到有需求的企业并吸引其前来投资建厂。产业园区的定位要充分考虑资源禀赋、区位优势、产业基础和区域分工协作等因素。不同的产业园区有不同的优势，产业园区要发挥比较优势，做好产业定位，做大做强优势产业。此外，产业升级和产业转移也是产业定位考虑的重要因素。

有了科学的产业定位和明确的招商方向，招商人员在寻找合作企业时才更具针对性，有助于提高项目落成率。

（二）园区招商亮点优势阐释

从当前园区优势条件而言，从硬环境来看，各园区的区位交通优势和基础设施基本差距很小，即使存在一些不足，经过建设也会逐步得到改善，没有突出优势。产业链是企业选址投资的内在需要，也是各园区最能显示的特色优势，是最直接、最重要的条件。同时，围绕产业链招商，其目标明确、针对性强。园区通过各具特色的产业优势来招商，能增强各自的竞争优势，能有效避免地区间无序竞争和恶性竞争。

园区要把集聚的产业、企业看作招商工作的优势资源，大力宣传园区形成的产业优势和已投资企业的经营业绩。

（三）建立招商团队，丰富招商资源

想要做好招商工作，首先要有一支强有力的招商团队。招商团队在招商引资工作中起着关键的作用，其能力和素质的高低对于园区招商成功与否至关重要。招商人员不仅要懂得招商的专业知识和技巧，熟悉园区招商政策和相关产业知识，熟悉当地的历史文化和地域人情，还要能够洞悉客商心理，懂得谈判技巧等。

（四）招商策略

充分利用互联网广告渠道、广播广告渠道、周边户外广告、海报等形式开展招商信息推广，并借助新闻媒体力量，报道园区的产业聚集优势，吸引一批业内知名企业入驻，提高园区招商效率。后续可通过召开发布会、招商会等形式，联系业内知名企业到场，宣传园区在交通、产业扶持政策等方面的优势。

根据房屋出租价格估价结果表、商铺调查以及类似文化园区租赁价格调查，本着凸显价格优势、保障收支平衡的原则，初步测算出园区租金。

（五）优化营商环境，加强企业服务

良好的营商环境既是一个地方吸引企业、吸引投资、吸引人才的重要砝码，也是经济社会高质量发展的重要支撑，所以优化园区的营商环境尤为重要。首先就是政策环境。政策是产业招商的关键一环，也是目标企业关注的要素之一，优惠的土地、税收政策能够吸引大量企业关注。此外，还有产业环境及资源环境的优化，打造产业集聚性，充分发挥产业协同效应。

（六）招商流程规范

第一，要件审核。园区运营方收集拟入园企业的注册、税收、核心团队成员基本情况、业务发展规划、年度计划等基本资料，并对基本要件进行初步审核。

第二，专家评估。园区运营方邀请专家学者、党政机关熟悉相关产业法律法规和政策的工作人员、产业企业家组成专家组，对拟入住园区企业进行评估，提出专家评估意见。

第三，会商决定。园区运营方邀请产业主管部门、税务等部门按照择优选择的原则，商定拟入园企业意见并报请区产业分管领导同意。

第四，签订协议。园区运营方和拟入驻园区企业签订入园协议，企业正式入驻。

二、招商体系建设

（一）政策/价格制定

当前园区竞争趋于白热化，在地段和产品相差无几的情况下，差异化的政策成了各园区的"杀手锏"。但拼政策很讲究技巧，政策力度不大，起不到什么效果，但用力过猛又会导致"伤敌一千、自损八百"，这与市场规律不符。所以，在制定园区政策/价格时要遵循几个原则：

第一，对可能入驻的项目进行分类。项目的质量直接决定了园区要给出什么样的政策，而评判项目需要一个标准化的内容。一般来说，有几类项目是必须要抢的。一是顶尖团队项目，主要指国家级人才项目。对于这类项目，政策力度条必须拉满。二是高端人才项目，包括省级、市级人才项目，以及主要团队成员拥有顶尖高校和企业背景的项目。对于这类项目，应全力争取，但要谨防上当受骗。三是一般人才项目，包括区级、县级人才项目，以及各种创业大赛获奖者、青年创业者项目，稀缺行业、朝阳行业创业项目等。这些项目普遍有一个通病，即"高不成、低不就"，园区若能在此类项目上下功夫，给它们一些"区别对待"，可能会起到出其不意的效果。对于一般的项目，园区要做的是加强审核，必要时确立评审联席机制，不符合产业导向的项目要坚决拒绝。

第二，建立科学的政策评估机制。人的认识有局限性，每项政策在实践过程中的效果，在政策设计之前是无法完全预测的，或许政策本身很好，但执行起来与设想的可能存在很大差距。可以请第三方专业机构，其与园区和企业没有任何关系，立场中立，让其对政策执行效果进行评估。评估的作用在不同阶段也有所不同：一是在政策出台之前，要评估政策的可行性；二是在政策出台之后，要通过政策效果的评估，使之尽可能地接近或实现制定政策的目标。

第三，定价能拆分的不算总账。园区的定价有一个技巧——尽可能压低租金，物业费等要比竞争对手的高，但保持整体定价不变，对外宣传时，只提租金。

第四，总定价不要过低。"物超所值"是客户的期望，但"物有所值"是企业的底线，即使在买方市场的条件下，园区定价也应处于一个合理的范围。有些企业主对于廉价的园区会投以怀疑的目光，宁愿付出更昂贵的租金选择"物有所值"的园区。

（二）招商渠道建设

第一，中介招商。一个新园区可以给出略高于市场行情的中介费，并与 30 位以上的中介人员迅速建立信赖关系，则中介会优先推荐客源。如果园区比较高级，想引进一些顶级公司，就应和咨询公司合作。外商对中国市场不了解，一般要先委托咨询公司做投资咨询，所以这些公司手里会有很多项目信息。园区可以先付费用，目的是请其优先推荐，组织外资考察、举办推介会，待项目落地再另行给予相应奖励。

第二，顾问招商。聘请几十位科研专家、行业大 V、投资人等为创业导师，并支付其顾问费用。这些人或是坐拥大量产学研资源，或是人脉广泛，总能挖掘出第一手项目信息。

第三，政府渠道招商。与政府有关部门、高新区、经开区等打好关系，与相关部门或招商人员建立合作机制，政府招引的项目优先导入园区。

此外还有一些方式，如展会招商，积极参加各类招商洽谈会、交易会，多渠道获取招商信息资源；产业生态招商，重金引进一家研究院所或高精尖人才作为种子，吸引上下游企业主动靠拢等，这些都是较为可行的招商渠道。

（三）项目包装

所谓招商引资项目包装，就是通过文字、图片、影像、PPT 等，将项目特点和优势真实地展示给客户。最常见的就是用文字形式推介项目。

一般项目可以包装成目录式、简介式，然后汇编成册。对于有些重点推介项目或者重点推介区域，还可以单独制作 PPT 和视频材料，形象而生动。除了传统的纸媒，也要注重网络宣传，及时高效地向领导和客户传递园区信息；制作电子展板或者 H5 页面，推介时直接通过微信发送，快捷方便；投放广告，在区域写字楼网站留下园区招商信息；在网媒上发布报道，给园区造势等，形式多种多样。

项目包装的关键有两点要注意把握：一是要把握三个"说清"，即说清硬环境（园区硬件设施、规划和周边配套等）、说清软环境（园区服务、资源体系等），说清政策；二是要换位思考，尽量站在理性企业家和投资者的角度来看包装是否存在不足或漏洞。

三、园区运营管理

进入园区存量时代，运营成为园区差异化的重要手段，也是园区的核心竞争力所在。作为区域产业集聚的载体，产业园区不仅推动着企业孵化和区域经济的发展，还肩负着聚集创新资源、培育新兴产业、推动城市化建设等重要使命。只有园区的运营管理能力不断提高，方能为人才、企业、产业创造出一个富有活力的生态化的发展空间。产业园区也从成本驱动、要素驱动向运营服务创新升级转换。

第一，运营管理要前置。在前期阶段，运营管理要根据园区的整体规划而开展。相对于物理空间载体，园区运营要在选址、研发、规划、定位甚至顶层设计阶段就介入，涉及投资选址、规划定位、产品设计、建设施工、招商推广、运营服务的各个环节，要规避产品和产业完全割裂的情况，通过全生命周期的运营创造最大化的价值。

第二，物业管理是基础。产业园区的物业管理覆盖范围广、涉及种类多，与其他物业业态相比，较早介入智能化楼宇、能源中心、节能建筑等管理。因此，园区物业管理更加复杂，风险成本及规避意识也比其他物业业态要高。产业园物业管理涉及通信网络、水、电、保洁、安保等事宜，应具有专业化的管控流程、规范化的管理体系、数字化的管理平台以及应急性的处置措施。

第三，产业规划是中枢。园区运营必须在产业研究、产业定位及产业招商的基础之上才能顺利开展。产业园区运营应遵循"延伸产业链条、形成产业集群、构建产业生态"的产业规划思路，通盘考虑园区所处区域的资源禀赋、区位优势、产业基础、政策方针、营商环境、市场需求、人才储备等各方面要素资源，再结合"集群、生态、安全"三大产业规划理念，在现有优势资源基础上，延伸上下游产业链，挖掘附加值更高、技术含量更强的产业发展方向，深度分析和研判，做出准确的产业定位。只有确定了精准的产业定位，进行了有效的产业招商，后期的园区运营才能更加游刃有余。

第四，招商工作是关键。产业招商是一个系统工程，涉及产业规划、政策体系、招商接洽、项目入驻、运营扶持等诸多环节。产业招商的精细化运作的关键，一是精准定位，即明确产业客商类型，建立产业项目信息库，进行定向式招商；二是系统运作，即围绕产业招商构建全方位的服务能力，细化产业项目招商的流程及规范，使整个招商工作更具系统性和有序性。通过社交集中、联合招商、代理招商、圈层招商等立体化、全方位的招商方式，针对园区发展规划进行有效招商运营，确保园区企业的可持续发展，实现产业聚焦、企业聚集、金融支持、人才保障、创业驱动、创新策源、政策扶持、技术平台的聚集和产业集群化发展。

第五，企业服务是保障。园区运营服务要为中小企业提供适宜其生存和发展的土壤，对于成长型和成熟型企业，提供深入的催化服务。除了办公空间等基础服务外，园区运营服务体系要围绕政策链、产业链、创新链、人才链、技术链，构建完善的服务链，尤其是所涉及的金融服务、科技研发、产业链对接、市场对接、产学研合作、科技成果转化、知识产权申请保护、法律服务等各项服务内容都要逐步完善和落实。运营商要进行总结评价，查缺补漏，不断细化完善，形成具有可复制性的园区运营服务标准，为后续拓展园区的运营提供借鉴和模板。

四、增值服务策略

第一，要明白园区运营不等于园区服务。所谓的园区运营，实际上贯穿园区发展的全生命周期，实现从投资选址、规划定位、产品设计、建设施工、招商推广、运营服务的全程管理和控制；要始终围绕产业，以产业集聚、产业生态的打造为终极目标；不仅要为入驻企业提供空间服务，更要在企业发展的各个阶段充当合伙人，与入驻企业共成长。

因而，园区运营必须前置，要早于物业载体建造，在选址、研发、规划、定位甚至顶层设计阶段就必须介入，而绝不是一个后期配套服务。如果一个运营者仅在后期介入，可能发现产品和产业是完全割裂的，则运营就真的只是园区物业服务了，毫无运营的意义。而园区运营的最终目的是要通过全生命周期的运营创造最大化的价值。

第二，"三业"协同。产业园区是一项投资大、周期长、回报慢的复杂而艰巨的工程，其运营管理存在很多不确定因素，乃至无序运营的可能。产业园区的运营管理不像传统住宅地产项目，做好物业管理就没事了；也不像商业地产项目，做好商业招商和物业管理就成事了。产业地产、产业园区的运营需要做到物业、商业与产业"三业"相辅相成，协同并进。

第三，大数据发力。精细化园区的运营服务需要大数据的支撑，进行不断的选择与塑造，从"园区有什么企业就用什么"逐步向"企业要什么园区就给什么"转变，最终实现"企业所享，超出所想"。

首先，了解企业需求。要想提供精准服务，必须了解企业以及产业发展的真实需求，在不断的分析和完善的基础上，提升与园区企业中高层对话的能力。一方面，深入了解企业，不断提高运营能力；另一方面，不断学习行业知识，了解创新理念，适应服务变化。例如，针对龙头企业对品牌发展、产业链集聚发展等需求，具备多元化的解决方案；满足公司对环境的舒适、空气洁净度等要求；满足初创企业对创业孵化、补贴扶助的需求等。

其次，了解园区公众需求。运营服务的核心理念是"以客为尊，以人为本"，要深入了解园区公众的各类需求，为其提供幼儿教育、人才关爱、爱车服务、餐饮多元化、社交活动等个性化服务，促进企业招才留才、商务洽谈，而这样做也将为自身赢得更多资源。

最后，智慧赋能运营服务。以园区服务与空间资源为基础，搭建智慧运营服务体系，构建大数据运营指挥中心、空间设施易联易控系统等智慧平台建设，针对不同园区定制高效科学的服务体系，以数字化深度融合园区物理空间的信息资源，建立以企业与人才为核心的产城生态圈，将空间、设施与资源转化为服务力，实现运营服务的价值最大化，打造智慧园区新生态。

第四，园区运营服务的主要雷区。任何行业都会存在雷区，园区运营服务同样如此。因此，园区运营人要想能够提供精细化的运营服务，只有具备较强的风险规避意识，才能发现雷区，规避风险。园区运营服务的主要雷区包括以下几个：

一是非专业运营团队。园区运营需要自身实力够硬，才能够推动园区发展步入正轨。但事实上，许多园区运营团队没有实践经验，甚至是外行，同时缺乏相关的运营人才培养培训体系，导致运营服务跟不上客户需求，各种效益无法兑现。

二是园区运营体系构造不合理。企业入驻园区有着自身严格而精准的战略需求，无论是政府还是园区企业、公众，不仅需要园区这一物理载体，更需要丰富的服务与资源生态。但是有些园区没有足够的资源与服务，不注重轻资产的运营建设，导致园区轻重资产失调。

三是没有正确估量服务的投入产出比。有些园区不结合实际情况，盲目照搬，最终导致运营服务无法形成良性循环，人力、物力的支出大大超过服务产生收益，无法给园区产生附加价值，对园区品牌塑造也毫无帮助。

第十四章
产业招商运营策划

产业招商，促进产业结构的优化升级，不仅是落实科学发展观，也是推进高质量发展，实现富民强市的全局之举，更是适应宏观调控新形势，提升区域竞争力，确保经济持续快速发展的有效途径。

产业招商首先需要明确运营模式，其次需要进行系统性的招商运营策划，通过绘制产业招商地图、拓展招商渠道、招商程序系统化和完善服务体系进行推进，最后还需要对风险进行分析并采取有效策略加以应对。

第一节　产业招商运营模式

一、产业链招商

随着产业聚焦，产业链、产业生态圈的重要性逐渐凸显，进而反映到招商活动中产业链招商的兴起，即围绕产业链条及其延伸，与产业内的企业合作，促进企业间的分工协作，加快产业集群成型。

产业链招商是指，围绕一个产业的主导产品和与之配套的原材料、辅料、零部件和包装件等产品来吸引投资，谋求共同发展，形成倍增效应，以增强产品、企业、产业乃至整个地区综合竞争力的一种招商方式。

产业链招商的框架性原则：一是产业链招商应归于市场招商模式，是一种经济规律的行为，应充分尊重市场导向；二是产业链招商必须结合当地的资源优势和地理条件，不能盲目定位；三是应该有政府的引导和一定的调控，以避免产业链非良性发展情况出现；四是产业链招商只是诸多招商模式中的一种，应注意与其他招商模式的结合；五是培育龙头企业是发展产业链招商的关键所在。

产业链招商模式大致可以分为两种：一是从大到小的模式，先选取产业链上的核心、龙头企业，进而吸引相关中小企业入驻，形成核心产业集群，然后在此基础上吸引其他配套产业，完成产业生态圈的构建；二是从小到大的模式，优先引入产业链中的一群中小型企业，通过园区有序健康竞争胜出一部分大企业，同时在园区生态完善的基础上再引进一批大企业，从而形成核心产业群。

例如，义乌经济技术开发加快推进"链长制"试点工作，围绕先进装备制造发展目标，突出以产业链招商为核心的招商模式。其先后招引一批光伏行业龙头企业，包括 2020 年光伏组件排名全球第二的晶科能源、全球第三的晶澳科技等，全产业链协议总投资达 738 亿元，这些项目全部达产后，义乌将成为全球最大的光伏产业基地之一。[①]

二、龙头招商

龙头企业招商实质上也是产业链招商的一种，是产业链招商的切入点。园区前期应重点吸引龙头企业落户，特别是排名行业前十的头部企业，因为龙头企业对上下游企业影响较大，能够有效地吸附上下游企业。尤其是平台型企业，平台型企业基本在产业链某环节形成了垄断优势，其话语权更大。通过龙头企业招商，达到以点带线、以线成面的效果，即引入一家龙头企业，带动一个产业聚集发展。

以桐庐智慧安防小镇为例。桐庐智慧安防小镇位于杭州桐庐，地理位置优越，距离县城 11.5 千米、市区 58.2 千米，距高速入口 5.2 千米，距高铁站 63.3 千米，距火车站 57.4 千米，距机场 75.4 千米，整体环境得天独厚。桐庐智慧安防小镇提出建设国内最具特色的"智慧城市样板区、安防产业集聚区和智慧应用实践区"，成为长三角重要的智慧安防产业集聚区、浙江省智慧安防产业发展示范区、千亿级产业特色小镇。2014 年，国内安防领域的领军企业海康威视在桐庐的安防产业基地项目正式启动，桐庐借此机会围绕海康威视上下游企业进行招商，加快发展电子信息等重点产业。海康威视项目落地后，小镇相关部门聚焦智慧安防主导产业所处的电子信息产业，紧盯上海、深圳、杭州等重点区域，瞄准张江高科技园区、滨江电子信息产业、深圳健康医疗产业，实施驻点招商、精准招商。收集小镇内已布局的链上企业，并进行分类研究，当前小镇已初步形成了围绕智慧安防的完整产业链。

三、以商招商

以商招商通常指通过已落户当地企业，利用企业家的朋友圈，以口碑传播的方式进行招商。企业入驻期间，园区给予足够的重视，在硬件

---

① 浙江省商务厅，《"链"式赋能，"长"责明晰，"制"出长效，浙江开发区产业链"链长制"评审圆满收官》，2022 年 1 月 6 日。

上提供保障，在税收上提供优惠，遇到困难积极帮助解决等，企业会因为这些福利而留下来，并将这些优势经过商业往来口口相传，形成口碑效应，吸引更多企业入驻。同时，每个成功的企业家都有自己的人脉圈，利用园区现有企业家的人脉关系，通过他们的介绍来引进企业。很多区域通过设立"招商大使"，利用企业家的人脉资源及信任机制成功招商引资。

例如，舟山海洋渔港自 2019 年起，在市有关部门支持下，在招商引资方面创新工作方法，瞄准央企、500 强、重点科研院所、电子科技龙头企业等重点对象，不断加大以商招商工作力度，让落户企业充当"红娘"，发挥招商引资企业源头活水作用，扩大产业集聚效应，逐渐形成了"引来一个，带来一批"的新型以商招商模式。截至 2019 年 12 月，舟山国家海洋渔业基地实际利用外资 8.06 亿元。①

四、飞地招商

飞地模式是指，两个互相独立、经济发展存在落差的行政地区打破原有行政区域限制，通过跨空间的行政管理和经济开发，实现两地资源互补、经济协调发展的一种区域经济合作模式。先进园区可以利用成功经验及优势资源，按照"共建、共管、共享"原则，与其他地区的市县、园区合作，建设"区中园"，成为"飞地型"园区。利用税收分配、政绩考核等一系列科学的利益机制，打破招商中的行政界线，促进各地区之间的资源流动，从而实现互利共赢，推动区域经济协调发展。这也是未来东中西部地区通过园区共建来联合招商的主流形式。

招商中最早采用"飞地模式"的是江苏省常州市。20 世纪 80 年代，常州便开始尝试该模式，但项目开展始终受到利益分配不统一的掣肘。如今，有了国家层面的政策保驾护航，飞地项目的实施将会更加顺利。

北京亦庄·永清高新区的共建主体为北京经济技术开发区和河北永清经济开发区，展开跨区域全产业链布局集群发展。由双方政府合作搭建平台，北京经济技术开发区设立区域合作协会及区域合作实体公司，由协会主导北京开发区区内企业向共建园区进行增量扩张和产业链延伸，通过市场化运作的方式，最终实现多方合作共赢。

五、联合招商

在一个产业园区里，如果有一个具有强大号召力的主力客户与运营商捆绑在一起进行招商，往往能够起到事半功倍的效果。这种主力客户在商

---

① 前瞻产业研究院，《产业园区招商策略之以商招商》，2022 年 3 月 4 日。

业地产里也叫作"主力店""旗舰店",通过主力店的产业链效应,使其成为一个强有力的招商工具。这种模式下,投资双方联手在开发区建设重大项目,合作双方风险共担、利润共享,在保障项目招商率的同时,也能够更有效率地完成招商推广工作。例如,宏泰发展非常注重使用这种联合招商模式,包括在湖北鄂州与顺丰合资建设机场和空港新城,在全国范围与中航通飞联手打造通航小镇等。而政府性园区也越来越擅长使用联合招商模式,如青岛开发区就和中电光谷、海尔集团等建立联合招商小组,制定联合会议机制,共同筹划研究项目,共同赴外地开展定向性的主题招商,取得了十分不俗的效果。

六、投资营商

投资营商模式是以资本手段促进产业落地进入园区。与传统的资本手段不同的是,投资营商强调的是战略上的协同,以产业落地促园区形成。这里面不乏一些创新式的"产、融、园"结合模式,是一个严密的"资本招商 + 资产增值 + 资本运作"的逻辑链条。第一步是收购相关的有潜力的企业,形成一个贯穿上下游的产业链,可以互相提供市场订单,形成紧密的价值链;第二步,与地方政府洽谈,开发产业园区,将优质企业吸纳进产业园区,并以其为核心,吸引更多的企业进来,形成聚变效应。

多地政府纷纷设立产业引导基金,"以投带引"定制化模式渐成趋势。通过采取财政资金撬动社会资本的方式,引导社会资本建立股权投资基金,打造"基金 + 项目 + 园区"的一体化生态链,实现资本与项目的有效对接。基金投资招商模式是二三线城市用以吸引大型企业的一项重要举措。地方以投资的方式同具有影响力的龙头企业建立起密切的联系,能够让龙头企业立足本地区发展,同时吸引相关配套产业链企业前来投资发展,从而快速形成相关产业聚焦效应,提升地区的经济发展实力。

例如,2017 年小米第二总部和小米系企业金山、顺为武汉总部正式入驻武汉光谷金融港。武汉给予小米企业人、财、地方面多种政策优惠和良好的营商环境。除小米以外,科大讯飞、奇虎360、小红书、海康威视等数十家知名互联网企业已在武汉设立第二总部或研发中心。

第二节 产业招商运营策划

产业招商运营一般包括绘制产业招商地图、拓展招商渠道、招商程序系统化和完善服务体系四个重要步骤。

一、绘制产业招商地图

产业招商地图不是产业链图谱，也不等同于产业分布图，它是在产业分布图及产业链上下游关系的基础上确定招商路线，并围绕自身产业招商需求，基于行业大数据和企业情报信息共同绘制的产业招商行动路径图。

（一）产业发展规划

绘制产业招商地图是开展招商工作的第一步，而制定产业发展规划是绘制产业招商地图的第一步，招商工作需要产业发展规划来作为指引。进行产业发展规划，首先要跟踪研究全球产业与技术发展趋势，结合区域资源禀赋、区位优势、产业基础和区域分工协作等因素，分析确定能够进入并有潜力占据重要战略位置的产业和技术领域，从而制定出能够"优化区域产业战略布局、主导产业错位发展、关联产业功能互补、关键领域共同推进"的产业发展规划。

（二）产业链分析

从最初的原材料到最终产品，再到消费者，所包含的各个环节所构成的一个完整的链条便是产业链。产业链中存在大量的上下游供需关系、协同辅助关系和相互的价值交换关系，相互依存、相互制约，形成了横向、纵向的多种产业链关联。

梳理分析产业链是绘制招商地图的基础，也是最关键的部分。以图表的形式清晰呈现所定位发展产业的上下游细分产业、相关产业，可视化展现产业链上中下游及细分环节，了解产业要素的分布情况，研判产业发展前景，进行产业政策的效果评估及量化分析预测，切实了解产业的市场潜力以及产业配套程度。只有进行了产业链分析，先绘制出产业链全景图，才能定位产业优势及缺失环节，为招商工作提供数据依据，从而完成产业链的"补链、延链、强链"。

例如，图14-1给出了福建省三明市高端纺织产业链分析过程。

（三）企业分析

不同产业、行业内企业数量众多，产业招商地图不可能将每个企业都列入。因此，要依据产业链全景图，按照产业、产品链发展、扩张的重点和补缺方向，编制目标企业名录。同时，需要分析哪些是龙头企业（如世界500强、中国500强等）、哪些是本地区或本园区可以重点合作对接的企业，研究每个潜在目标企业的实力、产品、行业地位，摸清潜在目标企业是否在目标区域有投资意向，等等。

产业招商地图需要将这些重点企业的基本情况整理出来，包括企业名称、所处区域、简介、联系方式等，帮助客户明确招商对象。

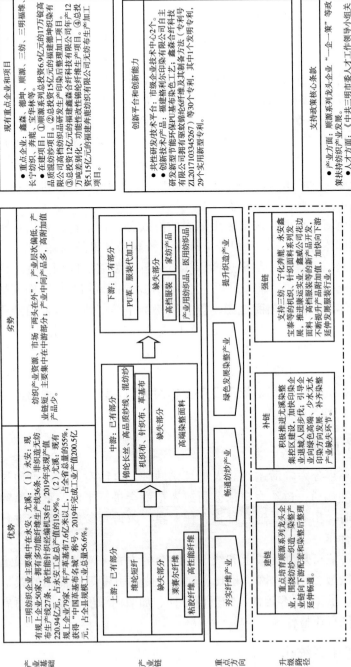

产业基础

优势：三明纺织企业主要集中在永安、尤溪。现有规上企业500家，附有多功能纤维生产线36条、高性能针织经编机38台。2019年实现产值220.94亿元，占永安工业总产值的19.9%。现有规上企业79家，年产革基布7.6亿米以上，占全省总量的55%，获得"中国革基布名城"称号。2019年完成工业总产值200.5亿元，占全县规模工业总量56.6%。

劣势：纺织产业资源、市场"两头在外"，产业层次偏低、产业链短，主要集中在中游部分；产业中间产品多，高附加值产品少。

现有重点企业和项目
- 重点企业：鑫森、嘉纳、顺源、奔鹿、宝华等、长宁纺织、三纺、三明福维、三明福纤。
- 在建项目：①顺源纺纱项目，总投资6.9亿元的17万锭高品质混纺纱项目。②总投资15亿元的福建儆坤织染有限公司高档纺织品研发生产印染后整理加工项目。③总投资12亿元的福建鑫森合纤科技有限公司年产12万吨差别化、功能性改性锦纶纤维项目。④总投资5.15亿元的福建奔鹿纺织有限公司无纺布加工项目。

产业链

上游
- 已有部分：维纶短纤
- 缺失部分：莱赛尔纤维、粘胶纤维、高性能纤维

中游
- 已有部分：锦纶长丝、混纺纱、高品质纱线；机织布、针织布、革基布
- 缺失部分：高端染整面料

下游
- 已有部分：PU革、服装代加工
- 缺失部分：高档服装、高档纺织品、家纺产品、产业用纺织品、医用纺织品

创新平台和创新能力
- 共性研发技术平台：市级企业技术中心2个。
- 创新型节能环保PU基布PU革加色工艺；福建格利尔印染有限公司自主研发新型节能PU革微软锦纶色纤维及其装备方法（专利号ZL201710334527）等30个专利，其中1个发明专利，29个实用新型专利。

重点方向

- 夯实纤维产业
- 畅通纱布产业
- 绿色发展染整产业
- 提升织造产业

升级路径

建链
- 重点培育顺源系列龙头企业，围绕纺纱-织造-染整产业链下游配套和染整后整理延伸脉通。

补链
- 积极推进尤溪染整集聚区建设，加快印染企业退城入园步伐，引导企业绿色高端、少水无水印染方向发展，补齐染整产业缺失环节。

强链
- 支持三纺、宁化奔鹿、永安鑫宝等地的机织、针织面料系列研发展，推进鑫运实业、鑫威公司花边面料、高档服装等新产品开发，不断提升产业产品附加值，加快向下游延伸发展服装服饰行业。

支持政策核心条款
- 产业方面：顺源纺织产业发展。
- 人才方面：《中共三明市委进一步加快人才集聚若干措施》的通知（明委人才〔2019〕2号）等政策支持产业人才引进和集聚。

招商重点

- 紧盯中国纺织科学研究院旗下的莱赛尔纤维项目，拟接北京、福州等地开展相关招商活动。
- 以浙江、上海、江苏文泉以本保组扣、木质扣和等纺织辅料项目招商为契机，以相扣项目为重点，赴嘉善两塘组扣、泉州等地的大型印染企业加快引进先进印染技术。

资料来源：三明市商务局网站。

图14-1 高端纺织产业链招商地图

（四）绘制产业招商地图

有了前面三步的基础，我们已经有了产业链全景图、价值链分析图、产业分布图、产业发展态势图和企业名录，接下来就是依托人工智能算法，将这些图表所涵盖的数据进行融合和梳理，运用位置地图、点标注地图、地图填色、雷达图、柱状/饼状/折线统计图等各类数据展现形式，加入动态技术，制作综合的数据分析模型，完成产业招商地图最终的展示和呈现。

例如，西部某地一园区为进一步增强招商引资工作的针对性和精准性，以招商引资加速产业集聚。该园区编制了产业招商地图，紧紧围绕园区主导产业，详细地提出了产业发展背景环境、今后三年发展思路定位、发展重点以及详细的引擎项目等内容，罗列出的与主导产业上下游产业链相关联的国内知名企业达 500 余家，为招商引资安上了"导航仪"，瞄准重点企业、重点区域、重点产业，实施精准招商。

在编制产业地图过程中，该园区用图表的方式分解产业链，列出目标企业，然后"按图索骥"，不仅从根本上解决"捡到篮子里的都是菜"、产业集聚缓慢的问题，也解决了与周边园区实行差异化发展的问题。有了产业招商地图，招商引资不再"胡子眉毛一把抓"，这是园区招商局工作人员最直观的感受和体会。产业招商地图不仅有明确的主导产业、清晰的产业链、清楚的目标企业、确定的主攻区域，尤其是重点解决了"招什么产业、招哪些环节的企业、到哪去招企业"等一系列问题。招商部门依托产业招商地图，紧盯行业龙头，开展"一对一"招商和"点对点"对接，有效提高了招商的效率和成功率。正是依靠着产业招商地图，该园区实现招商引资到位资金 34% 的增长幅度。

二、拓展招商渠道

招商团队渠道可分为电话邀约和人员拜访两种。电话邀约时，可通过招商话术进行邀约沟通，邀约客户来公司或者招商会进行了解，继而签约合作。人员拜访时，招商专员通过拜访合作对象，邀请其参加招商会进行谈判，继而达成合作。

客户的来源一般可规划为线上和线下相结合的方式。常见的线上渠道有抖音、头条、微信、微博、网页论坛、软文、搜索引擎等。常见的线下渠道有人脉延伸、员工/顾客延伸、加盟商延伸、加盟商深度开发、招商展会、商圈整合、同行业整合等。

三、招商程序系统化

一是包装产业园招商项目。项目的包装可参考国际上通行的《商业计划书》的模式，将项目的建设内容、环境、市场、管理、风险与规避、政策支持等方面进行相对详细的策划与编制，做到"可视""可控""可管"。

二是制作高标准的招商资料。相关资料应该包括宣传性单页、项目总体规划概要、投资评价、核心吸引物图件等内容。

三是适时发布招商信息。产业园招商信息的发布不是一股脑儿抛出去就好了，而是要讲究策略性。前期主要是提高项目知名度为主；中间可多方面、多渠道地进行硬性广告宣传，趁热打铁；后期要减少招商信息发文的频率，用优惠信息吸引产业入驻。

四是扎实做好招商考察。招商考察是重要的招商环节，需要我们尽可能地了解投资商的投资情况，包括企业背景、企业成长性分析等。

五是做好专业的招商接待准备。建立优质、专业的招商服务中心，对到访人员进行专业的接待、专业的介绍和专业的解答，化解客户的疑虑，促成现场成交。

六是提供细致的招商沟通服务。对于客户提出的问题，做好回访和整改跟踪，不断提高产业园的品质，帮助客户解决困难。

七是做好扎实的招商谈判准备。谈判的过程中要注意遵循平等交流的原则，用高品质的物业管理、专业化的咨询服务、高效的运营策略、前期的免费宣传推广、政府公共设施辅助投资等优惠吸引客户，夯实谈判的资本。

八是及时签订招商投资合同。对于有意向的潜在客户，要趁热打铁，及时推进合同的签订工作。合同尽量详尽，要明确规范各方的责任与权利，形成持续协商机制，实现共赢。

九是落实招商合同相关事宜。待合同签订后，要迅速完成审批、环评、土地、规划、设计、公共设施建设等方面的工作，确保企业顺利落户。

四、完善服务体系

产业园区要实现可持续发展，不仅需要前期的"招商"，还需要后期的"留商"。

首先是完善政策支持。（1）区域性的政策支持。建议实施产业招商地图计划的各区域政府设立"产业招商地图"专项资金，保障产业招商地图计划的组织实施；以产业招商地图为支撑，修订和完善区域产业规划；配合产业招商地图计划的执行，研究制定重点发展产业的支持政策和重点引入的人员、技术、企业和相关机构的优惠政策；以促进产业关联和集群创新为目标，规划整理引入项目的用地空间，保障项目以及相关人员的落地和安置问题。（2）商务部门的政策支持。加大对实施产业招商地图计划地区商务平台建设的支持，重点部署相关产业的国际合作基地、联合创新中心、国际商务联络机构以及产业出口基地等载体和平台，积极引导相关国际企业、大学或科研机构以及各类服务机构落户或设立分支机构，协助区域开展相关国际商务活动、建立海外分支机构等；优先实施相关产业国际商务合作优惠政策，简化引入企业设立、相关重要设备和技术进口审批、相关产业和服务进出口审批等程序。（3）相关部门的政策。协同发展改革委、经济和信息化委员会、科技、财政等相关部门，研究制定支持重点产业国际化发展和重要产业战略性技术开放创新的政策工具，形成科技政策、产业政策、财税政策、商贸政策等的协同效应。

其次是优化园区服务。园区要依据《产业园企业服务体系搭建手册》，不断对产业园进行优化升级。整合各类服务资源，完善企业服务体系，创新服务机制，进一步优化园区产业发展和产业生态，提升品牌建设水平和核心竞争力。完善园区运行体系，提高物业管理服务质量，提供现代化的产业基础设施。在完善空间设施资源服务的同时，提供产业文化构建内容，吸引已经入驻的产业继续发展，减少园区企业流失率。（1）完善的物业服务体系。为入驻企业提供贴心物业管理服务，给园区营造一个安全舒适、优雅整洁的办公环境。（2）IT服务体系。为企业提供更优惠的宽带、局域网安全运维语音接入、桌面运维等服务。（3）餐饮服务体系。园区引进干净卫生、色香味俱全、多种口味的餐饮服务。（4）休闲娱乐服务体系。园区引进配套娱乐设施体系，为入驻企业员工提供健身房、咖啡厅、阅读室等娱乐休闲系统。（5）由政府协助为入驻园区企业、意向企业提供入园政策、项目申报、税款返还等咨询服务，并提供工商代办、金融咨询服务。

第三节 产业招商运营风险分析和应对

一、产业招商服务风险分析

（一）协议出让土地/土地出让低于国家规定底价

《招标拍卖挂牌出让国有建设用地使用权规定》第四条规定，工业商业、旅游、娱乐和商品住宅等经营性用地以及同一土地有两个或两个以上意向用地者的，应当以招标、拍卖或者挂牌出让；第十条规定，市、县人民政府国土资源行政主管部门应当根据土地估价结果和政府产业政策综合确定标底或者底价。标底或者底价不得低于国家规定的最低价标准。

据此，对供地招商项目，有三道法律红线：一是产业用地必须以"招拍挂"的方式公开出让；二是企业取得的土地价格不能低于国家规定的最低价标准；三是如果有两家及以上的企业报名，必须按照相关程序公平竞争。

（二）违反土地出让金收支规定

《国务院办公厅关于规范国有土地使用权出让收支管理的通知》规定，任何地区、部门和单位都不得以"招商引资""旧城改造""国有企业改制"等各种名义减免土地出让收入，实行"零地价"，甚至"负地价"，或者以土地换项目、先征后返、补贴等形式变相减免土地出让收入。同时，根据现行相关规定，土地出让收支要全额纳入地方政府基金预算管理。收入全部缴入地方国库，支出一律通过地方政府基金预算从土地出让收入中予以安排，实行彻底的"收支两条线"。在地方国库中设立专账（即登记簿），专门核算土地出让收入和支出情况。

据此可知，通过土地换项目、先征后返等形式变相减免土地出让收入的行为原则上是不被允许的。但在实际操作中，因现有法律、行政法规并未对此做出明确的禁止性规定，所以这种现象依然比较普遍。具体如何处置，以地方人民法院的裁定为准。

（三）违背税收法定原则

《税收征收管理法》第三条规定，税收的开征、停征以及减税、免税、退税、补税，依照法律的规定执行。任何机关、单位和个人不得违反法律、行政法规的规定，擅自做出税收开征、停征以及减税、免税、退税、补税和其他同税收法律、行政法规相抵触的决定。

据此可知，地方政府税收政策需要依照法律的规定执行。如果地方政府对于其承诺的事项没有权限或超越权限，事后又未能获得上级政府及有关部门追认或批准的，则依法认定无效。但有一点需要注意，虽然该合同无效，可企业作为投资方已经履行了合同约定的投资义务，仍然可以向政府要求赔偿损失。

（四）未履行或部分履行承诺

根据《合同法》第一百一十三条规定，当事人一方不履行合同义务或者履行合同义务不符合约定，给对方造成损失的，损失赔偿额应当相当于因违约所造成的损失，包括合同履行后可以获得的利益。

基于公共利益保护的需要，在行政合同的履行、变更、解除中，行政主体享有一定的行政优益权。但行政优益权的行使亦受到严格限制，既不得与法律规定相抵触，也不能与诚实信用原则相违背。

（五）履行合同失职

《刑法》第四百零六条规定，国家机关工作人员在签订、履行合同过程中，因严重不负责任被诈骗，致使国家利益遭受重大损失的，处三年以下有期徒刑或者拘役；致使国家利益遭受特别重大损失的，处三年以上七年以下有期徒刑。

招商引资中可能会遇到一些不法分子，他们利用地方政府迫切招商的心理，打着招商引资的旗号从事投资诈骗、虚假出资、抽逃出资等违法犯罪活动。很多时候，骗子的骗术并不算高明，但很多招商干部唯政绩论，只顾埋头招商，缺乏对投资者的资信调查和对企业经营的具体分析，使犯罪分子有机可乘，一旦得手，将给国家和人民财产造成重大损失。

（六）滥用职权/行贿受贿

《刑法》第三百九十七条规定，国家机关工作人员滥用职权或者玩忽职守，致使公共财产、国家和人民利益遭受重大损失的，处三年以下有期徒刑或者拘役；情节特别严重的，处三年以上七年以下有期徒刑。

招商引资犯罪中，职务犯罪最为常见，原因有以下三种。首先是在招商引资热潮下，各级各部门或多或少都要背上招商指标，而任务和年终考核挂钩，为了使项目更快落地，招商干部对企业的要求都是尽量满足，甚至可能会突破法律的规定。其次是政府对招商引资的考核往往"重数量、轻质量"，导致一些招商干部明知企业投资目的不纯，但为了表面上的招商数字，仍然坚持与投资商签订招商引资协议，更有甚者，还会向上级领导行贿以获取支持。另外，也有招商干部会接受企业的贿赂，利用职务之便，给不符合入园条件的企业"开绿灯"。从表面上看，他们这样做既能完成招商引资任务，又能凸显个人政绩，还可以安全可靠地谋取利益，可谓是"一箭三雕"。

从实际案例来看，这样的面子工程会给政府带来一系列的问题和麻烦，如严重的环境污染、产业的无序与粗放式发展、套取政府政策和补贴、项目烂尾等。事发后，在倒查追责时，相关工作人员必然逃不过应当承担的行政责任和刑事责任。

（七）招商引资不作为

《中国共产党问责条例》第七条第十款规定，在教育医疗、生态环境保护、食品药品安全、扶贫脱贫、社会保障等涉及人民群众最关心最直接最现实的利益问题上不作为、乱作为、慢作为、假作为，损害和侵占群众利益问题得不到整治，以言代法、以权压法、徇私枉法问题突出，群众身边腐败和作风问题严重，造成恶劣影响的，应当予以问责。

早前，在体制内工作是"不怕不做事，就怕出问题"，不做事不会被辞退，做事却要冒极大的政治风险，且不一定有回报。但近几年，这种情况有了极大改观，各地都把打造营商环境提到了较为重要的位置，个别政府甚至开始对招商引资中的"不作为"开刀。

（八）引发群体性事件

《中国共产党问责条例》第七条第九款规定，履行管理、监督职责不力，职责范围内发生重特大生产安全事故、群体性事件、公共安全事件，或者发生其他严重事故、事件，造成重大损失或者恶劣影响的，应当予以问责。

如今，招商引资竞争极为激烈，很多时候需要拼成本、拼政策，但如果为了招商引资而违法处理土地，把土地收益流失转嫁到农民身上，则可能导致群体事件的发生。

（九）国有资产流失风险

股权投资是政府进行产业布局的一种常见方式，具体包括对企业直接投资、通过政府引导基金最终投向高新产业等形式。政府股权投资取得了很多宝贵经验，许多企业的成功背后都有政府资金的支持，如京东方、TCL等。但也不应忽略一些地方向企业投入巨额资金，却收效甚微，甚至面临国有资产流失风险的情形。比如，某地新能源汽车企业董事长"空手套白狼"，以虚假技术出资获得公司控制权。该企业唯一国有股东总计提供了66亿元资金（几乎为该市一年的一般公共预算收入），而其他股东没有出资一分钱。五年过去，该公司的业绩与当初评估报告中的预测相距甚远，巨额投资或面临血本无归的局面。

为了维护国有权益，我国建立了一系列针对国有股权的监管制度，如资产评估批准或备案、国有产权登记、国有产权转让等。此外，自2015年起，财政部和国家发展改革委也陆续出台了一系列针对政府引导基金的管理规定。

政府补贴是政府扶持有关行业、项目或企业的一种方式，在促进产业结构调整、加快经济发展等方面发挥了积极的作用。但也应看到，从光伏到新能源汽车，很多领域仍存在获得地方政府补贴却最终烂尾的项目，甚至还有人专门骗取补贴，如媒体曝光的某商人在多地以先承诺投资，接着要求地方政府给钱给地，再转移或抽逃资金的手法不断骗取政府补贴。

二、产业招商风险应对策略

一是建立招商引资项目的运筹机制。第一，必须建立素质优良、精干有效的专业招商队伍，实现目标招商。第二，建立重大招商引资项目进展周报制。第三，实施深度招商引资，实现内涵发展。第四，以商招商。只要现有的客商投资获得了良好的回报率和盈利率，把他们作为招商引资最宝贵的资源开发利用起来，招商引资就会"东边不亮西边亮"，甚至"东边西边同时亮"。

二是建立招商引资项目的准入评价机制。第一，建立动态的招商引资项目评价咨询专家库。第二，建立招商引资项目联席评审会制度。

三是建立招商引资项目的督查推进机制。要实现项目招得来、留得下、建设好，使之起到"引一项而动全局"的龙头效应和示范效应，就必须在组织上成立权威的项目建设督查推进机构，从制度上实行全程督查跟踪、推进审核、协调服务制度。

四是建立招商引资项目的事后评估机制。由项目建设督查推进机构组织发展改革、国土、财政、科技、环保、卫生、安监等相关部门，从国家产业发展政策导向、资源消耗、供地量与投资额、产出效益以及建筑密度、容积率、配套需要、对地方财税贡献率、科技贡献率、生态环境影响、卫生评价、安全保障等方面给出部门事后评估意见，汇总到项目建设督查推进机构。然后，再由项目建设督查推进机构提出该招商引资项目的整体评价和处理意见，分类实施。

五是建立提高招商引资工作人员业务能力机制。要大力推进招商引资队伍的建设，选派、培养高素质的复合型人才，坚持强化培训和学习，始终保持创新性，通过专业化队伍来提高招商引资的实效性。

六是建立区域政府与招商引资的"双赢"机制。需要在开展招商引资过程中严格履行行政管理职权和业务监督权，积极协调各商业板块，充分调动有利因素，开展"双赢"合作模式，加强与邻近区域的交流和信息沟通，建立引资联动，共享招商信息、资源、成果，促进共同发展。

七是建立招商引资项目的责任追究考核奖惩机制。把招商引资的实绩与招商引资项目的负责人和相关人员的年终评先评优相挂钩，与招商引资项目部门的工作经费相挂钩，与其领导干部的提拔任用相挂钩。对超额完成任务的部门进行重奖，同时对当年完不成实际到账外资考核目标任务70%的引资单位实行综合评优评先"一票否决"，真正实现招商引资的责权利相结合。

第十五章
城投公司改革与发展创新

近年来，随着国家"放管服"改革的不断深化，各级政府对市场经济的干预逐步减弱。同时，由于金融监管各项政策的全面严格落实到位，促使政府和城投类企业脱钩。城投类企业作为融资平台，已经到了不得不转的关键时期，必须成为真正的市场化企业，去市场中谋求发展。为此，城投公司需要明确改革和发展创新目标，匹配合适的路径与任务，在重点领域和发展方向中寻求市场创新空间和可持续发展路径。

第一节　改革和发展创新目标

一、积极推进业务转型升级

（一）做强工程建设基础任务

对于城投公司来说，建设业务是主业，更是城投公司赖以生存和发展的基础业务，为城投公司的发展贡献资产、收入、现金流、利润，对城投公司的发展至关重要。建设业务作为城投公司的基础业务，目前一般采取的是委托代建的模式，也就是城投公司受政府授权委托，以代建模式承担建设项目的管理职责，获得项目代建费。这种模式下，城投公司拥有稳定的业务来源、稳定的收入，从而能够打造城投公司发展的基础。

在这种模式下，城投公司承担了基础设施建设、园区投资开发、标准化厂房投资建设等各项工作，为开发区的硬件条件改善、创造产业聚集发展的空间做出了贡献。但这种单一的委托代建模式暴露了城投公司价值点少、对建设资金利用不足、无法创造更多收入与利润等缺点，是"拿着金饭碗要饭"，业务转型迫在眉睫。改变的模式有以下三种：

第一，从单纯的委托代建向市场化工程管理模式转型。城投公司应该深耕建设主业，转变商业模式，向全价值链条延伸，尽可能将建设资金转化为自身的收入，从而改善现金流状况，增强自身的资源转换能力。为此，应围绕委托代建业务，逐步增加设计、监理等业务，向全过程工程咨询服务商转型，同时探索总包模式等，加强对外合作，逐步增强掌控力。

第二，从单纯的建设业务向土地整理及开发、房地产开发等延伸，拓展市场化经营业务。城投公司完全可以利用自身的资源优势，从土地的一级开发联动二级开发，组建土地开发公司、建设集团、房地产开发公司等，向产业链上游延伸，增强市场化经营能力，积极介入住宅、商业地产、产业地产开发等。

第三，从单纯的项目建设向园区投资转型。城投公司在开发区的产业规划下，应积极利用自身优势，从项目策划、招商引资等各个环节联动，积极策划特色产业园区，并自筹资金投资开发园区，从委托代建向自建模式转变，条件成熟时可跨区域输出，增强一体化园区投资、建设、运营能力。

（二）做大产业经营核心业务

对于城投公司来说，做大产业经营是转型升级的核心。唯有拓展产业经营业务，增强产业经营的实力，才能从根本上重构公司自身的投融资模式，真正具备"造血"能力，摆脱对政府资源的重度依赖。只有以市场化机制构建资源—资产—资本—资金的良性循环，才真正有可能走出债务恶化的困境。

产业经营业务是城投公司的业务拓展方向，必须要千方百计拓展产业经营业务。但是，城投公司不能什么都干，什么都讲市场化，甚至与民争利。城投公司的产业经营业务还是应围绕着区域的经济发展、产业发展功能来推进，不能盲目地多元化、市场化。因此，城投公司的产业经营业务本质上要围绕产业发展环境的打造，具体而言，可以围绕以下三个方向展开：

第一，特许经营权。城市的供水、供热、供暖、环卫一体化、固废处理、园林绿化、停车场、新能源等各个领域拥有相应的特许经营权。这类业务拥有资金保障，是优质业务。因此，城投公司应该积极通过市场化方式争取特许经营权（招投标、混改等），提高服务水平，以该类业务构建稳定的收入来源。

第二，围绕城市运营与服务的各类业务。产业园区是产业聚集和发展的基础，是招商引资、企业入驻与发展的基础。因此，城投公司应该围绕产业园区的运营和服务打造新的市场化业务增长点，从而实现自身业务的拓展和经营能力的提升。总体来说，可以围绕产业园的设施设备维修维护、物业管理、人才公寓、餐饮食堂、人才服务、信息服务等展开。

第三，围绕建设业务的延伸。建设主业产业链长、业务机会多。因此，做强建设主业对于市场化业务的拓展也有重要作用。一般来说，围绕建设主业可以拓展商贸物流业务，如商混、钢材、建材等。另外，也可以以混改、投资新设等方式介入商砼、砂石骨料、建筑材料等领域的生产销售。

（三）做优资本运营创新业务

对于城投公司来说，做优资本运营创新业务是创新发展的先决条件。通过资本运营创新，可实现拓宽城投公司融资渠道、增加城投公司收入等目的。城投公司做优资本运营主要从以下三方面出发：

第一，产业投资。传统上，城投公司擅长工程建设，不擅长产业投资。但对城投公司来说，产业投资是必备的专业能力，这既是地方政府的要求，也是城投公司自身发展的需要。因此，城投公司应该积极以直接股权投资、产业基金模式吸引社会资本，对优秀的入驻城市企业进行资本支持，并做好投后扶持与管理，推动入驻企业的快速发展。

第二，类金融服务。城投公司一方面做投资，另一方面要做服务，为入驻城市企业提供及时的资金支持，并以此壮大自身实力。一般来说，围绕开发区的主导产业、优质企业，城投公司可以稳妥开展供应链金融、商业保理、融资租赁、小额贷款等类金融服务，积极成为类金融服务商。

第三，金融资源聚合。城投公司应该积极与金融机构建立紧密的业务合作关系，与银行、信托、证券公司、保险公司等积极合作，围绕城市的产业、企业创新商业模式，创造适合本地区的金融产品，积极聚合金融资源，吸引优秀金融机构为城市提供更多支持。

对于金融类城投公司，其优势在于具有较强的投资能力及资源整合能力，可以走资本运营的转型路径，向投资类企业转型。向投资类企业转型可分为两大类：第一类是通过投资成为控股型集团；第二类是设立产业基金，以产业基金管理人的身份布局区域重点产业和区域外有发展前景的产业。

二、加速建立市场经营机制

在新的监管政策和市场形势下，城投公司必须加快建立市场经营机制。以下列举城投公司建立市场经营机制的一些要求。

第一，明确发展战略定位。贯彻中央关于深化国有企业改革的决策部署，坚持政府特殊目的载体（SPV）和特定行业领域功能性国有企业的发展定位，坚持公益类国有企业的根本宗旨，坚持"投资边界不越位、投资目的不营利、投资机会不挤出社会资本"的基本原则，积极稳妥推进地方投融资城投公司市场化转型发展。

第二，界定投资边界范围。进一步明确投融资城投公司的投资边界范围，原则上投融资城投公司的投资边界不得超出公共领域，且不得超出公共领域的政府投资事权范围，更不得挤出社会资本尤其是民间资本的投资机会。

第三，理顺政企权责关系。进一步深化体制机制改革，厘清投融资城投公司与地方政府的责权利关系，剥离政府非经营性项目的投融资职能，隔离投融资城投公司的政府信用，促进投融资城投公司帮助地方政府"做事"从"做完再说"向"算完再做"的根本性转变，促进地方政府对投融资城投公司实行"按绩效补助/付费/补贴"的根本性转变。

第四，健全企业管理制度。贯彻建立中国特色现代企业管理制度的要求，全面加强和改进党的领导，加快完善公司法人治理结构，实行外部独立董事制度，引入职业经理人。

第五，全面加强能力建设。着力培育投融资城投公司的核心竞争力，包括专业技术能力、投融资能力、项目投资建设管理能力以及运营管理能力等。加强人才引进培养，加大既有员工的教育培训力度，充实完善行业技术、企业管理、投资、金融、项目管理和运营管理等专业人才队伍。

第六，提高项目可融资性。大力加强投资项目谋划和前期研究论证工作，积极创新项目商业模式，充分挖掘项目潜在的商业价值，完善相关价格/收费机制，健全投资回报机制，提高项目自身信用，为"项目融资"奠定基础条件。

第七，积极盘活存量资产。统筹基础设施存量和增量，鼓励融资城投公司推进存量资产证券化（ABS）、引入权益型不动产投资信托（REITs）基金，审慎运用政府和社会资本合作（PPP）模式，盘活存量资产，降低资产负债率，扩大投融资来源，提高存量资产的运营效率。

第八，坚持战略规划引领。为扎实做好投融资城投公司市场化转型工作，形成转型发展的共识和合力，促进公司长期可持续发展，建议投融资城投公司坚持目标导向和问题导向相结合的原则，坚持存量盘活和增量投资建设并举的原则，研究制定"十四五"时期公司发展战略规划。

三、进阶升级为城市运营商

城投公司的改革与发展不仅要积极面对市场，同时也应强化自身提供公共服务的属性，各地方的城投公司应发挥其原本的优势，扩大对城市公共服务的输出效率，将公共服务设施的建设与运营一把抓，塑造成为真正意义上的"城市综合运营商"。对于城市综合运营商的塑造，一般遵循以下三点原则：

第一，聚焦主责主业，合理安排业务布局。城投公司以"城市综合运营商"为定位开展业务应明确业务布局，打造核心竞争力。"城市综合运营商"承担着区域发展的重要使命，涵盖的业务范围较为广泛，涉及城市建设运营和服务民生等各个方面。因此，城投公司被定位为"城市综合运营商"之后，应在明确主责主业的基础上，本着"投建营一体化"原则，进行业务板块重构，确定公司发展的总体布局，进一步夯实城市建设运营核心能力。

第二，积极寻求政府政策与资产资源支持，优化资产结构。以"城市综合运营商"为定位的城投公司，在业务整合过程中应积极争取政府的政策和资产资源支持，优化资产结构。根据前面的分析，"城市综合运营商"的主要业务布局包括城市建设开发板块、城市公共服务板块、城市资产运营板块、产业投资发展板块。城投公司在组建相应业务板块时，一方面，基于"同类合并"原则，通过内部的无偿化转、新设公司等方式，将相同或相近的公司进行合并，盘活公司经营性资产，做大公司规模，坐实资产；另一方面，需要对政府资源进行清查，城投公司应结合转型"城市综合运营商"的需求，向政府争取优质资产与特许经营权的注入（如与民生相关的供水、供电、燃气等），在优化资产结构的同时，进一步增强公司自身的"造血"能力。

第三，努力推动产业升级，开展多元化经营。城投公司转型为"城市综合运营商"时，应努力推动产业升级，在巩固原有优势产业基础上积极沿产业链上下游及关联产业进行延伸，开展有限的多元化经营，为公司发展谋求新的利益增长点，例如以下领域：

（1）城市建设开发板块。应以基础设施的全生命周期管理为宗旨，沿城市建设产业链进行上下游拓展。在原有业务（基础设施建设、土地整理、棚户区改造、保障房建设等）的基础上，通过内部整合同类型业务、收购具有高级资质的施工企业等方式，实现城市建设开发板块的规划，设计、建设、运营等一体化。例如，泉州城建重组阶段在原有业务基础上拓展城建等相关产业链、片区开发板块的园林绿化业务，城市建设板块的规划、设计、建立、装配式建筑和建筑垃圾处理等业务，通过打造工程建设全产业链，减少工程中间环节。

（2）城市公用服务板块。通过内部整合和外部新的特许经营权的注入，纳入与民生相关的城市供水、供电、燃气、污水处理、垃圾处理等公共事业。这一方面可以提高公司资产质量，另一方面可以增加稳定的现金流。

第二节　改革与发展创新的路径和任务

一、分类推进国有企业改革

根据国有资本的战略定位和发展目标，结合不同国有企业在经济社会发展中的作用、现状和发展需要，可将国有企业分为商业类和公益类。

中共中央、国务院印发的《关于深化国有企业改革的指导意见》（以下简称《指导意见》）中分别对商业类和公益类国有企业的改革做出了明确要求。

（一）商业类国有企业改革要求

《指导意见》中对商业类国有企业的要求是，商业类国有企业按照市场化要求实行商业化运作，以增强国有经济活力、放大国有资本功能、实现国有资产保值增值为主要目标，依法独立自主开展生产经营活动，实现优胜劣汰、有序进退。

同时，按照主业不同，将商业类国有企业划分为竞争行业和领域的商业类国有企业，以及关系国家安全、国民经济命脉的重要行业和关键领域、主要承担重大专项任务的商业类国有企业。根据《指导意见》，主业处于充分竞争行业和领域的商业类国有企业，原则上都要实行公司制股份制改革，鼓励引入其他国有资本和各类非国有资本，以实现股权多元化。对国有资本持股不做强制要求，可控股也可参股，并且鼓励该类企业整体上市。主业处于关系国家安全、国民经济命脉的重要行业和关键领域、主要承担重大专项任务的商业类国有企业，需要保持国有资本控股，但支持非国有资本参股。

（二）公益类国有企业改革要求

公益类国有企业可以采取国有独资形式，具备条件的也可以推行投资主体多元化，同时也鼓励非国有企业参与经营。

（三）城投公司改革要求

本书主要分析的是地方城投公司改革，城投公司一般属于事业单位或国有独资企业。过去，其主要承担各地方政府的融资平台职能，同时也兼具公益类和商业类两类国有企业的属性。站在公益类国有企业的角度，其主要负责地方社会发展任务、提供公共产品及服务的功能；站在商业类国企的角度，其又需要积极参与市场竞争和探索市场化改革。因此，无论从商业或公益的角度出发，地方城投公司的改革在具备相关条件的前提下鼓励非国有企业参与经营，以实现增强国有经济活力、放大国有资本功能、实现国有资产保值增值的目标。

二、完善现代企业制度

完善现代企业制度是城投公司改革创新的基础工作。以管理促经营是城投公司转型升级的必由之路。通过构建现代企业制度，推动平城投公司成为"产权清晰、责权明确、政企分开、管理科学"的市场主体，建立集团化发展模式，支持业务可持续发展，实现"资本运营＋实体化运作"的产融结合模式，这是城投公司现代企业制度的核心所在。

（一）法人治理和组织结构优化调整

城投公司应健全和完善法人治理结构，完善集团董事会/监事会议事规则，充分发挥董事会的决策作用、经理层的经营管理作用、党组织的政治核心作用，按照"管理上升、业务下沉"的原则建立权责对等、运转协调、有效制衡的国有企业决策、执行、监督机制，以及分工明确、职责清晰的组织管理体系。

合理处理好政府和公司的关系。首先要稳妥解决高层领导的身份和待遇问题，推行高管任期制，实行契约化管理，实现去行政化。赋予转型后公司决策自主权，规范"三重一大"（重大决策、重大人事任免、重大项目安排和大资金运作）事项决策程序和制度。

（二）项目标准化运作机制

城投公司应结合自身企业运营状况和业务需求，建立完善的项目管理手册。通过建立完善的项目管理手册，对每一个项目从项目组织及中标交接、项目策划、施工现场配置标准、项目实施及过程控制、项目终结管理来进行监督完善，让每一个项目有标准化的流程做参考，实现每一个项目科学、高效、标准化运行，也为城投公司与当地政府建立项目结算机制打下坚实的基础。

一是加强投资项目管理，提高项目管理效率。城投公司承担了大量的城市基础设施、公用事业工程项目建设任务，各城投公司应扎实做好项目前期工作，做好项目可行性报告，加强与政府部门密切衔接互动；加强在建工程管理，做好各个项目建设单位协调沟通，及时解决项目建设过程中存在的问题。

二是实行项目分类管理，提高项目管理水平。城投公司应对项目进行分类管理，对不同性质的项目实行不同的管理运作办法。

三是创新工程项目建设模式，提高项目收支平衡能力。增加城投公司的优质经营性资产，提高企业信用等级，获得开发经营收入，弥补项目建设资金缺口，减轻政府财政偿债压力，促使公益性项目建设走上良性循环道路。

（三）人才引进与培养

城投公司及所属子公司要建立职业经理人制度，充分发挥企业家的作用，深化企业内部管理人员能上能下、员工能进能出、收入能增能减的制度改革。

随着城投公司各项业务有序开展，企业人才短缺、能力不足等问题会逐步凸显出来。所以，一定要做好人才引进与培养计划，保证城投公司各项业务顺利实施。建立完善的市场化用人机制、薪酬机制，营造去行政化的工作环境，通过专业的猎头公司引进中高层管理人员，通过校园招聘、专业的招聘网站引进各项业务所需的专业人员，建立专业的人才梯队，培养储备干部。

（四）建立科学合理的激励约束机制

结合国有企业的背景，综合考虑企业内外部环境，城投公司应建立起一套以岗位目标责任制为前提、以绩效考核制度为手段、以激励约束制度为核心的一整套激励约束管理制度，实现对公司员工和管理层在物质上的激励（主要包括年薪、福利和津贴等短期激励，以及经营者持股、股票期权等长期激励）和精神上的激励（主要包括事业激励、声誉激励、地位激励、荣誉激励、权力激励、晋升激励等），从而建立起一套完善的责、权、利对等的激励约束机制。

三、完善国有资产管理体制

按照党中央、国务院的决策部署，坚持和完善社会主义基本经济制度，坚持社会主义市场经济改革方向，尊重市场经济规律和企业发展规律，正确处理好政府与市场的关系，以管资本为主加强国有资产监管，改革国有资本授权经营体制，真正确立国有企业的市场主体地位，推进国有资产监管机构职能转变，适应市场化、现代化、国际化新形势和经济发展新常态，不断增强国有经济活力、控制力、影响力和抗风险能力。

（一）推进国有资产监管机构职能转变

一是进一步明确国有资产监管重点。加强战略规划引领，改进对监管企业主业界定和投资并购的管理方式，遵循市场机制，规范调整存量，科学配置增量，加快优化国有资本布局结构。加强对国有资本运营质量及监管企业财务状况的监测，强化国有产权流转环节监管，加大国有产权进场交易力度。按照国有企业的功能界定和类别实行分类监管。二是改进国有资产监管方式和手段。大力推进依法监管，着力创新监管方式和手段。按照事前规范制度、事中加强监控、事后强化问责的思路，更多运用法治化、市场化的监管方式，切实减少出资人审批核准事项，改变行政化管理方式。通过"一企一策"制定公司章程、规范董事会运作、严格选派和管理股东代表和董事监事，将国有出资人意志有效体现在公司治理结构中。

（二）改革国有资本授权经营体制

一是改组组建国有资本投资、运营公司。主要通过划拨现有商业类国有企业的国有股权，以及国有资本经营预算注资组建，以提升国有资本运营效率、提高国有资本回报为主要目标，通过股权运作、价值管理、有序进退等方式，促进国有资本合理流动，实现保值增值。二是明确国有资产监管机构与国有资本投资、运营公司的关系。政府授权国有资产监管机构依法对国有资本投资、运营公司履行出资人职责。国有资产监管机构按照"一企一策"原则，明确对国有资本投资、运营公司授权的内容、范围和方式，依法落实国有资本投资、运营公司董事会职权。三是界定国有资本投资、运营公司与所出资企业的关系。国有资本投资、运营公司依据公司法等相关法律法规，对所出资企业依法行使股东权利，以出资额为限承担有限责任。四是建立健全国有资本收益管理制度。财政部门会同国有资产监管机构等部门建立覆盖全部国有企业、分级管理的国有资本经营预算管理制度，根据国家宏观调控和国有资本布局结构调整要求，提出国有资本收益上缴比例建议，报国务院批准后执行。

（三）提高国有资本配置和运营效率

一是建立国有资本布局和结构调整机制。政府有关部门制定完善经济社会发展规划、产业政策和国有资本收益管理规则。二是推进国有资本优化重组。坚持以市场为导向、以企业为主体，有进有退、有所为有所不为，优化国有资本布局结构，提高国有资本流动性，增强国有经济整体功能和提升效率。按照国有资本布局结构调整要求，加快推动国有资本向重要行业、关键领域、重点基础设施集中，向前瞻性战略性产业集中，向产业链关键环节和价值链高端领域集中，向具有核心竞争力的优势企业集中。

四、发展混合所有制经济

鼓励非公有资本参与国有企业混合所有制改革。非公有资本投资主体可通过出资入股、收购股权、认购可转债、股权置换等多种方式，参与国有企业改制重组或国有控股上市公司增资扩股以及企业经营管理。非公有资本投资主体可以货币出资，或以实物、股权、土地使用权等法律法规允许的方式出资。企业国有产权或国有股权转让时，除国家另有规定外，一般不在意向受让人资质条件中对民间投资主体单独设置附加条件。

（一）有序吸收外资参与国有企业混合所有制改革

引入外资参与国有企业改制重组、合资合作，鼓励通过海外并购、投融资合作、离岸金融等方式，充分利用国际市场、技术、人才等资源和要素，发展混合所有制经济，深度参与国际竞争和全球产业分工，提高资源全球化配置能力。按照扩大开放与加强监管同步的要求，依照外商投资产业指导目录和相关安全审查规定，完善外资安全审查工作机制，切实加强风险防范。

（二）鼓励国有资本以多种方式入股非国有企业

在公共服务、高新技术、生态环境保护和战略性产业等重点领域，以市场选择为前提，以资本为纽带，充分发挥国有资本投资、运营公司的资本运作平台作用，对发展潜力大、成长性强的非国有企业进行股权投资。鼓励国有企业通过投资入股、联合投资、并购重组等多种方式，与非国有企业进行股权融合、战略合作、资源整合，发展混合所有制经济。支持国有资本与非国有资本共同设立股权投资基金，参与企业改制重组。

（三）探索完善优先股和国家特殊管理股方式

国有资本参股非国有企业或国有企业引入非国有资本时，允许将部分国有资本转化为优先股。在少数特定领域探索建立国家特殊管理股制度，依照相关法律法规和公司章程规定，行使特定事项否决权，保证国有资本在特定领域的控制力。

（四）探索实行混合所有制企业员工持股

坚持激励和约束相结合的原则，通过试点稳妥推进员工持股。员工持股主要采取增资扩股、出资新设等方式，优先支持人才资本和技术要素贡献占比较高的转制科研院所、高新技术企业和科技服务型企业开展试点，支持对企业经营业绩和持续发展有直接或较大影响的科研人员、经营管理人员和业务骨干等持股。完善相关政策，健全审核程序，规范操作流程，严格资产评估，建立健全股权流转和退出机制，确保员工持股公开透明，严禁暗箱操作，防止利益输送。混合所有制企业实行员工持股，要按照混合所有制企业实行员工持股试点的有关工作要求组织实施。

五、防范化解政府债务

根据财政部公布的数据，截至 2021 年 12 月末，全国地方政府债务余额已达 30.47 万亿元。尽管这个规模依然被控制在全国人大批准的 33.28 万亿元限额之内，但与 2016 年末的 15.32 万亿元相比，债务规模几乎已经翻倍。在当前的国际经济环境下，我国经济结构转型压力巨大，再加上较长时间的疫情冲击，经济动力受制，甚至下行压力与日俱增，地方政府债务化解已经迫在眉睫。以下对地方政府债务化解提出一些方法与案例。

（一）政府债务化解方式

根据 2018 年财政部出台的《地方全口径债务清查统计填报说明》，政府债务化解方式基本可分为六种：（1）安排财政资金偿还；（2）出让政府股权以及经营性国有资产权益偿还；（3）利用项目结转资金、经营收入偿还；（4）合规转化为企业经营性债务；（5）通过借新还旧、展期等方式偿还；（6）采取破产重组或清算方式化解。

（二）政府债务化解案例

1. 债务置换（瓦房店模式）

债务置换又称债权置换或者债权置换，是债券持有人做出决定卖出一个或多个所持有的债券，以交换其他被认为是相同或类似市场价值的债券的一种规避风险的手段。债务置换大约在同一时间购买和销售，有效迅速地使用旧债券换一套新的债券，它也是政府为解决财政危机使用的一种延长国债到期支付时间的方法。一般来说，新债券期限更长，收益更高。2020年4月9日，瓦房店沿海项目开发有限公司存续债券"17瓦房02"的债券置换完成，成为首例城投债置换。瓦房店沿海项目开发有限公司公告称，置换比例为1∶1，置换债券票面利率调升70BP至7.5%，期限为3+2年，附第3年末回售权和调整票面利率选择权，本次置换率为100%。

2. 债务重组（山西模式）

债务重组是指，在不改变交易对手方的情况下，经债权人和债务人协定或法院裁定，就清偿债务的时间、金额或方式等重新达成协议的交易。也就是说，只要修改了原定债务偿还条件的，即债务重组时确定的债务偿还条件不同于原协议的，均为债务重组。山西省政府整合高速资产，将山西路桥等三大原省属重点国有企业和30多家原山西交通厅下属的政府还贷高速公路单位整合，于2017年11月组建挂牌成立山西交通控股集团（简称山西交控集团），整合资产规模达4000亿元左右，并一举成为除国投公司外山西规模最大的省属重点国有企业。山西交控集团还对全省政府还贷高速公路进行集中统一管理，多措并举提高综合收益。山西省还对山西交控集团分年分批进行大规模注资，大幅改善了山西交控集团整体负债状况和市场融资能力。

3. 债转股（义乌模式）

债转股是指，城投公司债权人以其债权转为对企业的股权，从而将其对城投公司所享有的合法债权依法转变为对城投公司股权的投资行为。2018年1月，《关于市场化银行债权转股权实施中有关具体政策问题的通知》发布，明确支持各类所有制企业开展市场化债转股，允许采用股债结合的综合性方案降低企业杠杆率。2021年3月31日，工商银行义乌分行联合工银投资成功实施"工银投资—义乌国资市场化债转股项目"，项目总规模50亿元，期限5+N年，首期10亿元已于当日顺利到位。募集资金用于偿还义乌国资或关联公司的债务，系全国首单县级市政银企合作市场化债转股业务，也是义乌推动城投降杠杆、实现可持续发展的重要成果。

4. 优质国有资产整合（贵州模式）

贵州从茅台集团入手，整合优质省属国有资产，在化解部分存量债务的同时，向资本市场传递积极信号，增强债券投资人对贵州城投债的信心。2020年12月23日，贵州茅台集团公告称，集团拟通过无偿划转方式将持有的上市公司5024万股股份（占贵州茅台集团总股本4%）划转至贵州省国有资本运营有限责任公司，该部分股权过户日市值为925亿元。2020年

9月16日，贵州茅台集团宣布拟发行150亿元债券，募集资金拟用于收购贵州高速公路集团有限公司（简称贵州高速集团）；2021年3月11日，贵州高速公路集团有限公司公告称，贵州省国资委将所持贵州高速集团10%股权无偿划转给贵州金控集团。工商变更完成后，贵州省国资委持有贵州高速集团75.27%的股权，贵州茅台集团持有贵州高速集团14.74%的股权，贵州金控集团持有贵州高速集团10%的股权。利用"贵州茅台"这一优质资产来化解债务风险，在资本市场公开操作获得收益或低息融资，用于偿还地方债务。

六、做好党建引领工作

党的基层组织是党全部工作和战斗力的基础，是落实党的路线方针政策的前沿阵地，是真正巩固党的执政根基、夯实党执政的社会基础的重要场域。在城投公司改革与创新发展的前提下，如何进一步进行城投公司党建工作创新，实现党建与社会治理创新的整合，成为当前城投公司改革与创新发展进程中的重要议题。

（一）明确方向，确定政治核心

公司要把政治建设摆在首位。要引导公司全体党员干部自觉用习近平新时代中国特色社会主义思想武装头脑，牢固树立"四个意识"，坚定"四个自信"，坚决维护以习近平同志为核心的党中央权威和集中统一领导；要旗帜鲜明讲政治，敢于与错误思想作斗争，确保公司在党的领导下坚不可摧，为公司营造一个团结稳定的转型发展环境。

公司要切实履行党建工作责任。要深刻认识抓好党建工作的重要性和必要性，切实履行好党建工作责任。公司党组织负责人要敢于担当，扛起抓党建工作的"第一责任"，严格落实党建工作责任。其他公司班子成员要积极履职尽责，协助"一把手"把好"风向标"，确保党组织成为公司的坚强政治核心，确保上级的各项决策部署在公司得到全面贯彻落实，确保公司转型发展的方向与上级党组织要求相一致。

（二）服务大局，确定领导核心

公司要明确党组织的法定领导地位。要把党建工作的总体要求写入转型后公司章程，并明确党组织在公司法人治理结构中的领导核心地位。完善党委成员与经理层成员适度交叉任职的领导体制，实行党委书记和董事长"一肩挑"。把党组织研究讨论作为董事会、经理层决策重大问题的前置程序，并积极探索党组织对公司重大决策"提早介入、深度介入"的实现形式，确保党组织在公司转型发展的重大决策上有话语权、决定权、拍板权。

公司要落实党管干部、党管人才。坚持党管干部、党管人才原则，公司党组织要牢牢掌握党对干部人事工作的领导权，尤其是重要干部的管理权。要将政治品格摆在突出位置，选拔对党忠诚、作风过硬、清正廉洁、群众公认的干部；要将在业务工作中历练、在实践中成长起来的能人志士及时选拔到领导岗位和管理岗位上来。要坚持正确的用人导向，建立能者上、平者让、庸者下、劣者汰的用人机制，为公司转型发展提供坚实的人才保障。

（三）狠抓落实，确定组织核心

要激发党员的先锋模范作用。要开展好理想信念教育，深入开展"不忘初心、牢记使命"主题教育。在"三会一课"中创新方式方法，党员既要提升理论知识，也要增强理想信念。要做好身边典型人物、典型事迹的宣传，举办先进事迹报告会，组织党员接受党性教育，唤醒党员的担当意识和先锋意识。要在公司内部定期开展评先进、树典型、创标兵活动，形成"人人争当先进、人人向先进看齐"的工作氛围，在公司转型发展过程中，激发党员干部干事创业的工作热情。

要做好党建与经营工作融合。树立"围绕经营抓党建、抓好党建促经营"的工作理念，坚持服务经营不偏离。公司党组织要着力引导党员干部在经营工作中攻坚克难，要将经营工作的重点目标作为党组织的重要政治任务，要把经营工作业绩作为对下级党组织及党员考核评价的重要指标。针对影响全公司的经营重点工作，组建"党员突击队"，开展支部竞赛、小组竞赛、岗位竞赛，将党建工作与经营管理工作深度融合、齐抓共管，让基层党组织成为推动公司转型发展的战斗堡垒。

七、探索创新发展模式

城投公司作为各级政府经营城市的主体，要适应市场经济条件下快速发展的城市建设需要。城投公司的成立使城市建设的投融资告别了单纯的政府行为，形成了"政府引导，社会参与，市场运作"的投融资格局，解决了城市建设资金不足的问题。但在一些城市中，特别是城市投资体制改革刚起步的一些中小城市，城投公司的发展面临诸多困难，急需突破发展的瓶颈制约。

（一）城投公司管理创新

一是优化现代企业治理，提高决策水平。通过多层次引入社会资本，优化股权结构，提高企业市场化、专业化运作水平。有条件的地方，城投公司可引入独立董事，聘请专业人士组建战略发展委员会等相关专业委员会，完善董事会、监事会治理结构，提高董事会科学决策水平。二是业务整合，分类管控，压缩层级。对业务进行合理分类，明确功能型业务和市场竞争型业务，加大同类业务和资产的整合力度，推动二级公司优化重组、混合所有制改革和资产证券化。在人力资本和智力密集型的服务领域可推行合伙人制度。根据二级公司的行业性质、资本结构等因素，可建立适应不同业务的组织架构，建立健全集团对子公司的运营管控、战略管控或财务管控的分类管控模式。推动管理扁平化，子公司管理层级原则保持在三级。优化城投公司总部职能，打造服务管理和价值创造型总部。三是建立市场化用人体制和激励机制。建立战略导向的人才规划与盘点机制，建立人才地图，面向市场招聘优秀人才，调整人才结构，推动人才队伍的市场化、专业化、年轻化。地方投融资企业要切实开展职业经理人试点，推行市场化用人制度，匹配市场化的薪酬与考核机制，推动总部企业中层及二级公司经营班子成员成为职业经理人。建立员工内生动力机制，在二级及以下公司试点开展员工持股、跟投、分红权（虚拟股权）等激励约束机制改革，实现奖惩激励与工作业绩相结合，充分调动员工积极性。在二级公司改革全面铺开的基础上，及时总结经验，加快在城投公司本部层面进行相关改革。建立与改革转型目标任务相适应、符合所在城投企业特点的绩效考核指标体系，弱化规模与总量指标，强化服务能力与服务质量指标，加强绩效考核管理。实行符合改革转型期特点、更为灵活的工资总额决定机制。

（二）城投公司业务创新

城投类公司走向市场，必须打破单一土地整理模式，不能单纯依靠政府进行土地整理。如今土地出让收入的大幅度下滑，对更多城投平台的业务和债务偿付带来了重大影响，甚至有些企业入不敷出，面临破产重组的境遇。因此，城投类企业必须要未雨绸缪，加快实现经营业务转型，逐步从单一的土地整理向多元业务拓展。然而，在转型方向上，目前城投类企业的转型方向主要是产业投资、园区开发、国资运营的主体；或作为项目运营主体，发力于农业农村发展和乡村振兴、县城补短板、中心城市和现代化都市圈建设等。与此同时，有些城投类企业也在向特许经营权等方向拓展。其经营范围既包括基础设施建设、房地产开发等城投公司传统业务，也涵盖房屋租赁与物业管理、广告媒体、热力经营、燃气经营等领域。城投类企业一直以来是城市基础设施项目投融资和项目投资建设运营的主力军，在城市的水、燃气、道路交通和环卫等基础设施建设和服务积累了丰富经验。特别是新冠疫情暴发以来，智慧医疗、疫情监测、智慧交通、在线教育、远程办公等智慧城市应用在疫情防控方面发挥了重要作用，许多地方纷纷出台政策支持智慧城市建设与发展，城投类企业积极参与"新基建"，布局智慧城市类业务，直面数字化服务业务，既是顺应政府产业政策要求，又可以为自己开创新的经营业务领域。吸取城市运营方面的经验，利用合理的商业模式，参与如市民卡、大数据、无线商圈、智慧健康等智慧城市建设项目，不仅可以为政府排忧解难，自身也可以产生持续的经济效益，收获现金流，有助于自身的转型升级。

（三）城投公司融资创新

为了可以更好地进行融资模式创新改革，首先要更新工作理念，不再受限于传统思想，勇于探索新的融资模式，全面分析目前所使用融资模式的优点和不足，按照建设项目的状况合理选择新的融资手段。建议城投公司在自身的融资工作中结合业务特点、建设项目状况、市场合作企业情况、金融企业情况等，合理进行融资模式的选择和创新，从思想上应对当前的创新性问题，找到更多解决融资困境的方式和手段，这样才能迎合市场的发展，以创新其中的融资模式和机制。城投公司在自身的融资工作中可进行证券化的发展，在推行证券的情况下增加自身的资金实力。城投公司可以利用发行证券的方式，针对公司的结构进行全面调整，拓宽获取基础设施项目建设的资金渠道，使自身可以在市场内部、行业内部快速进步。同时，还应该在证券化融资的过程中不断优化相关的融资机制和体系，构建系统化、完善性的融资工作体系，促使城投公司在融资工作方面的工作有效执行。为拓宽城投公司在融资方面的空间和渠道，也可在创新的过程中重点吸引民间资本，进一步提升自身的融资实力。为促使城投公司的持续性、稳定性发展，应尽可能吸引民间资本参与到投资活动中，健全资源配置的模式，为有关基础设施的建设提供充足性的资金。

需要注意的是，在吸引民间资本期间，应完善风险防控的计划和体系，以免因为风险因素而对融资工作产生影响。有关的融资工作负责部门应编制民间资本融资方面的风险预警机制，建立风险防控体系，在融资之前调查民间资本的情况，预测是否会出现风险隐患问题或是融资的安全性问题，一旦发现有风险，要相互沟通交流，或者直接取消民间资本的投资资格，这样才能保证不会出现融资风险。

同时，城投公司在创新融资模式的过程中采用发行债券的方式，通过低利息的形式进行融资，转变之前的融资结构形式，不仅可以大幅度减少融资方面的成本，还能为其发展提供充足资金，减轻自身在发展过程中的资金压力，应对资金短缺问题。在开展融资工作之前，城投公司也需要开展融资创新模式的评估工作，强化和政府部门之间的沟通交流，邀请法律中介机构参与融资活动，获取到金融机构的支持。在各方沟通、合作的情况下，提升城投公司在融资方面的便利性，发挥创新融资模式的作用优势，不断强化城投公司在融资模式方面的创新效果。通过各种不同的新型融资模式来拓宽自身的资金获取渠道，在短时间内解决资金问题。

第三节 重点领域与发展方向

一、开拓建设新型基础设施

从城投公司的视角来看，主要可能参与的"新基建"大体包括三个方面：一是发力于高科技的新基建，尤以信息领域的5G、大数据中心、工业互联网等为代表；二是传统基础设施的智能化改造，比如智慧停车场、智慧园区、智慧景区等；三是旧基建领域的补短板，如医院、养老院等民生基建项目。我们认为，城投公司在发力于高科技的新基建领域应量力而行，在传统基础设施的智能化改造方面应积极推动，在旧基建领域的补短板方面应当仁不让。具体而言，可选择参与部分新基建项目。以下以大数据中心、智慧停车场、智慧路网、智慧园区为例进行说明。

（一）大数据中心

大数据中心是指采集基础数据，进行加工提质，并在保障数据安全的前提下对初步处理过的数据进行分析、挖掘、建模等，进而形成可供参考的决策辅助信息，实现从数据到智慧的价值转换。通常，各地投资建设的区域（城市）数据中心多围绕着公共民生（如健康、教育等）、物联动态（如交通、安防等）、宏观产业（如国民经济运行情况、支柱产业经营情况等）这几大板块，投入运用后能打破当地信息化系统各自为营、重复建设、信息资源无法共享的局面，从而能更好地服务政府、服务民生、服务社会。考虑到大数据中心投资具备大规模、重资产的特征，且其对于所在城市而言是极为重要的底层基础设施，我们认为该领域是城投公司可以尝试参与的，而技术层面的难关可寻求外部力量来攻克。

（二）智慧停车场

智慧停车场与普通城市停车场的根本区别在于其综合运用无线通信、移动终端、GPS定位、GIS等技术，以实现停车位的实时更新、查询、预订与导航服务一体化，从而实现停车位资源利用率的最大化和停车服务的最优化。可通过技术手段来推动共享停车的落地，在最大化利用停车位资源创造盈利的同时还具备解决城市停车难、停车贵的正外部性。目前，已经有不少城投公司将发债募集资金投向智慧停车场项目的建设，比如南京溧水城市建设集团有限公司为了解决居民停车需求并提高停车设施管理水平，于2018年7月发行了一期停车场专项债，作为城投公司参与智慧停车场的先期案例。

（三）智慧路网

智慧路网属于智慧交通的范畴。我们知道，智慧交通是指运用物联网、云计算、人工智能、自动控制等现代电子信息技术，实现对交通管理、交通运输、公众出行等交通领域的全方面管控支撑，使交通系统在区域、城市甚至更大时空范围具备感知、互联、分析、预测、控制等能力，进而更充分地发挥交通基础设施效能，缓解拥堵造成的"出行难"问题，并更好地保障交通安全。可以说，智慧交通是智慧城市建设极为关键的一部分，对于保障和改善民生意义重大。这与城投公司的功能定位和转型方向均具有很高的契合度，因此我们认为城投公司可以积极探索该领域的投资，尤其是那些长期专注交通基础设施的投资、建设及运营方面的城投公司。

（四）智慧园区

传统园区的弊端日益突出，主要体现在以下几个方面：一是传统园区的信息化建设多采用烟囱式系统，各平台间切割、封闭，缺乏集成与互联；二是传统园区的建设多停留在"九通一平"层面，入驻企业需要自行完成信息化、智能化，初始投入成本高且后续维护也会耗费大量财力；三是传统园区管理上存在服务单一且碎片化的问题，无法提供一站式服务，限制了后向盈利的可能性。相比之下，智慧园区通过运用大数据、云计算、物联网、人工智能等高科技手段，实现对园区安防、道路、重要设备运行、环境状态、人员状况等的实时监控和集中管理，并能对园区入驻企业、业主等提供更为安全、高效的融合服务。目前，部分城投公司在智慧园区领域已有所实践，比如深圳市龙岗区城市建设投资集团有限公司与深业智慧园区运营（深圳）公司合作，对龙城工业园进行了智慧化提升改造，搭建了线上线下无缝衔接的智慧园区O2O运营服务平台，大大提高了对园区客户的服务水平。

二、深度拓展战略新兴产业

城投转型拓展战略新兴产业是当前市场环境下城投平台自身的迫切需求。城投公司可由政府主导，选择投资部分战略新兴产业项目，通过对战略新兴产业项目的投资，获取投资收益。城投公司拓展战略新兴产业可选择从参与战略新兴产业和搭建战略新兴产业平台两方面出发。

（一）投资战略新兴产业项目

"合肥模式"是目前城投公司投资战略新兴产业项目较成功的案例。合肥通过政府主导战略投资，推动了显示产业链、大规模集成电路、新能源汽车等多个战略新兴产业的落户投产壮大。在此过程中，合肥建投作为市级城投平台发挥了重要的引领作用，战略新兴产业投资带来的盈利显著增厚了公司的经营性收入，助力其向市场化转型。合肥建投的产业投资可以分为直接股权投资、基金投资两个部分，对于京东方、晶合、蔚来等战略新兴产业龙头企业落地合肥起到了重要作用。在直接股权投资方面，仅以

2020 年以来的情况为例，合肥建投出资 30 亿元，持股蔚来中国 7.51%，达成蔚来中国总部入驻合肥经开区的协议；合肥建投支付股权转让对价 22.27 亿元，获得启迪控股 14.84% 股份，并增资 7.81 亿元，合计持股 22.82%。在基金投资方面，合肥建投先后设立了合肥芯屏产业投资基金、合肥建琪城市建设发展基金等。以与京东方的合作为例，合肥建投通过旗下基金参与了合肥京东方 6 代线项目、合肥京东方 8.5 代线项目及触摸屏项目、京东方 10.5 代线项目的建设，从 2009 年起累计负责 185 亿元投资。合肥建投参与产业投资，大大促进了产业在合肥落地孵化，有利于经济发展、人口集聚，投资收益也极大地充实了其自身收入。通过合肥建投，大力推动京东方、晶合、蔚来等龙头项目落地，合肥完善了产业链条，成功打造了千亿级新型显示产业链，在大规模集成电路制造、新能源汽车等领域也迈出了坚实步伐，对于城市经济发展、人口集聚做出了重要贡献。从公司自身情况来看，2020 年公司实现投资收益 54.28 亿元，主要系子公司合肥芯屏产业投资基金转让其持有的安世半导体份额，以及处置合肥裕芯控股有限公司股权。[①] 合肥作为过去十年以来位居全国进步速度前列的"最牛风投城市"，其"合肥模式"对我国探索国有企业深度拓展战略新兴产业有着积极借鉴意义。

（二）搭建战略新兴产业平台

2020 年，我国战略性新兴产业增加值占国内生产总值的比重达到 15% 左右，吸纳、带动就业能力显著提高。节能环保、新一代信息技术、生物、高端装备制造产业成为国民经济的支柱产业，新能源、新材料、新能源汽车产业成为国民经济的先导产业；创新能力大幅提升，掌握一批关键核心技术，在局部领域达到世界领先水平；形成一批具有国际影响力的大企业和一批创新活力旺盛的中小企业；建成一批产业链完善、创新能力强、特色鲜明的战略性新兴产业集聚区。随着我国战略新兴产业的大力发展，城投公司的转型升级必然会与相关产业关联。从短期来看，城投公司承载地方公共服务产品的提供功能，根据其属性，可以为即将到来的战略新兴产业搭建产业平台，为地方政府"筑巢引凤"，在平台服务中寻求深度参与战略新兴产业的机遇。城投公司可以通过产业服务平台，把产业资源高效链接起来，形成产业生态，获得产业互联网的协同效应，扎扎实实地提升当地的产业发展，提升所在区域在全球产业布局中的地位。产业互联网中很多平台级的业务，如供应链金融、国际化营销、物流仓储、人才培育等，都有机会成为平台公司转型的业务方向。

例如，南京市江北新区国资公司江北新区产业投资集团，为帮助当地

---

① 根据相关企业公布的数据整理。

发展集成电路产业，成立了集成电路产业专业服务机构——南京集成电路产业服务中心（简称 ICisC）。ICisC 以产业需求为导向，成立了四大特色服务平台，分别是为芯片设计及系统应用提供专业技术资源服务的公共技术平台，面向集成电路人才全产业链基础培训的人才资源平台，促进科技成果转化与产业化的开发创新平台，以及促进产业资源整合与市场联动的产业促进平台。ICisC 是南京集成电路产业生态的重要部分，ICisC 的成功运营不仅加强了南京江北集成电路产业与江苏全省集成电路产业的协同关系，而且迅速激活了产业氛围，凸显了南京江北新区集成电路产业集聚效应，强化了区域定向招商引资效果。

三、大力投入乡村振兴建设

作为农业大国，"三农"问题是关系国计民生的根本性问题，国家高度重视，自党的十九大报告首次正式提出乡村振兴战略以来，随着《乡村振兴战略规划（2018—2022 年)》《中共中央 国务院关于全面推进乡村振兴加快农业农村现代化的意见》《中共中央 国务院关于实现巩固拓展脱贫攻坚成果同乡村振兴有效衔接的意见》等政策陆续出台，以及乡村振兴局改组成立，标志着乡村振兴从重点支持脱贫攻坚进入全面振兴的快车道，将成为当前及今后很长一段时间内的国家战略。与此同时，由于国家不断出台政策加大对乡村振兴的支持，未来乡村振兴的进程也将持续加速。城投公司参与乡村振兴业务主要可以从以下三个方面入手：农村土地资本化、乡村基础设施建设、乡村产业振兴。

（一）农村土地资本化

土地资本化是土地从资源转为资产，进而转为资本的过程。随着《农村土地经营权流转管理办法》于 2021 年 3 月 1 日生效，以及中央 1 号文件提出的"积极探索实施农村集体经营性建设用地入市制度"等一系列政策的发布实施，农村土地资源作为资产的价值将被逐步激活。

一是组织农村土地整治项目。农村土地整治项目是农村经济建设项目、产业发展导入的关键性基础工作，一般可分成农用地整治和城乡建设用地整治，围绕"耕地占补平衡"和"建设用地增减挂钩"的政策原则，建立补偿农用地指标和城乡建设用地节余指标。

二是提供农业用地流转管理政策措施的社会化服务。平台企业通过探索突破村和村之间的地方政府边界，对交易土地实施统一规范管理工作、统一规范运营、统一规范对外合作，从而形成乡村用地企业进入土地交易市场的主要载体。

三是发展"土地整治＋"模式。城投公司可以凭借自身在投融资和资源整合方面的优势，实施与片区开发运作模式类似的"土地整治＋"模式，包括"土地整治 + 现代农业""土地整治 + 乡村旅游""土地整治 + 生态治理""土地整治 + 新型城镇化"等,将土地整治与围绕土地发展的后续产业进行"打捆"运作,扩大乡村农业的经营规模,促进人口的集中居住,同时还能够吸引多元化产业的聚集。

(二)乡村基础设施建设

乡村基础设施建设是乡村振兴的前提与基础。2021 年 2 月 21 日,《中共中央 国务院关于全面推进乡村振兴加快农业农村现代化的意见》正式对外发布,明确提出硬件建设要在往村覆盖,往户延伸上下功夫,全面改善水电路气房讯等设施条件,支持 5G,物联网等新基建向农村覆盖延伸,探索建立长效管护机制。这为城投公司开展乡村基础设施建设营造了良好的政策环境。

同时,乡村基础设施建设作为资本密集投入的领域,城投公司可以充分发挥资本优势,通过直接投资、资本金注入、PPP 等多种模式参与该领域投资。乡村基础设施建设的重点项目涉及道路畅通、供水保障、生态环境优化、清洁能源、数字化设施建设等诸多方面,城投公司可结合自身经营发展实际,择优布局,主要从交通、能源和环境等与民生息息相关的角度着手,充分利用资金池的资源优势,大力推进乡村基建的进程。

(三)乡村产业振兴

产业振兴是我国农村经济复兴的关键成功要素。2021 年 11 月,农业农村部印发《关于拓展农业多种功能,促进乡村产业高质量发展的指导意见》,明确提出了乡村产业复兴的三个重要任务。

一是做大做强农产品加工业。充分发挥县域农产品加工业在纵向贯通产加销中的中心点作用,完善建设标准原料基地、构建高效加工体系、创响知名农业品牌等各环节的战略部署,通过农产品加工产业链条的成熟与完善为区域产业注入原动力,把握产品的天然质量优势、核心加工技术、差异化品牌形象,培养成一批引领区域经济的加工型龙头企业。

二是做精做优乡村休闲旅游业。充分发挥城乡休闲观光旅游业在横向融合农文旅中的连接点作用,大力推进保护生态资源和乡土文化、发掘生态涵养产品、实施乡村休闲旅游精品工程,凭借乡村独特的自然和人文优势,打造优质的乡村旅游与农业文化相融合的业务模式,吸引全国各地的游客前来带动消费,引领旅游业与相关周边产业的发展,提升当地的知名度与影响力。

三是做活做新农村电商。充分发挥其在对接科技工业与贸易中的结合节点作用,培育农村电商主体、打造农产品供应链、建立运营服务体系,完成数字化与信息化转型,借助现代信息技术手段和电子商务的全国布局,推进低成本、高销售的新型业务模式构建,突破传统销售行业在渠道、客户、运输等环节的诸多限制，真正利用科技手段为乡村的振兴之路赋能。

四、积极参与城市更新行动

地方城投公司参与城市更新实践的意义主要体现在总体统筹、整合主体和资产管理三个方面。为了更好地发挥地方城投公司在城市更新行动中的作用，各地方城市更新政策和实践中赋予了地方城投公司多种角色。从前期策划到后期运营，可以归纳总结为以下六部分工作。

一是参与城市更新策划。在城市更新工作中，将城市更新规划落实为项目，需要通过项目策划明确项目边界，具体包括落实建设条件、更新范围、更新形式、政策依据、投入产出规模、投融资方案、建设主体等，使其具备投资可行性。例如，广东省的"前期服务商"、重庆市的"前期业主"均是完成此类工作的市场主体。

二是推动城市更新实施。实施主体是城市更新项目的投资和建设主体，具体工作包括编制城市更新单元规划、编制征收安置方案和项目实施方案、签订征收补偿协议、筹集建设资金、对接政府部门、完成项目立项等。实施主体一般通过公开程序确定，但是对于一些涉及重大公共利益的项目，指定地方城投公司作为实施主体是通常的选择。

三是负责城市更新融资。城市更新项目离不开项目融资的支持，而为城市建设筹集融资资金是成立各级城投公司的主要目的。在城市更新行动中，除了常规的项目融资路径外，城市更新项目重要的融资来源还包括城市更新基金和政策性金融贷款，二者都需要地方城投公司作为融资主体整合项目收益、国有资产等资源。

四是开展招商合作。各地方的城市更新政策中均鼓励社会资本方以多种形式参与城市更新工作。例如，《北京市城市更新行动计划（2021—2025年）》提出，鼓励市属、区属国有企业搭建平台，加强与社会资本合作，通过设立基金、委托经营、参股投资等方式参与城市更新。地方城投公司需要将城市更新工作划分为适合各类型主体参与的子项目，并作为合作平台与基础设施投资商、房地产开发商、产业运营商、社区运营商等多种类型的投资人开展合作。

五是整合建设资源。城市更新作为一项综合性的城市建设行动，需要地方政府给予多方面的支持，包括国有经营性资产、政府直接投资、财政专项资金、储备土地、税费减免等。地方城投公司发挥国有投资主体作用，整合各类国有资源并注入项目，支持城市更新投融资和建设经营。

六是管理项目资产。地方城投公司可借助城市更新实践，从"城市建设投融资主体"向"资产管理和经营主体"转变，逐步汇集项目管理、资产管理、社区管理、金融、产业经营等领域的人才，增强资产管理能力，成为地方政府在城市经营领域的代理人。

城市更新行动是"十四五"期间做好城市工作的重要任务，代表了未来一个较长时期内城市发展的主要形式。各地方的政策安排和项目实践表明，地方城投公司将在城市更新行动中发挥重要作用。为此，城投公司需要深入思考自身企业定位和本地区城市更新实际需求的衔接，在城市更新的浪潮中走出业务转型的发展之路，维持企业长期持久的经营。

五、盘活发展文化旅游资产

近年来，新冠疫情的暴发和反复使我国旅游行业受到较大影响。根据文化和旅游部公布的数据，2022 年上半年国内旅游收入 1.17 万亿元，同比下降 28.2%；国内旅游总人次 14.55 亿，同比下降 22.2%。如何应对疫情常态化之后国内文旅行业的变化，寻找新的发展机会，是所有城投公司需要共同面对的问题。城投公司可根据自身实际特点，着重从思路转变、发展转型、经营变革，以及有效利用资本市场等几个方面，采取针对性举措，实现对文旅资产的根本转型和高质量发展。

一是转变经营思路。在现阶段土地融资环境恶化、房地产市场转冷的背景下，文旅类城投需要从重资产运营向轻资产运营转变。重资产运营模式资金投入大，占用时间长，但利润相对较低，容易带来资金的流动性风险，从而加重文旅类城投的债务负担和融资困难。而轻资产运营更多地把精力集中在产品开发、市场拓展上，而不是投资建设上，可以塑造良好的品牌形象，提高品牌附加值。在景区的运营管理中，可以更多地偏向品牌的打造，突出其特色。同时，也可以积极与战略投资方合作，取长补短，既实现成果共享，又实现风险共担。

二是整合文旅资源。文旅类城投公司的存量资产，特别是长期闲置的存量资产，往往存在管理运营方面的难点和瓶颈。首先，需要针对文旅资源资产摸排梳理，优先选择示范性项目进行"先行先试"，认真开展拟参与整合的资源资产评估，注重"以点带面"有序推进。其次，资产整合和盘活要从线上、线下双向发力。在线下方面，加快重点文旅资源整合，完成景区的整合工作。在线上方面，完善智慧文旅综合服务平台功能，丰富线上产品内容。最后，要统筹现有旅游资源，深挖旅游资源亮点，进行整合包装营销，策划系列主题营销推广活动，扩大平台影响力、凝聚力。

三是拓展直融渠道。2022 年 7 月，人民银行、文化和旅游部联合印发《关于金融支持文化和旅游行业恢复发展的通知》，指出发挥货币政策工具的总量和结构双重功能，保持流动性合理充裕，运用再贷款、再贴现等货币政策工具，引导银行业金融机构改善和加强对文化和旅游企业的信贷服务。鼓励各级文化和旅游行政部门加大对受疫情影响的企业提供贴息支持，发挥政府性融资担保体系在降低文化和旅游企业融资成本中的作用。在政策的指导下，文旅类城投应根据自身特点，应积极拓展合适的直接融资渠道，有效降低债务风险，为自身持续健康发展提供资金保障。

四是拓宽产业融合。随着文旅融合不断深入，文旅产业与其他产业的融合也不断加深。近年来，各类"旅游＋""＋旅游"的新场景、新业态、新模式层出不穷。在有效盘活资产过程中，可以多关注不同行业的合作，如在文旅产业中可以加入数字化元素、康养项目、特色产品营销等，通过多领域合作发展形成更牢固的旅游产业链，在盘活存量资产后拥有更持久的生命力。

五是强链补链延链。联动文旅资源上下游关联产业、配套服务，推动文旅产业补链、延链、强链，推动文化旅游产业链高质量发展。在盘活资产过程中，由于时空局限，文旅企业的一些资产所在地区偏远，周围公共设施不齐全，文旅类城投在开发时可以根据定位资产的功能布局、发展方向、优势劣势，适时适当进行延链、补链。从优化产业链的角度出发，将存量资产盘活纳入地方发展的大盘子中，形成差异化、互补式盘活之路，努力为旅客创造"产业链一条龙、服务链无短板"的旅游体验。

六是加快数字化转型。数字经济发展时代为文旅行业的转型发展带来无穷潜力，也为更好应对疫情冲击积累了宝贵经验。从数字产业化角度看，网络直播、线上教育、数字阅读等数字产品抓住新契机，以优质内容更好满足居家受众的需求。从产业数字化角度看，演艺、旅游、娱乐等传统文旅产品需要加速数字化升级，保持文化品位，适应线上习惯，在网络蓝海中寻求立身之所。此外，"文旅＋网络"转型促使经营模式、盈利模式等加速创新，在产业链上不断延伸，不断将好产品转化为好效益。

第十六章
相关法律法规政策汇总

政信领域的法律法规体系涉及国家权力机关、政府部门以及监管机构制定的一系列法律法规，目的是为了保证政府项目建设和投融资有序进行。政信活动需要遵循国家法律法规，严格按照法律法规执行。根据制定主体以及法律效力来划分，我国法律法规体系主要可以分为四个层级，如图16-1所示。

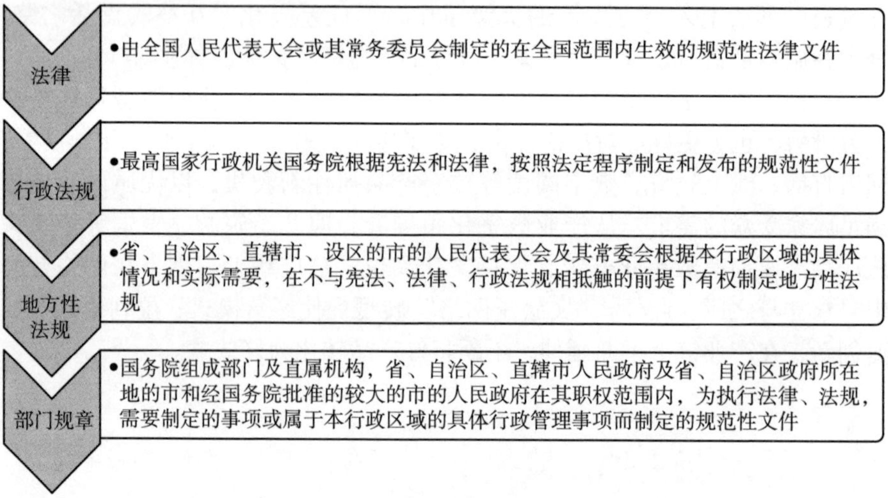

法律	•由全国人民代表大会或其常务委员会制定的在全国范围内生效的规范性法律文件
行政法规	•最高国家行政机关国务院根据宪法和法律，按照法定程序制定和发布的规范性文件
地方性法规	•省、自治区、直辖市、设区的市的人民代表大会及其常委会根据本行政区域的具体情况和实际需要，在不与宪法、法律、行政法规相抵触的前提下有权制定地方性法规
部门规章	•国务院组成部门及直属机构，省、自治区、直辖市人民政府及省、自治区政府所在地的市和经国务院批准的较大的市的人民政府在其职权范围内，为执行法律、法规，需要制定的事项或属于本行政区域的具体行政管理事项而制定的规范性文件

图16-1 我国法律规章体系组成

政信与政府信用相结合，在严格的法律政策和监管框架下有序地开展政信活动，督促相关主体及产品合法合规经营，可以有效防范化解政信系统内部风险，维护政信体系的稳定运行，并保护社会公众的利益。

第一节 项目规划和工程咨询法律法规

一切政信活动都是依照现有法律法规开展的。了解政信相关法律法规不仅有利于政府开展产业规划和项目建设，以及金融机构顺利开展政信金融业务，避免触及监管红线从而带来负面影响，也有利于市场投资者加强对政信金融产品的判断和监督，并通过市场机制优胜劣汰，营造良好的政信业态。

一、产业规划

产业规划是指，在明确区域整体战略基础上，对区域产业结构调整、产业发展布局进行整体布局和规划，同时注重协调好土地开发、生态保护、民生问题、基础设施建设等各方面关系。产业规划应该是强指导性的政策，必须具有很强的实践操作性，并且能够有机地转化为地方的产业政策、招商指南和政府考核等方面的内容。

1989 年 3 月，《国务院关于当前产业政策要点的决定》颁布。作为我国产业政策最早的纲领性文件，其明确了制定产业政策必须遵循的六项原则和保障实施的十项措施。其中，第六项原则指出，产业政策的实施要运用经济的、行政的、法律的和纪律的手段。第十项保障措施指出，要加强和完善法制建设，用法律、法规约束企业行为和市场行为，使经济监督部门依法行使监督职能；尽快制定与产业政策有关的法律、法规。

1991 年 3 月，《国务院关于批准国家高新技术产业开发区和有关政策规定的通知》印发，专门针对 26 个国家高新技术产业开发区出台了《国家高新技术产业开发区高新技术企业认定条件和办法》《国家高新技术产业开发区若干政策的暂行规定》《国家高新技术产业开发区税收政策的规定》。

1992 年 6 月，中共中央、国务院颁布《关于加快发展第三产业的决定》，针对产业大类出台了具体的规范性文件。

20 世纪 90 年代后期，我国的产业政策着力点集中在发展基础设施，尤其是公路、电网、桥梁及港口，市政供电、供水、供气设施，电信网络建设方面，以及鼓励装备更新、技术开发等方面。

2000 年后，我国针对 30 多个产业领域进行立法，以国务院出台的规范性文件为主，全国人民代表大会也通过了多部针对某一具体产业的法律，产业立法开始着眼于产业结构转型升级、一二三产业融合等内容。2012 年后，我国更加强调经济发展质量，推进供给侧改革，关注防范与化解重大风险。《中国制造 2025》的颁布标志着制造强国战略的全面实施。

2022 年 1 月 12 日，《国务院关于印发"十四五"数字经济发展规划的通知》印发，其中明确提出推进云网协同和算网融合发展，有序推进基础设施智能升级。

2022 年 1 月，工业和信息化部、国家发展改革委联合印发《关于促进云网融合 加快中小城市信息基础设施建设的通知》，强调要强化云网融合、产业协同的制度创新，促进中小城市数字化转型，带动经济高质量发展。

我国产业政策体系具有制定主体的多元化和表现形式的多样化的特征，除政策文件以外，还有法令、条例、措施、规划、计划、纲要、意见、指南、目录、管理办法和通知等形式。

二、城乡规划

改革开放40多年以来，我国城乡面貌发生了天翻地覆的变化，代表着我国城乡规划及其相关领域改革开放的成就，也彰显着城乡规划工作对改革开放的力量支撑。

当前，我国正处在加速城市化的时期，既面临难得的历史机遇，又面临巨大的挑战。在市场经济的发展过程中，城乡规划是政府实施宏观调控的主要方式之一。城乡规划、建设的根本目的就是促进社会、经济、文化的综合发展，不断优化城乡人居环境。

城乡规划是一个政府的行政职能和行政行为，是政府指导和调控城乡建设和发展的基本手段之一。其涉及城乡经济社会发展的各个方面，不仅要严格按照城乡规划法及其配套法规依法行政、依法办事，同时还应当受到相关方面的法律、行政法规和有关部门规章等的制约。

我国以城乡规划法为中心，国务院颁布有关实施城乡规划法的行政法规，国务院城乡规划主管部门和其有关部门联合制定关于城乡规划编制、审批、实施、修改、监督检查、法律责任等内容的部门规章，各省、自治区、直辖市以及较大的市制定关于实施城乡规划法的地方性法规、地方政府规章等。

1984年1月，国务院颁布《城市规划条例》，初步建立起我国城市规划的法律体系，明确了建设项目的规划许可证和竣工验收等各项基本制度，在一定程度上为日趋频繁的城市建设活动提供引导和保障。

1989年12月26日，《城市规划法》由第七届全国人民代表大会常务委员会第十一次会议通过，自1990年4月1日起正式施行。这是我国第一部关于城市规划的法律，标志着城市规划工作全面走上了制度化轨道，具有重要历史意义。1993年，国务院颁布《村庄和集镇规划建设管理条例》。我国的城乡规划制定和实施管理依据"一法一条例"，形成了目前的基本运作制度。

我国现行的城乡规划基本法律制度主要包括《城市规划法》与《村庄和集镇规划建设管理条例》中规定的各种运作制度。《城市规划法》与《村庄和集镇规划建设管理条例》明确规定，制定城市和村庄与集镇总体规划时，必须根据城乡发展建设的需要划定规划区，同时规定规划区范围内的建设布局，以及机场、水源地、重要的基础设施、自然与文化资源、农村居民点、乡镇企业等都要纳入统一的规划管理。

1996 年 5 月，《国务院关于加强城市规划工作的通知》发布，其将城市规划明确为指导城市合理发展、建设和管理城市的重要依据和手段，并对城市土地及空间资源具有调控作用。

2000 年，《中共中央关于制定国民经济和社会发展第十个五年计划的建议》提出"积极稳妥地推进城镇化"，"城镇化"一词首次出现在政府官方文件中。

2000 年，《国务院办公厅关于加强和改进城乡规划工作的通知》对各项规划的编制与审批工作、城市总体规划修改认定制度和备案制度、城乡规划的实施管理、城乡规划的监督检查制度等提出指导要求。

2007 年 10 月通过，2008 年 1 月实施的《城乡规划法》分为七章共 70 条，确立了包含城镇体系规划、城市（镇）总体规划、乡规划和村庄规划的城乡规划体系。

2010 年，住房和城乡建设部审议通过《城市、镇控制性详细规划编制审批办法》，自 2011 年 1 月 1 日起施行；以及《省域城镇体系规划编制审批办法》，自 2010 年 7 月 1 日起施行。

2014 年，《国家新型城镇化规划（2014—2020 年）》出台，其明确了未来城镇化的发展路径、主要目标和战略任务，统筹相关领域制度和政策创新，是指导全国城镇化健康发展的宏观性、战略性、基础性规划。

2016 年 2 月，中共中央、国务院印发《关于进一步加强城市规划建设管理工作的若干意见》。这是中央城市工作会议的配套文件，勾画了"十三五"乃至更长时间中国城市发展的"路线图"，是为了转变城市发展方式、塑造城市特色风貌、提升城市环境质量、创新城市管理服务而制定的政策性文件。

2016 年，住房和城乡建设部公布了第一批中国特色小镇名单，国家发展改革委发布《关于加快美丽特色小（城）镇建设的指导意见》，住房和城乡建设部发布《关于做好 2016 年特色小镇推荐工作的通知》，等等。

2018 年 9 月，中共中央、国务院印发《乡村振兴战略规划（2018—2022 年）》，对实施乡村振兴战略进行了全面部署。

党的十九大正式提出"建立健全城乡融合发展体制机制和政策体系，加快推进农业农村现代化"和"实施乡村振兴战略"的政策方针，标志着我国城乡关系迈入了新的发展阶段。城乡融合发展政策的提出为今后的城乡融合发展提供了思路，同时给城乡规划带来了新的挑战，规划逻辑、规划理念和规划方法也会随之发生一定的变化。

2022 年，《"十四五"新型城镇化实施方案》出台，成为国家面向 2035 年的新一轮新型城镇化顶层设计。该实施方案提出，深入推进以人为核心的新型城镇化战略，持续促进农业转移人口市民化，完善以城市群为主体形态、大中小城市和小城镇协调发展的城镇化格局，推动城市健康宜居安全发展，推进城市治理体系和治理能力现代化，促进城乡融合发展，为全面建设社会主义现代化国家提供强劲动力和坚实支撑。

三、国土空间规划

我国现有的空间规划法律法规体系主要包括《城乡规划法》《土地管理法》《环境保护法》，以及涉及的其他空间要素管理类法规，如《基本农田保护条例》《草原法》《水法》《森林法》《文物保护法》《旅游法》《测绘法》《行政区域界线管理条例》等，同时还有涉及上述相关法规配套的管理或实施条例、规范技术标准等。

我国城乡规划法规体系主要是以《城乡规划法》为核心，另有《风景名胜区条例》《历史文化名城名镇名村保护条例》等行政法规，《城市总体规划编制审批办法》等部门规章、规划性文件等。

我国土地利用规划法规体系主要以《土地管理法》为核心，其他法规、行政规章主要包括《土地管理法实施条例》《基本农田保护条例》等。

我国环境保护法规体系主要以《环境保护法》为核心，还有国务院颁布的有关实施环境保护法的行政法规，以及国务院生态环境部门及其与其他有关部门联合制定的关于环境保护规划编制、审批、实施、修改、监督检查、法律责任等内容的部门规章，此外还有《水污染防治法》《大气污染防治法》《固体废物污染环境防治法》《环境噪声污染防治法》《放射性污染防治法》《环境影响评价法》等。

其他空间规划法规体系包括原国家海洋局、农业部，以及林业局等出台的相关法律、法规、部门规章等。

2019 年 5 月，作为"多规合一"改革的国土空间规划顶层设计重要文件《中共中央 国务院关于建立国土空间规划体系并监督实施的若干意见》发布，提出要逐步建立"多规合一"的规划编制审批、实施监督、法规政策和技术标准四个体系，加快推进国土空间规划立法工作。很多地方以该文件作为中央政策依据，以《土地管理法》及实施条例、现行《城乡规划法》以及涉及空间规划和治理的相关法律法规为依据，研究制定地方性国土空间规划条例或单项地方性法规。

经依法批准的国土空间规划是各类开发、保护、建设活动的基本依据。随着国土空间规划改革的逐渐深化，地方对于国土空间立法权的要求越来越强，对国家层面立法的期盼越来越强烈。按照《中共中央 国务院关于建立国土空间规划体系并监督实施的若干意见》提出的，加快国土空间规划相关法律法规建设，到 2025 年健全国土空间规划法规政策体系要求，预计

"十四五"时期国土空间规划领域法律法规可能会迎来大破大立。

四、工程咨询

工程咨询是指，为政府部门、各城市投资建设主体以及其他各类客户的工程建设项目提供从投资决策到建设实施及运营维护全过程、专业化的技术服务，包括勘察设计、规划研究、试验检测、工程管理等。

工程咨询业已有一个多世纪的历史，主要发达国家的咨询业已经成为相当成熟具有专业领域宽、业务范围大，有较完善的行业法规，机构种类多、从业人员和公司数量多，技术水平高，市场竞争激烈，积极发展海外业务等特点。随着发展中国家咨询业的发展成熟以及相应的保护政策的出台，国际咨询业市场竞争日益激烈。各国政府纷纷采取积极措施，帮助本国咨询业打入国际市场。

亚太地区工程咨询存在潜力的两个主要领域是基础设施开发与工业开发项目，其主要投资领域包括电力、交通、电信、供水和环保，工业项目主要是石油、天然气和石油化工。同时，很多国家高速发展的经济也吸引了大量的国际投资，为形成国际工程咨询市场奠定了基础。

我国的工程咨询业是改革开放初期的产物，是 20 世纪 80 年代的新兴产业，经过多年引进、创建、发展的曲折历程，已经成为服务业的重要组成部分。随着咨询行业的发展，全过程工程咨询的出现，咨询行业已经从基本建设阶段向投产运营、管理阶段发展，建设期结束并不是一个咨询项目的结束，需要咨询服务直至项目具备盈利性。要推动全过程工程咨询全面健康发展，真正实现为固定资产投资及工程建设活动提供高质量智力技术服务。

1984 年，国家计划委员会出台《关于工程设计改革的几点意见》，引入了工程咨询的概念，将工程设计作为工程咨询的延伸，并鼓励国营、集体、个体设计进行竞争。

1994 年 4 月，国家计划委员会出台《工程咨询业管理暂行办法》，参照国际惯例，将工程设计、工程监理纳入工程咨询的范围。

1999 年，《国务院办公厅转发建设部等部门关于工程勘察设计单位体制改革若干意见的通知》提出，必须尽快形成固定资产投资活动全过程的技术性、管理性的咨询设计服务体系。在这个阶段，工程咨询的概念基本形成，并逐渐发展完善了内容体系。

2001 年，国家计划委员会出台《工程咨询单位资格认定实施办法（修订）》，提出工程咨询服务包括规划咨询、项目建议书编制、项目可行性研究编制、评估咨询、工程勘察设计、招投标咨询、工程监理、管理咨询八项内容。

2010 年，《国家发展改革委关于印发工程咨询业 2010—2015 年发展规划纲要的通知》印发，参考国际咨询工程师协会对工程咨询行业的界定，提出了工程咨询行业包括的内容，即工程建设全过程经济和管理服务。具体而言，工程咨询包括规划编制与咨询、投资机会研究、可行性研究、评估咨询、勘察设计、招标代理、工程和设备监理。

2017 年 2 月，《国务院办公厅关于促进建筑业持续健康发展的意见》出台，鼓励发展工程总承包模式和全过程工程咨询及建筑师负责制。具体而言，鼓励投资咨询、勘察、设计、监理、招标代理、造价等企业采取联合经营、并购重组等方式发展全过程工程咨询；政府投资工程应带头推行全过程工程咨询，鼓励非政府投资工程委托全过程工程咨询服务；在民用建筑项目中，充分发挥建筑师的主导作用，鼓励提供全过程工程咨询服务。

2017 年 11 月，国家发展改革委发布《工程咨询行业管理办法》，对工程咨询进行了系统定义，即工程咨询是遵循独立、公正、科学的原则，综合运用多学科知识、工程实践经验、现代科学和管理方法，在经济社会发展、境内外投资建设项目决策与实施活动中，为投资者和政府部门提供阶段性或全过程咨询和管理的智力服务。该办法明确了工程咨询的服务范围，包括规划咨询、项目前期咨询、评估咨询、项目后评价、项目概预结决算审查、工程设计、招标代理、工程（设备）监理、工程项目管理等，全程工程咨询概念基本形成。

2019 年 3 月，国家发展改革委联合住房和城乡建设部印发《关于推进全过程工程咨询服务发展的指导意见》，提出以工程建设环节为重点，推进全过程咨询。在房屋建筑、市政基础设施等工程建设中，鼓励建设单位委托咨询单位提供招标代理、勘察、设计、监理、造价、项目管理等全过程咨询服务，满足建设单位一体化服务需求，增强工程建设过程的协同性；在组织上，工程建设全过程咨询服务应当由一家具有综合能力的咨询单位实施，也可由多家具有招标代理、勘察、设计、监理、造价、项目管理等不同能力的咨询单位联合实施；明确了提供全过程工程咨询服务的单位资质要求及人员资格要求。在此阶段，全过程工程咨询提上日程，相关政策文件对全过程工程咨询如何组织与实施给出了实质性的指导意见。

2020 年 4 月，国家发展改革委与住房和城乡建设部研究起草《房屋建筑和市政基础设施建设项目全过程工程咨询服务技术标准（征求意见稿）》，明确了全过程工程咨询的内涵和外延，全过程工程咨询的范围和内容，全过程工程咨询的程序、方法及成果，指导工程咨询类企业为委托方提供全过程工程咨询服务。至此，全过程工程咨询企业具有了可借鉴的全过程工程咨询服务标准。

五、工程项目管理

工程项目从开始到最后结束，大概分为四个阶段：前期项目决策阶段、项目准备阶段、建设实施阶段，以及投产运营阶段。从项目建设意图的酝酿开始，调查研究、编写和报批项目建议书，编制和报批项目的可行性研究等项目前期的组织、管理、经济和技术方面的论证都属于项目决策阶段的工作。

改革开放以来，我国工程建设项目迅速崛起并迅猛发展，依法加强对工程项目的规范与管理对推动建筑业的监控发展具有十分重要的意义。随着建设规模的不断扩大，我国工程项目的法制建设逐步走向规范化和体系化。

1996 年以来，我国建筑业的发展进入全面提速阶段，工程管理领域加快了法制建设的步伐，相继颁发了一系列相关的法律法规。1998 年 3 月 1 日，《建筑法》开始实施，这是新中国成立以来第一部规范建筑活动的大法。1999 年 8 月，为了规范招标投标行为，维护市场竞争秩序，第九届全国人民代表大会常务委员会审议通过了《招标投标法》，并于 2000 年 1 月 1 日起实施。这是我国规范工程招标投标活动的专门性法律。《建筑法》和《招标投标法》实施后，国务院和建设行政主管部门为完善法规体系，相继颁发了许多配套的法规和规章。

当前，我国的工程项目管理相关的法律法规包括以下几类。

第一，工程项目管理相关法律：《建筑法》《民法典》《招标投标法》《土地管理法》《城市规划法》《城市房地产管理法》《最高人民法院关于建设工程施工合同的法律解释》《环境保护法》《环境影响评价法》。

第二，工程项目管理相关行政法规：《建设工程质量管理条例》《建设工程安全生产管理条例》《建设工程勘察设计管理条例》《土地管理法实施条例》。

第三，工程项目管理相关部门规章：《工程监理企业资质管理规定》《注册监理工程师管理规定》《建设工程监理范围和规模标准规定》《建筑工程设计招标投标管理办法》《房屋建筑和市政基础设施工程施工招标投标管理办法》《评标委员会和评标方法暂行规定》《建筑工程施工发包与承包计价管理办法》《建筑工程施工许可管理办法》《实施工程建设强制性标准监督规定》《房屋建筑工程质量保修办法》《房屋建筑工程和市政基础设施工程竣工验收备案管理暂行办法》《建设工程施工现场管理规定》《建筑安全生产监督管理规定》《工程建设重大事故报告和调查程序规定》《城市建设档案管理规定》。

以上法律、法规和规章构成了工程项目管理法规体系的基本骨架。加上各省、自治区、直辖市制定的地方法规和规章制度，我国工程项目管理形成了工程招标投标制度、市场准入制度、建设监理制度、工程质量和安全监督制度，以及工程竣工验收制度等，使各方主体有了统一的行为规范。

第二节　工程建设法律法规

一、土地棚改政策

我国自 2008 年开始，由于去库存的需求，产生了棚改货币化安置，此后采取货币化安置，拆迁安置从回迁房变成拆迁款的政策措施。2014 年央行开始定向投放抵押补充贷款（PSL），为政策性银行提供贷款，银行再向地方政府发放专项安置贷款，成为棚改货币化安置的主要资金来源。棚改货币化从被推出，就被赋予去库存的使命，居民拿到补偿款后需要自行购买住宅，于是购房需求增加，成为刺激房价上涨的因素之一。

2016 年 2 月，国务院印发的《关于深入推进新型城镇化建设的若干意见》明确要求提升县城和重点镇基础设施水平，加快拓展特大镇功能，加快特色镇发展，培育发展一批中小城市，加快城市群建设。

2016 年 2 月，财政部等四部委联合印发的《关于规范土地储备和资金管理等相关问题的通知》指出，对清理甄别后认定为地方债务的土地储备贷款（截至 2014 年底）需要纳入政府性基金预算管理；偿债资金通过预算统筹安排，并逐步发行地方政府债券进行置换；自 2016 年起，各地不得再向银行举借土地储备贷款；从 2016 年 1 月 1 日起，对土地储备资金的筹集渠道进行了明确，并且强调专款专用，土地储备机构日常费用和土地储备资金严格分账核算，不得混用。

2017 年 5 月财政部联合国土资源部印发的《地方政府土地储备专项债券管理办法（试行）》明确要求土地储备机构应当严格储备土地管理，厘清土地产权，按照有关规定完成土地登记，加强储备土地的动态监管和日常统计，及时评估储备土地资产价值；地方各级国土资源部门要履行国有资产运营维护责任，确保土地储备资产保值增值，明确地方政府不得以储备土地为任何单位和个人的债务以任何方式提供担保，防止地方政府违法违规使用储备土地资产为融资平台公司等企业债务融资进行抵（质）押担保。

2018 年 10 月 25 日，住房和城乡建设部召开座谈会，研究 2019 年棚改政策，明确政府购买棚改服务模式取消，但鼓励国开行、农发行对收益能平衡的棚改项目继续贷款。未来，棚改项目融资将以发行棚改专项债为主。彼时，去库存目标已经大致完成，管理层在商品住房供需紧张的市、县开始降低棚改货币化安置比例。此前，棚改的主要方式是政府购买棚改模式，即由政府授权主管部门通过法定招投标程序，与以城投类企业为主的市场化企业签订政府采购服务合同，由企业从银行等机构进行融资，政府分期向企业支付资金用于项目资本金投资及偿还贷款。此次座谈会确定来年政府购买棚改模式取消，表明政府不再对棚改项目融资兜底，避免了新增隐性债务的风险。同时，通过专项债搭配社会融资，可实现短债长还，降低财政的还款压力。未来，地方棚改项目将持续推进模式创新发展，地方政府应当加强创新，引入社会资本，走"棚改＋"思路，促成产城融合等发展，构建多层次的住房供应体系，化解融资难题。

二、资本金监管

2009 年 5 月，国务院印发《关于调整固定资产投资项目资本金比例的通知》，对我国各行业固定资产投资项目的最低资本金比例做了详细规定。其中，钢铁、电解铝项目的最低资本金比例为 40%；水泥项目的最低资本金比例为 35%；煤炭、电石、铁合金、烧碱、焦炭、黄磷、玉米深加工、机场、港口、沿海及内河航运项目的最低资本金比例为 30%；铁路、公路、城市轨道交通、化肥（钾肥除外）项目的最低资本金比例为 25%；保障性住房和普通商品住房项目的最低资本金比例为 20%，其他房地产开发项目的最低资本金比例为 30%；其他项目的最低资本金比例为 20%。同时，还规定经国务院批准，对个别情况特殊的国家重大建设项目，可以适当降低最低资本金比例要求。属于国家支持的中小企业自主创新、高新技术投资项目，最低资本金比例可以适当降低；外商投资项目按现行有关法规执行。

2015 年 9 月国务院印发的《关于调整和完善固定资产投资项目资本金制度的通知》明确指出，金融机构在提供信贷支持和服务时，要坚持独立审贷，切实防范金融风险，要根据借款主体和项目实际情况，按照国家规定的资本金制度要求，对资本金的真实性、投资收益和贷款风险进行全面审查和评估，坚持风险可控、商业可持续原则，自主决定是否发放贷款以及具体的贷款数量和比例。对于产能严重过剩行业，金融机构要严格执行《国务院关于化解产能严重过剩矛盾的指导意见》的有关规定。

2019 年 11 月国务院印发的《关于加强固定资产投资项目资本金管理的通知》明确指出，对固定资产投资项目实行资本金制度，合理确定并适时调整资本金比例，是促进有效投资、防范风险的重要政策工具，是深化投融资体制改革、优化投资供给结构的重要手段。要按照党中央、国务院关于做好"六稳"工作和深化投融资体制改革要求，更好发挥投资项目资本金制度的作用，做到有保有控、区别对待，实现有效投资和风险防范紧密结合、协同推进。此外，进一步提出了加强投资项目资本金管理工作的四个政策方向：一是进一步完善投资项目资本金制度；二是适当调整基础设施项目最低资本金比例，将港口、沿海及内河航运项目的最低资本金比例由25%调整为20%；公路（含政府收费公路）、铁路、城建、物流、生态环保、社会民生等领域的补短板基础设施项目，在投资回报机制明确、收益可靠、风险可控的前提下，可以适当降低项目最低资本金比例，但下调不得超过5个百分点；三是鼓励依法依规筹措重大投资项目资本金，对基础设施领域和国家鼓励发展的行业；鼓励项目法人和项目投资方通过发行权益型、股权类金融工具，筹措不超过50%比例的项目资本金；四是严格规范管理，加强风险防范。

三、产业基金监管

为加强对地方政府融资平台公司及其债务的规范管理，自2010年起国家发布了一系列文件以加强对地方融资平台的监管，尤其是"新预算法"和《国务院关于加强地方政府性债务管理的意见》（以下简称43号文）的出台，使得地方政府的传统融资渠道（贷款、信托和债券）融资全面受限。根据43号文的规定，地方政府规范的举债融资机制仅限于政府举债（一般债券和专项债券）、PPP、规范的或有债务。

随着经济下行压力的加大，地方政府迫切需要通过投资来拉动经济。43号文出台后，产业投资基金由于其灵活的形式和汇集资本的功能，受到地方政府的青睐，被用来服务于城镇基础设施和公共服务领域的建设融资。政府通过成立产业投资基金，吸引社会资本以股权形式介入项目公司，参与基建类项目的建设和运营。

通过发起设立产业投资基金，城投公司以基金的形式筹集资金，可以实现表外化的融资，降低城投公司的资产负债率。相对于传统的平台投融资模式，在产业投资基金模式下，地方财政以较小比例的股权加入投融资项目，对项目特许经营和收取附带权益，能够提高财政资金的使用效益。

为进一步促进供给侧结构性改革，各省（区、市）纷纷由政府牵头组建各类产业基金，主要投向基础设施、农业种植、创新创业、产业发展、"一带一路"建设等多个领域。具体来看，产业基金相比基础设施建设基金和PPP产业基金，其范围更大更广，包括了基础设施建设基金和PPP产业基金以外的诸如环保产业、文化产业、旅游产业、交通产业等各类基金，退出方式也多为资本市场IPO或并购；而基础设施建设基金和PPP产业基金有交叉：基础设施建设包括部分以PPP模式投资的基础设施建设项目，还包括非PPP模式（如BT模式）的投资建设，而PPP产业基金除了投资基础设施建设项目外，还可能会以TOT、MC、O&M等形式投资公共服务PPP

项目。

2014 年 8 月，证监会发布的《私募投资基金监督管理暂行办法》明确指出，创业投资基金是指主要投资于未上市创业企业普通股或者依法可转换为普通股的优先股、可转换债券等权益的股权投资基金。对于创业投资基金，目前的政策导向为鼓励和引导，实行差异化监管并为其设立、运作等提供便利。

2015 年，财政部依据《预算法》《合同法》《公司法》《合伙企业法》等相关法律法规制定了《政府投资基金暂行管理办法》。该办法明确了政府投资基金的定义及出资情况，涉及产业投资基金的设立、运作、风险管理、终止退出等运作流程，同时对其预算管理、资产管理以及监督管理做出了指示。

2016 年 12 月，国家发展改革委印发《政府出资产业投资基金管理暂行办法》，要求政府出资产业投资基金应主要投资于以下领域：非基本公共服务领域、基础设施领域、住房保障领域、生态环境领域、区域发展领域、战略性新兴产业和先进制造业领域，以及创业创新领域。相对于财政部出台的《政府投资基金暂行管理办法》，该办法主要对政府投资基金的筹集、登记管理、绩效评价、行业信用建设以及监督管理等内容做出了详细的规定，进一步完善了政府产业投资基金的管理制度。

党的十八届三中全会提出"允许社会资本通过特许经营等方式参与城市基础设施投资和运营"，中央各部委出台了一系列文件鼓励推广政府和社会资本合作模式（PPP）。地方政府近年来纷纷成立产业引导基金，通过财政补贴、项目入库奖励以及资本金支持等多种方式支持 PPP 项目的发展，营造了较好的政策环境。PPP 项目引入产业投资基金，满足了产业基金追求长期稳定收益的风险偏好。PPP 产业基金是按照《证券投资基金法》，以及证监会、证券投资基金业协会私募基金管理相关制度规定运行的私募基金，只能以非公开方式向合格投资人募集。目前，PPP 产业基金的名称多种多样，有的叫产业引导基金，有的叫城市发展（建设）基金、城市基础设施建设基金（Infrastructure Fund），还有的叫产业振兴基金，其核心是以私募股权投资的方式，投资 PPP 项目。

2019 年 10 月 19 日，国家发展改革委、人民银行等六部门联合印发《关于进一步明确规范金融机构资产管理产品投资创业投资基金和政府出资产业投资基金有关事项的通知》（资管新规）。2019 年 10 月 25 日，发改委发布《关于进一步明确规范金融机构资产管理产品投资创业投资基金和政府出资产业投资基金有关事项的通知》。对于《指导意见》出台前已签订认缴协议且符合本通知规定要求的两类基金，在过渡期内，金融机构可以发行老产品出资，但应当控制在存量产品整体规模内，并有序压缩递减，防止过渡期结束时出现断崖效应；过渡期结束仍未到期的，经金融监管部门同意，采取适当安排妥善处理。

四、BOT

（一）项目公司

项目公司是发起人为建设、经营某特定基础设施建设项目而设立的公司或合营企业。在法律上，项目公司是一个独立的法律实体，具有独立的法人资格。项目公司一般是特许协议的一方当事人，根据协议取得特许权，并在特许期间内全权负责项目的投资、设计、建设、采购、运营和维护；项目发起人是项目公司的投资者，筹措贷款；而项目公司以自己的名义向贷款人贷款。所以，项目公司、项目发起人、贷款人三者之间是基于资金借贷而形成的平等主体间的经济法律关系。而政府与项目公司之间的法律关系的特殊性就在于二者是以特许协议这一法律文件为基础，从而使项目公司成为具有东道国国籍的法人实体，是东道国的外资企业，处于东道国政府的法律管辖之下。项目公司与项目建筑承包商，以及设备、原料供应商、保险公司等主体之间是一个独立的法律实体与另一个法律实体的正常业务联系法律关系。此外，项目公司与产品购买或服务接受人之间是以产品或服务的售价为纽带联系起来的当事人，项目产品的购买或服务接受人多为东道国自然人或法人，二者之间的关系受东道国法律调整。

（二）政府

在 BOT 投资方式中，政府不仅是管理者，也是特许协议的另一方当事人。政府对批准采用 BOT 投资方式的项目进行公开招标或评标，签订特许协议，授予项目公司特许权。但应注意的是，由于政府各部门职权不同，作为 BOT 投资项目的管理者和特许协议当事人的政府部门可以有所区别。还须指出的是，在特许协议由政府与项目公司签订的情况下，作为项目投资者之一的项目发起人与政府之间的法律关系主要发生在项目确定后至项目公司成立之前；在项目公司成立后，发起人通过项目公司与政府发生关系。

（三）其他当事人

除以上项目公司、政府主要的两方当事人外，BOT 投资方式还包括项目发起人、项目贷款人、项目工程建设承包商、原材料供应商、保险公司等其他参与人。其中，项目公司与项目贷款人达成的是工程承建合同；项目公司与产品购买者之间签订的是产品购买协议；与保险公司签订的是保险合同等。由于这些合同的当事人均处于平等的法律地位，合同业务纵向管理的内容，各自是相对独立的，因此签订的这些合同在本质上与一般的经济合同并无二致，相应的项目公司与项目贷款人，以及项目工程建设承包商、供应商、产品购买人等之间的法律关系也就属于平等主体之间的经济合同关系，应适用我国的经济合同法律关系。

五、PPP

广义的 PPP 泛指政府与企业为提供公共产品或服务而建立的各种合作关系，涵盖服务外包、特许经营、完全私有等各种类型。狭义的 PPP 可以理解为一系列项目融资模式的总称，是指政府部门与社会投资者共同将资金或资源投入项目，并由社会投资者建设并运营的方式，包含 BOT、TOT、DBFO 等多种模式。狭义的 PPP 更加强调合作过程中的风险分担机制。

2014 年 9 月，财政部印发的《关于推广运用政府和社会资本合作模式有关问题的通知》明确要求，从项目识别和论证到项目采购、融资安排、运营绩效监管的全流程，政府和社会资本都不得缺位。就需要财政补贴的项目而言，强调要从"补建设"向"补运营"转变，探索动态补贴机制，强化运营绩效评估，避免在实际操作中重签约、重建设，不重运营、不重监管的现象；明确"风险由最适宜的一方来承担"，判断某方是否适宜，条件应包括"风险是否由最有能力以最小成本管理的一方承担"，以及"风险和收益相对等"和"风险有上限"的安排。

2014 年 12 月，国家发展改革委印发的《关于开展政府和社会资本合作的指导意见》明确指出，PPP 模式主要适用于政府负有提供责任，且适宜市场化运作的公共服务、基础设施类项目。燃气、供电、供水、供热、污水及垃圾处理等市政设施，公路、铁路、机场、城市轨道交通等交通设施，医疗、旅游、教育培训、健康养老等公共服务项目，以及水利、资源环境和生态保护等项目均可推行 PPP 模式。各地的新建市政工程以及新型城镇化试点项目应优先考虑采用 PPP 模式建设。

2014 年 4 月，财政部印发的《关于进一步规范地方政府举债融资行为的通知》规定，允许地方政府以单独出资或与社会资本共同出资方式设立各类投资基金，但地方政府不得以借贷资金出资设立各类投资基金，严禁地方政府利用 PPP、政府出资的各类投资基金等方式违法违规变相举债。除国务院另有规定外，地方政府及其所属部门参与 PPP 项目、设立政府出资的各类投资基金时，不得以任何方式承诺回购社会资本方的投资本金，不得以任何方式承担社会资本方的投资本金损失，不得以任何方式向社会资本方承诺最低收益，不得对有限合伙制基金等任何股权投资方式额外附加条款变相举债。

2017 年 7 月，国家发展改革委印发的《关于加快运用 PPP 模式盘活基础设施存量资产有关工作的通知》明确了转让—运营—移交（TOT）、改建—运营—移交（ROT）和委托运营、股权合作等多元化方式，并新创了转让—拥有—运营（TOO）模式。

2017 年 11 月印发的《国家发展改革委关于鼓励民间资本参与政府和社会资本合作（PPP）项目的指导意见》明确了要加大基础设施领域开放力度，除国家法律法规明确禁止准入的行业和领域外，一律向民间资本开放，不得以任何名义、任何形式限制民间资本参与 PPP 项目。向民营企业重点推介以使用者付费为主的特许经营类项目，审慎推介完全依靠政府付费的 PPP 项目，以降低地方政府支出压力，防范地方债务风险。

2019 年 6 月印发的《国家发展改革委关于依法依规加强 PPP 项目投资和建设管理的通知》要求，所有拟采用 PPP 模式的项目，通过可行性论证审查后，方可采用 PPP 模式建设实施。通过实施方案审核的 PPP 项目可开展社会资本遴选，公开招标应作为遴选社会资本的主要方式，不得排斥、限制民间资本参与 PPP 项目。PPP 项目的融资方式和资金来源应符合防范化解地方政府隐性债务风险的相关规定，不得通过约定回购投资本金、承诺保底收益等方式违法违规变相增加地方政府隐性债务，严防地方政府债务风险。

2020 年 3 月，财政部印发的《关于印发〈政府和社会资本合作（PPP）项目绩效管理操作指引〉的通知》规定了 PPP 项目绩效目标与绩效指标管理、PPP 项目绩效监控、PPP 项目绩效评价等内容，完善了 PPP 项目绩效管理框架，有利于提高 PPP 项目运营效率。

第三节　项目投融资法律法规

一、政府投融资体制

投融资体制是指，投融资活动的组织形式、投融资方法和管理方式的总称，主要内容包括投融资主体的确定，投融资决策制度，投融资资金筹措实施方式及运作，投融资收益分配结构，以及投融资监督体系和调控方式等。

1992 年，随着市场经济投资体制的建立和完善，国务院及各有关部门制定了一系列的政策、办法，明确了投资主体分工，改革了投融资方式，拓宽和规范了投融资渠道，完善了宏观调控体系。

2014 年 9 月印发的《国务院关于加强地方政府性债务管理的意见》规范了地方政府负债行为，并明确提出赋予地方政府适度举债权限，其形式为发行地方政府债券，同时严禁地方政府通过企业举借，并对地方政府债务实行规模控制，限定其资金用途，将地方政府债务分门别类纳入全口径预算管理，加大对地方政府性债务管理的监督检查力度。

2014 年 10 月印发的《财政部关于印发〈地方政府存量债务纳入预算管理清理甄别办法〉的通知》对地方政府负有偿还责任的存量债务进行逐笔甄别，归类为一般债务或专项债务，为将政府债务分门别类纳入全口径预算管理奠定基础。同时，规定通过 PPP 模式转化为企业债务的，不纳入政府债务。

2015 年 12 月，财政部印发《关于对地方政府债务实行限额管理的实施意见》，要求合理确定地方政府债务总限额，地方政府债务总限额由国务院根据国家宏观经济形势等因素确定，并报全国人民代表大会批准；对地方政府债务余额实行限额管理，具体分为一般债务限额和专项债务限额。

2016 年 7 月印发的《中共中央 国务院关于深化投融资体制改革的意见》要求依托多层次资本市场体系拓宽投资项目融资渠道，支持有真实经济活动支撑的资产证券化，盘活存量资产，优化金融资源配置，更好地服务投资兴业。

2016 年 11 月，财政部印发《关于印发〈地方政府一般债务预算管理办法〉的通知》，明确了一般债务限额与余额、预算编制与批复、预算执行与决算等内容。地方政府一般债务包括地方政府一般债券（一般债务）、外债转贷，以及清理甄别认定的截至 2014 年 12 月 31 日非地方政府债券形式的存量一般债务（非债券形式一般债务）。一般债务收入、安排的支出、还本付息、发行费用纳入一般公共预算管理。除外债转贷外，一般债务收入通过发行一般债券方式筹措；应当用于公益性资本支出，不得用于经常性支出。一般债务应当有偿还计划和稳定的偿还资金来源。而非债券形式一般债务应当在国务院规定的期限内置换成一般债券。

2016 年 11 月，财政部印发《关于印发〈地方政府专项债务预算管理办法〉的通知》，明确规定了专项债务限额与余额、预算编制与批复、预算执行与决算等内容。地方政府专项债务包括地方政府专项债券（专项债券）、清理甄别认定的截至 2014 年 12 月 31 日非地方政府债券形式的存量专项债券（非债券形式专项债务）。专项债务收入通过发行专项债券方式筹措，应当用于公益性资本支出，不得用于经常性支出。专项债务应当有偿还计划和稳定的偿还资金来源。非债券形式专项债务纳入预算管理。非债券形式专项债务应当在国务院规定的期限内置换成专项债券。

2016 年 10 月印发的《国务院办公厅关于印发地方政府性债务风险应急处置预案的通知》旨在建立健全地方政府性债务风险应急处置工作机制构建组织指挥体系，明晰各部门职责，加强地方债务风险应急响应与处置。

2017 年 4 月，财政部印发《关于进一步规范地方政府举债融资行为的通知》，对地方政府融资担保清理整改，要求地方政府举债一律采取在国务院批准的限额内发行地方政府债券方式。除此以外，地方政府及其所属部门不得以任何方式举借债务。至此，地方政府及融资平台公司举债几乎全部阻断。为保证地方实体经济发展，鼓励地方融资平台公司尽快转型为市场化运营的国有企业，开展市场化融资，同时规范政府与社会资本方的合作行为，引导社会资本投资经济社会发展的重点领域和薄弱环节。

2019 年 4 月出台的《政府投资条例》是我国政府投资体制系统中的基础性法律文件。其中明确规定了政府投资资金应当投向市场不能有效配置资源的社会公益服务、公共基础设施、农业农村、生态环境保护、重大科技进步、社会管理、国家安全等公共领域的项目，以非经营性项目为主。政府投资资金按项目安排，以直接投资方式为主；对确需支持的经营性项目，主要采取资本金注入方式，也可以适当采取投资补助、贷款贴息等方式。规范政府投资行为有利于充分发挥政府投资作用，提高政府投资效益，规范政府投资行为，激发社会投资活力。

2020 年，江苏、河南等多地印发《政府投资管理办法》，以规范政府投资行为，充分发挥政府投资作用，提高政府投资效益，激发社会投资活力。自《政府投资条例》出台以来，政府投资加速进入制度化、规范化和法治化轨道。投融资体制改革步稳蹄疾，多项相关配套制度正在提速推进。

二、政府预算管理

预算管理是指，为确保国家预算资金规范运行而进行的一系列组织、调节、控制、监督活动的总称，是财政管理的重要组成部分。政府预算管理是政府的预算职能部门根据特定时期的方针政策及有关法律法规，为使预算资金有序、高效运行而进行的计划、协调，以及有关法律法规，为使预算资金有序、高效运行而进行的计划、协调、监督预算资金的活动。

2014 年 8 月，《全国人民代表大会常务委员会关于修改〈中华人民共和国预算法〉的决定》发布，其主要内容包括完善政府预算管理体系，实行全口径预算，杜绝预算外资金和其他违法违规收入；健全透明预算制度，推进预算公开，加强社会监督；规范地方政府融资行为，赋予地方政府适度的举债权，同时也将地方举债关入制度化的笼子里，对于化解地方债务风险、合理控制地方政府债务增长具有积极作用。

2015 年 2 月，国务院印发《关于改革和完善中央对地方转移支付制度的意见》，明确一般性转移支付在整个转移支付中的占比提高到 60% 以上，取消地方资金配套要求。除按照国务院规定应当由中央和地方共同承担的事项外，中央在安排专项转移支付时不得要求地方政府承担配套资金。由中央和地方共同承担的事项，要依据公益性、外部性等因素明确分担标准或比例。

2015 年 12 月,《财政部关于对地方政府债务实行限额管理的实施意见》明确指出,对地方政府债务余额实行限额管理,具体分为一般债务限额和专项债务限额。地方政府债务总限额由国务院根据国家宏观经济形势等因素确定,并报全国人民代表大会批准。将地方政府债务分类纳入预算管理。其中,一般债务纳入一般公共预算管理,主要以一般公共预算收入偿还,当赤字不能减少时可采取"借新还旧"的办法;专项债务纳入政府性基金预算管理,通过对应的政府性基金或专项收入偿还,政府性基金或专项收入暂时难以实现,如收储土地未能按计划出让的,可先通过借新还旧周转,收入实现后即予归还。

2016 年 10 月,财政部制定的《地方预决算公开操作规程》明确规定了地方各级财政部门应当公开一般公共预算、政府性基金预算、国有资本经营预算、社会保险基金预算四本预算,涉及国家秘密的除外。

2020 年 8 月,《预算法实施条例(2020 修订)》正式发布。该条例对《预算法》进行了细化说明,进一步明确了政府预算收支范围、预算编制、预算执行及决算等内容,使政府预算体系更加清晰完整。

三、政府采购管理

政府采购管理是指对采购各个阶段的组织、协调和管理,从而使政府采购活动严格按采购预算、计划进行,实现政府采购目标。政府采购管理的具体内容包括政府采购预算的编制、政府采购计划的制定、政府采购的信息管理、政府采购市场准入及审查制度、政府采购合同的订立与履行,以及政府采购项目的验收与结算。

我国政府采购管理体系以《政府采购法》《政府采购法实施条例》等法律法规规定为基本法律框架。其中,《政府采购法》于 2002 年 6 月 29 日在第九届全国人民代表大会常务委员会第二十八次会议上通过。该法的实施目的在于规范政府采购行为,提高政府采购资金的使用效益,维护国家利益和社会公共利益,保护政府采购当事人的合法权益,促进廉政建设。《政府采购法实施条例》于 2014 年 12 月 31 日国务院第 75 次常务会议通过,自 2015 年 3 月 1 日起施行。该条例明确了何为财政性资金;指出政府采购服务包括政府自身需要的服务和政府向社会公众提供的公共服务两大类;明确了集中采购的概念为采购人将列入集中采购目录的项目委托集中采购机构代理采购或者进行部门集中采购的行为;明确了政府采购工程的具体概念包括建筑物和构筑物的新建、改建、扩建及其相关的装修、拆除、修缮等;明确了采购代理机构是指集中采购机构和集中采购机构以外的采购代理机构;同时,对采购标准进行了进一步细化,包括项目采购所依据的经费预算标准、资产配置标准和技术、服务标准等。

除此之外，《招标投标法》中明确规定了在何种项目范围内进行的勘察、设计、施工、监理以及与工程建设有关的重要设备、材料等的采购必须进行招标。《招标投标法实施条例》进一步规定了招投标管理体系的主体结构：县级以上地方人民政府发展改革部门指导和协调本行政区域的招标投标工作，财政部门依法对实行招标投标的政府采购工程建设项目的预算执行情况和政府采购政策执行情况实施监督，监察机关依法对与招标投标活动有关的监察对象实施监察。

四、政府购买服务

政府购买服务是指，通过发挥市场机制作用，把政府直接提供的一部分公共服务事项以及政府履职所需服务事项，按照一定的方式和程序，交由具备条件的社会力量和事业单位承担，并由政府根据合同约定向其支付费用。政府购买服务的主体是各级行政机关和具有行政管理职能的事业单位。承接政府购买服务的主体包括在登记管理部门登记或经国务院批准免予登记的社会组织、按事业单位分类改革应划入公益二类或转为企业的事业单位，依法在工商管理或行业主管部门登记成立的企业、机构等社会力量。

政府采购与政府购买服务在制度上是衔接的。我国新修订的《政府购买服务管理办法》自2020年3月1日起施行。此前，财政部、民政部、原国家工商总局已制定颁布《政府购买服务管理办法（暂行）》，对政府购买服务的主体、对象、内容等方面做出了制度规范。新修订的《政府购买服务管理办法》明确了六类事项不得作为政府购买服务内容：一是不属于政府职责范围的服务事项；二是应当由政府直接履职的事项；三是政府采购法律、行政法规规定的货物和工程，以及将工程和服务打包的项目；四是融资行为；五是购买主体的人员招、聘用，以劳务派遣方式用工，以及设置公益性岗位等事项；六是法律法规及国务院规定的其他事项。以上第二项至第六项中，属于政府职责范围的事项，应当通过符合国家法律法规规定的规范方式实施。同时，明确限定政府购买服务的承接主体为依法成立的企业、社会组织（不含由财政拨款保障的群团组织），公益二类和从事生产经营活动的事业单位，农村集体经济组织，基层群众性自治组织，以及具备条件的个人。

五、地方融资平台管理

地方政府融资平台是指，地方政府发起设立，通过划拨土地、股权、规费、国债等资产，迅速包装出一个资产和现金流均可达融资标准的公司，必要时再辅之以财政补贴作为还款承诺，以实现承接各路资金的目的，进而将资金运用于市政建设、公用事业等项目。

2011 年 6 月，银监会印发《关于印发地方政府融资平台贷款监管有关问题的说明通知》，明确了新增平台贷款可放贷条件、不可放贷规定以及管理方法，规定商业银行不得向银行"名单制"管理系统以外的融资平台发放贷款，不得再接受地方政府以直接或间接形式提供的任何担保和承诺，不得再接受以学校、医院、公园等公益性资产作为抵质押品，不得再接受以无合法土地使用权证的土地预期出让收入承诺作为抵质押。

2013 年 4 月，银监会印发《关于加强 2013 年地方政府融资平台贷款风险监管的指导意见》，要求严格新发放平台贷款条件，控制平台贷款投向，强化贷款审批制度，严控新增贷款，缓释平台贷款存量。各银行应审慎合理测算融资平台自身现金流，并对地方政府融资平台贷款风险分类结果进行动态调整，及时报牵头行汇总形成一致性意见，并按季上报监管机构。

2014 年 6 月印发的《国务院关于加强地方政府融资平台公司管理有关问题的通知》要求抓紧清理核实并妥善处理融资平台公司债务，对融资平台公司进行清理规范，加强对融资平台公司的融资管理和银行业金融机构等的信贷管理，坚决制止地方政府违规担保承诺行为。

2014 年 9 月印发的《国务院关于加强地方政府性债务管理的意见》要求剥离融资平台公司政府融资职能，融资平台公司不得新增政府债务。

2014 年 12 月印发的《国家发展改革委关于开展政府和社会资本合作的指导意见》明确指出，PPP 模式主要适用于政府负有提供责任且适宜市场化运作的公共服务、基础设施类项目。燃气、供电、供水、供热、污水及垃圾处理等市政设施，公路、铁路、机场、城市轨道交通等交通设施，医疗、旅游、教育培训、健康养老等公共服务项目，以及水利、资源环境和生态保护等项目均可推行 PPP 模式。各地的新建市政工程以及新型城镇化试点项目应优先考虑采用 PPP 模式建设。

2017 年 4 月，财政部印发《关于进一步规范地方政府举债融资行为的通知》，明确指出要推动融资平台公司尽快转型为市场化运营的国有企业、依法合规开展市场化融资，地方政府及其所属部门不得干预融资平台公司日常运营和市场化融资。地方政府不得将公益性资产、储备土地注入融资平台公司，不得承诺将储备土地预期出让收入作为融资平台公司偿债资金来源。融资平台公司在境内外举债融资时，应当向债权人主动书面声明不承担政府融资职能。自 2015 年 1 月 1 日起，其新增债务依法不属于地方政府债务。金融机构为融资平台公司等企业提供融资时，不得要求或接受地方政府及其所属部门以担保函、承诺函、安慰函等任何形式提供担保。

2021 年 8 月，银保监会出台了《银行保险机构进一步做好地方政府隐性债务防范化解工作的指导意见》，要求银行保险机构要打消财政兜底幻觉，严禁新增或虚假化解地方政府隐性债务，妥善化解存量地方政府隐性债务。

2022 年 6 月，国务院印发《关于进一步推进省以下财政体制改革工作的指导意见》，将政、事、财权进一步下放到省一级，明晰了省一级负责统筹、调动省内意愿、稳住省内经济增长、有效化解省内债务风险、统筹安排省内财政税收。主要包括三大类：一类是事权和支出责任的划分与调整；二类是收入分配方面，包括收入的划分和转移支付的完善；三类是规范财政管理，包括开发区、省直管县、"三保"地方政府债务等。

第四节　项目运营法规政策

一、战略新兴产业

战略性新兴产业是指以重大技术突破和重大发展需求为基础、对经济社会全局和长远发展具有重大引领带动作用、成长潜力巨大的产业，是新兴科技和新兴产业的深度融合，既代表着科技创新的方向，也代表着产业发展的方向，具有科技含量高、市场潜力大、带动能力强、综合效益好等特征。《国务院关于加快培育和发展战略性新兴产业的决定》把节能环保、信息、生物、高端装备制造、新能源、新材料、新能源汽车等作为现阶段重点发展的战略性新兴产业。

2009 年，国务院首次召开战略性新兴产业发展座谈会。2010 年启动"战略性新兴产业"发展计划，以国务院常务会议形式框定七大战略性新兴产业发展目标。2012 年 5 月 30 日，国务院召开常务会议，讨论通过《"十二五"国家战略性新兴产业发展规划》，进一步明确了七大战略性新兴产业的重点发展方向和主要任务。

2016 年 12 月，国务院印发《"十三五"国家战略性新兴产业发展规划》，提出到 2020 年，战略性新兴产业增加值占国内生产总值比重达到 15%，形成新一代信息技术、高端制造、生物、绿色低碳、数字创意五个产值规模 10 万亿元级的新支柱，并在更广领域形成大批跨界融合的新增长点，平均每年带动新增就业 100 万人以上。经济继续转型、产业升级是每一个走上工业化道路的国家必须经历的一个阶段，在此过程中，谁有实力、谁有眼光，谁就将继续走在世界经济的前列。

2017 年 1 月，国家发展改革委发布《战略性新兴产业重点产品和服务指导目录》，涉及新一代信息技术、高端装备制造、新材料、生物、新能源、数字创意等战略性新兴产业五大领域八个产业，近 4000 项细分产品和服务。

2021 年 3 月，第十三届全国人民代表大会通过的《中华人民共和国国民经济和社会发展第十四个五年规划和 2035 年远景目标纲要》明确提出，着眼于抢占未来产业发展先机，培育先导性和支柱性产业，推动战略性新兴产业融合化、集群化、生态化发展，战略性新兴产业增加值占 GDP 比重超过 17%。

二、新基建

2018 年底召开的中央经济工作会议明确了 5G、人工智能、工业互联网等新型基础设施建设（简称"新基建"）的定位。当前，新基建主要包括七大领域：5G 基建、特高压、城际高速铁路和城市轨道交通、新能源汽车充电桩、大数据中心、人工智能、工业互联网。

近年来，中央经济工作会议、全国两会，以及陆续出台的《国务院办公厅关于保持基础设施领域补短板力度的指导意见》《政府投资条例》等政策，都将稳基建投资作为实现稳增长、扩内需的重要途径。

进入 2020 年，新冠疫情重创全球经济。对此，投资拉动再次被放在了重要位置，各地重点工程复工，一批 2020 年省级重点项目名单下发。截至 2020 年 3 月，各省（市、区）发布的 2020 年重点项目投资计划清单超过 40 万亿元，新基建成了此轮投资中的新宠。

新基建被多次写入各地 2022 年政府工作报告中，成为打造新经济增长引擎的重要抓手。新基建中相当一部分项目是由市场驱动，或者说是市场与政府合力的结果。民间投资在其中声量越来越大。传统基础设施建设合作方式是通过政信合作模式切入，而新基建的合作主体更多是集中在各类运营商等中小企业中，相比信托资金，市场化资金投入占比较大，合作模式必将向基金化、多元化的投资手段转变，新的合作模式必将带来新的创新。

三、数字经济

随着科学技术的不断进步，通过数字信息相关资源和技术来引导和实现资源的快速优化配置与再生、实现经济高质量发展的数字经济成为世界经济发展的前沿形式。实际上，数字经济已涉及制造、消费、外贸、政府服务等诸多领域，数字化已成为我国经济战略的重要发展方向。

从国家宏观层面来看，2015 年，"十三五"规划首次提出实施国家大数据战略，推进数据资源开放共享。2017 年开始至今，数字经济已经连续六年被写入政府工作报告。2022 年政府工作报告中首次以单独成段方式提出促进数字经济发展，加强数字中国建设整体布局。在九大重点任务中，数字经济被列为第四大重点任务，发展重点集中于建设数字信息基础设施，促进产业数字化转型，加快发展工业互联网，完善数字经济治理等。

从这几年出台的政策来看，推动数字经济发展的政策不断由务虚转向务实，由框架性政策深入到具体领域，对数字经济发展的顶层设计已经由方向性深入到重点领域，数字经济发展的顶层设计图景不断明晰。

2019 年 8 月，《国务院办公厅关于促进平台经济规范健康发展的指导意见》首次从国家层面规范数字平台经济，提出要依法查处互联网领域滥用市场支配地位限制交易、不正当竞争等违法行为，重点强调严禁平台单边签订排他性服务提供合同，针对互联网领域价格违法行为特点制定监管措施等要求。这是规范平台经济的首次"出剑"。

2019 年 10 月，《国家数字经济创新发展试验区实施方案》中提到，在河北省（雄安新区）、浙江省、福建省、广东省、重庆市、四川省进行试点，启动国家数字经济创新发展试验区创建工作。通过三年左右探索，数字产业化和产业数字化取得显著成效。历经四年多的时间，国家对数字经济发展的推动开始从战略层面下沉到实施方案。

2020 年 4 月，中共中央、国务院发布《关于构建更加完善的要素市场化配置体制机制的意见》，其主要内容是数据作为生产要素之一，被正式纳入国家所定义的要素市场化配置中。

2021 年 2 月 7 日，国务院反垄断委员会印发《国务院反垄断委员会关于平台经济领域的反垄断指南》，强调《反垄断法》及配套法规规章适用于所有行业，对各类市场主体一视同仁、公平公正对待，旨在预防和制止平台经济领域垄断行为，促进平台经济规范有序创新健康发展。这从法律角度为数字平台经济发展奠定基础。

2021 年 6 月 10 日，第十三届全国人民代表大会常务委员会第二十九次会议通过《数据安全法》，将数据主权纳入国家主权范畴，并进一步将数据要素的发展与安全相关联，为数字经济、数字政府、数字社会提供法治保障。《数据安全法》自 2021 年 9 月 1 日起施行，目的是为了规范跨境数据流动，规范数字经济，保护中国网民对保障自身数据安全的合理诉求。

2022 年 1 月，国务院印发《"十四五"数字经济发展规划》，提出到2025 年，数字经济核心产业增加值占国内生产总值比重达到 10%，数字化创新引领发展能力大幅提升，智能化水平明显增强，数字技术与实体经济融合取得显著成效，数字经济治理体系更加完善，我国数字经济竞争力和影响力稳步提升。

四、产业园区

产业园区是指，在一定的产业政策及区域政策的指导下，以土地为载体，通过提供基础设施、生产空间（如写字楼、研发楼、厂房、仓库、技术平台等）及综合配套服务，吸引特定类型、特定产业集群的内外资企业投资、入驻，形成技术、知识、服务、资本、产业、劳动力等要素高度集结并向外围辐射的特定区域。在我国，具备产业或者经济特征的区位环境（如国家级经济开发区、文化产业园、企业孵化器等）均属于产业园区的范畴。我国产业园存量市场空间较广，是经济发展重要的载体。随着我国技术水平和信息化水平的提升，我国产业园也升级为以高新技术、信息科技、文创等知识密集型为主的高附加值产业。

园区经济已经成为我国经济发展的重要引擎，存量市场空间广阔。为此，我国从政策层面为园区经济发展搭建了良好的环境。从类别来看，园区经济产业政策包括税收优惠类政策，即对于入驻园区的企业，只要满足一些特定的条件，便可享受一定额度的税收补贴或税收减免；房租补贴类政策，即园区为帮助入园的企业更好地发展，在企业刚入园的一段时间内，给予一定面积的房租补贴或者减免；为无偿拨款类园区设立专项资金政策，即对一些符合特定条件的企业进行一次性无偿资助；人才引进类政策，即为帮助企业引进人才和保留人才，园区对符合特定条件的人才给予户口、住房、津贴等方面的优惠；贴息贷款类政策，即为鼓励企业引进新项目、研发新技术，对新增投资超过一定金额的企业进行贷款贴息奖励；免征行政税费类政策，即园区免除包括管理类、登记类、证照类等在内的多项行政事业性收费。

从具体出台的政策内容和扶持措施来看，我国一直在稳步布局园区经济发展的有力政策环境。2009 年 3 月，工业和信息化部印发的《关于促进产业集聚发展和工业合理布局工作的通知》明确提出，工业园区的规划、建设和发展要坚持高起点、高标准、高水平；工业园区要集约利用资源，发展循环经济，促进节能环保。2011 年 12 月环境保护部、商务部、科技部印发的《关于加强国家生态工业示范园区建设的指导意见》明确指出，在资金、招商引资、对外经济技术合作和服务等方面加大对国家生态工业示范园区的扶持力度，引导和鼓励社会资金、外商投资更多地投入国家生态工业示范园区。同月发布的《工业转型升级规划（2011—2015 年）》指出，要加强对工业园区发展的规划引导，提升基础设施能力，提高土地集约节约利用水平，促进各类产业集聚区规范有序发展。2019 年 5 月，国务院印发《关于推进国家级经济技术开发区创新提升打造改革开放新高地的意见》，再次掀起了开发区提质增效、改革创新的风潮，要求原来政企不分的开发区管委会要打造成一个专业化、服务化的管理体系。2020 年 7 月发布的《国务院关于促进国家高新技术产业开发区高质量发展的若干意见》提出，到 2025 年，国家高新区布局更加优化，自主创新能力明显增强，体制机制持续创新，创新创业环境明显改善，高新技术产业体系基本形成，建立高新技术成果产出、转化和产业化机制，攻克一批支撑产业和区域发展的关键核心技术，形成一批自主可控、国际领先的产品，涌现一批具有国际竞争力的创新型企业和产业集群，建成若干具有世界影响力的高科技园区和一批创新型特色园区；到 2035 年，建成一大批具有全球影响力的高科技园区，主要产业进入全球价值链中高端，实现园区治理体系和治理能力现代化的两大目标。2021 年，随着园区 REITs 的成功发行，园区金融化的道路被进一步打通。

参 考 文 献

1. 新华网．中国共产党第二十次全国代表大会关于十九届中央委员会报告的决议，2022.

2. 戴源，黄卫东．大数据：数字经济时代新要素和新基建之灵魂［M］．南京：南京大学出版社，2022.

3. 张艳．基础设施领域不动产投资信托基金（REITs）与地方政府债务治理［J］．陇东学院学报，2022，33（2）：6－11.

4. 顾乃华．战略性新兴产业发展研究［M］．广州：暨南大学出版社，2022.

5. 全国一级建造师执业资格考试用书编写委员会．建筑工程管理与实务［M］．北京：中国建筑工业出版社，2022.

6. 黄大千．淡马锡五年（2017～2021）投资及治理特点研究［J］．国有资产管理，2022（4）：59－63.

7. 财政部．关于2021年中央和地方预算执行情况与2022年中央和地方预算草案的报告［R］．2022.

8. 国家统计局．中华人民共和国2021年国民经济和社会发展统计公报，2022.

9. 濮阳市人民政府．物畅其流活龙都——濮阳市打造省际区域中心城市之物流篇［EB/OL］．河南省人民政府门户网站，2022.

10. 方升研究．2021中国产业园区年度报告［R］．2022.

11. 智筹工场．产业招商｜招商引资中常见的法律风险与防范，2022.

12. 唐朝．手把手教你读财报［M］．北京：中国经济出版社，2022.

13. 李广纬．大数据背景下穿透式金融监管研究［J］．财会通讯，2022（20）：148－152.

14. 陈金晓，陈剑．供应链的利润博弈与均衡定价［J］．中国管理科学，2022，30（9）：128－139.

15. 宋华，陈峰，鲍迪，陈宏鸿．金融科技助力供应链金融创新与发展［J］．金融理论探索，2022（4）：41－48.

16. 陈彦霖，郑享武，裴聆伶，陈思彤，张芷维，韦梦梦．金融监管体系和集群效应对金融产业集群升级影响的理论研究——以北上广地区为例［J］.

广东经济，2022（8）：42－47．

17．郑志瑛．供应链金融的发展困境与对策［J］．河北金融，2022（8）：3－6，14．

18．陶伟梁．供应链金融支持小微企业融资模式及策略研究［J］．农银学刊，2022（4）：29－33．

19．张明星．发展供应链金融 助力小微企业纾困［J］．农银学刊，2022（4）：38－41．

20．李丹．核心企业在供应链核心节点上嵌入供应链金融服务探析［J］．中国市场，2022（24）：12－14．

21．孙鸿飞，姜奕名，宋羞月．供应链金融对企业经营绩效影响研究［J］．产业创新研究，2022（15）：154－156．

22．沈梦，马昌祺．中小企业供应链数字融资与合作策略探析［J］．辽宁工业大学学报（社会科学版），2022，24（4）：28－31．

23．方晨霁．论地方金融监管权的完善［J］．中国储运，2022（8）：73－74．

24．张恒龙，田聪莹．数字金融监管政策的国际比较研究［J］．秘书，2022（4）：9－17．

25．张奉君．浅谈金融支持对产业结构调整的影响——基于河南省新兴产业发展的研究［J］．活力，2022（11）：103－105．

26．朱涛，黄蕾，熊检，陶桅．金融监管政策对股市波动的影响研究［J］．中国注册会计师，2022（5）：30－37，3．

27．赵霞．金融司法监管化：动因、困境与调适［J］．商业经济与管理，2022（5）：69－78．

28．吴璇．金融监管视域下的行政处罚查审分离研究［J］．吉林金融研究，2022（5）：71－74．

29．马新亮，伍政兴，李淼．产业结构调整与中小工业企业发展［J］．中国外资，2022（8）：90－92．

30．张孝梅．京津冀产业结构调整的就业效应及政策建议［J］．工会博览，2022（7）：30－31．

31．郭晓明．政府采购信用担保下中小企业供应链融资模式研究［J］．中国招标，2022（2）：111－113．

32．彭影．数字经济下创新要素综合配置与产业结构调整［J］．当代经济管理，2022，44（3）：48－58．

33．孔森．中国产业园区新论2021［M］．北京：首都师范大学出版社，2022．

34．政信投资集团．政信金融业教程［M］．北京：经济科学出版社，2021.

35. 宋伟，车志军．建设项目全过程工程咨询［M］．北京：中国建筑工业出版社，2021.

36. 李佳．打造养老社区智慧医养项目 泰康之家·燕园三期东区封顶［N］．北京青年报，2021.

37. 梁季，陈少波．完善我国直接税体系的分析与思考［J］．国际税收，2021（9）：33－42.

38. 李永福，边瑞明．建设项目全过程工程咨询控制与风险防范［M］．北京：中国建筑工业出版社，2021.

39. 赵国栋，易欢欢，徐远重．元宇宙［M］．北京：中译出版社，2021.

40. 博时基金管理有限公司．博时招商蛇口产业园封闭式基础设施证券投资基金招募说明书．2021.

41. 余静文，李濛西．金融体系结构优化的国际经验与中国路径［J］．工信财经科技，2021（5）：25－36.

42. 财政部．地方政府专项债券项目资金绩效管理办法（财预〔2021〕61号）．2021.

43. 龙小燕，赵全厚，黄亦炫．地方政府专项债券的问题解析与制度完善［J］．经济纵横，2021（4）：120－128.

44. 天津理工大学．城市公共建筑开发与建设项目全过程工程咨询实施指南［M］．北京：中国建筑工业出版社，2021.

45. 钱子玄．对当下中资境外债券变化趋势及未来发展的研判［J］．现代金融，2021（2）：26－29.

46. ［英］赫伯特·乔治·威尔斯著．丁伟译．世界简史［M］．北京：万卷出版公司，2021.

47. 中国人民银行．2020年社会融资规模存量统计数据报告［R］．2021.

48. 王钺．市场整合、资源有效配置与产业结构调整［J］．经济经纬，2021，38（6）：3－12.

49. 崔新蕾，李蒙，王丹丹．财政压力、产业结构调整与绿色经济效率［J］．资源与产业，2021，23（5）：98－108.

50. 雷一鸣．地方政府信用水平对PPP产品定价的影响分析［J］．现代商业，2021（4）：98－100.

51. 张丽丽，章政．政府信用内涵与我国政务诚信建设的路径选择［J］．征信，2020，38（3）：18－25.

52. 政信投资集团．新时代金矿：政信金融投资指南（二）［M］．北京：经济管理出版社，2020.

53. 陈艳茹，朱军霞．从"一委一行两会"看我国金融监管体制现状 [J]．环渤海经济瞭望，2020（6）：169.

54. 胡润研究院．2019 胡润中国 500 强民营企业 [R]．2020.

55. 张成思，田涵晖．美国金融体系的历史演进逻辑——金融部门结构变迁视角 [J]．金融科学，2020（2）：1-24.

56. 陈琳，秦默．日本政策金融公库建设启示 [J]．中国金融，2020（23）：83-84.

57. 胡润研究院．2019 胡润财富报告 [R]．2019.

58. 政信投资集团．新共赢生态：政信金融业投资指南 [M]．北京：中国金融出版社，2019.

59. 唐朝．投资第一课 [M]．北京：中国经济出版社，2019.

60. 赵林，杨树琪，任秀芹．培育新兴产业优化地方税源结构——基于云南省差别化扶持政策的分析 [J]．经济研究导刊，2019（14）：115-117.

61. 吴亚平．中财 PPP 大讲堂．国投信达携手中财政信研究院赋能产城融合．2018.

62. 孙容磊，陈艳妮等．中国战略性新兴产业研究与发展 [M]．北京：机械工业出版社，2016.

63. 阎立忠．产业园区/产业地产规划、招商、运营实战 [M]．北京：中华工商联合出版社，2015.

64. 黄建英．中马钦州产业园区核心竞争力研究 [M]．南宁：广西人民出版社，2015.

65. 中国材料研究学会．中国战略性新兴产业：新材料（新型合金材料——钛合金 [M]．北京：中国铁道出版社，2017.

66. 邱若臻，吴旭，孙月．不确定需求下考虑大数据投资决策的供应链鲁棒优化及协调模型 [J]．中国管理科学，2022（14）：1-12.

67. 章贵栋．政府信用的再认识——小议 PPP 和 BT 的不同 [J]．施工企业管理，2018（10）：72-74.

68. 刘小露．新时代背景下地方政府信用建设研究 [J]．山西青年职业学院学报，2018，31（3）：42-45.

69. 厉以宁．旧的人口红利没了 新人口红利正在产生 [N]．人民日报，2016.12

70. 路江，陈占相，苟义远．惠水全力推进大数据应用产业发展 [N]．贵州日报，2016.12.

71. 政信投资集团．职业教育应受重视 蓝领工人晋身中产可期 [EB/OL]．（2016-09）．http：//www.zhengxinjituan.com/content/521.html.

72. 中国电子信息产业发展研究院. 中国战略性新兴产业发展及应用实践 [M]. 北京：机械工业出版社，2012.

73. 开发性金融的实践与理念 [J/OL]. 内蒙古政报，2005（1）. https：//www. docin. com/p－1066840258. html.

74. 李雨桐，林凡. 债市新升级——完善直达企业的债券融资通道 [EB/OL]. 新浪财经，2020－08－05. https：//baijiahao. baidu. com/s？id＝1674156303989586698&wfr＝spider&for＝pc.

75. 杨志勇. 分税制改革中的中央和地方事权划分研究 [J]. 经济社会体制比较，2015（2）：21－31.

76. 陈少英. 我国消费税收入归属的立法思考 [C] //《上海法学研究》集刊（2020 年第 21 卷）——上海市法学会财税法学研究会文集，2020：90－103.

77. 庞保庆，陈硕. 央地财政格局下的地方政府债务成因、规模及风险 [J]. 经济社会体制比较，2015（5）：45－57.

78. 高培勇. 政府债务管理 [M]. 北京：中国财政经济出版社，2003.

79. 财政部. 政府和社会资本合作项目财政承受能力论证指引. 2015.

80. 王志成，徐权，赵文发. 对中国金融监管体制改革的几点思考 [J]. 国际金融研究，2016（7）：33－40.

81. 王喆，杜德瑞. 关于发达国家利用金融支持产业结构调整的综述——基于对美国、日本、德国的分析 [J]. 国际金融，2013（5）：51－54.

82. 高磊. 英国"银行推介计划"对我国小微企业融资的启示 [J]. 黑龙江金融，2019（8）：11－12.

83. 佘渝娟，叶晓甦. 英国私人主动融资模式研究 [J]. 重庆科技学院学报（社会科学版），2010（4）：65－67.

84. 赵婉妤，王立国. 中国产业结构转型升级与金融支持政策——基于美国和德国的经验借鉴 [J]. 财经问题研究，2016（3）：35－41.

85. 林铁钢. 中小企业融资的英国模式 [J]. 中国金融，2013（22）：55－57.

86. ［日］野口悠纪雄. 张玲译. 战后日本经济史 [M]. 北京：民主与建设出版社，2018.

87. 严文浩. 当前地方政府债务所蕴藏的金融风险及其防范措施 [J]. 经济研究导刊，2017（1）：76－77.

88. 卢文阳. 产业结构转型升级背景下区域经济发展研究 [J]. 纳税，2018（5）：201.

89. 田学斌，柳天恩，周彬. 新形势下我国产业转型升级认识纠偏和政策调适 [J]. 当代经济管理，2019，41（7）：1－7.

90. 我国及部分省市产业园区行业相关政策 推进产业园区循环化发展 [EB/OL]. (2022 - 12 - 09). https：//www. chinabaogao. com/zhengce/202212/ 619735. html.

91. 薛冬美. 我国新能源汽车产业发展战略研究 [D]. 太原：山西财经大学，2011.

92. 人民教育出版社历史室. 世界近代现代史（第二版）[M]. 北京：人民教育出版社，2006.

93. 滕泰. 元宇宙是投机炒作，还是人类未来？[EB/OL]. 中新经纬，2021 - 12. https：//baijiahao. baidu. com/s? id = 1719654486023946088&wfr = spider&for = pc.

94. 刘牧樵. 解读"泰康之家"保险养老模式 [EB/OL]. 健康界，2017 - 08 - 26. https：//www. cn-healthcare. com/articlewm/20170826/content- 1017075. html? appfrom = jkj.

95. 辛红，王广英. 从新世纪儿童医院探析中国民营医院成长 [EB/OL]. 健康界，2016 - 07 - 26. https：//www. cn-healthcare. com/articlewm/20160 726/content-1004668. html.

后　记

　　政信投资基金集团有限公司响应国家鼓励政府和社会资本合作政策号召而成立，专注政信金融并在此领域不断摸索，在此过程中积累了一些经验和教训，总结了一些方法和案例，形成了一些心得和成果。

　　我们先后出版了《新共赢生态：政信金融投资指南》（2019 年 9 月）、《新时代金矿：政信金融投资指南（二）》（2020 年 10 月）和《政信金融业教程》（2021 年 12 月）三本著作。我们以此为基础，扩大研究范围和深化研究内容，形成了本书的框架和内容，并组织各方专家深入讨论，在 2022 年克服疫情反复的不利影响，历经多次调研、修改补充完善，终成定稿。

　　谨以此书作为小结，旨在抛砖引玉，以期为政信事业发展作出些许贡献，共同探究一条富国强民、模式创新和与国共赢之路。

　　在此，特别感谢集团各部门同事在此期间给予的大力支持，感谢同业各位专家的指导，感谢出版社各位编辑朋友的有力协助，这一切都有赖于大家的慷慨相助和不吝赐教，使本书能够顺利完成和出版。

　　因为水平有限，书中难免存在谬误，希望各位同行与读者批评指正，联系邮箱：service@ guotouxinda. com。

2022 年 10 月 26 日